圖書資訊學系列

主題分析

張慧銖——主編
張慧銖、邱子恒、藍文欽、鄭惠珍、阮明淑、陳昭珍——著

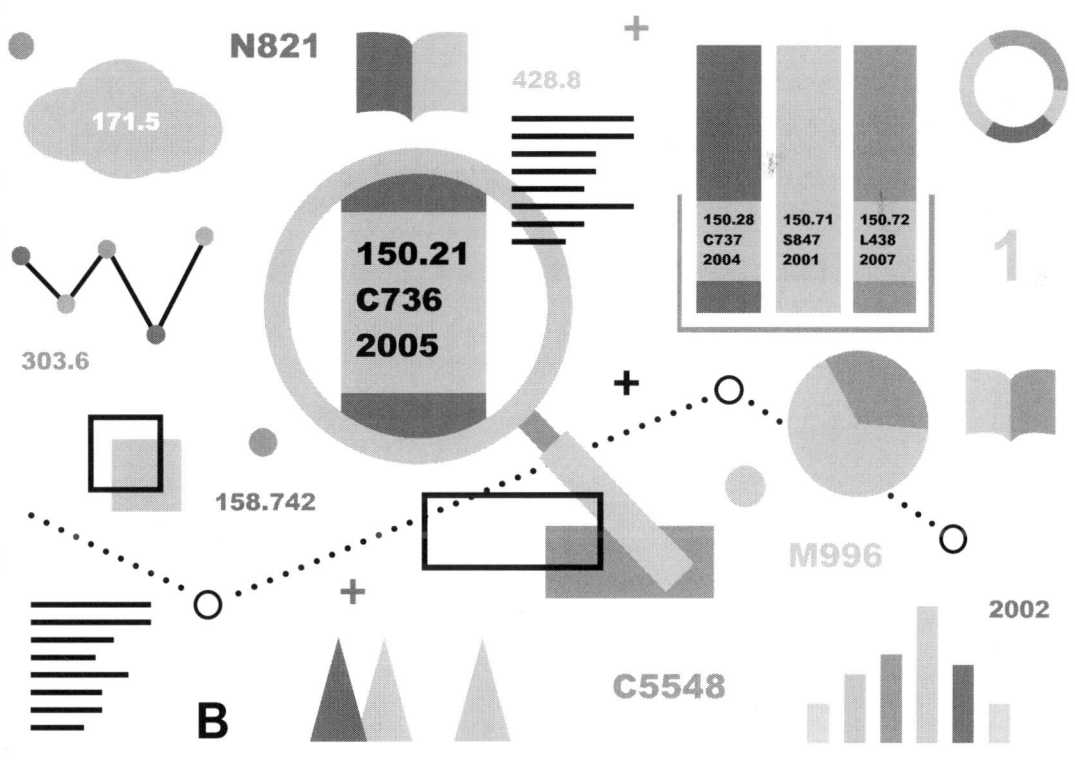

airiti press

圖書資訊學系列

總　序

　　一直以來圖書資訊學相當缺乏教科書，導致無論老師教學或學生學習都缺少可資參考的範本，不僅造成學術傳播的障礙，也使得學習遭遇困境。以往最常參考的是由空中大學所策劃出版的系列教科書，但由於其出版年代久遠，距今已近十餘年，期間又未曾做過修訂，以致內容無法呈現最新的學術發展概況與相關研究成果，便逐漸減低其參考價值。

　　圖書資訊學在各學域之中實屬小眾，領域內的教學及研究人口不多，老師們在繁忙的教學與研究工作之餘，實在很難抽出時間進行教科書的撰寫，尤其對於教師升等而言，撰寫教科書並無加分，更難以讓年輕學者將其列為優先的工作要項。因此，多年來儘管學生、老師或圖書館學會都曾大聲疾呼有出版教科書的需求，但卻很難有撰寫與出版的具體行動。

　　鑒於前述諸多需求與困難，編者於2014年開始召集圖資領域教師研議教科書出版事宜，經過幾次會議，最後決定以多人協力的撰寫方式成書，以加速完稿時程，並且與學術出版相當有經驗的華藝學術出版社（Airiti Press）合作，同時出版紙本與電子版。雖然一開始的規劃是出版十冊的書系，然過程中仍遭遇前述困難，老師們很難在教學研究之餘進行書寫。幾經思考，遂決定先由最缺乏中文參考資源的技術服務著手，加上此議題也是編者最熟悉的部分，因此在得到多位老師的認同和參與後，此系列的教科書出版構想終於落實。

　　技術服務相關教科書共有三冊，分別是《館藏發展與管理》、《主題分析》及《資訊組織》。其中《館藏發展與管理》是由王梅玲、林呈潢、范豪英及張郁蔚四位老師執筆；《主題分析》是由張慧銖、陳昭珍、藍文欽、邱子恒、阮明淑及鄭惠珍六位老師執筆；《資訊組織》是由張慧銖、邱子恒、陳淑燕及陳淑君四位老師執筆。出版期程希望於2016年9月出版前兩本，2017年2月再出版第三本。

由衷期盼此三部圖書的誕生，能成為圖書資訊學領域教師與學生在教學和學習上的參考資源，充分發揮其學術傳播的效益，並且為接續的圖資教科書催生。感謝所有參與的教師，因為有你們的教學熱忱與勤懇執筆，加上對圖書資訊學領域的使命和奉獻，才能將出版教科書的理想予以落實。

書系主編

張慧銖　敬筆

2016 年 5 月 15 日

主題分析

序　言

　　本書為圖書資訊學教科書系的第二冊，由於主題分析是圖書館技術服務的重要課題，無論是資料在書架上的排序、或是欲將資料以主題聚合、或是提供主題查詢等，都需要透過主題分析的過程方能達成，故主題分析一直是圖書資訊學系所的核心課程。然而晚近因新課程的需求量大增，不斷地壓縮原有的核心課程，導致實習的時數嚴重不足，尤以技術服務相關課程為最。由於主題分析必須透過實作才能讓學生體會其意涵，因此缺乏實習的結果必然嚴重影響教學成效。為使教師或學生在閱讀參考時能有更清晰的概念，本書在各章節皆提供大量的範例，期使在建立讀者概念之餘尚能引導實作，而非僅止於想像。

　　本書共分九章，第一章為〈主題分析概論〉，除敘述主題分析的意義與重要性外，亦針對主題分析的性質、分析方式、分析步驟、注意事項、分析方法、類型與應用，分別予以說明；第二章為〈知識組織系統〉，說明知識組織系統的定義、目的、特性、類型及其應用；第三章為〈圖書分類理論及圖書分類原則〉，除介紹西洋近代著名圖書分類理論學者及其主張外，復說明圖書分類理論與分類的一般通則與特殊細則；第四章為〈中文圖書分類法〉；第五章為〈杜威十進分類法〉；第六章為〈美國國會圖書館分類法〉，分別介紹這三種常用分類法的簡史、基本結構、類表的使用與標記方式；第七章為〈標題法〉，說明標題法的基本概念、列舉說明常用的標題表並闡述標題表之發展；第八章為〈索引典〉，介紹索引典之基本概念、設計、展現與評價、應用與維護、如何建置與管理及其發展趨勢；第九章為〈新興知識組織機制〉，包括俗民分類與社會性標記、知識本體等。全書內容儘量包括傳統概念與新知之介紹，期使學生能兼具新舊概念並予以融會貫通，將主題分析視為一種方法，進而能於知識組織領域妥善運用。

　　全書分由六位教師執筆，包括張慧銖（中興）、陳昭珍（臺師大）、

藍文欽（臺大）、邱子恒（臺北醫大）、阮明淑（世新）、鄭惠珍（國家圖書館），可謂跨校、跨單位合作撰寫而成。由於這幾位老師長期關心主題分析的相關議題，在教學與實務方面經驗豐富，可謂撰述主題分析教科書之適當人選。感謝幾位老師在繁忙的教學、研究與服務之餘，還撥冗參與撰寫本書，共同為主題分析相關知識的傳承盡一份心力。由於出版時間緊迫，文中如有疏漏在所難免，尚祈海內外專家不吝指正。

本書主編

張慧銖　敬筆

2016 年 5 月 15 日

目 錄

總　　序／張慧銖

序　　言／張慧銖

第一章　主題分析概論／張慧銖　　　　　　　　　　　　　　1
　　第一節　概述　　　　　　　　　　　　　　　　　　　　3
　　第二節　主題分析之範圍與步驟　　　　　　　　　　　　7
　　第三節　主題分析之方法與應注意事項　　　　　　　　　10
　　第四節　主題分析之類型　　　　　　　　　　　　　　　11
　　第五節　主題分析之應用　　　　　　　　　　　　　　　15

第二章　知識組織系統／邱子恒　　　　　　　　　　　　　　23
　　第一節　知識組織概說　　　　　　　　　　　　　　　　25
　　第二節　知識組織系統之定義、功能與特性　　　　　　　27
　　第三節　知識組織系統之類型　　　　　　　　　　　　　29
　　第四節　知識組織系統之應用　　　　　　　　　　　　　34
　　第五節　分類架構與知識之組織及呈現　　　　　　　　　37

第三章　圖書分類理論及圖書分類原則／藍文欽　　　　　　　45
　　第一節　前言　　　　　　　　　　　　　　　　　　　　47
　　第二節　20世紀以前之中西分類思維概述　　　　　　　　48
　　第三節　20世紀前葉之圖書分類理論家及其分類理論　　　59
　　第四節　圖書分類原則　　　　　　　　　　　　　　　　71

第四章　中文圖書分類法／鄭惠珍　　　　　　　　　　　　　85
　　第一節　簡史　　　　　　　　　　　　　　　　　　　　87
　　第二節　基本結構　　　　　　　　　　　　　　　　　　88
　　第三節　類表的使用　　　　　　　　　　　　　　　　　98

第四節　分類簡則　　　　　　　　　　　　　112
　　　第五節　索書號　　　　　　　　　　　　　　116

第五章　杜威十進分類法／鄭惠珍　　　　　　　　　137
　　　第一節　簡史　　　　　　　　　　　　　　　139
　　　第二節　基本結構　　　　　　　　　　　　　142
　　　第三節　杜威十進分類法之優缺點　　　　　　147
　　　第四節　類表的註記與符號　　　　　　　　　149
　　　第五節　類表的使用　　　　　　　　　　　　156
　　　第六節　分類簡則　　　　　　　　　　　　　186
　　　第七節　杜威十進分類法的標記　　　　　　　189

第六章　美國國會圖書館分類法／鄭惠珍　　　　　　199
　　　第一節　簡史　　　　　　　　　　　　　　　201
　　　第二節　基本結構　　　　　　　　　　　　　204
　　　第三節　美國國會圖書館分類法之優缺點　　　212
　　　第四節　類表的註記與符號　　　　　　　　　214
　　　第五節　美國國會圖書館分類法的標記　　　　218
　　　第六節　類表應用與索書號之建置　　　　　　224
　　　第七節　美國國會圖書館分類法索書號排序　　243

第七章　標題法／張慧銖　　　　　　　　　　　　　249
　　　第一節　概述　　　　　　　　　　　　　　　251
　　　第二節　標題法基本概念　　　　　　　　　　254
　　　第三節　重要標題表舉要　　　　　　　　　　263
　　　第四節　標題表相關發展計畫　　　　　　　　273

第八章　索引典／阮明淑　　　　　　　　　　　　283
　　第一節　概述　　　　　　　　　　　　　　　285
　　第二節　索引典基本術語與概念　　　　　　　286
　　第三節　索引典定義與內涵　　　　　　　　　292
　　第四節　索引典的特性與功能　　　　　　　　294
　　第五節　索引典的編製　　　　　　　　　　　296
　　第六節　索引典的應用與發展　　　　　　　　308

第九章　新興知識組織機制／陳昭珍　　　　　　321
　　第一節　社會性標籤及俗民分類　　　　　　　323
　　第二節　知識本體（Ontology）的發展及其在知識組織系統之
　　　　　　應用　　　　　　　　　　　　　　　337

中文索引　　　　　　　　　　　　　　　　　　　355
英文索引　　　　　　　　　　　　　　　　　　　373

圖　目　錄

圖1-1	主題分析過程示意圖	9
圖5-1	網路版 *WebDewey*	141
圖5-2	表3A個別作家作品取號流程圖	168
圖5-3	表3B多位作家作品取號流程圖	172
圖6-1	Classification Web	204
圖7-1	主題解析示意圖	252
圖8-1	鳥類概念示意圖	288
圖8-2	等同關係示意圖	289
圖8-3	屬種關係示意圖	290
圖8-4	交叉關係示意圖	290
圖8-5	矛盾關係示意圖	290
圖8-6	對立關係示意圖	291
圖8-7	索引典在資訊系統中的基本功能	295
圖8-8	《農業科技索引典》展示──依字順	302
圖8-9	《淡新檔案索引典》展示──依字順	303
圖8-10	《漢語主題詞表》展示──依分類	305
圖8-11	《藝術與建築索引典》展示──依分類	305
圖8-12	《藝術與建築索引典》展示──階層樹狀架構圖	306

圖8-13	《荷蘭軍事技術文獻情報中心環形敘詞表系統》展示——環狀架構圖	307
圖9-1	在語意網中資源及連結可以有類別屬性	338
圖9-2	知識組織工具	341
圖9-3	OWL語法之發展示意圖	345
圖9-4	SKOS與其他XML技術或標準之關係	347
圖9-5	e-Government domain ontology as a common reference to interrelate IT-basedinformational resources	352

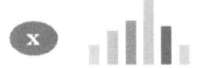

表目錄

表1-1	四種字順主題法概念比較表	14
表2-1	血緣關係採矩陣式分類架構呈現表	39
表4-1	四角號碼十種基本筆型	117
表4-2	四角號碼法個人著者取碼方式及範例	118
表4-3	四角號碼法團體著者取碼方式及範例	118
表4-4	首尾五筆著者號碼法之著者時代號	119
表4-5	首尾五筆著者號碼法個人著者取碼方式及範例	119
表4-6	羅馬字母號碼表	120
表4-7	西洋個人著者取碼方式及範例	120
表4-8	西洋團體著者取碼方式及範例	121
表6-1	美國國會圖書館克特表及範例	220
表6-2	個人著者克特號取碼及範例	221
表6-3	團體著者／題名克特號取碼及範例	221
表6-4	索書號出版年著錄形式	222
表7-1	LCSH參照符號一覽表	270
表7-2	主題詞發展之相關計畫一覽表	278
表8-1	中國大陸索引典修訂情況一覽	311
表9-1	標籤的七種類型	334

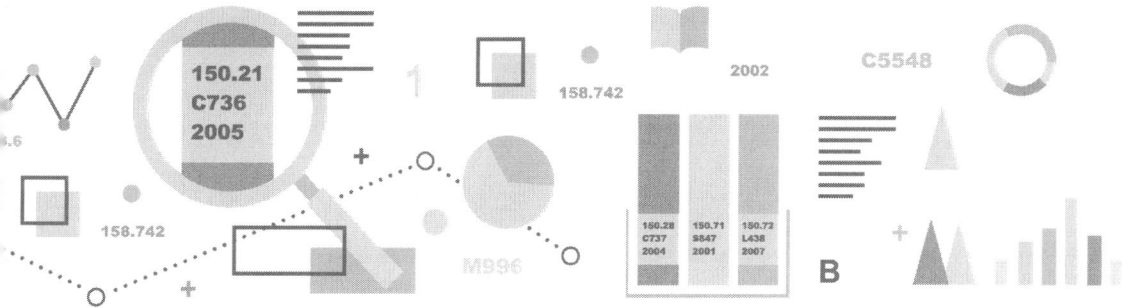

第一章
主題分析概論

學習目標

研讀本章內容之後，學習者應能夠：
- 瞭解主題分析的意義、性質與重要性
- 認識主題分析的方法與注意事項
- 認識主題分析的類型
- 瞭解系統主題法與字順主題法的異同
- 瞭解主題分析未來可能的應用

作者簡介

張慧鉎

(lisahcc@dragon.nchu.edu.tw)

國立中興大學
圖書資訊學研究所教授

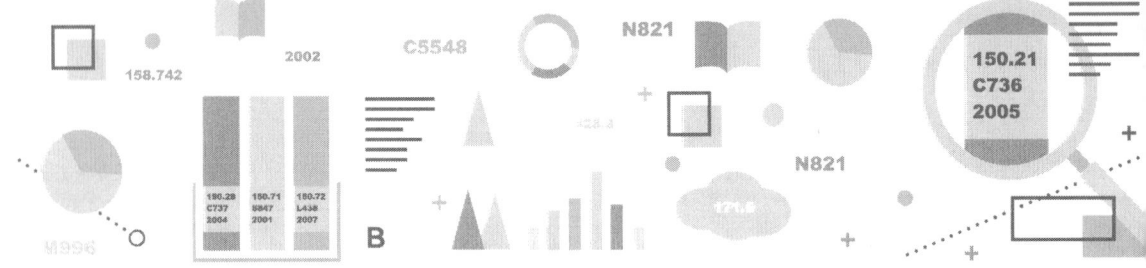

本章綱要

```
主題分析概論 ─┬─ 概述 ─┬─ 概念化性質
              │         ├─ 規範化性質
              │         └─ 組配性質
              │
              ├─ 主題分析之範圍與步驟 ─┬─ 語意性質
              │                        └─ 動態性質
              │
              ├─ 主題分析之方法與應注意事項 ─┬─ 方法 ─┬─ 人工
              │                              │         └─ 自動化
              │                              └─ 應注意事項
              │
              ├─ 主題分析之類型 ─┬─ 系統主題法 ─┬─ 標題法
              │                  │               ├─ 單元詞法
              │                  │               ├─ 描述詞法
              │                  │               └─ 關鍵詞法
              │                  └─ 字順主題法
              │
              └─ 主題分析之應用 ─┬─ 後分類
                                  └─ 層面分類
```

第一章
主題分析概論

第一節　概述

　　對文獻與資訊進行組織與整理以達書目控制的目標是圖書館的主要任務之一，無論是實體或數位圖書館在典藏資源之前，都必須將藏品予以分類編目。在圖書館的工作項目中，編目是指對文獻進行整理與組織，使各類型的資訊皆能以相同的格式呈現，以方便讀者在查檢與利用時能夠有效率地找到其所需資源。因此，編目工作即是辨識和記錄文獻特徵，將資料的形體與內容等能夠用來識別資料的相關項目，再依據共同規則加以著錄，使讀者可根據目錄的描述，對該資料有所認識並進而利用之。一般而言，編目工作的內容可分為記述編目（descriptive cataloging）與主題編目（subject cataloging）二種，前者是對資料實體進行分析，並按照編目規則逐項著錄，即記錄文獻的作者、題名、版本、出版項等資訊，使讀者能瞭解該資料形體上的特性，並決定其檢索點；後者則是對資料的內容主題進行分析，以判斷該資料所屬的分類號及主題標目，使讀者進一步掌握該資料的主題內容或學科性質（陳和琴、張慧銖、江綉瑛、陳昭珍，2003）。

　　主題分析是辨識某作品所包含的知識內容（intellectual content）之過程，係依據文獻顯著的特性加以解析，並且以數字、符號、名詞、形容詞加名詞的組合或片語標示出文獻中所述及的主題，以作為資料查詢的檢索點（Chu & O'Brien, 1993）。意即根據文獻儲存與檢索系統的需要，依照一定的方式對文獻內容進行分析，從中提煉出其主題概念、確定主題類型並剖析主題結構的過程。主題分析的結果可能會以二種方式呈現在目錄或書目之中，一種是數字符號，如分類系統；另一種是語言詞彙，如標題或索引詞（Chan, 1995）。常用之主題分析工具如美國國會圖書分類法（Library of Congress Classification，簡稱LCC）、杜威

十進分類法（Dewey Decimal Classification，簡稱 DDC）與中文圖書分類法；標題法則是採既定的標題表，如《美國國會圖書館標題表》（*Library of Congress Subject Headings*，簡稱 LCSH）、《美國國家醫學圖書館標題表》（*Medical Subject Headings*，簡稱 MeSH）、《中文主題詞表》。

主題分析的目的是在適當的深度上，分析和掌握文獻的中心內容並從概念上加以提煉與壓縮，以便依據這個中心內容選擇適當的主題詞做為文獻查詢檢索的標誌（陳敏珍，1996）。因此，文獻資訊經由主題分析之後，會由無序的狀態轉化為有序的組織，從而可編製為檢索工具。正確的主題標引可以使相同主題的文獻集中，構成有組織的整體，俾便檢索。主題分析除了是圖書館主題編目的工作外，實際上還包含語彙結構及主題索引兩大範疇。前者係指資訊組織與資訊檢索工具的建構，如分類法、標題表、索引典的建置；後者主要研究文獻內容的理解、索引詞彙的選用、索引製作方法與文獻內容關係之建立等，用以顯示文獻主題關連性之剖析（陳明來，2002）。換言之，主題分析是一種用語詞標誌處理文獻，以組織主題檢索工具或檢索系統的方法，也是主題索引與主題檢索的過程。

主題分析為了達成其詞彙控制的任務，作為圖書文獻的檢索方法，以增進資訊查詢效率，故具有以下基本性質（陳和琴等，2003）：

一、概念化性質

所謂概念（concept）即是人類對於事物的共同認知，進而達到相互溝通的目的。此種共通性便稱為概念。簡言之，概念是事物本質屬性的概括，任何一種檢索標誌都是圖書資料一種概念化的標誌。因此，標題或其他的主題詞表都是一種具有檢索意義的概念表。

二、規範化性質

主題分析欲建立起主題詞與概念間一對一之對應關係，因此每一主題詞只能表達一概念，而每一概念也只能用一主題詞表達。由於自然語言用於資訊檢索系統有如下的缺點：
（一）詞彙的同義現象。

（二）詞彙的多義現象。
（三）詞彙的模糊性和不確定性。
（四）詞彙量巨大，對於詞彙的儲存與檢索產生困擾。
（五）詞彙間的關係不明晰。
主題分析即透過規範手段，控制自然語言之選擇，以達成主題詞單義性規則之目的。

三、組配性質

　　透過主題詞表選取二個及二個以上的主題詞，依據一定的概念組合關係和符號，將其結合一起，以描述和表達所要標引或檢索的圖書資料之主題；組配方式可分為二種：

（一）前組合式（pre-coordinated）：在檢索圖書資料之前，先由編表或標引人員將主題詞明確地組合在一起，使之成為描述和表達圖書資料主題的固定標題。
（二）後組合式（post-coordinated）：在編表和標引時，並不將主題詞組配成固定型式的標題以表達文獻的主題，而是在檢索文獻時，才由檢索者利用主題詞進行組合檢索工作。

四、語意性質

　　語意是指詞語的意義，主題分析著重於揭示主題詞之間，亦即概念之間在語意上的相互關係。語詞間的語意關係可分為以下幾種：

（一）同義關係：指同一概念在語意上的反映。對具有同義關係語詞的揭示，乃是主題法中重要的課題，亦是主題詞規範化的重要工作。
（二）屬分關係：指屬與種概念、整體與部分概念在語意上的反映，亦指上位概念、下位概念之主題詞在語意上的相互關係。
（三）相關關係：指一組相關概念在語意上的反映，主題詞除了同義關係、屬分關係外，尚有其他語意關係，諸如：事物間的矛盾關係、對立統一關係、形式與內容關係、本質與現象關係、原因與結果關係等。

而詞語間之語意關係有以下的表示方法：
（一）在字順表中建立主題詞的參照系統：利用各種參照符號，對主題詞的各種語意關係加以連繫與反映。
（二）建立範疇索引：將主題詞依其學科性質或概念範疇，劃分成適應專業需要的若干族群。實際上範疇索引的編製，代表對具有不同學科性質或概念範疇的主題詞的一種分類。
（三）建立詞族索引或詞族圖：以每一個詞族中的族首詞（top term），即以最廣義的主題詞為中心，結合其下全部的下位主題詞、同義詞與相關詞，逐級向下、向左右展示的完全語意系統。

五、動態性質

由於主題法之檢索語言是一種處於不斷發展與變化的動態性檢索語言，所以主題法的動態性亦具體展現於圖書資料的標引與檢索工作。標引人員與檢索人員可依圖書資料主題之深淺與多寡的不同，而有較多的靈活性與適應性。

一般來說，主題分析在整個資訊組織的過程中具有如下的重要性（陳敏珍，1994；張慧銖，2011）：
（一）圖書資料的檢索方法與檢索工具是開啟知識寶庫的鑰匙。
（二）重視檢索方法和工具的研究與改進，方能提供讀者快速而高品質的資訊服務。
（三）以精確、具體的語彙或符號，對文獻資料提供主題內容之適當描述，促使讀者能夠迅速查檢出所需要的資料。
（四）揭示出特定主題範圍內研究主題、研究方法、或觀念及知識應用上的相關性。
（五）對於各學科領域都能提供一般性和專門性詳簡不同的分析款目。
（六）提供任何專家、學者或一般人習慣的術語，來檢索其所想要的有關資料。
（七）將不同國情、不同學科專家，或觀念上之變遷所造成的實際上相同的標目予以聚集。
（八）利用參照方式將具有關連性的主題做有效的連結，以利讀者蒐集到更完整的資料。

（九）理想的檢索方法與工具必須是：
　　1. 能適應專題研究的需要，具有高度集中某一主題文獻資料的功能。
　　2. 能展現多元化的檢索功能，以適應學科整合的需求。
　　3. 能適應各學科技術及文獻內容的專門性需要。
　　4. 以資料使用者習用的自然語言作為檢索的標記符號。
　　5. 能適應社會的需要及新知專技的發展，快速而有效地反映新學科與新事物。
　　6. 能適用電腦等新科技、新設備處理運用的功能。
（十）主題的分析與控制是主題查詢的基礎與準備階段。
　　由上述各點可以瞭解主題分析的良窳實與資訊查詢結果有極大的關連，同時也是資訊能否被利用的關鍵要素。

第二節　主題分析之範圍與步驟

　　若就主題分析的範圍而言，可依對象、分析單元、分析內容的不同作區分，以下分別說明之（農業科學資料服務中心，1995，Part IV，頁7）：

一、按不同對象區分

（一）文獻主題分析。
（二）提問內容之主題分析。
　　兩種主題分析應採用相同的分析方法，以達到主題分析的一致性，從而提高檢索的精確率（precision ratio）或回收率（recall ratio）。

二、按分析單元的不同區分

（一）宏觀分析：以一套、一種或一冊文獻作為一個分析單元所進行的一種綜合性主題分析。
（二）微觀分析：以一冊文獻中的一篇、一章、一節或者以一套文獻中的一冊作為一個分析單元所進行的一種專題性主題分析。

三、按分析內容的不同區分

（一）概要性分析：對文獻或提問內容所進行的一種粗略的主題分析，傳統圖書館的主題分析，無論用分類號或標題等來表示，皆屬於概要性分析。

（二）詳盡分析：其所分析的是一資料中之各部分內容，而非以整體為分析單位，是一種比較全面的主題分析。詳盡分析能夠比較全面地提出若干相關的一組主題，在主題標引中，這是常用的一種主題分析方式。

主題分析在圖書館作業流程中屬於智力密集的工作，一般而言，其過程包含了文獻判讀、主題概念的提煉、隱含主題概念的分析、文獻主題的取捨和主題類型的確定及主題結構的分析等六個環節，以下分別說明：

（一）文獻判讀

對文獻的研究是主題分析的第一步驟，即研讀呈現文獻主要概念的地方，一般而言，大多來自文獻本身的內容，但有些則是來自文獻附件資料，如使用手冊、標籤等，必要時可利用參考工具書，或者相互討論，或請教專業人員，以便準確瞭解文獻的學科和專業性質。

（二）主題概念的提煉

標引人員一面進行文獻閱讀，一面進行判斷，並且對文獻中關鍵性的語句做準確而精鍊的概括，此即為主題提煉的過程。

（三）隱含主題概念的分析

所謂隱含主題概念就是隱含在主題中的概念，由於往往不容易發現，稍不注意就會被忽略掉或錯置。因此，進行主題分析時，一定要認真細心，反覆琢磨，透過現象，抓住本質，切忌走馬看花，囫圇吞棗。

（四）文獻主題的取捨

文獻主題的選擇應依「去蕪存菁」的原則，按照既定的政策加以確定和提煉。為了提高讀者資訊檢索結果的精確率與回收率，近年來亦多認為文獻主題的

取捨,應以使用者的觀點來考量。

(五) 主題類型的確定

根據上述主題取捨的方法,將文獻主題解析出來後,再依照主題結構分析的概念,剖析主題結構。

(六) 主題結構的分析

主題結構就是構成主題的主題要素、主題中心和主題面的構成形式及其相互關係;而主題結構分析便是找出文獻的主題中心,圍繞主題中心,展開全部主題要素,再弄清全部主題要素之間的相互關係。從圖1-1即可看出整體主題分析的過程。

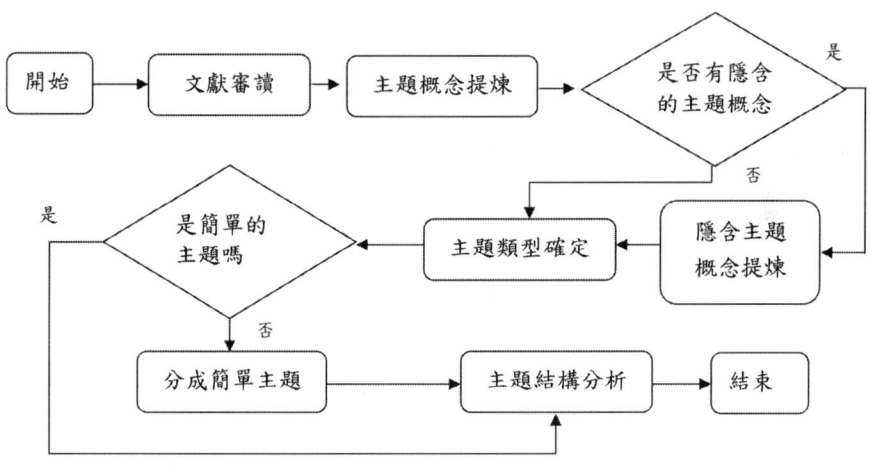

圖1-1　主題分析過程示意圖

資料來源:美國資訊科學學會臺北分會(1994,頁11)。

第三節　主題分析之方法與應注意事項

　　主題分析的方法可分為人工分析與電腦自動分析兩種，人工分析完全倚賴標引人員的學識與經驗，亦即根據其直覺判斷而定，因而該項工作費時費力、不完整與不一致之情形可想而知。然而自從電腦發明以來，研究者即不斷從理論與技術上探討自動主題分析的可行性。自動分析又稱為內容分析（content analysis），其所應用的技術又可分為兩大類：一、元素分析（elemental analysis）：舉凡分析文章之基本元素，如辨識字、字群、字順等，包括計算文字出現的頻率、索引典的使用、用字分析、字根法、停用字表等皆屬之；二、結構分析（structural analysis）：有關文獻或訊息（messages）的結構分析，如辨識元素及元素之間的關係，亦即語意分析，而電腦語意分析系統的主要工作便在將「輸入句子」的語法結構，以及句中各詞類所提供的「語意訊息」即可將充分表達句意的邏輯結構建置出來，對於不合乎語意的句子則加以排除（陳昭珍，1992）。

　　在進行主題分析時，常見的主題分析誤差有：
一、主題概念提煉不全。
二、主題概念提煉過多。
三、主題概念提煉錯誤。
此外，應注意事項尚有客觀性、專指性、詳盡性、一致性以及針對性五點，分別說明如下（張慧銖，2011）：

一、客觀性

　　係指需按照文獻本來的面目進行內容分析，切忌主觀猜測或加以褒貶。

二、專指性

　　係指從文獻中提煉出來的主題概念，必須和文獻所論述的主題概念無論在外延和內涵上皆為一致。

三、詳盡性

係指主題內容分析的全面性，即分析、提煉主題概念所達到的全面程度；而主題分析的最佳詳盡性，應該使檢索系統具有一定的回收率、較好的精確率，以及較快的查詢速度。

四、一致性

指不同標引人員或同一標引人員在不同時間標引同一篇文獻所達到的一致程度，前者係指外部的不一致性（inter-indexer inconsistency）；後者則指內部的不一致性（intra-indexer inconsistency）。然而要做到這一點相當不容易，因為要保證主題分析的一致性，標引人員必須按照主題分析提綱、主題類型、主題分面圖，和主題分析步驟等進行主題分析工作，切不可自行其是。

五、針對性

係指標引人員根據使用者的需求所達到的「切題」程度。必須要求標引人員在分析文獻的主題時，要設身處地為使用者著想，且要考慮使用者的檢索習慣，使檢索工具或檢索系統具有適用性，以便符不同學科與不同專業使用者的需求。

第四節　主題分析之類型

主題分析依其展現方式之不同，約可分為兩大類，一為系統主題法，另一為字順主題法。其中前者又可分為階層式分類法（hierarchical classification）及分析綜合式分類法（analytico-synthetic classification）；後者則包括標題法、單元詞法、敘述詞法，以及關鍵詞法，茲分別說明如下：

一、系統主題法

　　此法即一般所稱之分類法，係建立於學科體系之上，依其組配程度的不同，又可分為階層式分類法與分析綜合式分類法（陳佳君，1995）。

（一）階層式分類法

　　是一種直接表現知識分類層級概念的標示系統，係運用概念邏輯的原理，依照文獻的內容與部分外表特徵而進行一種系統化的組織，以直線式邏輯方式建立分類表，並且標示出每一知識部門於分類表體系之位置，可因其具有之特質分成不同類別，每一類別根據其特性再細分子類，細分邏輯會在整個區分過程不斷地重複，直到無類可分。階層式分類法可聚集相同屬性的事物，但對於某一事物具有多種屬性時，便會因分類標準的差異，而歸入不同的類目，形成同類文獻被分散的現象。若是以組配程度而言，階層式分類法係由編表人員事先組配主題之組合型式，故屬於列舉式分類法。雖然如此，但仍然可以利用複分、仿複分等方式針對主題概念加以分析綜合，所以並不是一個全面列舉式的分類法。圖書資訊學界採用之圖書分類法，例如：杜威十進分類法、中國圖書分類法、中文圖書分類法等皆屬之。

（二）分析綜合式分類法

　　此類分類法的基本理念是「概念」的可分析性與可綜合性，最主要目的是為瞭解決階層式分類法的列舉方式無法容納知識多元化之發展。它是採用由下往上的反傳統觀念進行主題呈現，將主要的基本術語列舉出來，供主題分析人員自由組合。若以組配程度而言，分析綜合式分類法是由標引人員決定主題之組合型式，例如國際十進分類法（Universal Decimal Classification，簡稱 UDC）與冒點式分類法（Colon Classification，簡稱 CC）。分析綜合式分類法對呈現主題概念具有相當的彈性，因此非常適合用於線上檢索系統。

　　若將兩者進行比較，階層式分類法是將人類全部想得出來的類目一一列舉出來；而分析綜合式分類法僅將主要的術語列舉出來，讓標引人員自由組合。階層式分類法的優點有：
1. 有很長一段時間全世界廣泛而成功地使用著。

2. 通常標記短而不複雜。
3. 就標記而言，此種分類法的標記比較容易表現類表的結構。

而其缺點則是：
1. 分類表不可能列出每一個想像得到的學科類目。
2. 即使簡單的學科，也可能缺少容置的空間。
3. 階層式分類法比分析綜合式分類法更不易安置新的學科，需要定期修訂。

分析綜合式分類法的優點包括：
1. 由於並未列出複雜學科，編制類表相對容易。
2. 類表較為簡短，但可以容納非常簡單及非常複雜的學科。

然而其缺點有：
1. 標記過於冗長且複雜，較不適合圖書館資料的排架或文件排列。
2. 引證次序的決定往往因人而異。

由此可見階層式分類法是呈現知識的最佳分類架構，非常適合用來呈現已發展成熟的知識領域，而分析綜合式分類法是一種分類新知識很好的工具。

二、字順主題法

字順主題法共有四種，即標題法、單元詞法、關鍵詞法及敘述詞法，茲分別說明如下（張慧銖，2011，頁109）：

（一）標題法

標題法是一種以標題詞作為文獻概念呈現的主題法。所謂的標題詞，是一種經過規範化處理，用來代表文獻主題的詞或詞組，其構成的基本原理可歸納成以下四點：
1. 依照主題集中文獻。
2. 以控制的詞彙直接標示文獻的主題概念。
3. 以參照方法間接顯示主題詞間的相互關係。
4. 以字順排列方式直接提供主題檢索。

透過詞彙控制使主題與概念建立一對一的關係，而能達到依主題集中文獻的目的。

（二）單元詞法

　　單元詞法是將每一個複合概念分解成若干單元概念，而每個單元概念只需使用一個單元詞表示。此法是以最小單元詞來標示文獻主題，並透過單元詞的組配，以檢索文獻資料，可說是最早的分析綜合式主題法。然而，單元詞本身並非具體的標題詞，因此，需透過單元詞的組配，才能構成一個專指款目，以檢索文獻資料。由於單元詞法缺乏完善的參照系統，不利於讀者進行主題檢索，因而才會有敘述詞法的出現。

（三）敘述詞法

　　敘述詞法是利用概念的分解與組配原理，以規範化的敘述詞作為文獻主題標示的依據，屬於後組合式主題法。

（四）關鍵詞法

　　關鍵詞法是直接引用文獻所使用的主題詞彙，用以代表文獻主題概念並作為檢索詞使用，包括題名、作者、全文出現之原始詞彙。其特點是語詞不必規範，也不需要查閱詞表，僅需編制一個數量不多的『非關鍵詞表』，如：冠詞、助詞、連接詞、介詞及一些通用概念詞即可，係屬後組合式主題法。

　　由表 1-1 可以看出上述四種字順主題法的異同（美國資訊科學學會臺北分會，1994）：

表 1-1　四種字順主題法概念比較表

字順主題法	主題詞	組配方式	組配原理	詞彙關係
標題法	標題詞	前組合	字面組合	等同、層級、互見
單元詞法	單元詞	後組合	字面組合	等同關係
敘述詞法	敘述詞	後組合	概念組合	等同、層級、聯想
關鍵詞法	關鍵詞	無	無	無

資料來源：美國資訊科學學會臺北分會（1994，頁 3）。

三、系統主題法與字順主題法之異同

　　系統主題法與字順主題法雖有不同，但兩者亦有相似之處，茲將其間之異同分析如下：

（一）相同點

1. 兩者都是揭示文獻主題內容的方法。
2. 都是經由主題分析、主題標引的過程而欲達到資訊檢索的目的。

（二）相異點

1. 主題概念的表達方式不同，系統主題法多以字母或數字表達，而字順主題法則採語詞作為主題概念的表達方式。
2. 主題概念的組織方式不同，系統主題法多以學科類別為其主題概念的組織方式，而字順主題法則以詞語之字順來組織主題概念。此外，系統主題法採線性組織方式，而字順主題法則為非線性組織方式。
3. 主題之內在關係的顯示方式不同，系統主題法多以類號、類目之層級來顯示，而字順主題法則採詞語間之參照系統。
4. 標引方法不同，系統主題法在分析出主題後還要確定文獻之學科性質，而字順主題法則需辨別文獻主題名稱構成因素間的關係。
5. 文獻的集中與分散不同，系統主題法會依學科集中，但分散主題，而字順主題法則會把從不同角度但研究同一對象的文獻集中於一處。
6. 對於學科發展的適應能力不同，與系統主題法相較，字順主題法中對於主題詞的增刪，並不會影響整個主題法的系統結構，因此對於學科技術發展的適應能力較強。

第五節　主題分析之應用

　　圖書館在進行資訊資源的主題分析時，傳統上大都採用分類表、主題詞表與索引典等工具來加以處理。值此數位時代，網路上充斥著無數的資訊資源，不僅帶來較以往更為複雜的組織與管理問題，也引發如何以更快速、更有效的方式

取得資源的探討。主題查詢在資訊時代中已成為一種查找資訊的主要方法，關鍵字搜尋的技術雖然為使用者開啟了一扇方便的大門，讓使用者能夠快速檢索到想要的資源，但其產生動輒數以千計的查詢結果亦令人感到挫折，且其檢索效能遭遇瓶頸，始終無法提升。由於資訊係以指數倍率快速增長，圖書館的主題分析需要高度的知識加工處理，傳統上有賴訓練有素的圖書館人員進行此項工作，其方式雖能確保資訊檢索的準確率，但是人工的處理方式卻無法負荷過於龐大的資訊量，再者資訊科技的持續進步與數位資源的大量產生，亦使得探討主題分析的議題多偏向研究如何以自動化的方式處理。

　　資訊檢索活動實際上包括儲存與檢索兩方面。資訊儲存係指檢索工具與檢索系統的建立，而資訊檢索則指這些檢索工具及檢索系統的利用；使用者用以查尋所需的資訊，兩者間關係極為密切（陳和琴，2003）。資訊檢索一般可分為已知項目的檢索和主題檢索，就圖書資訊而言，所謂已知項目的檢索，包括已知著者或題名的檢索，而主題檢索即是針對特定主題的查詢。可提供主題檢索的資訊查詢系統，包括圖書館的線上公用目錄和各種不同主題的資料庫；就線上公用目錄而言，關於主題的檢索點有標題與分類號查詢，其所使用的規範工具為分類表與標題表。至於資料庫的主題檢索採用的規範工具為標題表及各類索引典。除了控制詞彙的查詢外，許多系統也提供自然語言的檢索方式，包括關鍵字或語句的查詢。所謂自然語言系統係指沒有語彙控制的資訊儲存與檢索系統，有些資料庫不用自然語言索引典，而是利用檢索的技術來解決自然語言的檢索問題，如：使用位置運算，以減少錯誤組合或同形異義字混淆的問題。若利用切截（truncation）技術檢索，則可以集合相關的用語來檢索，通常可分為右切截（right truncation）、左切截（left truncation）及中切截（infix truncation）三種，常用的切截符號包括？、#、*、$ 等，茲以？為例說明如下：

一、右切截：如：輸入「behavi?」，則可檢索出 behavior、behaviour 等字。
二、左切截：如：輸入「?gravine」，則可檢索出內含 landgravine、margravine 等字。
三、中切截：如：輸入「wom?n」，則可檢索出內含 woman、women 等字。

　　然而自然語言查詢的最大限制，除了檢索出不相關的資訊外，有時也會遺漏大量相關的資訊，截至目前為止尚未克服這些缺失。因此可以說沒有經過分類與詞彙控制作業，知識紀錄是無法有效地被檢索（蔡明月，1995）。主題分析在現今資訊檢索的應用有兩種：

一、文件檢索後分類

　　檢索後分類與傳統的資訊檢索，在概念上並不完全相同。傳統的資訊檢索，目的是找一篇或幾篇文件；然而檢索後分類的目的，是讓使用者對檢索結果得到的子集合中的文件，用各種不同的角度觀察時可以看出不同的分布情形，而這些分布往往是重要脈絡發現的開始（Wolverton & Fowler, 2011）。因此，檢索後分類的應用可以讓使用者「看到」文件集合的特性。換言之，檢索後分類是在檢索結果後，對查詢結果進行分類，是系統為「檢索結果文件集」所進行的「檢索後分析」之一。此工具通常於每次檢索後，呈現在系統畫面的左（右）半部，會根據年代、資料類型、作者、語言、地域及主題等多個後分類維度，將檢索回傳的文件分類至各個類別之中，並且計算每個類別所擁有的文件總數。藉由觀察檢索後分類的結果，使用者可以得知檢索回傳文件在年代、資料類型、作者、語言、地域及主題分類上的分布情況，尤其是當檢索結果的數量太大時，使用者不需將文件一一檢視完畢，便可快速掌握檢索結果的概況（項潔，2012，頁 46）。

二、層面分類

　　主題分析的另一應用為層面分類（faceted classification），其應用在網頁資源的組織、管理與檢索之所以能受到使用者青睞，主要還是得力於使用介面視覺化及具有彈性、動態的呈現方式，讓使用者在檢索的過程中感到舒適與滿意。雖然資訊檢索系統本身的效能是使用者評估滿意度時的主要考量，但網頁製作技術的進步對層面分類的發展也產生不小的影響。

　　廣義來說，無論任何系統其文獻若用文字或標記來描述並組合其要素，所使用的技術就是層面分類（Broughton, 2002）。狹義而言，若從文獻主題分析的角度觀之，層面分類是將主題概念分解成數個簡單、個別的概念（或概念因素），再依照它們所屬的分類號（或各種標記）組合來表達一個複雜的主題概念（林雯瑤，2007）。然而若要建立層面分類架構，首先必須進行層面分析（faceted analysis），即是列舉出形成主題基本分類概念的特性後再聚合的過程，是一種將代表基本概念的單元詞彙由下往上匯集成群的過程（何光國，1993）。層面分類

採用「分析－組合」的技術，將主要的基本術語列舉出來，供給分類員自由地拼湊組合成一組標準詞彙表。此為非常重要的技術，命名的起始在於它對文獻主題面向的分析，也就是將各個面向具體化成多個層面，然後再歸入特定的基本項目。

層面分類在應用上的優、缺點可以歸納如下：

（一）優點

1. 提供各學科主題分類的彈性：能夠容納多種理論架構與模式，即使是不同學科也可以運用層面分類的概念分析、組合出層面。
2. 對新知識的包容性強：層面分類法可以輕易容納新的概念，只要將概念重新分析、組合後，就能提供不同的層面再予組合表現。
3. 主題表達性強：層面分類法可藉由多種層面的組合準確地表達主題概念。
4. 組合方式多元：層面分類用於檢索時，可以自由地排列組合，因此能滿足更多使用者的需求。
5. 可以加入新的層面：經過拆組分析過程若發現詞彙不屬於任何一個層面，就可以增加新的層面，容納新的概念。

（二）缺點

1. 建構困難度高：層面分類法對一般使用者而言比較陌生，且對於初學者而言非常複雜，很難使用。再者，若要將一個概念清楚地以多個層面進行分析，需要經過多方測試，難免耗時費力，必須投注一定的成本才能保持層面分析的品質（Kim, 2006）。
2. 難以整合出可瀏覽的階層式列表：層面分類的類目體系是隱含的，不容易視覺化。因為經過層面分析的概念架構是多維的，即使概念透過層面得以完整而複雜的方式被歸類，卻很難以列舉的方式呈現。
3. 標記複雜，檢索過程耗時：因為一個主題通常由多個層面組合而成，所以層面分類法的標記顯得較為複雜，在圖書館排架上也有書標過長的問題。
4. 不易合作，也不適用於綜合學科：層面分類雖然具有彈性，可以自由調整組合順序，滿足使用者需求。但在圖書館編目上卻會因為無法達到一致化而造成合作上的困難。

圖書館在典藏資源之前都先經過內容分析過程將資源予以分類編目，而分類編

目涉及人工處理,可能會產生內、外部不一致的現象,意即同一人前後判斷不同,或不同人因見解不同而使用不同類號或詞彙等。因此,圖書館便運用查檢與權威控制的方式,儘量使同類資源的類號與詞彙達到一致。但當編目紀錄上傳至系統給讀者使用時,讀者會面臨其使用的檢索詞彙與館員使用的控制詞彙不一致的窘境,而雙方因使用詞彙的不同將導致檢索效果低落,讀者亦得不到滿意的查詢結果,找不到所需資料。圖書館為因應此困難試圖尋求解決方案,以改進檢索系統與讀者間的使用落差。其中「詞彙展示」與「自動詞彙對映」都是將索引典、標題表、分類表類目等控制詞彙結合到資訊檢索的過程中,前者是直接將控制詞彙展示於檢索介面上,供使用者選擇利用;後者則是將控制詞彙與使用者檢索詞彙作同義關聯對映,並且把對映結果結合系統程式碼並於幕後轉換成同義詞,讓使用者不必自行轉換詞彙,系統也能自動對映到館員所使用的控制詞彙,找到讀者需要的資料。

關鍵詞彙

主題分析 Subject Analysis	主題標目 Subject Headings
系統主題法 Systematic Classification	字順主題法 Alphabetical Subject Classification
精確率 Precision Ratio	回收率 Recall Ratio
分析綜合式分類法 Analytico-Synthetic Classification	階層式分類法 Hierarchical Classification
前組合索引 Pre-Coordinated Indexing	後組合索引 Post-Coordinated Indexing

自我評量

- 主題分析的重要性為何?
- 進行主題分析時應注意哪些事項?
- 主題法的類型有幾種?

- 字順主題法的基本理念為何？
- 系統主題法與字順主題法有何異同？

參考文獻

何光國（1993）。圖書資訊組織原理。臺北市：三民。

林雯瑤（2007）。層面分類的概念與應用，教育資料與圖書館學，44(2)，153-171。

美國資訊科學學會臺北分會（1994）。索引典理論與實務。臺北市：中國圖書館學會。

張慧銖（2003）。主題分析。在中華民國圖書館協會（編），資訊組織進階班研習手冊（頁189-241）。臺北市：中國圖書館學會。

張慧銖（2011）。圖書館電子資源組織──從書架到網路。新北市：Airiti Press。

陳佳君（1995）。從知識結構探討主題分析。書府，16，30-48。

陳和琴（2003）。主題詞表的內涵及在網路環境中所扮演的角色，佛教圖書館館訊，33，24-27。

陳和琴、張慧銖、江綉瑛、陳昭珍（2003）。資訊組織。臺北縣：空大。

陳明來（2002）。主題分析在圖書資訊組織之角色探討。圖書與資訊學刊，42，69-84。

陳昭珍（1992）。主題檢索理論之探討──主題分析（上）。書農，9，11-27。

陳敏珍（1994）。主題分析與主題檢索初探。國立臺灣師範大學圖書館館訊，14，4-8。

陳敏珍（1996）。主題分析理論與方法之探討。在胡述兆教授七秩榮慶論文集編輯小組（編），圖書館與資訊研究論集：慶祝胡述兆教授七秩榮慶論文集（頁691-705）。臺北市：漢美。

項潔（2012）。數位人文要義：尋找類型與軌跡。臺北市：國立臺灣大學出版中心。

農業科學資料服務中心（1995）。主題分析基礎課程。臺北市：夏林含英。

蔡明月（1995）。論線上目錄之主題檢索。教育資料與圖書館學，33(1)，53-67。

盧秀菊（1997）。中文主題標目與標題表。中國圖書館學會會報，59，25-42。

Broughton, V. (2002). Faceted classification as a basis for knowledge organization in a digital environment: The bliss bibliographic classification as a model for vocabulary management and the creation of multidimensional knowledge structures. *The New Review of Hypermedia & Multimedia, 7*(1), 67-102.

Chan, L. M. (1995). *Library of congress subject headings: Principles and application* (3rd ed.). Englewood, CO: Libraries Unlimited.

Chu, C. M., & O'Brien, A. (1993). Subject analysis: The critical first stage in indexing. *Journal of Information Science, 19*(6), 439-454.

Given, L. M., & Olson, H. A. (2003). Knowledge organization in research: A conceptual model for organizing data. *Library & Information Science Research, 25*(2), 157-176.

Kim, K.-S. (2006, August). *Facet analyses of categories used in web directories: A comparative study*. Paper presented at the World Library and Information Congress: 72nd IFLA General Conference and Council, Seoul, Korea.

Wolverton, R. E., Jr., Hoover, L., & Fowler, R. (2011). Subject analysis of theses and dissertations: A survey. *Technical Services Quarterly, 28*(2), 201-222. doi: 10.1080/07317131.2011.546276

第二章
知識組織系統

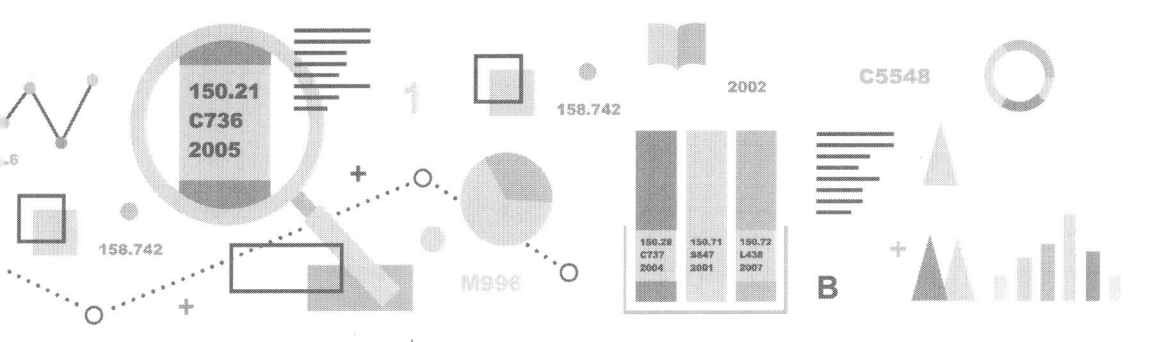

作者簡介

邱子恒

(tzchiu@tmu.edu.tw)

國立臺北醫學大學
通識教育中心教授

學習目標

研讀本章內容之後，學習者應能夠：

- 瞭解知識組織之基本概念
- 瞭解知識組織系統之定義
- 瞭解知識組織系統之功能
- 瞭解知識組織系統之特性
- 瞭解知識組織系統之類型
- 瞭解知識組織系統之應用
- 瞭解分類架構對知識組織與呈現之影響

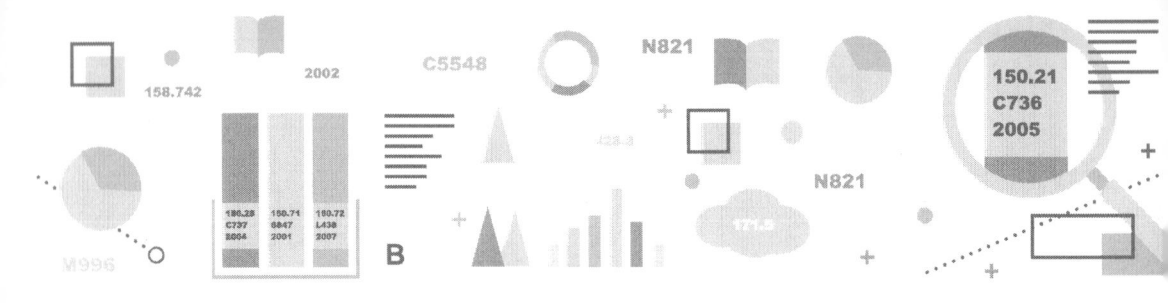

本章綱要

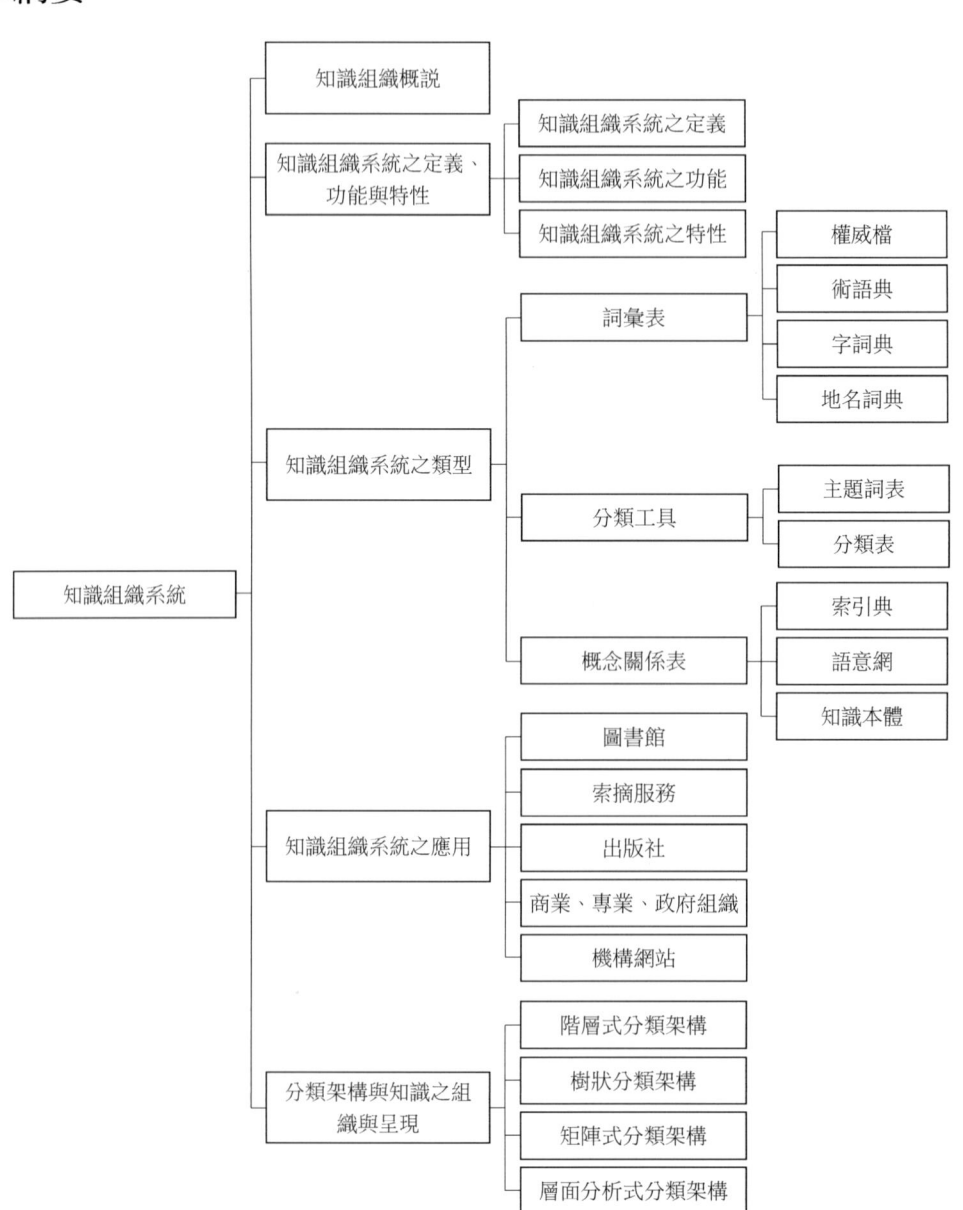

- 知識組織系統
  - 知識組織概說
  - 知識組織系統之定義、功能與特性
    - 知識組織系統之定義
    - 知識組織系統之功能
    - 知識組織系統之特性
  - 知識組織系統之類型
    - 詞彙表
      - 權威檔
      - 術語典
      - 字詞典
      - 地名詞典
    - 分類工具
      - 主題詞表
      - 分類表
    - 概念關係表
      - 索引典
      - 語意網
      - 知識本體
  - 知識組織系統之應用
    - 圖書館
    - 索摘服務
    - 出版社
    - 商業、專業、政府組織
    - 機構網站
  - 分類架構與知識之組織與呈現
    - 階層式分類架構
    - 樹狀分類架構
    - 矩陣式分類架構
    - 層面分析式分類架構

第二章
知識組織系統

第一節　知識組織概說

　　圖書資訊學界向來關心人類紀錄性知識的徵集、組織、儲存、檢索與傳播等議題，而資訊組織更是其學科專長之所在。在進一步說明資訊組織與知識組織的關係之前，吾人應先瞭解「組織」這個詞的意義。「組織」可當作名詞或動詞解釋，名詞的組織（organization）是指某種事物有序的存在方式，即事物內部按照一定結構和功能關係構成的存在方式，也就是一種系統；而組織當作動詞（organize）時，則是指事物朝空間上、時間上、或是功能上有序結構的演化過程，也就是組織化。組織化意味著事物從無序混亂朝有序之結構方向演化，或從有序度低向有序程度高的方向演化（邱子恒，2003）。因此「組織」可說是將雜亂的物件有序化成為一個有用的整體之過程，其最終目的就是為了方便檢索。而何光國（1993，頁57）更指出「組織就是力量」，這裡所謂的力量就是指由「組織」帶來的最終秩序、效率、和成本效益。

　　Taylor 與 Joudrey（2009）在其出版的《資訊組織》教科書中強調，資訊組織的對象是記錄性資訊（recorded information），她歸納出資訊組織的六大活動依序為：
一、辨識出有那些資訊載體的存在。
二、辨識出在資訊載體中，包含那些資訊內容。
三、有系統性地將這些資訊載體組織成為一個整體。
四、根據標準規則為這些資訊載體製作清單。
五、為其資訊內容選定有用的檢索點。
六、提供資訊載體的位置，或是獲得該資源的方法。

該書包括了檢索工具、編碼標準、詮釋資料、主題分析、分類、紀錄的排序與呈現、和系統設計等章節，這些內容大致涵蓋了圖資領域在組織資訊時所運用到的工具與技巧。

圖書資訊學界傳統上即在研究圖書和文獻的組織方式，資訊組織是建立在「文獻單元」上，即是對文獻做形式上的加工，也就是對文獻進行整序、組合、編碼、標識、轉換和濃縮等活動。但文獻組織既是以「文獻」為基本單位來表達、測度和評價知識，當然不能真正反應出圖書館在知識累積量、儲存量、以及讀者從圖書館所能獲取的知識量。因為直接促進社會發展的是知識，而文獻只是知識的載體，所以知識與文獻之間雖有密不可分的關係，但並不表示文獻就可以代替知識（李宏軒、馬海群，2001，頁12）。而知識組織的對象是「知識單元」，目前對於知識單元較具代表性的看法有兩種，一種認為其是知識不再分解的基本單位，是構成系統知識最小之基本要素；另一種認為其是知識不同層次的、自為一組相對獨立的單位。事實上，此兩種認知並不相互矛盾，因為「不再分解」的最小單元具有相對性、認識層次性、和構成知識單元的容量大小和屬性的區別（徐榮生，2001，頁2）。

知識組織的理論是建立在知識單元的基礎上，而知識是以知識單元及許多語詞或句子的可能組合來表達，所以知識組織即是將無序或分散的特定知識，根據一定的原則與方法，使之有序、集中、定位，以方便知識的提供、利用、與傳播（阮明淑，2001，頁352），其是以知識整理與交流活動為研究範疇，涉及到知識的生產、傳遞、吸收、與利用等環節。因此，知識組織是關於知識的整理、加工、表示、獲取、和利用等一系列控制行為的理論和方法，是所有組織知識的方法、技術、與能力的總和（邵蔓莉、李林華、李宏軒，2001，頁22）。

蔣永福提出七種具體的知識組織方法，分別是：一、知識表示——主觀和客觀知識的表示；二、知識重組——知識因子和知識關聯的重組；三、知識聚類——學科、主題、人、使用及時空之聚類；四、知識存檢——腦內及腦外知識存儲；五、知識編輯——知識載體的蒐集、整理與組織；六、知識布局——主觀和客觀知識的布局；和七、知識監控——法律、標準之監控（阮明淑，2001，頁352）。

而根據Klobas（1997, pp. 46-48）的看法，知識組織的五大活動依序為：一、闡釋隱性知識（即瞭解到底人們知道什麼）；二、記錄這些知識（即知道人們知道這些知識）；三、辨識知識的來源（即掌握什麼人知道什麼）；四、組織已記錄的知識；和五、檢索已記錄的知識。由此可知隱性的知識因為存在於人腦或是

流程中，需要經過萃取、記錄等手續，即將隱性知識顯性化，才能方便後續的組織、檢索與再利用。

當圖書資訊專業人員在組織知識時，常會遭遇到知識單元的問題，因為內部知識與外部知識的基本單位不同：外部知識的實體單位常常是一份文件，但其中卻包括很多的知識概念；而內部知識的基本單位卻小得多，它們可能是資料庫中的一筆紀錄、或是一封電子郵件；然而使用者想檢索和利用的知識單位卻會因個案而不同（Klobas, 1997, pp. 47-48）。此外，知識物件具多變性，可以是實體或是抽象概念，有的甚至疆界模糊，或是發生在連續的時空舞臺上，這些特性也使得知識組織變得更具挑戰性（Barite, 2000, pp. 6-7）。

第二節　知識組織系統之定義、功能與特性

人類的文字中有許多同形異義、同義異形、以及類相似詞等情況的詞彙，雖然這樣豐富的詞藻使人們的生活多彩多姿，卻也因為語意的複雜性和模糊性，使得吾人在檢索資訊時倍加困難（Fiddler, 2000, p. 277）。商業世界屬於社會科學的範疇，此領域用字模糊度高，不同產業和不同部門間的術語也不相同，甚至會有多語文的問題。NewsEdge顧問公司的知識管理顧問團隊發現，許多企業單位的研究人員並不熟悉他們想要檢索的資訊所用的專門術語（jargon），因此不知道要用什麼檢索詞才可以檢索到所需資訊，對資訊使用者來說是很大的障礙（Bryar, 2001, p. 6）。因為使用自然語言檢索資訊，不但降低檢索的成功率，更浪費寶貴的時間（Fiddler, 2000, p. 277）。所以該顧問團隊建議企業單位在組織整理知識資源時，為了要達到查全（high recall）、查準（high precision）、即時、省錢的目標，應該要借助優質的知識組織系統（Knowledge Organization Systems，簡稱KOS），這些知識組織系統通常採用控制詞彙，不但可以大幅減少檢索時所需鍵入檢索詞的數量，更可以節省大量的檢索時間（Fiddler, 2000, p. 278）。以下就知識組織系統之定義、功能與特性逐一說明。

一、知識組織系統之定義

國際知識組織學會（International Society for Knowledge Organization，簡稱

ISKO）成立於1989年，其主要的工作目標是在促進知識組織系統的研究、發展與應用。「知識組織系統」一詞，被用來統稱各種對人類知識結構進行表達及組織化闡述的語意工具，例如分類系統、地名詞表、詞彙資料庫、知識本體、知識分類表及索引典等，企圖將某一領域的基礎語意結構加以模式化，以利檢索（陳和琴，2011）。

Hodge（2000）認為「知識組織系統」涵括各種用來組織資訊與促進知識管理的工具，如：以一般層次組織圖書館館藏圖書的分類表（classification schemes）、提供更詳細主題檢索的主題詞表（subject headings）、控制不同形式地名/人名的權威檔（authority files），也包括比較不傳統的語意網（semantic networks）和知識本體（ontologies）。因為知識組織系統是組織整理資訊的機制（mechanisms），其可說是每個圖書館、博物館和檔案館的核心，通常這些資訊典藏與傳播機構都會依需要使用一種以上的知識組織系統以支援其館藏的檢索服務，因此決定選用哪種知識組織系統對他們的發展至為重要。

二、知識組織系統之功能

知識組織工具對某一領域的基礎語意加以模式化，並經由為概念下標籤、定義、決定屬性及關係，具備提供語意、導航、翻譯等功能（陳和琴，2011）。Soergel（1999）亦指出知識組織系統的功能，包括：為專有領域提供語意地圖並界定概念間的關係；增進溝通與學習；為選擇檢索詞彙提供概念上的架構；提供概念間的分類架構；支援資訊檢索；為知識庫的建構提供概念基礎；為軟體系統提供資料項目的定義與物件階層關係的概念基礎；跨越學科領域、突破語言與文化差異的障礙；可做為某領域的單語、雙語或是多語字詞典等。因此不論是在人類思考、溝通上，或是在人類與電腦的組織知識和檢索資訊上，都扮演很重要的角色（Soergel, 1999, p. 1119）。

Hodge（2000）認為知識組織系統主要的功能是用來組織資料，以利檢索與管理館藏資料，因此可說是使用者資訊需求與館藏資料間的橋樑。使用者即使事先不知曉某一物件的存在，也應能利用知識組織系統，經由主題瀏覽或直接檢索的歷程辨識出自己感興趣的物件。此外，知識組織系統也能協助資訊組織者掌握館藏的範圍與狀況。

三、知識組織系統之特性

　　人類是天生的組織者，從兒時起吾人就開始玩「排排看」和「連連看」的遊戲，我們常會藉由將新奇物件與經驗跟以往熟悉的東西做比較，來認識這個不斷改變的世界。早期的哲學家也試圖藉由發展完整的知識組織系統來認識世界，例如亞里斯多德將知識分群並命名為物理、政治、心理學……等，而這知識系統至今仍影響我們對世界的觀點。此外，在 1800 至 1814 年間使用的《美國國會圖書館分類法》，該類表是根據法蘭西斯‧培根（Sir Francis Bacon）的哲學著作而編製，因此是一個英國式的世界觀；而 1814 年起受了湯瑪斯‧傑佛遜（Thomas Jefferson，美利堅合眾國第三任總統，同時也是《美國獨立宣言》主要起草人）的影響，這個類表的編製方向轉而傾向人道主義哲學。所以世界上不會存有一個知識分類系統是每個人都認同的，因為對某些文化有意義的事物，對其他文化而言卻不一定必然如此（Lesk, 1997）。

　　Hodge（2000）主張，雖然吾人身處在以各式各樣的方式去組織知識的世界，然而各種知識組織系統仍具有以下三項共同特性：

（一）知識組織系統對某一館藏及其中的單一物件賦予特定的觀點與見解。
（二）同一物件會因為使用的知識組織系統不同，而有不同表達其特點的方式。
（三）知識組織系統中表達的概念及其在真實世界中所指，必須要有足夠的共通性，因此有使用者可合理可靠地使用此一知識組織系統。同理，當吾人使用某一知識組織系統尋求相關資料時，也必須要能將其概念與知識組織系統中的表徵相連結。

第三節　知識組織系統之類型

　　Hodge（2000）將知識組織系統分為以下三大類型：一、詞彙表——包括權威檔、術語典、字詞典、地名詞典等，強調的是含有定義的詞彙清單；二、分類工具——包括主題詞表、分類表等，強調的是依主題分群；三、概念關係表——包括索引典、語意網、知識本體等，強調的是詞彙間的概念關係。茲分述如下：

一、詞彙表（Term Lists）

此類知識組織系統可以分為權威檔、術語典、字詞典、地名詞典等四種。

（一）權威檔（Authority Files）

權威檔是用來控制某一實體（entity）或某一欄位內容值（the domain value for a particular field）各種不同名稱，如：國名、人名及組織名的詞彙表。通常非選用詞（non-preferred terms）會被連結到選用詞。這種知識組織系統一般不會有深層的組織和複雜的結構，呈現方式是依詞彙的字順排序，或是依大類組織起來。因為權威檔的階層架構有限，當必須人工查尋或是資料量很大時，只適用於簡單的資源導航。圖書館界常用的權威檔有：美國國會圖書館人名權威檔（Library of Congress Name Authority File）、蓋茨地名權威檔（Getty Geographic Authority File）、國家圖書館與臺灣大學圖書館共同建立之「中文名稱權威資料庫」、香光尼眾佛學院圖書館編製之「佛教著者人名權威資料庫」（網址：http://www.gaya.org.tw/library/author/index.asp）等。

（二）術語典（Glossaries）

術語典是某一特定學科領域或特定作品的詞彙表，其通常附有詞彙的定義。這些詞彙定義用於某特定環境，而且很少列出其他各種不同的意義。術語典的例子，包括：《美國國家環境保護局環境術語典》（Environmental Protection Agency Terms of the Environment）、《美國圖書館學會圖書館學與資訊科學術語典》（ALA Glossary of Library and Information Science）、《園藝作物術語典》（Glossary for Horticultural Crops）、《比較文學術語匯釋》（A Glossary of Comparative Literature Terms）等。

（三）字詞典（Dictionaries）

字詞典是字詞的字順清單（中文字詞典通常依部首或字音排序），附有這些字詞的各種解釋及詞性變異。字詞典內的詞彙收錄範圍比術語典更一般性，會提供字源、不同拼法（字形）、及該字詞在不同領域的意義。雖然字詞典也會提供

字詞的同義字與相關字,但並沒有呈現階層結構,也不會依概念來加以組織。知名的字詞典包括:《牛津英語詞典》(*Oxford English Dictionary*)、《韋氏大字典》(*Merriam Webster Collegiate Dictionary*)、教育部《重編國語辭典修訂本》(網址:http://dict.revised.moe.edu.tw/)、《辭源》、《辭海》等。

(四)地名詞典(Gazetteers)

地名詞典是地名的清單,傳統上以書籍形式出版,或是出現於地圖集的地名索引。款目可依地理特徵(如:河川、城市、學校)來編排,有的甚至會提供該地點的座標資訊。地名詞典的例子包括:《美國地名代碼表》(*U.S. Code of Geographic Names*)、《英國文學地名詞典》(*A Literary Gazetteer of England*)、《臺灣地名辭典》等。此外,"gazetteer" 一詞也有另一種用法,即「宣告式出版品」(announcement publication),如專利公告或法律公告(patent or legal gazetteer),通常會依分類表或學科類目來加以組織。

二、分類工具(Classifications and Categories)

此類知識組織系統分為主題詞表和分類表兩種。在本書後續章節有更詳細的介紹。

(一)主題詞表(Subject Headings)

主題詞表提供一組控制詞彙代表館藏物件的內容主題,其涵括的學科範圍比較廣泛,但結構卻通常很淺層,階層結構相當有限。在使用上,主題詞表傾向與規則整合,運用規範來結合這些主題標目以表現更精準的概念。主題詞表的例子包括:《美國國會圖書館標題表》(*Library of Congress Subject Headings*,簡稱 LCSH)、《美國國家醫學圖書館標題表》(*Medical Subject Headings*,簡稱 MeSH)、《中文主題詞表》等。

（二）分類表（Classification Schemes/Taxonomies/Categorization Schemes）

　　圖書分類表（classification schemes）、知識分類表（taxonomies）、歸類表（categorization schemes）這三種知識組織系統常被人們交互使用，然而三者間仍存有些許不同：有的是將物件依主題大致分類分群；有的是提供階層式編排架構、以數字及字母標記（notation）呈現主題；有的可能沒有依循《美國國家索引典編製標準》（*ANSI NISO Thesaurus Standard, Z39.19*）（National Information Standards Organization, 2005）所要求的階層規則、且缺乏索引典所呈現的概念關係。圖書分類表（classification schemes）的例子包括：《美國國會圖書館分類表》（*Library of Congress Classification*，簡稱 LCC）、《杜威十進分類表》（*Dewey Decimal Classification*，簡稱 DDC）、《國際十進分類法》（*Universal Decimal Classification*，簡稱 UDC）、《美國國家醫學圖書館分類表》（*National Library of Medicine Classification*，簡稱 NLM）、《中文圖書分類法》（*New Classification Scheme for Chinese Libraries*，簡稱 CCL，為臺灣大多數圖書館使用類分其中文館藏）、《中國圖書館分類法》（中國大陸多數圖書館使用）等。

　　Cohen 將知識分類表（taxonomies）定義為「某領域知識的架構和特有系統之命名法，它是一個權威檔，也是一種分類系統，是該領域知識系統性的整體表現。」（Bryar, 2001, p. 6）事實上，最典型的知識分類表是階層式的，最上層為最廣義的詞彙或片語，之後再逐層細分為更精確的概念，其目的是要組織一個特殊領域的知識。而這種藉由分類來認識吾人所處世界的方法，最早可以追溯到亞里斯多德對宇宙知識的分類（Bryar, 2001, p. 6）。時至今日，越來越多的知識分類表被使用於物件導向設計及知識管理系統，以指出以某一特徵為基礎的物件群組（陳和琴，2011，頁 70）。

三、概念關係表（Relationship Lists）

　　此類知識組織系統分為索引典、語意網、知識本體等三種。

（一）索引典（Thesauri）

　　索引典以概念為基礎，並且呈現代表這些概念詞彙之間的關係。索引典中呈現的關係，通常包括：階層、同等（如同義字）、及相關（association or relatedness），一般會以 BT（broader term，即廣義詞）、NT（narrower term，即狹義詞）、SY（synonym，即同義詞）、和 RT（associative or related term，即相關詞）等標記來表示。在某些索引典中，相關關係可能會較為詳細，例如美國國家醫學圖書館的統一醫學語言系統（Unified Medical Language System，簡稱 UMLS）定義了四十多種關係，其中有很多是連帶關係（associative）。索引典中某一概念的選用詞（preferred terms）可供索引與檢索，非選用詞則會指向選用詞。

　　有一些國際標準規範了如何編製索引典，ISO 5964（ISO, 1985）是發展多語索引典的標準，而 ISO 2788（ISO, 1986）是發展單語索引典的標準，這些標準中對索引典的定義相當狹隘，但傳統上所稱的索引典並沒有遵循前述國際標準中的所有規則。另一種類型的索引典，如 Roget's Thesaurus（附加類目），則僅呈現概念詞彙間的等同關係。有些大型索引典甚至收錄五萬個以上的概念詞彙，但大部分的索引典是為了某特定學科領域或特定產品而發展的。索引典的例子包括：聯合國糧食及農業組織（Food and Agricultural Organization, UN）的《水產科學與漁業索引典》（*Aquatic Sciences and Fisheries Thesaurus*）、美國太空總署的航空航太相關主題的索引典《*National Aeronautic and Space Administration (NASA) Thesaurus*》、美國蓋茨研究機構（The Getty Research Institute）的《藝術與建築索引典》（*Art & Architecture Thesaurus*，簡稱 AAT）（網址：http://www.getty.edu/research/tools/vocabularies/aat/）、我國的《食品科技索引典》（網址：http://163.13.175.7/IS102a/IS102a05/home.html）等。

（二）語意網（Semantic Networks）

　　語意網是一種知識表達的模式，由點（vertex）與線（edge）構成一種網狀結構，點代表概念（concept）或詞彙（term），線代表點與點之間的語意關係。語意網的起源甚早，在 1900 年代初期就已萌芽，然而真正進入實際應用，卻是在電腦發明之後，研究者企圖應用電腦處理分析人類的語言文字時，需要一些方

法或是模式以表達人類的知識。因此，具有意義的語意網路的應用一直是在電腦科學中人工智慧的研究領域，特別是作為自然語言處理的知識表達模式，或是作為機器翻譯時的中介語言（陳光華，2012）。這種知識組織系統表現概念與詞彙的結構不是呈階層狀，而是呈網絡狀；概念被想成節點（nodes）且關係是由這些節點分支出去，然而語意網中的關係超越廣義詞 BT、狹義詞 NT 和相關詞 RT，其可能包括特定的整體部分（whole-part）、因果（cause-effect）、或親子（parent-child）等關係。最著名的語意網可能是美國普林斯頓大學（Princeton University）的詞網（WordNet），已被應用到各式的檢索引擎中。

（三）知識本體（Ontologies）

知識本體是表現特殊領域知識的概念、關係和方法學的一種知識組織系統，既是某知識領域的概念（concepts）正式外顯之描述，每個概念又可依其屬性再分為若干層面（facets）。知識本體及依其規則所建構的各個例子，就組成一個知識庫。而發展知識本體的理由，包括：1. 讓人與人、或人與電腦間對知識架構有共同的理解；2. 使領域知識可以被再利用；3. 闡明某知識領域的前提假設；4. 劃分領域知識與操作性知識；以及 5. 分析領域知識（Noy & McGuinness, 2001）。知識本體是知識組織系統中較新的一環，知識管理界現在發展各種知識本體做為特定的概念模式。知識本體可呈現物件間複雜的關係，並且包括語意網所缺乏的規則與原理。描述特定知識領域的知識本體，通常會與資料探勘與知識管理系統相連結。知識本體的例子如：Gene ontology（網址：http://geneontology.org/）可為代表（陳和琴，2011，頁 71）。

第四節　知識組織系統之應用

圖書館、索摘服務、出版社、各式組織、以及機構網站等可應用各式知識組織系統，有序化其資訊與知識內容，進而提升檢索效能。茲分述如下（Hodge, 2000）：

一、圖書館

在實體圖書館中，圖書館員應用圖書分類表（如 LCC、NLM、DDC、CCL

等）分析館藏圖書資料中最主要的知識內容,並給予分類號;由於圖書分類依循一書一號的規定,單一的分類號常無法呈現該書的所有內容,但卻可用來作為圖書在書架上排序位置的依據。圖書館員也會應用主題詞表(如:LCSH、MeSH等)為圖書資料之知識內容提供多個主題檢索詞,讓使用者利用這些主題標目檢索所需圖書資料。此外,針對單一書目紀錄,圖書館員亦應使用權威控制檔,對著錄內容中之人名、團體機構名、地名的不同形式進行控制,以達成目錄聚集的功能。而在數位圖書館的網站中,也常會以分類的方式組織資源,幫助使用者瀏覽資源。此外,亦會應用權威控制的概念,區別同形義異字、聚集同義字,以提高使用者檢索時的回收率(recall ratio)與精確率(precision ratio)。

二、索摘服務

索摘服務之發展是傳統書目的延伸與期刊文獻爆增的結果。第一次世界大戰之後,西方世界感受到科學資訊檢索不易,索摘服務因此蓬勃發展;1950年代受到美蘇兩大陣營冷戰及蘇聯史波尼(Sputnik)人造衛星發射成功的影響,西方世界更加注重科學文獻,進而大量編製科技領域的索引與摘要。而人文領域的索摘,如 Bibliography of the History of Art 和 Modern Languages Association Bibliography 之發展原因與科技領域不同,但它們也因為線上檢索時代的來臨,而成為重要的資訊資源。

索引典和學科分類(subject categories)這類知識組織系統是用來支持索摘服務、索摘產品及其使用者。1960年代起,索引摘要從只提供印刷形式,演進到同時提供印刷與線上服務,之後以光碟型式提供,至今大多是透過網際網路全球資訊網提供,因此很多索引典與學科分類也隨著其所支持的產品而蛻變成為電子形式。多年以來,索摘服務所使用的知識組織系統主要是提供給編目人員或索引人員為特定產品做索引,例如索引典的主要使用者是圖書館員和專業檢索者。但隨著電子資料的大量出現、電子出版品數量爆增、以及查找資訊的困難日受重視,現今索引典也開始受到一般終端使用者的注意。

三、出版社

　　當出版社開始應用電子排版與出版系統，它們就逐漸參與了索摘產品的製作。不少大型學術期刊出版社（如 Academic Press、Elsevier 等）都建置自己的系統提供書目紀錄，並且能夠連結到期刊論文的全文電子檔。當電子期刊全文系統平臺越來越成熟，期刊系統就必須從只提供現刊與過刊目次瀏覽的功能，進而成為支持自然語言全文檢索與索引典控制詞彙檢索的系統。此外，這類平臺也會產生新興的知識組織系統，特別是學科分類表（classification and categorization schemes），例如 Elsevier 的網站就提供了學科分類表或是華藝數位股份有限公司的 Airiti Library，讓使用者可以點選學科，進入到其二千多種學術期刊的個別網站。

四、商業、專業、政府組織

　　各式各樣的權威檔和分類表被發展來支持商業世界的運作。如：標準產業分類代碼（Standard Industrial Classification，簡稱 SIC code）和北美產業分類系統（North American Industrial Classification System，簡稱 NAICS），它們被用來進行商品採購和政府統計；而國際疾病分類（International Classification of Diseases，簡稱 ICD）則被用來溝通病患的疾病，以及醫師、醫院、保險公司的處置。

五、機構網站

　　越來越多組織機構建置官方網站，同時需要發展合適的知識組織系統（如：分類瀏覽架構，網站地圖）去支持這些網站內資訊的呈現與提供檢索利用；而組織機構內部網路與知識管理系統的建置，也需要發展各種特定的分類表、術語典、歸類表、以及其他控制字彙表。這些知識組織系統常是為了支持特定工作任務而產生，因此其學科範圍與目標使用者通常相當狹隘，例如：為了某專案而發展出來的控制詞彙表，跟該組織機構網站內的資源相關性很高，卻不見得適用於其他機構，但對於這些組織機構而言，這些專屬的知識組織系統卻是它們組織與呈現機構知識資源的最佳工具。

第五節　分類架構與知識之組織及呈現

　　西方哲學家柏拉圖、亞里斯多德、培根、康德，以及中國哲學家孔子、墨子、程伊川、鄭樵等先聖先賢，皆致力於為宇宙萬物尋找一種秩序，他們相信詳盡確實的知識分類，可以幫助人類瞭解宇宙中生生不息的玄機（何光國，1993，頁 81-95）。Jevons 認為所有關於命名或概念的思想與推理，都是由分類活動所組成。而美國著名的教育學家杜威（John Dewey）更直指分類就是知識（Satija, 1998, p. 32）。分類是與邏輯學相關的學科，也是日常生活中普遍的行為，其泛指將不同的抽象或實體物件區分、或是把相似物件聚集的活動。其可被定義為：依據物件之間的關係將其排序分組的活動，而這些關係可以是明顯可見的，也可以是推測而來的。因此，以分類的方式組織整理人類知識之目的，即是協助個人達到記憶上的經濟性，進而更容易地檢索到資訊，描述與建構相似物件之間的關係，並且用簡明的方式呈現這些關係（Koshman, 1993, pp. 26-28）。

　　Satija（1998, p. 34）認為分類表是分類活動具體運作下的產品，是瞭解狀況、簡化、經濟和表達美感的一種工具。具體來說，分類表的功能包括：一、辨識感興趣的現象或概念並為其命名；二、將這些現象或概念依系統性的規則分門別類；三、建構一個架構以反映這些現象或概念間的關係。由此可知，分類表不只呈現概念，更將概念以系統性的方式組織起來。人類創造分類表用以組織世界上的知識，以便能有效地溝通與使用這些知識。分類表提供一個解釋框架，讓人們從既定情境範疇的視角去看世界，因此一個分類表不只是依據理論及有用的呈現方式來反映知識，其本身就具有理論的功用，不但可以解釋性、簡明、且優雅的方式來描述知識，更有助於新知識的產生（Kwasnik, 1992, p. 63）。

　　分類是有意義地將經驗群聚的一種活動，是發現、分析、與理論化知識的好工具。一旦概念被聚集且概念間的關係被建立，分類表就成為呈現溝通、探索、與比較知識的工具。一個好的分類架構是以有用的結構連結概念，如果成功的話，不但具解釋性、有美感、成果豐碩，而且兼具優雅、簡明、與健全等特質。因此，分類架構中的概念或物件被安排成不同結構，就會反映出不同的知識（Kwasnik, 1992, p, 69）。常見的分類架構包括階層式（hierarchies）、樹狀（trees）、矩陣式（paradigms）和層面分析式（faceted Analysis）等四種，以下比較四者用於呈現知識時之優缺點及能力（邱子恆，2006，頁 133-148）。

（一）階層式分類架構（Hierarchies Classification Structure）

　　階層式分類架構在結構上要求具備：總括性、種差性、繼承性、移轉性、關聯與區別上的系統性和可預測性、互斥性與必要與充分之標準等條件。因為以上特性，用階層式分類架構呈現知識會有：呈現完整且整體資訊、具繼承性與標記經濟性、具推論性、能清楚定義各個物件及呈現高層次與全方位視角等優勢。然而使用這種架構，亦可能產生一些問題，包括：多重階層、多重與多樣標準、缺乏完整知識時難以建構、物件規模不同時難以建構、有時有些物件就是缺乏移轉性、分類包含的規則過於僵化等。所以並不是所有知識領域都適合使用階層式的架構來呈現。

　　階層式分類架構很適合呈現已發展成熟的知識領域，尤其是當該領域的物件之各個類別的疆界與彼此間關係十分清楚時。從物件在分類架構位置中所發現的相似性，可能比直接觀察物件本身所發現的相似性在理論上更為顯著。當一個新物件無法在階層式分類架構中找到適當的位置時，我們可進而判斷到底是對該物件的觀察不正確？還是該分類架構本身就不完善，需要進一步修訂？所以一個健全的階層式分類架構可以用來辨識某知識領域欠缺之處，進而去驗證理論對既存事實的解釋力。因此，反映理論的階層式分類架構不但可以幫助使用者追求並驗證理論，更可能進一步創造新知識（Kwasnik, 1992, p. 70, 1999, pp. 2430）。

（二）樹狀分類架構（Trees Classification Structure）

　　樹狀分類架構係依據特定規則區分與細分其類別，與階層式分類架構不同之處在於大類和子類之間沒有屬性繼承的關係，也就是說在樹狀分類架構中的物件之間雖有系統性的關係，但是沒有種屬（is-a）關係。例如在「將軍 校官 尉官 士官 士兵」的樹狀結構中，「命令鏈」或是「誰向誰報告」是其賴以分類的規則，因此上類與下類的關係是將軍命令校官、校官向將軍報告，但校官絕對不是一種將軍。樹狀分類架構也用於呈現物件間「部分／整體」關係，也就是下類是上類的組成元素之一。例如中和區不是一種新北市，而是新北市的一部分；而新北市不是一種臺灣，而是臺灣的一部分。因此，從呈現知識的能力來看，樹狀分類架構最適合展現物件之間某一特定或是相對的關係，其比階層式分類架構在結構上扁平得多，而且因為缺少了繼承性和共同特質，每一層級內所能表現的知識也不如階層式分類架構那般豐富。

樹狀分類架構在結構上必須遵守三個要求，包括：需要有完整而整體的資訊、需要有系統性與可預測性的區辨規則，及需預先決定類目建構的順序。而使用樹狀分類架構呈現知識會有：強調並展現物件之間某特定層面的關係、可表現出物件之間的距離，及表現出物件出現的相對頻率並可依需要再細分或合併物件等優勢。但使用這種架構呈現知識卻可能產生一些問題，包括：結構僵化、只能表現物件間單向的關係及只呈現出一個選擇性視角等。所以，建構樹狀分類架構時，需要對該知識領域有完整的認識，或是對該領域中某特定層面的知識很熟稔。此外，雖然樹狀分類架構善於呈現物件在某一層面下的相對位置，但其在呈現同一層級子類之間的相關性方面之能力相對不足，而且樹狀結構只能支援部分的推論。因此樹狀分類架構特別適合呈現物件間某種特定關係的知識（Kwasnik, 1999, pp. 30-35）。

（三）矩陣式分類架構（Paradigms Classification Structure）

在矩陣式分類架構中物件同時被兩個特質所描述，也就是分別以兩個選定的特質為軸，交叉繪製成列聯表，並且在交集的空格內填入合於條件的物件。例如表 2-1 即是以「血緣」和「性別」做為呈現親屬關係的兩個特質，在這個矩陣中

表 2-1　血緣關係採矩陣式分類架構呈現表

血緣關係 性別	父母 英文	父母 波蘭文	手足 英文	手足 波蘭文	父母之手足 英文	父母之手足 波蘭文	父母手足之子女 英文	父母手足之子女 波蘭文
男性	Father	Ojciec	Brother	Brat	Uncle	Stryj（父系） Wujek（母系）	Cousin	Brat Stryjeczny（父系） Brat Cioteczny（母系）
女性	Mother	Matka	Sister	Siostra	Aunt	Stryjenka（父系） Ciocia（母系）	Cousin	Siostra Stryjeczna（父系） Siostra Cioteczna（母系）

資料來源：Kwasnik（1999, p. 36, Fig. 5）。

呈現出英文和波蘭文中對親戚關係的稱謂。由此表得知，兩者在父母與手足間的概念大致相同，但波蘭人顯然在父母親之手足以及父母手足之子女的稱謂上使用了更多詞語。

矩陣式分類架構必須遵循：表現雙向階層關係、兩軸代表兩個感興趣的特質、及交集的格子可能是空的亦可能有多個物件等三個要求。因此，矩陣式分類架構可運用以下方式呈現或創造知識：

1. 命名：這種分類架構常被用來做詞語研究，因為命名牽涉到情境、宗教以及職業等因素，所以我們不只可以從中瞭解人們對物件的命名模式，更可將其做為有效的分析工具。
2. 區別與否：這種分類架構可以顯示兩個特質的交集是否具有區別物件的能力，例如在英文中「血緣」和「性別」對於父母手足的子女就沒有任何區別力，因此都通稱為 cousin。
3. 相似或相異：這種分類架構是一種發現知識的工具，如果兩個特質交集的格子中之物件可以被順利命名，即表示這樣的分類標準是重要的。
4. 空白格子：這種分類架構中的空格提供人們一個反思的機會，我們可檢討是因為這方面的概念真的有所欠缺？還是所選定的分類標準不夠好？

然而，使用矩陣式分類架構呈現知識卻不可避免的會有：需要具有該領域知識、侷限的視角、及解釋力不足等限制。

矩陣式分類架構是很好的發現知識之工具，其顯示兩個特質交集之位置中有無物件存在、以及該物件的名稱。這種分類架構可以利用分布在空格中物件的詞語來比較和展現該知識領域中的「模式」和「反常現象」。此外，雖然矩陣式分類架構之長處在於以視覺呈現方式清楚指出需要進一步分析和詮釋的地方，但為了要適當選擇兩軸之特質，建構這種分類架構必須具備該領域的知識。也因為只能選擇兩個特質，矩陣式分類架構可能會變成為部分或偏頗的知識呈現（Kwasnik, 1999, pp. 35-39）。

（四）層面分析式分類架構（Faceted Analysis Classification Structure）

層面分析的理論乃根源於我們相信人類是以不同角度來看這個世界，印度圖書館學家阮甘納桑（Ranganathan）是最早提出這種理論的人，他認為任何

複雜的物件都可以被分解成幾個層面來看，其所提出的五個基本層面就是主體（personality）、物質（matter）、能力（energy）、空間（space）和時間（time）。雖然之後的層面分析式分類法並非採用阮氏所提出的五個層面，但層面分析再組合的步驟大致是相同的。《藝術與建築索引典》（AAT）就是應用層面分析建構主題語言的例子，很明顯的人類的物質文化是包羅萬象且變化不斷的，每個人從不同的角度來看文化這件事，對其應用也有不同的見解，而且未來隨著工藝與文明的進步，勢必會出現更多應該在此索引典涵蓋範圍中，但至今尚未被創造出來的物件，因此層面式的架構便成為 AAT 的最佳選擇。

現代知識具有成長快速、科際整合、多學科等特性，層面分析式分類架構可說是最符合這種發展步調的分類架構，因為其具有：不需要完整的知識、包容力強、有彈性、表達力強、不需要堅實的理論、可同時表現多種理論架構與模型及可呈現多重的視角等特性，可說是組織現代知識的最佳工具。然而，這種分類架構用在呈現與創造知識時仍有一些限制，包括：建立適當的層面很困難、層面之間缺乏關聯性及視覺表現上很困難等。雖然如此，層面分析式分類架構仍然持續地快速發展，因為其允許人們在沒有成熟或穩定的知識基礎下，仍可以用某種系統化的方式來組織知識。目前的資訊科技一日千里，假以時日必能發展出呈現多度空間向量的方式，而且我們必能從層面式分類架構中辨識出模式與反常現象，進一步地發現新知識。

層面分析式分類架構基本上不算是一種不同的呈現架構，而是在分類過程中採取了不同的作法。這種分類架構不只在結構上具有彈性，而且如果能謹慎地建構，可以有效地呈現知識。因此，當我們面臨新的或不具備足夠理論基礎的知識領域，或是該領域知識很複雜而需要用多向量的特質來描述，或是該知識領域正在快速進展時，層面分析式分類架構應是最佳選擇（Kwasnik, 1992, p. 74, 1999, pp. 39-42）。

關鍵詞彙

權威檔	字詞典
Authority Files	Dictionaries

地名詞典 Gazetteers	主題詞表 Subject Headings
分類表 Classification Schemes	索引典 Thesauri
語意網 Semantic Networks	知識本體 Ontologies
階層式分類架構 Hierarchies Classification Structure	樹狀分類架構 Trees Classification Structure
矩陣式分類架構 Paradigms Classification Structure	層面分析式分類架構 Faceted Analysis Classification Structure

自我評量

- 知識組織與資訊組織有什麼不同？
- 知識組織系統的定義與功能是什麼？
- 知識組織系統有那些類型與例子？
- 知識組織系統除應用在圖書館之外，還有那些應用場域？
- 不同分類架構在呈現知識時各有什麼優缺點？

參考文獻

何光國（1993）。圖書資訊組織原理。臺北市：三民。

李宏軒、馬海群（2001）。知識組織的三種視角。中國圖書館學報，5，12-14。

邱子恒（2002）。圖書資訊分類架構在組織與呈現知識上之應用。圖書資訊學刊，17，123-136。

邱子恒（2003）。知識資源之組織策略與方法。中國圖書館學會會報，71，125-147。

邱子恒（2004）。圖書資訊學相關概念在知識組織之應用。圖書館學刊，32/33，70-83。

邱子恒（2006）。知識管理與知識組織。臺北市：文華。

邵蔓莉、李林華、李宏軒（2001）。作為一門學科的知識組織。圖書情報工作，*2001*(5)，21-24。

徐榮生（2001）。知識單元初論。圖書館雜誌，*2001*(7)，2-5。

陳光華（2012）。語意網路 semantic network。圖書館學與資訊科學大辭典。檢索自 http://terms.naer.edu.tw/detail/1679016/

陳和琴（2011）。知識組織系統（KOS）及其相關標準概介。佛教圖書館館刊，*53*，65-77。

Barite, M. G. (2000). The notion of Category: Its implications in subject analysis and in the construction and evaluation of indexing languages. *Knowledge Organization*, *27*(1/2), 4-10.

Bryar, J. V. (2001). *Taxonomies: The value of organized business knowledge*. Burlington, MA: NewsEdge.

Fiddler, I. (2000). Knowledge management and vocabulary control. In T. Srikantaiah & M. E. D. Koenig (Eds.), *Knowledge management for the information professional* (pp. 277-296). Medford, NJ: Information Today.

Hodge, G. M. (2000). *Systems of knowledge organization for digital libraries: Beyond traditional authority files*. Washington, DC: The Digital Library Federation Council on Library and Information Resources.

International Standards Organization. (1985). *ISO 5964: 1985 Documentation -- Guidelines for the establishment and development of multilingual thesauri*. Retrieved from http://www.iso.org/iso/catalogue_detail.htm?csnumber=12159

International Standards Organization. (1986). *ISO 2788: 1986 Documentation -- Guidelines for the establishment and development of monolingual thesauri*. Retrieved from http://www.iso.org/iso/catalogue_detail.htm?csnumber=7776

Klobas, J. E. (1997). Information services for new millennium organizations: Librarians and knowledge management. In D. I. Raitt (Ed.), *Libraries for the new millennium: Implications for managers* (pp. 39-64). London, UK: Library Association.

Koshman, S. (1993). Categorization and classification revisited: A review of concepts in library science and cognitive psychology. *Current Studies in Librarianship*, *1993*(Spring/Fall), 26-42.

Kwasnik, B. H. (1991). The importance of factors that are not document attributes in the organisation of personal documents. *Journal of Documentation*, *47*(4), 389-398.

Kwasnik, B. H. (1992, October). *The role of classification structures in reflecting and building theory*. Paper presented at the 3rd ASIS SIG/CR Classification Research Workshop Held at the 55th ASIS Annual Meeting, Pittsburgh, PA.

Kwasnik, B. H. (1999). The role of classification in knowledge representation and discovery. *Library Trends, 48*(1), 22-47.

Lesk, M. (1997). *Practical digital libraries: Books, bytes, and bucks*. San Francisco, CA: Morgan Kaufmann.

National Information Standards Organization. (2005). *ANSI/NISO Z39.19-2005 (R2010) Guidelines for the construction, format and management of monolingual controlled vocabularies*. Retrieved from http://www.niso.org/apps/group_public/project/details.php?project_id=46

Noy, N. F., & McGuinness, D. L. (2001). *Ontology development 101: A guide to creating your first ontology*. Retrieved from http://protege.stanford.edu/publications/ontology_development/ontology101.pdf

Satija, M. P. (1998). Classification: Some fundamentals, some myths, some realities. *Knowledge Organization, 25*(1/2), 32-35.

Soergel, D. (1999). The rise of ontologies or the reinvention of classification. *Journal of the American Society for Information Science, 50*(12), 1119-1120.

Taylor, A. G., & Joudrey, D. N. (2009). *The organization of information* (3rd ed.). Westport, CO: Libraries Unlimited.

第三章
圖書分類理論與圖書分類原則

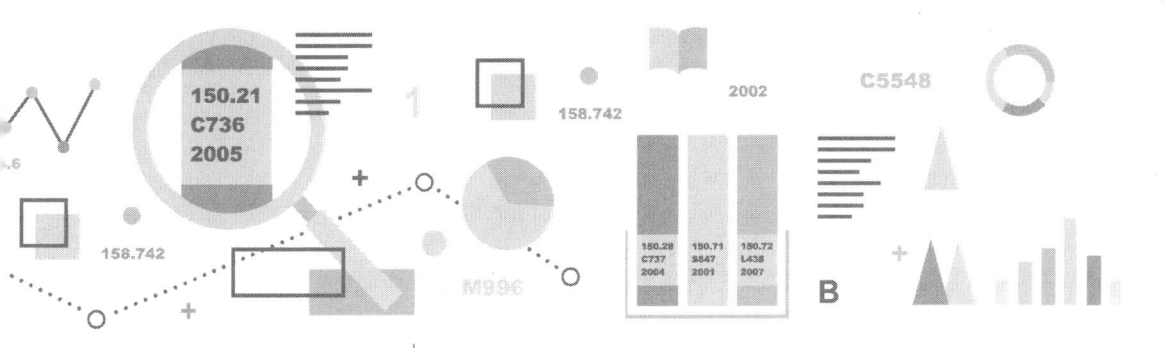

作者簡介

藍文欽

(lanw@ntu.edu.tw)

國立臺灣大學
圖書資訊學系助理教授

學習目標

- 認識圖書分類理論與圖書分類原則的意義與異同

- 對 20 世紀以前之中西分類思維能有初步認識

- 對 20 世紀前葉西洋重要圖書分類理論家及其理論能有基本瞭解

- 對圖書分類之一般性通則與特定類型圖書之分類原則能有基本瞭解

本章綱要

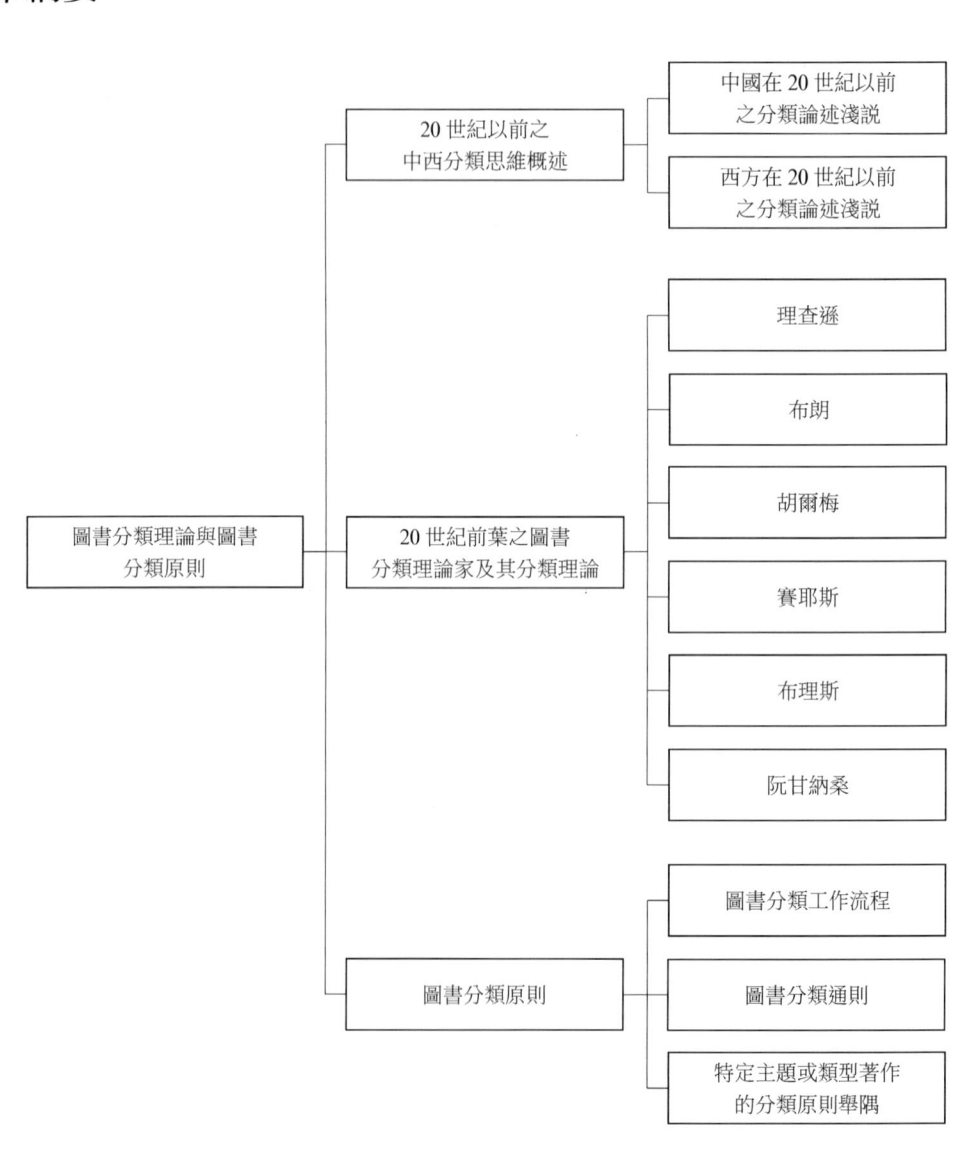

- 圖書分類理論與圖書分類原則
  - 20世紀以前之中西分類思維概述
    - 中國在20世紀以前之分類論述淺說
    - 西方在20世紀以前之分類論述淺說
  - 20世紀前葉之圖書分類理論家及其分類理論
    - 理查遜
    - 布朗
    - 胡爾梅
    - 賽耶斯
    - 布理斯
    - 阮甘納桑
  - 圖書分類原則
    - 圖書分類工作流程
    - 圖書分類通則
    - 特定主題或類型著作的分類原則舉隅

第三章
圖書分類理論與圖書分類原則

第一節　前言

　　何謂理論（theory）？針對專門知識而言，根據 *Oxford English Dictionary Online*（OED2）對 theory 所提供之釋義的第六則，理論是「藉由檢驗與思索相關事實而獲得之關於現象的說明」，是「有關其本質特性的規律與原則的陳述」。換言之，理論是「領域中已知知識的概要與綜合，乃將知識化約為基本概念，並以能展現其基礎模式與關係的方式呈現」（Moore, 1991, p. 2）。圖書分類涉及圖書分類系統的設計建構，也包括辨識圖書資訊內容將其歸入適當類目體系的活動（Miksa, 1993）。據此，圖書分類理論可理解為圖書分類與圖書分類法之相關知識的概要性闡述，是其基本概念與規律的系統化綜整。而圖書分類原則，則是針對圖書分類實務所提供的指引，是分類作業中進行分類判斷時的參考準據及具體指導。相對而言，圖書分類理論較抽象，強調基本事實及其規律與關聯；圖書分類原則較偏重實務，是分類工作的指針，亦是歸類圖書時應採行或考量的作法。

　　本章旨在提供圖書分類理論與圖書分類原則之概述，前者之重心在 20 世紀前葉西洋主要圖書分類理論家及其理論；後者涵括的內容有三，包括辨類、歸類的基本程序，圖書分類之一般性通則，特定類型及主題圖書之分類原則。至於上古迄 19 世紀間之分類理論，本章僅作選擇性的概述。其實，從上古至 19 世紀間，中西方學者針對分類理論及知識分類體系提出看法的，頗有其人。當中有一些分類理論或分類體系，對後世圖書分類系統的設計具有啟發作用（Shera, 1965, pp. 82-83）。有意對此進一步瞭解者，可參考：蔣元卿（1957）、姚名達（1965）、劉簡（1977）、傅榮賢（1999）、Flint（1904）、Richardson（1930）、Vickery（1959）與 Machlup（1982）。

第二節　20世紀以前之中西分類思維概述

　　或謂分類是人的本能，但此說仍存在不同看法，例如：姚名達（1965，頁61）說：「西洋目錄學家每謂分類為人類之本能；實則積得豐富之經驗後，自然有鑒別之知識耳；謂為本能，則未必也」。然而，遠古時代的初民為了生存之需，已出現分類觀念（如：有／無危險、可食／不可食等），則是被普遍接受的看法（吾淳，2014；Sokal, 1974）。但分類行為雖可上溯至遠古，分類理論的相關文獻則較晚出現。中國先秦的若干著作中，已見有關類及分類的文字記載；西方有關分類理論的文字記述，學者則多主張可溯源至古希臘時期（如：Hlava, 2015; Sokal, 1974）。以下就上古至19世紀間，中、西方之分類理論及知識分類體系，分別簡述。

一、中國在20世紀以前之分類論述淺說

　　中國古籍中分類二字連用之例，或以《尚書》書序之「**別生分類**」（大意：按姓氏分別其族類）為最早。而先秦典籍中，如：《墨子》、《公孫龍子》、《荀子》等，已出現與類及分類相關的討論。對分類的本質，是依據事物性質之同異予以區辨，且區分類別應依據共同的單一屬性之有無進行比較，類別涵括的範疇有廣狹之別等概念，均已有清楚認識（參見詹劍峰，2007；蕭登福，1984；譚戒甫，1963）。而其中尤以《荀子‧正名篇》，更是體系完整的分類理論文獻，姚名達（1965，頁62）說：「荀子此論，雖就命名而言，然分類之原理，亦盡在其中矣」。從分類理論的觀點，《荀子‧正名篇》可歸納出幾項要點：（一）區辨同異是分類的基礎，而區辨同異的前提在於覺知，人藉著眼、耳、口、鼻、形等感官功能及心的徵知能力，有所覺後，方能對所覺知之事物區辨同異。換言之，分類能力有其生物性的基礎。（二）事物有名同實異或名異實同的複雜現象，人為了交流溝通，需要釐清名實之間的同異問題。命名時，應依據事物之實質給予適切的名稱。（三）同類事物應採相同的名稱，不同的事物則給予不同的名稱，避免相混。而且名稱應隨著客觀事實而調整，因時制宜。（四）分類是依據事物的屬性，「**同則同之，異則異之**」。（五）分類的階層結構可藉「異中求同」與「同中求異」的方式建構，由不同類別中找出共相，聚合成其上位階層的大類；

亦可由同一類別按偏相的差異區分，分離出其下位階層的小類。藉著重複此二步驟，即可完成具階層結構的分類體系。（六）名稱與實體間無必然關係，命名的原則是「約定俗成」，只要符合多數人使用，簡單明瞭且不易變動的名稱就是「善名」。

中國古典目錄的傳統，是由漢代的劉向、劉歆父子奉詔校理內府藏書開始奠基。其後，歷朝官府與私人在整理圖書、編輯目錄方面，成績頗著、數量可觀（詳見姚名達，1965）。其間，南宋鄭樵、明代祁承爜、清代章學誠等，均曾對圖書分類編目原理提出專論。此外，部分學者或目錄家，亦曾留下與編目有關的論述文字。以下依年代順序，略做說明。

阮孝緒（479～536）是南朝蕭梁時處士，所著《七錄》乃一部具有承先啟後地位的目錄（詳見昌彼得、潘美月，1986，頁 129-132；徐有富，2009，頁 51-90）。《七錄》已佚，但《七錄》之序收錄在《廣弘明集》卷三，是一篇目錄分類理論的重要文獻。由〈七錄序〉可略知阮氏對分類定名的主張：（一）類名應充分含括及呈現類別之內容，（二）類名應與時俱進，選擇與現況相符的名稱，（三）文獻分類應依據學術發展及文獻保存情形斟酌設計，（四）圖譜不宜獨立為一類，應依其所屬之相關圖書歸類（參見程千帆、徐有富，1998，頁 118-122）。

毋煚（668?～744）是唐代中期的目錄學家，以己力完成《古今書錄》四十卷，後唐劉昫等據《古今書錄》編纂《舊唐書經籍志》。《古今書錄》已佚，其序文存錄於《舊唐書經籍志》的書序中，又收入《全唐文》，名為〈撰集四部經籍序略〉，是一篇有關目錄學理論的重要文獻。毋煚清楚認識到，當圖書文獻繁多造成查找與管理不便時，目錄是解決問題的必要工具。目錄是學者在茫茫書海中掌握文獻的依憑，若缺此憑藉，將既勞且弊。毋煚認為目錄的功能，就是藉由「剖判條源，甄明科部」，釐清學科體系與源流，使圖書文獻有被取用的管道，讓人「覽錄而知旨，觀目而悉詞」，掌握圖書門徑。在分類實務上，毋煚強調正確的分類必須建立在閱讀原書、熟悉圖書內容的基礎上，反對「書閱不徧」的作法，認為要能「詳名氏，知部伍」，才不致造成「體有未通」的錯誤。毋煚也主張類目設計應依文獻的實際狀況斟酌，不宜「書多闕目，空張第數」（參見余慶蓉、王晉卿，1998，頁 99-101）。

鄭樵（1104～1162）是南宋興化軍莆田（今福建莆田）人，中國目錄學史上

的第一部理論性專著,即鄭樵所撰《校讎略》,屬《通志》二十略之一。除《校讎略》外,鄭樵另有《藝文略》、《圖譜略》、《金石略》,是其理論應用於實務的成果。鄭樵認為保存圖書(存書),辨章學術(明學),是圖書目錄的目標;而存書明學目標之達成,則有賴好的分類系統。《校讎略‧編次必謹類例論》說:「類例既分,學術自明,以其先後本末具在」。又說:「欲明書者,在於明類例……類例不明,圖書失紀」。鄭樵認為分類如同部勒士卒,必須嚴謹有條理,《校讎略‧編次必謹類例論》說:「類書猶持軍也,若有條理,雖多而治;若無條理,雖寡而紛。類例不患其多也,患處多之無術耳」。所以,鄭樵主張詳分子目,其《藝文略》分為十二大類、四百多個子目(有422、431、432等說法),是中國歷代目錄中分類最精細者。在實務方面,鄭樵強調分類以圖書內容為主,且應細審原書,不能「見名不見書」或「看前不看後」(《校讎略‧見名不見書論》)。而同類書應歸入一類,不應分隸兩處,且同類書之安排應有順序,縱無子目,仍不應淆混(參見鄭奮鵬,1983,頁114-125;錢亞新,1974,頁28-44)。

祁承㸁(1562~1628),明末浙江山陰(今紹興)人,是著名藏書家,其樓名為澹生堂,有《澹生堂讀書記》、《澹生堂藏書目》傳世。祁氏在其〈庚申整書例略〉中,提出「因、益、通、互」四項原則,是其有關圖書分類編目的看法。所謂「因」,就是沿用四部之成法,祁氏認為四部分類系統既可適用,何需另創新法。自今觀之,祁氏似已有採用標準分類法的意涵。所謂「益」,即增設四部分類舊法中所無的子目,祁氏雖主張襲用四部分類,卻非一味守舊。由於新類型、新題材著作的出現,舊法自有照顧不及之處,故祁氏的「益」就是依圖書文獻的發展,根據實際需要設計相應的新類別。至於「通、互」則是解決圖書分類難題的作法,也是章學誠「別裁」、「互著」說的先驅。〈庚申整書例略〉說:「通者,流通於四部之內也」。祁氏以歐陽修之《易童子問》、王安石之《卦名解》為例,指出這些書收入二人文集之中,研究《易經》者或不知此二書之存在。若能將二書由文集中分別摘出其目,依內容歸入易類,註明原在某集之內,則方便學者查考。所謂「互」,則是一書可入兩類(或以上)時,選擇其中之一為主類,而在另一類別中互見之。祁氏的通、互之法,是獨到的創見,有助於解決一書可入兩類或一書中夾附與全書主題不同內容的分類難題(參見胡楚生,1995,頁97-101)。

章學誠(1738~1801),清代會稽(今浙江紹興)人,是乾嘉時期的史學家,

著有《文史通義》、《校讎通義》等書。章氏的《校讎通義》是繼鄭樵《校讎略》之後，最重要的一部目錄學理論專著。在《校讎通義》序文中，章氏首先申明目錄藉「部次條別」，以達「辨章學術，考鏡源流」。《校讎通義・互著》亦說：「蓋部次流別，申明大道，敘列九流百氏之學，使之繩貫珠聯，無少缺逸，欲人即類求書，因書究學」。余嘉錫（1987，頁9）認為章氏提出的「辨章學術，考鏡源流」二語，「目錄家所當奉為著蔡者矣」。而「欲人即類求書，因書究學」之說，亦一語道盡目錄的功能。

章氏認為古代學術由立官分守而起，學術在官，官師合一，官守其書，私門無著述文字。最早之分類系統，即官守之分職；而官守之分職，即群書之部次。官守、學業、圖書合一的分類系統，隨著官司失守，師弟子民間傳業，各家學說紛起，分類系統由官守分職而七分而四部，有其不得不改變之勢。章學誠由學術發展及文獻保存之現實，體認到分類系統需與時俱進（詳見《校讎通義》〈原道〉、〈宗劉〉兩篇）。

章學誠主張圖書部次應「先道後器」、「體用分明」，呈現學術發展與應用的清晰脈絡。《校讎通義・補校漢藝文志》提到：「形而上者謂之道，形而下者謂之器，善法具舉，本末兼該，部次相從，有倫有脊，使求書者可以即器而明道，會偏而得全」。王重民（1987，頁48）指出：「章學誠是用『道』來代表理論書籍，『器』代表講方法和名數的書籍。……把講理論的書籍放在前邊，講方法的書籍依次排類，可以說是對於目錄排類次序的一個傑出的思想」。章氏的主張，與今日分類講究「先理論後應用」、「先抽象後具體」的原則，有相符之處。

《校讎通義》中提出「別裁」、「互著」，可與祁承爜〈庚申整書例略〉的「通」、「互」之法相對應。別裁即「裁篇別出」之意，是將一書中與全書主題不同之部分或篇章，摘其名目，著錄於其所屬類別，並註明篇章之出處，以利查考資料。別裁與通的意義相近，但別裁一詞較明曉易懂，章氏的闡述亦較周延（詳見《校讎通義・別裁》）。另外，章氏認為一書可入兩類者，應「不避重複著錄」，方可「申明流別」，彰顯學術脈絡。互著法既可避免一家之學有所不備，又方便稽檢（詳見《校讎通義・互著》）。

章學誠認為歸類圖書應以內容為主，不能只憑書名或人名。章氏主張區分圖書應先考慮內容之類別，同類之中再依人或時代為次，不可類別不明卻逕以人或時代排列。所以，章氏認為目錄的條目應以書名為主，不宜以人名為主（有關《校讎通義》之內容，詳見王重民，1987；劉兆祐，2012）。

二、西方在 20 世紀以前之分類論述淺說

根據蘇美（Sumer）古城邦尼普爾（Nippur）一帶出土的泥版，在西元前二千年左右，可能已經出現類似目錄的清單（Strout, 1956, p. 255）。但分類理論的提出，或許到西元前四、五世紀的古希臘時期才出現（Shera, 1965, p. 78）。

柏拉圖（Plato, ca 428～347 B.C.）首先嘗試建立一套知識理論，他認為知識的條件是正確與客觀真實，有合理的根據與充分的說明（Hlava, 2015；傅佩榮，2011）。Shera（1965）認為，柏拉圖是目前可知最早將分類與知識統一論（unity of knowledge）兩項觀點結合的哲學家。柏拉圖主張自然秩序恆定不變、具普遍性，人的心智只能「發現」而不是「發明」它。柏拉圖將世界分為可知（intelligible）與可見（visible），前者再分為理型（客觀恆存之物）與數學推理，後者則分為個別物體與影像。柏拉圖不僅嘗試對概念進行劃分，也提出了屬和種差的定義方法（參見馬玉珂，1985，頁 17-21；傅佩榮，2011，頁 58-63）。柏拉圖認為物類間的自然界線就在其不連續處（discontinuities），事物間最大及最顯著的差異處，即其界線所在（Glushko, Annechino, Hemerly, & Wang, 2013, pp. 238-239）。

亞里斯多德（Aristotle, 384～322 B.C.）在柏拉圖的知識分類基礎上，提出一套知識結構體系，包括三個領域：實踐性（practical），包括倫理學、政治學等；生產性（productive），包括詩歌、技藝等；理論性（theoretical），包括神學（形上學）、物理（自然科學）、數學等（張志偉，2004，頁 95-96；傅佩榮，2011，頁 68；Richardson, 1930, pp. 49-50）。亞里斯多德是古希臘邏輯的集大成者，他提出的思想三律（three laws of thought）、四謂詞（predicables）、十範疇（categories）等，對西方的邏輯學與分類學之發展有深遠的影響（詳見汪子嵩、范明生、陳村富、姚介厚，2003，頁 176-185；馬玉珂，1985，頁 26-32；傅佩榮，2011，頁 71-73；傅偉勳，2013，頁 103-105；楊百順，1984，頁 59-62；譚鑫田、李武林，1993，頁 66-91）。

亞氏並非西方思想史上第一位討論範疇的哲學家，但他是系統性討論範疇、提出範疇體系的第一人。傅偉勳（2013，頁 103-104）指出：「亞里斯多德採取實在論的知識論觀點，在哲學史上首次嘗試一種範疇分類的探求工作。……最根本的存在概念亦即範疇……範疇即是人類思維所憑藉的最高的種類概念或存在模

式」。此外，亞氏還提出「四因說」，說明事物存在與形成的根據及條件，包括：形式因（formal cause）、質料因（material cause）、動力因（efficient cause）、目的因（final cause）（張志偉，2004，頁98-100；傅佩榮，2011，頁74）。亞里斯多德雖未提出層面分析（facet analysis）的主張，但四謂詞、十範疇、四因說等概念，似乎皆指出以多面向述明一個實體的層面意涵。今日談層面分類法，多以印度圖書館學家阮甘納桑（Siyali Ramamrita Ranganathan）為先驅，但阮氏提出的 PMEST（personality, matter, energy, space, time）五層面，在亞里斯多德的十範疇與四因說中均可找到對應的項目，且亞氏提出的層面比阮氏更多元、豐富（參見 Glushko, Hemerly, Petras, Manoochehri, & Wang, 2013, pp. 298-299）。

Taylor 與 Jourdrey（2009, p. 380）認為亞里斯多德的古典範疇理論，是當代分類系統的根源。亞里斯多德認為範疇由具有共同屬性的成員組成，範疇與範疇間有明確界限，彼此間存在互斥性，一物件或屬於某範疇或不屬於該範疇，沒有中間模糊地帶（Lakoff, 1987, p. 6）。亞氏認為事物的類別範疇，是因它們自身的特性產生的自然區分，並非人為創造。亞氏提出的邏輯區分（logical division）與區分原則（rules for division），乃西方分類學的基礎。所謂邏輯區分，即由屬（genus）中區分出種（species）的過程（Parry & Hacker, 1991, p. 129）。區分的依據，是找出種與種之間的差異特性（differentia，以下簡稱種差），並依此特性之有無二分，產生階層架構的體系安排（Ereshefsky, 2001, p. 20）。由屬中按種差劃分出種的過程，主要依據互斥（mutually exclusive）、詳盡（jointly coextensive）與單一區別條件（one principle of division）等區分原則。同一屬之下的種與種之間，需具備互斥性；這些種的組合，需能充分且完整的呈現屬的含括範圍；進行區分時，只能依據一項種差（詳見 Parry & Hacker, 1991, pp. 131-139）。

亞理斯多德之後，樸爾菲利（Porphyry, 234～305；一說232～302）的貢獻亦值得一提。樸爾菲利是古羅馬時期的邏輯學家，著有《亞里士多德〈範疇篇〉導論》，書中擴充亞里士多德的四謂詞，提出「五謂詞」理論。樸爾菲利的貢獻，在於提出「樹」的觀念，以樹枝分叉說明屬、種之間的分層關係，由一個最高的屬——實體開始，往下逐層依種差二分（dichotomous divisions），到最底層的個體為止。在最上層的屬與最下層的種之間的類，是其上層類屬的種，也是其下層種的屬（詳見張家龍，2004，頁391-402；譚鑫田、李武林，1993，

頁93-98）。Shera（1965, p. 79）指出，樸爾菲利之樹狀結構展現「專深等級漸進原則」（principle of gradation by specialty），沿著樹狀層級往下，類目的外延（extension）遞減而內包（intension）遞增；反向往上發展時，則類目的外延遞增而內包遞減。樸爾菲利的樹狀概念原只見諸文字，後人用樹狀圖表示，稱為「樸爾菲利之樹」（Tree of Porphyry）。樸爾菲利之樹是文化史上最早具有隱喻意義的知識樹（metaphorical tree of knowledge），其後頻繁出現在中世紀及文藝復興時期的邏輯著作中，是後代各類知識樹的濫觴（詳見Lima, 2011, Chapter 1; Machlup, 1982, Chapter 3-4）。

Shera（1965, pp. 77-78）指出，從柏拉圖至20世紀的布理斯（Henry E. Bliss, 1870~1955），西方知識組織的理論主要植基於四點假設：
（一）宇宙存在其自然次序，此自然次序即人類知識整體的永久性概念框架。
（二）此次序之綱要，是一屬與種或類與子類的階層展現，由一般至特殊，類目由具最大外延至最大內包。
（三）區分的原則，是依據物件與範疇成員所具之特性或屬性間的相似性（likeness）或不相似性（unlikeness）來判斷。
（四）範疇成員具有共同的本質屬性或物質特徵，且這些屬性或特徵具有永久性與不變動性，是構成範疇的必要條件。

Shera認為西洋幾世紀以來的分類系統，雖然其形式與細節會因學術演進發展而有所變化，但基本上都是依這四根基柱（pillars）而生。而這四項假設的理論依據，正是亞里斯多德學派相承的五謂詞理論，即屬、種、種差、特性、偶性。

透過Shera的分析，對西洋20世紀以前的分類思維，可以有綜覽式的認識。不過，其中仍有幾位特出的人物，值得表出，茲簡述如下。

受樸爾菲利之樹的影響，中世紀的學者繼續以樹狀結構作為理解世界的一種範式。Burke（2000, p. 86）提到，中世紀不僅有知識樹，尚有所謂的邏輯樹、血緣樹、文法樹、愛情樹、戰鬥樹、耶穌會士樹、審判樹等，樹狀圖應用之普遍可見一斑。樹狀圖成為一種通用表達形式，因為它能展現父系與子系群組的層級與發展關係，又隱含事物有共同來源（Lima, 2011, p. 25）。概言之，樹狀圖作為一種認識世界的普遍方式，反映的是Shera所揭示的四個基柱之一，即認為世界有其自然順序的一脈看法。Burke（2000, p. 86）指出：「樹的形象是文化史上一個重要現象的例證，代表人類將文化中的慣例及各種表現予以自然化

（naturalization），對人為的發明以發現看待。這意味著否認分類是社會群體所創造，支持文化是自然的仿造而非人為創新」。

中世紀最著名的知識樹狀圖，是瑞蒙・盧爾（Ramon Llull, 1235～1316）的 *Arbor Scientiae*（*Tree of science*），為一部知識表示方法的傑作。書中介紹一棵主知識樹（命名為 arbor scientiae）及 16 棵代表不同科學領域的知識樹。這部百科全書式的作品，涵蓋當時所有的學科，展現其對知識具普遍性（universalism）的看法。盧爾的科學知識樹群，對歐洲思想界的最大貢獻，在於提出一個「有機且統一的知識集成及有關實體的系統分類」（Lima, 2011, p. 33），對後世有其影響（詳見 Lima, 2011, pp. 31-33; Machlup, 1982, pp. 29-30）。

奧坎，一譯為奧卡姆（William of Ockham, ca. 1287～1347）是英國的教會修士與邏輯學家，以提出「奧坎剃刀」（Ockham's razor 或 Occam's razor）的思維簡約法則而著名，他認為可以用較少的東西把事情同樣做好，就不要浪費用較多的東西去做。對事物進行分析時，要用經濟原則陳述，不增加不必要的因素。另外，奧坎認為人的感官能感受到個別事物的存在，但個別事物組成的共相是人由個別經驗中歸納得到的概念。由於共相是由個人經驗建構與解釋而得，這也代表類別的區分不可避免會出現歧異，作為共相記號的語辭亦具有多樣性（傅佩榮，2011，頁 153-155；傅偉勳，2013，頁 187-189; Hlava, 2015, pp. 7-10）。

羅傑・培根（Roger Bacon, 1214～1292/1294），英國哲學家與修士，是科學方法及實驗的鼓吹者，曾將樸爾菲利之樹重做解釋（參見何光國，1990，頁 84-85）。羅傑・培根認為科學是一個統合的整體，所有學科互相關連，各學科雖各有其探究的重點，但各科互相支援作為一個大整體的部分（Machlup, 1982, p. 28）。羅傑・培根在其 *Scriptum Principale* 一書（僅存部分）中，提出其分類架構：（一）比較文法與邏輯（相當於傳統的三學，即文法、修辭、邏輯，包括哲學研究概要（Compendium on the study of philosophy）、希臘文文法），（二）數學，又分為初級原則（preliminary principles）與專門分科（相當於傳統的四藝，即幾何、算術、天文、音樂），（三）自然科學，分為一般原則、觀點或光學（perspective or optics，指視覺的一般原則，包括物理與心理面向）、天文（包括地理、占星術）、重力論（barology）、思辨的煉金術（speculative alchemy）、農業、醫學、實驗科學，（四）形上學與倫理學。一般認為，重視數學與實驗方法，是羅傑・培根之體系的特色（參見 Flint, 1904, p. 93; Machlup, 1982, p. 28; Richardson, 1930, p. 56）。

聖湯瑪斯・阿奎那（Saint Thomas Aquinas, 1225～1274）是中世紀最重要的經院哲學家，他認為天啟（revelation）與理性（reason）是知識的兩大來源，將知識分為神學與哲學，哲學下又分為：自然哲學（包含形上學、數學）、理性哲學、倫理哲學、實用哲學（技術）等（詳見 Machlup, 1982, pp. 25-27）。阿奎那的分類系統，或可視為中世紀經院哲學家對知識的一般認知，即將俗世知識作為神學的附屬（subordinated）學科（Flint, 1904, p. 93）。

而透過實際的圖書分類系統影響後世者，則當推有「西洋書目之父」稱號的康拉德・蓋斯納（Conrad Gesner 或 Konrad Gesner, 1516～1565）。蓋斯納是瑞士的博物學家，也是書目學家。他於 1545 年出版《世界書目》（*Bibliotheca Universalis*），收錄約 1,800 位作家以拉丁文、希臘文或希伯來文撰寫的一萬多種圖書，按著者字順編排，並附上註釋和評介。1548 年時，蓋斯納出版《世界書目》增訂本 *Pandectae*，該書收錄約 3 萬則條目，依主題排列，分為 21 個大類，還使用參照法連結作者與題名。蓋斯納的 21 個大類，是當時大學課程的呈現（參見 Burke, 2000, pp. 92-93; Eisenstein, 1979, pp. 97-98; Machlup, 1982, pp. 111-112; Vickery, 1959, p. 162）。

文藝復興後，知識分類體系最廣為人知者，或許當推法蘭西斯・培根（Francis Bacon, 1561～1626）的三分體系。培根是英國哲學家、政治家與文學家，他的著作之一 *Of the Dignity and Advancement of Learning* 即在討論知識的概念與分類。培根的知識分類，是依據人類心智的三種基本能力，即記憶（memory）、想像（imagination）、推理（reason），將知識區分為三個主要類別：歷史、詩歌（poesy）、哲學。歷史基於記憶，可分為自然史與文明史，其下再分小類。詩歌基於想像，代表廣義的文學，其下分為敘述的（narrative）、戲劇的／表現的（dramatic or representative）、寓言的（parabolical）三類。哲學基於推理，其對象有三：神、自然與人，故可依此分為神學、自然哲學、人的哲學。神學可分為宗教神學與自然神學；自然哲學分為思辨的（再分為物理學與形上學）與實踐的（再分為機械技藝與秘法（magic，如煉金術、占星術等）），而數學則作為自然哲學的重要附錄（great appendix）。人的哲學可分為人類哲學（philosophy of humanity）與公民哲學（philosophy civil），前者關注作為個體的人，後者則以社會群體為對象。公民哲學可分為社會、政治、經濟等；人類哲學則分為二，一是有關人的身體（分為醫藥、化妝、運動、官能

享樂（voluptuary art）等），一是有關人的靈魂或心靈（分為倫理與邏輯）（詳見 Bacon, 1866/2015, Vol. 2; Machlup, 1982, pp. 34-42；另參見何光國，1990，頁 85-87；傅偉勳，2013，頁 218-220；譚鑫田、李武林，1993，頁 123-129；Burke, 2000, pp. 109-114; Richardson, 1930, pp. 58-59）。Kumar（1983, p. 363）認為培根分類體系的特色，在於試圖為當時存在的學科做合理化的分群與安排。Sayers（1944, p. 107）指出，西方從 17 世紀至 20 世紀初期的分類體系，或多或少均受培根影響；Burke（2000, p. 109）也強調培根的分類體系具有特殊影響力。

湯瑪斯·霍布斯（Thomas Hobbes, 1588～1679），是英國的政治哲學家。在他的 *Leviathan*（《利維坦》，或譯為《巨靈論》）第九章中，提出他對科學分類的看法。霍布斯將知識分為事實知識（knowledge of fact）與經確認推知結果的知識（knowledge of the consequences of one affirmation to anther），前者是感覺與記憶，後者是基於推理的科學知識。事實知識可分為自然歷史與文明歷史（civil history），科學知識同樣分為自然哲學與文明哲學（civil philosophy）。自然哲學之下與量有關的，可分為第一哲學（philosophia prima，即 primary philosophy）、數學、宇宙誌（cosmography）與力學。自然哲學之下與質有關的，可分為氣象學、投影法（sciography）、占星術、大氣物理、礦物學、植物學、動物學、光學、音樂、倫理學、詩歌、修辭、邏輯、正義論等。至於人文哲學，霍布斯除列出政治學外，並未細分（詳見 Flint, 1904, pp. 118-121; Hobbes, 1651, pp. 51-53; Machlup, 1982, pp. 42-45）。Flint（1904, p. 120）認為霍布斯對於物理世界關係的洞察力，比法蘭西斯·培根更深刻、更正確。Shera（1965, p. 80）也認為霍布斯的體系是第一位最接近現代科學排列順序的，有其重要性。

格奧爾格·黑格爾（Georg Wilhelm Friedrich Hegel, 1770～1831）是德國 19 世紀唯心論的代表性哲學家，於1817年出版《哲學綱要百科全書》（英譯題名：*Encyclopaedia of the Philosophical Sciences in Outline*），書中用正反合（thesis-antithesis-synthesis）的辯證概念，建構一套完整學說，將哲學知識體系分為邏輯、自然哲學、精神哲學三類（Machlup, 1982, p. 61）。三部分的關係，是層層漸進的，其下又各以三分（tripartition）的方式連續展開。邏輯通過正反合的階段，分為存在（being）、本質（essence）、概念（notion），依據相同的程序，存在可分為質、量、質量，本質可分為本質、現象、現實性，概念分為主觀性、客觀性、觀念。自然哲學經正反合階段，可分為力學、物理學、有機體學；精神哲學

可分為主觀精神、客觀精神、絕對精神，主觀精神可再分為人類學（心靈）、精神現象學（意識）、心理學（精神），客觀精神分為法律、道德、倫理，絕對精神分為藝術、宗教、哲學（詳見傅佩榮，2011，頁244-249；傅偉勳，2013，頁396-414；劉創馥，2014，第5-6章；Flint, 1904, pp. 154-156）。Flint（1904, pp. 156-157）與Shera（1965, p. 81）對黑格爾系統化的整合體系，均予以肯定。

奧古斯特・孔德（Auguste Comte, 1798～1857），法國哲學家，也是社會學的創始者。孔德在其《實證哲學教程》（*Course of Positive Philosophy*）一書，將人類心靈、社會進步與科學方法連結在一起，提出知識與社會發展所經歷的三階段（the law of three stages）：（一）神學階段或想像階段（theological or fictitious stage），以超自然力量和宗教為知識核心；（二）形上學階段或抽象階段（metaphysical or abstract stage），以推理及抽象概念為知識基礎；（三）實證階段或科學階段（positive or scientific stage），以科學信念為核心，重視觀察與事實驗證（Pickering, 2003）。孔德認為科學知識的發展，如同人類的發展經過不同階段一般，且每一階段是以其前一階段的成果為基礎，彼此之間具有依存性，各門學科之順序是依據其依存性之先後而定（歐力同，1987，頁76）。孔德據此提出其**科學分類體系**（classification of sciences），亦稱**科學等級體系**（hierarchy of the sciences），依學科之普遍性（generality）、簡單性（simplicity）及對其他學科的依存程度，安排學科之先後順序，愈簡單、愈一般性的科目排在前面，其後的科目複雜性、依存性遞增、普遍性遞減。孔德的分類體系列舉六門基本學科，即數學、天文學、物理學、化學、生物、社會學，其順序是由一般至專門，由簡單至複雜，每個學科依存於排列在前的學科（Bourdeau, 2014; Cogswell, 1899; Dua, n.d.; Machlup, 1982, pp. 65-69; Shera, 1965, p. 81）。

孔德的分類概念，不僅有橫向的並列關係，還有上下關係的縱向聯繫（所以稱為hierarchy），其分類體系列舉的六門基本學科，隱含它們發展上的關聯與順序。「孔德所主張的科學分類，不是把各門科學及其分支看成是同一層次的橫向並列，而看作是作為一個整體的科學在自己的歷史發展過程中先後分化出來的不同層次的不同學科，彼此間有內在的溝通」（歐力同，1987，頁84）。另外，孔德的分類思維有三點值得表出：（一）對科學進行分類，是繁重且困難的工作，它本身就是科學的哲學表現。（二）孔德認為生物學屬種形成與系列聯繫之原則，可適用於一切知識分類。分類是依據事物所具特性的相似、相異處區隔，種的劃

分是自然形成而非人為切割。（三）孔德主張分類應以觀察為基礎，首先掌握物的普遍性，再藉比較找出差異，區分出各個特殊的系列，並依其關聯歸類和排列（歐力同，1987，頁 85-86）。

孔德的思想，對後世有多方面的影響（詳見 Pickering, 2003），在圖書分類法方面亦有其啟迪作用，如 Shera（1965, pp. 81, 83）即指出，後代的知識組織系統以孔德學派為主流，Cutter 的展開式分類法（Expansive Classification）和 Henry Bliss 的分類法，均受到孔德的影響。

赫伯特・史賓賽（Herbert Spencer, 1820~1903）為英國哲學家，史賓賽對孔德的實證哲學並不滿意，對孔德的科學分類主張亦不認同（Machlup, 1982, pp. 70-71；參見 Flint, 1904, pp. 179-184）。史賓賽於 1864 年出版 *The Classification of the Sciences*（後收入其 *Essays: Scientific, Political, and Speculative* 第二冊中），提出他的科學分類體系。他首先將代表已知現象的形式（the forms in which phenomena are known to us）與現象本身（the phenomena themselves）加以區別，後者又再區分為「以現象的元素（elements）為對象」及「以現象的**整體**（totalities）為對象」二類。探討形式的，如：邏輯、數學；以元素為對象者，如：力學、物理、化學等；以整體為對象者，如：天文學、地質學、生物學、心理學、社會學等。史賓賽據此提出三個基本類別：抽象科學（abstract science），是關於形式的規律；抽象—具體科學（abstract-concrete science），是關於要素（factor）的規律；具體科學（concrete science），是關於成品（products）的科學。史賓賽以形式、元素、整體三項為基礎，對許多學科進行歸類（Machlup, 1982, pp. 71-72；詳見 Spencer, 1864）。

第三節　20 世紀前葉之圖書分類理論家及其分類理論

由 Flint（1904）、Richardson（1930）、Vickery（1959）等人的描述中，吾人可知從古希臘至 19 世紀間，西方學者提出的理論或實務分類體系，數量相當可觀。然而，卻是到了 20 世紀初期，圖書館學家才開始注意圖書分類理論的重要性，嘗試提出圖書分類的「規範性原理」（normative principles），作為圖書分類的學理基礎（何光國，1990，頁 102-103）。Maltby（1975, p. 29）指出，圖

書館界普遍認為爾內斯特・理查遜（Ernest Cushing Richardson, 1860～1939）是首位系統性提出圖書分類理論體系的圖書館學者。其後，詹姆士・布朗（James Duff Brown, 1862～1914）、愛德華・胡爾梅（Edward Wyndham Hulme, 1859～1951）、柏威克・賽耶斯（W. C. Berwick Sayers, 1881～1960）、亨利・布理斯（Henry Evelyn Bliss, 1870～1955）等人，相繼對圖書分類理論的發展做出貢獻。而印度圖書館學家席亞歷・阮甘納桑（Siyali Ramamrita Ranganathan, 1892～1972），則是 20 世紀前葉最有創意且體系最完備的圖書分類理論家（何光國，1990，頁 103；Kumar, 1983, p. 394）。本節所述，將以上述六位圖書分類理論專家及其理論為重點。在 W. C. Berwick Sayers 所著 *Manual of Classification for Librarians and Bibliographers* 第二版或第三版之第九章 "Canons of Classification"，已整理出 Sayers、Richardson、Bliss、Ranganathan 等人所提的分類準則，本節只引用其中 Sayers 自述的準則，其餘三人則不贅引，請自行參考。

在介紹六位專家之前，有一點要特別提出的，是西方範疇理論的研究，在 20 世紀後半有了根本的變動。西方傳統的範疇觀，主要係承襲自亞理斯多德的主張，即認為同一範疇的成員應該具有相同的屬性或特質，範疇成員無等級之分，且不同範疇之間的界線應是清晰明確的。但自維根斯坦（Ludwig Wittgenstein, 1889～1951）提出「家族相似性」（family resemblance，亦譯作「族群相似性」）的概念後，同一範疇成員應具有相同屬性的觀點受到挑戰、開始動搖。維根斯坦分析「遊戲」（games）這個概念範疇，發現很難找出遊戲的共同特點，他指出遊戲是「一個複雜的相似性網絡，有時重疊，有時交織；有時是整體性的相似，有時是局部細節的相似」。他認為這種相似特徵，就像家族成員間，可能在體格、特徵、眼球顏色、步伐、氣質等有整體或部分相似的情形，所以稱之為「家族相似性」（Wittgenstein, 1958, p. 32）。之後，約翰・奧斯汀（John Langshaw Austin, 1911～1960）、佛洛伊德・勞恩斯伯里（Floyd Glenn Lounsbury, 1914～1998）、羅特非・札德（Lotfi Aliasker Zadeh, 1921～）、布倫特・柏林（Brent Berlin, 1936～）、保羅・凱伊（Paul Kay. 1934～）、艾莉諾・羅煦（Eleanor Rosch, 1938～）、喬治・萊可夫（George P. Lakoff, 1941～）等學者，在維根斯坦的基礎上，繼續探索範疇的特性，建立現代範疇理論。本文因篇幅所限，無法就前述各家的主張具體陳述，也無法就現代範疇理論與圖書分類的關係作進一步討論，有興趣者請自行參閱下列文獻：鄭惠珍與陳雪華（2015）、Rosch（1978）、

Lakoff（1987）、Jacob（2004）、Mai（2004）、Taylor 與 Joudrey（2009, pp. 380-383）。

一、理查遜（Ernest Cushing Richardson）

理查遜在 1901 年出版 *Classification, Theoretical and Practical*，此書被視為圖書分類理論的第一部專著，為有關圖書分類基本原則的傑出作品（Kumar, 1983, pp. 80, 395; Maltby, 1975, p. 19）。此書之第二版於 1912 年發行，1930 年出版第三版（1964 年由 H. W. Wilson 重印）。理查遜不僅提出圖書分類理論，也曾為 Hartford Theological Seminary 圖書館與 Princeton University 圖書館設計分類系統。理查遜在分類方面的貢獻，使他獲選為 20 世紀美國圖書館界最重要的一百位領航者之一（Kniffel, McCormick, & Sullivan, 1999）。

理查遜認為分類簡言之就是將相似的事物聚集，雖然分類是依據事物的相似（likeness）與相異（unlikeness）區分，但分類其實是由事物的相似性支配（Richardson, 1930, p. 1）。由於相似是分類的基礎，理查遜嘗試釐清相似的意涵，他主張相似不是相同（identity 或 sameness），相同是完全相似，而相似只是在類型上的相同，可以有多種類型的相似（kinds of likeness）（例如：顏色相似、形狀相似、傳導性相似……等）（Richardson, 1930, p. 3）。他不主張以「完全相似」作為分類基礎，因為在相似的判斷上可以有多種的選擇。由於相似的多樣性，理查遜認為分類系統也可以有多種類型，如：邏輯分類、幾何分類、時序分類、起源分類、歷史分類、分類、動態分類、字順分類、數字分類等（Richardson, 1930, pp. 4-5）。

理查遜主張分類的目標，是書籍使用上的經濟性與高效率。他主張「使用」是圖書分類的標語（use is the watchword of book-classification），不論是書籍的聚集或主題階層關係的展現，圖書館書架的編排應依據書籍的實際使用情形（Maltby, 1975, p. 19; Richardson, 1930, p. 28）。同時，理查遜認為世界本身存在著穩定的真實次序（true order），學科類別的編排應反映自然的發展次序，一個具長久性的分類系統，一定遵循科學的真正次序（Maltby, 1975, p. 57; Richardson, 1930, pp. 9-21）。

理查遜認為符合自然次序的科學分類應遵循三定律，即相似律（law of likeness）、歷史律（historical law）與進化律（law of evolution）。相似律主張相似性是事物排序的通則，自然世界、人為事物與觀念想法均是依其相似性編排而形成次序，相似性可說是決定次序的因素。歷史律指出，事物在時間、空間中的進展，就是由簡單至繁複（complexity）的發展進程。進化律則主張事物由簡至繁的發展，是事物之所以能夠持續存在的原因（Richardson, 1930, pp. 6-7；參見何光國，1990，頁 103-104；鄭惠珍、陳雪華，2015，頁 99-100；Kumar, 1983, p. 395）。依據繁複性在時空中由簡至繁的發展，理查遜提出其「進化分類」（evolutionary classification）的看法，認為分類依據相似性的次序，由最簡至最繁複，學科的編排次序需符合相同的進化次序（Richardson, 1930, p. 5）。理查遜的進化分類觀點，有孔德與史賓塞科學分類體系的影子（Maltby, 1975, p. 118）。

二、布朗（James Duff Brown）

布朗出生於愛丁堡（Edinburgh），是 20 世紀初期英國著名的圖書館學家。布朗認為系統化的分類編排館藏有助於提升圖書的使用，故對圖書分類法頗饒興趣。他一生曾試編過三次分類表，前兩次都不算成功，第三次是較為人熟知的 *Subject Classification*，於 1906 年出版，並於 1914 與 1939 年分別發行第二、第三版（Beghtol, 2004a, pp. 704-705; Kumar, 1983, p. 396）。Shera（1965）指出，布朗的分類體系反映一種進化觀點，因為他主張學科有其發展次序（p. 133）。Beghtol（2004a）認為從圖書分類理論與實務看，*Subject Classification* 有其貢獻與影響，布朗可稱得上是圖書分類歷史上的先驅，可惜未受到應有的重視。

布朗認為分類法不可能長久不變，也不可能對每個人皆有用，知識分類系統多少皆有其無法發揮之處。所以，布朗 *Subject Classification* 的主類目，雖有其自認為合理的編排次序，但他認為不同的安排亦是可行，並不堅持自己的類目安排是唯一的。對於傳統分類表以學科區分的作法，布朗並不贊同。他主張理論與應用不應硬性切割，應有合理的鄰近（near）編排，例如：理論化學與應用化學，電學與電機工程等，在類目安排上應是越靠近越好。同時，布朗也注意到知識的整合與跨學科的現象，其分類表中設計了組合標記（synthesized notations）用以

表示複合學科（composite topics）。布朗更採取一主題（concrete subject）「一位」（one place）的作法，避免同一主題因學科而分散。一主題一位的設計，是布朗分類法的特色，他認為一個主題應放在它最常被使用的位置，並以此為核心，將不同面向的相關資料聚集。例如：玫瑰花可從多個面向探討，像是生物、植物、園藝、歷史、地理、倫理、裝飾、法律、書目、詩歌、音樂、美術、社會等多種觀點切入，若生物是玫瑰花最常被使用的類目，就以生物為「一位」，這個位置就像磁鐵將其他觀點的資料吸附，不再因學科而分散。布朗的「一位」設計，對 *Bliss Bibliographic Classification* 第二版的「現象類別」（phenomenon class）有啟發作用（詳見 Beghtol, 2004a, 2004b）。

三、胡爾梅（Edward Wyndham Hulme）

胡爾梅是英國圖書館學家，雖未編過任何分類表，但他撰寫的 "Principles of Book Classification"，曾具體提出若干圖書分類原則。此文原載於 1911 至 1912 年發行的 *The Library Association Record*，後於 1950 年重印。1966 年，R. K. Olding 依據期刊原文重新整理，編入 *Readings in Library Cataloguing*（Hamden, Conn.: Shoe String Press）。茲簡述其分類主張如下（參見 Kumar, 1983, pp. 397-398）：

（一）聚集原則（principle of collocation）：主張從流通及使用的經濟性著眼，將相似資料集聚成群。

（二）同級排列原則（principle of coordination）：主張書架資料的線性排列，應考慮主題的相關次序，幫助讀者從一類跨至另一類查找資料時，可以減少書架間的穿梭距離。

（三）類別相對性原則（principle of relativity of class）：主張類目的位置不具絕對性，若有交替作法亦可考慮。圖書分類對胡爾梅而言，不在展現科學分類的次序，而是安排聚集圖書以方便使用者查找，故他重視圖書分類的使用性更勝於學科的次序性。

（四）文獻保證原則（principle of literary warrant）：此原則是胡爾梅所提分類原則中最著名的，他主張分類表類目的編製，應依據已出版之圖書文獻的內容擬定。換言之，只有圖書文獻中確實存在的內容，才能保證類表

中會出現相應的類目標題。美國國會圖書館分類法（Library of Congress Classification）的設計原則與此不謀而合，故胡爾梅對此分類法有較佳的評價（詳見鄭惠珍、陳雪華，2016；Hulme, 1966; Rodriguez, 1984）。

四、賽耶斯（W. C. Berwick Sayers）

賽耶斯是英國圖書館學家，一生未編過任何分類表，但發表過若干與圖書分類有關的專書，如：*The Grammar of Classification*（1912）、*An Introduction to Library Classification, Theoretical, Historical, and Practical, and A short Course in Practical Classification, with Readings, Questions and Examination Papers*（1922）、*Manual of Classification for Librarians and Bibliographers*（1st ed., 1926; 2nd ed., 1944; 3rd ed., 1955; 3rd rev. ed., 1959）等，有「圖書分類文法家」（grammarian of library classification）的稱號（Kumar, 1983, pp. 80, 398；參見 Ollé, 1981）。

在 *Manual of Classification for Librarians and Bibliographers* 一書的第九章，賽耶斯列舉 29 條分類準則（canon），並分為定義、區分、詞彙、圖書分類、標記、圖書分類表等 6 類（Sayers, 1944, pp. 79-82）。茲擇要摘述部分準則如下：

賽耶斯認為依據事物（包括自然與人為）的相似性聚合，依其差異性分別，是類別構成的基礎。事物具多種特徵屬性，均可作為區分的條件，其中最符合類表目的之特徵屬性，即稱之為主要特徵（essential characteristic）。分類時，首先將科學知識聚集成主要類別，其體系需與所採納的知識理論相符。其次，利用種差（differentiating qualities）將類別區分出小類，並重複此步驟，逐層細分至不能再分為止。經此漸進的區分歷程，即可建構出具上下隸屬關係的分類體系。每個階層的類目，則是藉類名來表示。類名由單字或詞組構成，必須能清楚明確地表達類目的意涵，而且使用上需有一致性。

賽耶斯認為圖書分類表是用來編排館藏的圖書及其他類型資源，其安排是憑藉主題、形式、或其他可理解的邏輯次序。分類表需有擴充性，以容納新主題或新複分。一個分類表應該包括：（一）總類，以容納無法歸入其他類別的一般性作品；（二）形式類別（form classes），分類表雖以主題為主，但應增加形式類別，俾收錄以形式為主的作品（如：小說、詩歌、戲劇等）；（三）系統性的形式複分表，以區分相同主題但不同形式的作品（如：植物歷史、植物書目等）；

（四）標記，以代表類目；（五）索引，作為查找類表的參考工具。標記是藉符號以系統性、邏輯性的方式呈現分類表，標記應該簡短、簡單、具彈性（可調整及擴充）、有助記性（mnemonic）。為維持分類表的可用性，類表應持續更新，配合知識的發展即時調整類表的內容（參見 Kumar, 1983, pp. 398-400；何光國，1990，頁 106-107）。

Kumar（1983, p. 400）指出，賽耶斯的分類準則雖然主要參酌其他學者的分類意見而來，但他將各種觀點整合為一套體系，其貢獻仍應受到肯定。

五、布理斯（Henry Evelyn Bliss）

布理斯為美國著名圖書分類學家，Shera（1965, p. 134）認為布理斯在處理分類問題上有一顆最細緻的心；Kumar（1983, p. 401）也強調布理斯的分類理論影響了一世代的圖書館員。布理斯在圖書分類方面的成就與影響，使他獲選為 20 世紀美國圖書館界最重要的一百位領航者之一（Kniffel et al., 1999；參見 Broughton, 2008; Thomas, 1998）。

1929 年時，布理斯首先發表 *Organization of Knowledge and the System of the Sciences*，書中敘述圖書分類的科學、哲學與邏輯基礎。稍後，布理斯出版第二部專書 *Organization of Knowledge in Libraries and the Subject-Approach to Books*（1933 年由 H. W. Wilson 出版），系統性地介紹其分類理論。他的分類體系 *A System of Bibliographic Classification*，於 1935 年出版，隔年即發行第二版。而他最著名的 *Bibliographic Classification*，則在 1940 至 1953 年間共出版四冊（Kumar, 1983, p. 401）。布理斯所以投入分類研究，就在於他對當時通行的圖書分類系統的不滿意；而此分類體系的提出，正是他多年浸淫於圖書分類研究的具體成果（Bliss, 1935）。

布理斯主張，圖書的系統性安排，與人類社會用以組織知識的方法有密不可分的關係。他認為人類思想的系統化是透過科學與教育養成，所以分類表的設計應將各學科是如何被研究與應用列入考慮，故他提出圖書分類需遵照科學與教育共識的主張。Shera（1965, p. 134）指出，布理斯的分類體系嘗試用一套階層結構整合自然的順序與科學的共識。所謂共識，是指有關知識之主要類別及其範圍與各類別間關係如何認定的相對性協定（relative agreement）。當圖書分類系

統與此共識越接近、吻合，則該系統越穩定、有效。由於共識不具絕對性，布理斯提出交替類目（alternative location）的建議，針對某些主題設計兩個或多個類號，讓使用者自行選用其一，以適應不同觀點的需求（Kumar, 1983, pp. 402-403; Maltby, 1975, pp. 58, 208-211）。

布理斯在 Organization of Knowledge in Libraries and the Subject-Approach to Books 第一版的第二章提出 30 條圖書分類原則（Bliss, 1933, pp. 21-46），至該書之第二版，則擴充為 32 條（Bliss, 1939, pp. 21-46）。另外，在 "The System of the Sciences and the Organization of Knowledge" 一文中，布理斯提出知識組織的七點主要分類原則（Bliss, 1935）。本節僅就其中六點原則略作說明，詳細原則請參見布理斯之專書（Bliss, 1933, 1939）。

（一）組織（organization）：組織與整合是知識組織工作的第一原則，知識未經組織，是分離鬆散、易生混淆，讓人徬徨無依。

（二）次級類目（subordination）：每一類別可依種差特性區分出次級類目（如：幾何是由數學分出來的次級類目），每一個次級類目只能從屬於一個上層類目。上層類目的外延性較高，由所屬之所有次級類目組合；次級類目的內包性較高，是由上層類目分析而來。

（三）同級類目（cordination）：同級類目應依主題的相關性排列，越相關的類目，其排列次序應越靠近。

（四）聚集（collocation）：將相關的資料聚集，使相關的類別聚集排列，是分類表的功能性效率（functional efficiency）。

（五）漸進性專深（gradation in speciality）：亦稱依存性序列（serial dependence），即依據學科之間的發生次序或依存關係排列學科先後次序。換言之，若一學科是在另一學科的基礎上發展，則應序列在它所依據的學科之後（參見 Matlby, 1975, p. 209）。

（六）最大效率（maximal efficiency）：運用各項分類原則的目的，在藉分類促成最大使用效率。

六、阮甘納桑（Siyali Ramamrita Ranganathan）

阮甘納桑是印度數學家與圖書館學家，他提出的圖書館五律及分析組合分

類法，舉世知名，影響深遠，阮氏本人更被譽為印度圖書館學之父（胡述兆，1996）。阮甘納桑的 Colon Classification 第一版於1933年出版，1939年出第二版。圖書分類理論專著 Prolegomena to Library Classification，於1937年出版第一版，書中提出28條分類準則（canon）；第二版於1957年出版，分類準則擴充為35條；第三版出版於1967年，是一部徹底改寫的作品，提出11條定律（law）、43條分類準則、22條原則及13條主張（postulate）（Kumar, 1983, p. 404）。

阮甘納桑是20世紀前葉的圖書分類理論家中，體系最完備者。他主張分類理論應以規範性原則（normative principles）為基礎，並將規範性原則分為五個層級：基礎定律（basic laws）、基本定律（fundamental laws）、準則（canons）、原則（principles）、主張（postulates）（Kumar, 1983, p. 405; Ranganathan, 1967, pp. 113-114）。以下以 Prolegomena to Library Classification 第三版所列為準，參酌 Kumar（1983）的闡述，簡述阮氏的分類理論體系。

（一）基礎定律

適用於一般的程序或思考，詳見 Kumar（1983, Chapter 6）、Ranganathan（1967, Part D）：

1. 解釋定律（law of interpretation）：當準則、規則、原則間發生歧異或衝突時，應當如法律條文般，透過解釋解決衝突或提出修正。
2. 公正定律（law of impartiality）：面對兩種或兩種以上的需求或主張時，不能任意裁斷，應依據事實證據，做無私的選擇。
3. 對稱定律（law of symmetry）：當兩個實體或狀況是相對的，若選擇了其中之一，也應給另一相對的實體或狀況同等的對待。
4. 簡約定律（law of parsimony）：面對多種可能選項時，在人力、物力、時間、金錢等條件綜合考量下，以最經濟的選項為優先考慮。
5. 地區差異定律（law of local variation）：應考慮交替性的作法，以符合在地使用者的需求或使用情形。
6. 滲透定律（law of osmosis）：改變應採漸進方式，視工作之迫切性與重要性，分項逐步完成，而非一次全面更動。

（二）基本定律

通稱「圖書館五律」（適用於圖書館學及其分科），詳見 Kumar（1983, pp. 87-89）、Ranganathan（1967, pp. 115-122）：
1. 圖書以使用為目的（books are for use）
2. 每一讀者有其書（every reader his book）
3. 每一書有其讀者（every book its reader）
4. 節省讀者的時間（save the time of the reader）
5. 圖書館是成長的有機體（library is a growing organism）

圖書館收藏的各項資源，主要就是供讀者使用，這是圖書館服務的本質。資訊組織的目的，就是將圖書資源與讀者進行連結，幫讀者找到他所需的資源，也讓符合讀者需求的資源能被發掘利用。而服務的提供，要以經濟有效的方式進行，讓讀者以最少的時間與努力就能取得所需資源。為了服務讀者，圖書館要與時俱進，持續成長，用新觀念、新技術來滿足讀者所需。

（三）準則

應用於分類系統之設計，對阮甘納桑而言，準則是必須要遵循的基本要求。阮甘納桑認為作品有三個構面，即概念面（idea plane）、語詞面（verbal plane）、標記面（notational plane）。在設計與應用分類系統時，這三個構面均會涉及，故他針對這三者分別提出相關的準則，擇要摘述如下。

1. 概念面（詳見 Kumar, 1983, Chapter 7; Ranganathan, 1967, Part E）

(1) 特徵準則（canons for characteristics）：分類是依據特徵之相似或相異進行區分，特徵因此成為建構類別的主要條件，阮甘納桑將特徵準則細分為下列四則：

　a. 差異準則（canon of differentiation）：作為區分類別的特徵需具備區別力，能藉以有效區分出不同類別。

　b. 相關準則（canon of relevance）：作為區分類別的特徵，需與分類之目的相關。

　c. 可確知準則（canon of ascertainability）：作為區分類別的特徵，需是明確、可查知的。

d. 長久準則（canon of permanence）：作為區分類別的特徵，需具有長久性、穩定性，不會輕易變動。
(2) 特徵繼承準則（canons for succession of characteristics）：類表的階層結構中，次級類目對上一級類目的特徵有繼承性，且應用上應有一致性。次級類別應依據單一特徵區分，不應有兩種特徵並用於同一類別之區分。
(3) 類陣列準則（canons for array）：所謂類陣列，是指依一定次序編排之由單一特徵所構成之類別的全體內容，阮甘納桑認為每一個類陣列應符合下列四點準則：
   a. 窮盡性準則（canon of exhaustiveness）：凡一類別範圍所及的所有內容，應完整呈現於該類陣列中。
   b. 互斥性準則（canon of exclusiveness）：一個類陣列中的子目要具互斥性。
   c. 有用的順序準則（canon of helpful sequence）：類目的安排，應以對使用者有幫助的順序編排。
   d. 一致性順序準則（canon of consistent sequence）：相似的類目架構，在類目順序的編排上應有一致性。
(4) 鏈結準則（canons for chain）：所謂鏈結，是指一組類別按其階層關係所形成的線性排列，如：Universe of knowledge → Social sciences → Economics → Labor → Laboring classes。阮甘納桑認為鏈結準則的要項有二：
   a. 外延性遞減準則（canon of decreasing extension）：線性鏈結上的項目，若由第一個往最後一項遞移，其外延性應該遞減，而內包性遞增。
   b. 調節準則（canon of modulation）：亦稱解析力準則（canon of resolving power），指一個線性鏈結上，在第一個至最後一個項目之間，應依據可適當區分的解析力，將各階層的項目完整呈現。
   c. 分支順序準則（canons for filiatory sequence）：類別的排列順序，應依據類別間之從屬關係，做緊密的安排。

2. 語詞面（詳見 Kumar, 1983, Chapter 8; Ranganathan, 1967, Part G）
(1) 文本脈絡準則（canons of context）：在選用類目名稱時，應考慮類目線性鏈結中的相關詞彙，以確保選用的詞彙與所代表的類別概念相符。
(2) 列舉準則（canon of enumeration）：類目名稱的選定，應參考相關的次級類目，由此選擇能代表類別完整概念的詞彙。

(3) 通用準則（canon of currency）：類目名稱應採用該知識領域內通用的詞彙。
(4) 沈默準則（canon of reticence）：類目名稱不應加入個人的主觀意見或偏好。

3. 標記面（詳見 Kumar, 1983, Chapters 10, 11; Ranganathan, 1967, Parts J, K）
(1) 同義字準則（canons of synonym）：標記需具有獨特性，標記不應出現同義狀況。
(2) 同形異義字準則（canon of homonym）：每一標記只用於代表一個類目，亦即每一主題只用一個類號代表，每一類號只代表一個主題。
(3) 配對準則（pairs of canons）：每一準則包含兩項相對的主張（如：階層或非階層），阮甘納桑傾向於採用每一組的前者。配對準則共有五條，簡言之，阮甘納桑主張類號的長度應依主題的特殊性調整，而非維持固定的數字。阮甘納桑認為主題數量龐大，應採用混合標記，且標記應呈現類表的階層性，用層面方式組合展現層次，而且類號應能適切地表達圖書資源的主題範圍（co-extensiveness）。
(4) 擴充容新準則（canons for hospitality），亦稱成長的世界準則（canons for growing universe），因為世界是變動、成長的，新知識、新事物不斷出現，標記系統應能滿足擴充或新增類號的需求。阮甘納桑提出四點準則，強調利用外推（extrapolation）及插入（interpolation）兩種方法，讓標記系統新增類號。
(5) 助記準則（canons for mnemonics）：分類表中針對同一主題、形式、結構等給予相同的編碼（例如：國家或區域的代碼，字典或書目的形式編碼等），即稱之為助記。助記的運用，可以減少分類表的篇幅，提升分類工作的效率與一致性，在分類表的設計上有其必要性。

（四）原則

原則亦應用於分類系統之設計，但相較於準則，原則是建議性，不是非做不可（詳見 Kumar, 1983, pp. 104-119; Ranganathan, 1967, Part F）。在概念面的準則中，有一條「有用的順序準則」，阮甘納桑根據該準則提出一組關於有用的順序的原則，其考慮的面向，可歸納如下：「時間」或「進化」（依據時間或進化順序的先後決定如何排列）、「空間」（根據地理區域的鄰近程度決定如何排

列)、數量(依據數量的多寡決定如何排列)、複雜性(依據複雜性的高低決定如何排列)、傳統／慣例(依據傳統或已廣為熟知的方法排列)、文獻保證(參考相關文獻的出版情形決定如何排列)、字順(依據字母順序排列)。

(五)主張

主張是阮氏對於分類實務作法上的一些觀點,屬於建議性,此處不再詳述。

阮甘納桑在分類學上的另一重要貢獻,就是分析組合分類的概念。他的冒號分類法,針對待處理的對象,從五個基本範疇(層面)進行分析,再利用一套符號規則將五個層面的類號組合。他提出的五個基本範疇包括:本質(personality)、物質(matter)、動力(energy/action)、空間(space)、時間(time),合稱PMEST(參見 Kumar, 1983, Chapter 16)。Shera(1965, pp. 101-102)認為阮甘納桑已經跳脫以實質圖書為編目對象的作法,擺脫傳統階層式的聚合,改以思想或主題作為分類單位,再透過層面組合予以展現,他認為阮甘納桑的想法遠超越與其同時代的人。

第四節 圖書分類原則

圖書分類原則是歸類圖書時應採行或考量的作法,是圖書分類實務上的指引。本節說明分類作業中進行辨類與歸類的程序與判斷依據,分為三部分,包括圖書分類工作的程序、圖書分類的一般原則、特定主題或類型著作的分類原則。

一、圖書分類工作流程

圖書分類工作,簡言之可分為兩個主要步驟,一是辨類,一是歸類。前者是藉由內容分析,掌握圖書資源的主題重點、寫作意向、體裁特性等;後者是依據內容分析的結果,在分類表中查找適切的類目,並依類表指示及館方作業規範,完成類號的建構。

辨類旨在掌握圖書資源之主題內容,至於如何辨類,各家看法不一。王省吾(1976,頁128)認為辨類要研究三個問題:它研究的主題為何?它怎樣討論或

研究該主題？著者寫作目的為何？而 Taylor 與 Joudrey（2009, pp. 314-317）則介紹了以下三種取向：

（一）Derek Langridge 在 *Subject Analysis: Principles and Procedure* 一書中主張，主題分析應獨立於分類法或標題表之外進行。在分析時有三項重點：它是什麼（what is it）？它為了什麼（what is it for）？它是關於什麼（what is it about）？第一點在釐清它所屬的知識基本範疇；第二點是掌握其目的、用途、適用對象等；第三點則在確定其題材（topic）（例如：服飾是一個題材，可從多種學科觀點探討）。

（二）Patrick Wilson 在 *Two Kinds of Power* 一書中提出四種瞭解作品的方法：一是目的法（purposive method），即瞭解著者的寫作目的；二是主體─背景法（figure-ground method），即找出圖書資源中的主體形象，但對主體的判斷，可能因每個人的教育、語言、文化、知識背景等而有差異；客觀法（objective method），以次數或頻率的計算為主的自動化方法；凝聚法（cohesion method），找出讓書中各內容單元所以凝聚為一的因素（以上四種方法的名稱，是 Taylor 與 Joudrey 所命名）。

（三）以使用為基礎之取向（use-based approaches）：將觀察重點放在圖書資源可能被如何使用？或圖書資源可用以回答何種問題？由此切入，可嘗試回答下列三個問題：它是關於什麼（what is it about）？它為何被加入館藏（why has it been added to our collection）？讀者會對它的那些觀點感興趣（what aspects will our users be interested in）？

確定了辨類的取向或觀察重點，下一步就是檢視實體圖書資源，一般可從圖書資源的實體特徵與內容重點兩方面入手，以下分項說明（詳見 Taylor & Joudrey, 2009, pp. 317-325, 419-427；另參見王省吾，1976，頁 128-129；陳和琴、張慧銖、江琇瑛、陳昭珍，2003，頁 134-135）。

（一）實體檢視

圖書資源本身的書目要件與外表可見的特徵，是記述編目時的焦點，在辨類時亦可由此獲得有用資訊。具體而言，有下列幾項：

1. 封面、書衣、容器：通常在封面、書衣、容器等處，會出現書名、作者、出版

項等基本書目資訊；而書衣、容器上有時還會有較詳細的介紹資訊或評介，均是掌握圖書資源內容的管道。

2. 題名、副題名：通常題名與副題名可點出圖書資源的主旨，但也有名稱意思模糊，無助於判明主題。辨類時，題名及副題名是有用的資訊，但絕不能僅憑題名就判斷類別。

3. 目次：目次展現一作品之內容綱要、本末，能協助釐清其所涉及之論題與範圍。當題名不夠明晰或內容是不同作者文章之合集（如：論文集），目次可具體揭露其篇章名目與內容安排，能補題名之不足。

4. 序跋、前言、導論：不論作者自撰或他人撰寫的序跋、導讀，通常會陳述該作品之寫作目的及內容主旨，是瞭解該作品主題的有用資訊。而作品之前言、序論、或導論等，通常也會提供作品內容的具體描述，能幫助閱者快速掌握作品主題與性質。閱讀序跋及前言，通常有助於以經濟有效的方式達成辨類。

5. 插圖、表格及其標題：作品中的各項插圖、表格及其標題（caption），可以凸顯內容的特色或學科重點，有時亦可協助閱者瞭解作品是與什麼有關。

6. 其他書目特徵：作品所附的參考書目、附註、索引等，亦是有用的參考資料。由參考書目及附註，可看出作著述時所用參考資料的主題及範圍，在理解作品之主題上有提示作用。而索引詞彙，不僅呈現作品所涉及的內容題材，更可從頁數的多寡瞭解其所占分量。

7. 文本／非文本內容：瀏覽過前述項目，若仍無法掌握作品主題，則需翻閱正文。針對印刷作品，主要採略讀（skimming reading），可留意各章的前言、啟始段落、章節標題、結論、章節摘要等。對於非印刷資料，除了閱讀包裝盒上的資訊，或隨附的小冊子、使用說明文件或單張等，通常會實際開啟或播放該作品，以確切掌握作品的主題與性質。

（二）內容檢視

在檢視圖書資源實體時，是有方向性的，亦即會特別留心某些內容特徵，具體而言，有下列幾項：

1. 主題、題材：分類以主題為主，所以題材及主題概念是檢視重點。不僅關注主題為何，也要瞭解其切入觀點或學科立場。

2. 名稱：除了具體的事物與抽象的概念，許多名稱亦可作為主題，如個人與團體名稱、地名、書名及其他可命名的實體。
3. 時間、空間因素：作品中涉及的時間與地理範圍，是分類時常用的複分條件，故作品若與特定時間、空間有關，均應加以記錄。
4. 研究方法：此點是針對研究型的作品而言，若能掌握此類型作品之研究問題、研究假設、研究方法等，可由此瞭解其研究主題與重點。
5. 語言、語氣、適用對象、知識層級：一部作品的適用對象，可以影響作品究竟歸入何類的選擇，所以適用對象的認定有其重要性。有些作品會明白揭示其適用對象，有些作品則無，此時可從作者所使用的語言、語氣及閱讀作品所需具備的知識層級來判斷其對象。
6. 形式、體裁類型：作品的形式（如：字典、書目、索引、百科全書等）、體裁類型（如：小說、散文、戲劇等）等，亦是檢視作品時應留意的項目。多數作品通常先依主題歸類，然後按形式複分。文學類的作品，多先依國家分，再按體裁類型複分。所以，形式與體裁類型雖與主題無關，卻是辨類時要釐清的內容。

　　有時經過前述檢視步驟，或因作品內容複雜或過於艱深，仍無法確定其主題範圍，此時可參考其他圖書館的目錄或書目，亦可請教學者專家，以確定該作品的主題。另外，若是複本，通常不需經過辨類程序，可直接進行複本之類號查核。進行複本之類號查核，可簡化作業，也確保分類之一致性。

　　完成辨類程序，掌握作品主題及其他相關資訊後，下一步就是**歸類**，即在分類表中選擇最適合該作品的類目，並依據類號建構的相關規定，給予類號，以確定其排架位置。換言之，歸類就是將內容分析所掌握的主題資訊，翻譯為分類表中適用的類號，並加上其他必要複分及書號，以完成索書號建置。歸類的步驟，一般可利用內容分析所得之相關詞彙查找索引，或利用類表的簡表、綱目表逐步查找適切的類目。有時可參考的類目不只一個，需比較類目所屬學科及類目結構，不能僅憑類名相符就做判斷。類目初步確定後，下一步是比較類目的專深程度與作品的內容是否相符，兩者越一致越好；若非如此，則利用類表的上下階層，往上或往下找出更適切的類目。若作品涉及某些時間、空間特性，或屬於某種形式，則可依時間、地理、形式等條件複分。其次，依館方作業規範，加上著者號及其他必要書號，完成索書號。最後，進行校對審查，一是檢查同樣主題的資料以前是否也歸入相同類別，一是檢查新編索書號是否與既有資料的號碼重複。若

新舊資料歸入的類別有不一致之處,需檢討重編,改正錯誤或疏失。若是新編索書號與舊碼重複,則需微調新編索書號,讓號碼各有獨特性。

二、圖書分類通則

分類工作的實務,有一些基本原則可作為指引,其目的在做到「歸類正確、一致,充分揭示和方便檢索」(俞君立、陳樹年,2001,頁303)。這些原則可分為通則與針對特定主題或類型著作的分類原則。王省吾(1976,頁133)指出:「所謂一般的原則,係從書籍的編著方式與方法所產生,不是由書籍的內容來決定,適用於任何學術門類的書籍」。而針對特定主題或類型的著作,有其專有的特性或狀況,需予以個別處理,故將特定主題或類型著作的分類原則另立為一節介紹。有關圖書分類通則與特定主題或類型著作的分類原則,主要參酌王省吾(1976,頁133-179),俞君立、陳樹年(2001,頁303-351),陳和琴等(2003,頁135-137),馬新華、侯漢清、薛春香(2009,頁223-234),Taylor與Miller(2006, pp. 398-399),Chan(2007, pp. 314-316),以下不一一註明出處。

(一)基本原則

適用於各學科門類之一般性原則。
1. 歸入對讀者最有用的類,依據圖書館的類型與目的,考量讀者的需要、檢索行為與方便性,將資料歸入最大用途的類。
2. 分類應以學科主題為基本標準,即首先判明作品的主題內容屬於哪一學科(discipline),以此為分類依據。例如:茶樹栽培、茶葉製作、茶葉貿易、茶道等均與茶有關,但分類時會歸入不同學科,而非集中在「茶」這個題材之下。
3. 學科作為分類主要標準,其下得以其他特徵為輔助標準進行複分,如:地域、時代、形式、語言、民族等。
4. 歸入最切合內容的類,分類時應依據作品的內容範圍,選擇與之最切合的類目歸入,亦即作品與類目之主題範圍相符,專指程度恰好脗合。但實務上,類表的設計會影響專指程度是否能夠脗合,若類表並無切合的類目可用,只能取較接近或範圍較大的類目替代。所以,歸入類表所允許的最切合的類(use the most specific number available),或許較符合實務上的考量。

5. 考量作者著作目的與適用對象來分類，一部作品應有作者心目中設定之著作目的與讀者群，在判斷所謂「最大用途的類」時，亦應將此兩點列入考慮。不過，針對某類讀者而寫的某主題作品，若類表中無法按特定讀者群處理，分類時仍依原主題歸類。例如：為醫學預科學生所寫的普通化學，應歸入普通化學；以圖資系學生為對象的電腦概論，仍歸入電腦概論。
6. 分類要確保類號之一致性，凡相同主題或類型的文獻，應有一致性的作法。
7. 不得僅憑索引決定類號，索引可提供有用的線索，但決定類號，不能僅憑索引提供的參考類號，一定要檢視類表，由上下階層與同級類目的關係，確定類目是否切合。
8. 不得僅憑題名或篇名決定類號，題名、副題名、篇名等有時並不能明確表達作品的主題內容，所以絕不能只依賴題名歸類。像是將《紅樓夢》異名的《石頭記》歸入地質，就是只憑書名歸類的錯誤示範。

（二）雙主題作品之分類原則

作品內容包含兩個論題時，其分類原則如下。

1. 顯著因素：作品中A、B兩主題並列，若二者中明顯有一較主要或占篇幅較多，則分類時依該主題歸類。
2. 順序在前：作品中A、B兩主題並列，若二者分量相當或無較主要者，則依順序在前原則處理。順序在前的作法，或依作品中排列在前的主題歸類（美國國會圖書館分類法採此作法），或採用二者在類表中較先出現的類號（杜威十進分類法採此作法）。
3. 從屬關係：作品中涉及A、B兩主題，若B是從屬於A的小主題，則分類時應歸入可包含B的A主題。例如：流體力學與空氣動力學，空氣動力學是流體力學的分支，故歸入流體力學。
4. 影響／因果層面：作品中涉及的是A主題對B主題的影響，或A主題是B主題的起源或產生的原因，分類時通常依受影響或表示結果的B主題歸類。例如：氣候變遷對農業的影響，重點在農業所受到的影響，故歸入農業。
5. 工具層面／應用層面：作品中所涉及的A主題，被作者當作工具應用於B主題，分類時依B主題歸類。例如：雷射在大地測繪中的應用，工具是雷射，應用面是大地測繪，應歸入測繪學。又如：鐵路會計學，是會計學應用於鐵路管理，歸入鐵路管理較能發揮用途。

6. 比較層面：作品中涉及 A、B 兩主題互相比較，或是 A、B 兩個對立的主題，分類時依作者選為比較基礎或贊成的主題歸類。例如：民主與專制制度之比較，若作者是以民主制度為基礎，則分類時歸入民主制度。
7. 歷史層面：凡從歷史層面研究一個主題的作品，應歸入切合的主題，再處理歷史的形式複分。例如：中國目錄學史，不歸入歷史，應依主題歸入目錄學。

（三）多主題作品之分類原則

作品內容包含三個或三個以上論題時，其分類原則如下。

1. 作品涉及兩個、三個或多個主題，而這些主題均為某一較大類目的細分，分類時依較大類目歸類。
2. 作品涉及三個或多個不屬於同一較大類目的主題，若是討論其中一個主題對其他主題的影響（如：天體活動對氣象、潮汐、水文的影響），歸入產生影響的主題（此例是天體活動）；若是討論其中一個主題所受其他主題的影響（如：植物與森林對氣候的影響），歸入受影響的主題（此例是氣候）。
3. 作品涉及三個不屬於同一較大類目的主題，若其中一個較為主要或篇幅較多，則歸入該主題；若三者間無明顯輕重之分，則依「順序在前」原則處理。
4. 若作品涉及之地域不只一個，歸入包括此等地方之較大區域。
5. 若作品涉及多個時代、時期，歸入其間最前之時代。
6. 若作品包含之學科太廣，則歸入總類。

三、特定主題或類型著作的分類原則舉隅

（一）特定書的翻譯、縮寫、註釋、考證、札記、批評、研究、書影、索引等著作，應隨同原書分類。
（二）由單一作者或不同作者之論文合輯而成的論文集、論叢、選集等，若主題明確，則歸入切合的類目；若內容複雜，則歸入總類之普通論叢。
（三）叢書是由多種獨立著作匯集為一套，各著作有單獨題名，另冠上一總體書名（叢書名）。圖書館在處理叢書時，通常有兩種作法，一是以套書集中處理，一是按個別著作分散處理。各圖書館可依各館情形，自訂處理原則。一般而言，若叢書已全套完整出版，或有明確出版計畫且持續刊行，圖書

館多採集中處理方式，此時會將綜合性的叢書歸入總類，主題性的叢書則歸入適切主題，再依叢書的形式複分。

（四）綜合性百科全書、年鑑等，一般歸入總類；專科性辭典、百科全書、年鑑、手冊等，先歸入適切主題，再按形式複分。語文字（辭）典，一般依語種別歸入各國語言類。

（五）專科目錄（含索引）一般有兩種處理方式：一是先依目錄的屬性歸入專科目錄，再按學科的性質複分；一是先分入適切的主題，再加上目錄的形式複分。前者的優點，是將所有專科目錄集中一處；後者則方便各學科的讀者，可以依主題就近查閱。圖書館可自訂處理原則，但作法上應有一致性。

（六）凡專門學科的哲學，如圖書館哲學、教育哲學等，應依其學科主題，分別歸入有關各類。

（七）將心理學的方法或原理應用於研究或解釋特定對象或他種現象的著作，如：廣告心理學、教育心理學、犯罪心理學等，可集中歸入應用心理學類別，亦可分別歸入相關學科主題。圖書館可自訂處理原則，較常見的作法是分入各相關學科。

（八）凡關於一國或一區域的著作，歸入該國或該區域的地理。若是有關某一主題的著作，但內容涉及個別國家或區域時，分類時仍先歸入切合的主題，再依國家或區域複分。

關鍵詞彙

圖書分類理論	圖書分類原則
library Classification Theory	Principles for Library Classification
邏輯區分	相似性
Logical Division	Likeness
屬／種	種差
Genus/Species	Differentia/Differentiating Qualities

自我評量

- 圖書分類理論與圖書分類原則之意義與功用為何？
- 理查遜在圖書分類理論的主要主張為何？
- 布朗在圖書分類理論的主要主張為何？
- 胡爾梅在圖書分類理論的主要主張為何？
- 賽耶斯在圖書分類理論的主要主張為何？
- 布理斯在圖書分類理論的主要主張為何？
- 阮甘納桑在圖書分類理論的主要主張為何？
- 圖書分類有哪些一般原則？
- 當作品包含兩個主題，分類時一般的處理原則為何？

參考文獻

Bacon, F.（2015）。學術的進展（劉運同譯）。上海市：上海人民。（原著出版於1866年）

王省吾（1976）。圖書分類法導論（三版）。臺北市：華岡。

王重民（通解）（1987）。校讎通義通解。上海市：古籍出版社。

吾淳（2014）。中國哲學起源的知識線索：從遠古到老子：自然觀念及自然哲學的發展與成型。上海市：上海人民出版社。

何光國（1990）。圖書資訊組織原理。臺北市：三民。

汪子嵩、范明生、陳村富、姚介厚（2003）。希臘哲學史（第三卷）：亞里斯多德。北京市：人民出版社。

祁承㸁（2015）。庚申整書例略四則。在祁承㸁（撰），鄭誠（整理），澹生堂讀書記‧澹生堂藏書目（頁42-45）。上海市：上海古籍出版社。

阮孝緒（1965）。七錄序。在釋道宣（編），廣弘明集（第三卷）。臺北市：臺灣商務。

余嘉錫（1987）。目錄學發微（二版）。臺北市：藝文印書館。

余慶蓉、王晉卿（1998）。中國目錄學思想史。長沙市：湖南教育出版社。

昌彼得、潘美月（1986）。中國目錄學。臺北市：文史哲。

胡述兆（1996）。印度圖書館學之父——阮甘納桑。圖書與資訊學刊，*18*，頁 1-6。

胡楚生（1995）。中國目錄學。臺北市：文史哲。

俞君立、陳樹年（編）（2001）。文獻分類學。武漢市：武漢大學出版社。

姚名達（1965）。中國目錄學史（臺一版）。臺北市：臺灣商務。

馬玉珂（編）（1985）。西方邏輯史。北京市：中國人民大學出版社。

馬新華、侯漢清、薛春香（編）（2009）。文獻分類法主題法導論（修訂版）。北京市：國家圖書館出版社。

徐有富（2009）。目錄學與學術史（北京一版）。北京市：中華書局。

陳和琴、張慧銖、江琇瑛、陳昭珍（2003）。資訊組織。臺北縣：國立空中大學。

張志偉（2004）。西方哲學十五講。北京市：北京大學出版社。

張家龍（編）（2002）。邏輯學思想史。長沙市：湖南教育出版社。

章學誠（1972）。校讎通義。在昌彼得（編），中國目錄學資料選輯（頁551-628）。臺北市：文史哲。

傅佩榮（2011）。一本就通西方哲學史。臺北市：聯經。

傅榮賢（1999）。中國古代圖書分類學研究。臺北市：臺灣學生書局。

傅偉勳（2013）。西洋哲學史（三版）。臺北市：三民。

程千帆、徐有富（1998）。校讎廣義・目錄編（二版）。濟南市：齊魯書社。

楊百順（1984）。西方邏輯史。成都市：四川人民。

詹劍峰（2007）。墨子及墨家研究。武漢市：華中師範大學出版社。

鄭惠珍、陳雪華（2015）。從範疇理論的角度探索中西圖書分類思維。圖書資訊學研究，*10*(1)，頁 83-121。

鄭惠珍、陳雪華（2016）。從文獻保證原理的角度探討中國古代圖書分類法。圖書資訊學刊，*14*(1)，頁 87-114。

鄭樵（1972）。校讎略。在昌彼得（編），中國目錄學資料選輯（頁308-337）。臺北市：文史哲。

鄭奮鵬（1983）。鄭樵的校讎目錄學（二版）。臺北市：學海。

蔣元卿（1957）。中國圖書分類之沿革（臺一版）。臺北市：臺灣商務。

歐力同（1987）。孔德及其實證主義。上海市：上海社會科學院。

劉兆祐（註釋）（2012）。校讎通義今註今釋。臺北市：臺灣學生書局。

劉創馥（2014）。黑格爾新釋。臺北市：臺灣大學出版中心。

劉簡（1977）。中文古籍整理分類研究。臺北市：文史哲。

錢亞新（1974）。鄭樵校讎略研究（臺一版）。臺中市：文宗。

譚戒甫（1963）。公孫龍子形名發微。北京市：中華。

譚鑫田、李武林（編）（1993）。西方哲學範疇理論。濟南：山東大學出版社。

蕭登福（1984）。公孫龍子與名家。臺北市：文津。

Beghtol, C. (2004a). Exploring new approaches to the organization of knowledge: The subject classification of James Duff Brown. *Library Trends*, *52*(4), 702-718. Retrieved from http://tinyurl.com/h5z5m53

Beghtol, C. (2004b). James Duff Brown s Subject Classification and evaluation methods for classification systems. *dLIST*. Retrieved from http://hdl.handle.net/10150/106250

Bliss, H. E. (1929). *The organization of knowledge and the system of the sciences*. New York, NY: Henry Holt.

Bliss, H. E. (1933). *The Organization of knowledge in libraries and the subject-approach to books*. New York, NY: H. W. Wilson. Retrieved from http://hdl.handle.net/2027/mdp.39015034800279

Bliss, H. E. (1935). The system of the sciences and the organization of knowledge. *Philosophy of Science*, *2*(1), 86-103.

Bliss, H. E. (1939). *The Organization of knowledge in libraries and the subject-approach to books* (2nd ed.). New York, NY: H. W. Wilson. Retrieved from https://babel.hathitrust.org/cgi/pt?id=uc1.b4212378;view=2up;seq=68

Bourdeau, M. (2014). Auguste Comte. *Stanford encyclopedia of philosophy*. Retrieved from http://plato.stanford.edu/entries/comte/#CouPosFriMil

Broughton, V. (2008). Henry Evelyn Bliss: The other immortal, or a prophet without honour? *Journal of Librarianship and Information Science*, *40*(1), 45-58.

Burke, P. (2000). *A social history of knowledge: From Gutenberg to Diderot*. Cambridge, UK: Blackwell.

Chan, L. M. (2007). *Cataloging and classification: An introduction* (3rd ed.). Lanham, MD: Scarecrow Press.

Cogswell, G. A. (1899). The classification of the sciences. *The Philosophical Review*, *8*(5), 494-512. Retrieved from http://www.math.uni-hamburg.de/home/loewe/2007-08-I/Cogswell.pdf

Dua, P. (n.d.). *Essay on different classification of sciences*. Retrieved from http://www.shareyouressays.com/ 87187/essay-on-different-classification-of-sciences

Eisenstein, E. L. (1979). *The printing press as an agent of change: Communications and cultural transformations in early modern Europe*. Cambridge, UK: Cambridge University Press.

Ereshefsky, M. (2001). *The poverty of the Linnaean hierarchy: A philosophical study of biological taxonomy*. Cambridge, UK: Cambridge University Press.

Flint, R. (1904). *Philosophy as scientia scientiarum, and, A history of classifications of the sciences*. New York, NY: Arno Press. Retrieved from https://archive.org/details/philosophyassci00flingoog

Glushko, R. J., Annechino, R., Hemerly, J., & Wang. L. (2013). Categorization: Describing resource classes and types. In R. J. Glushko (Ed.), *The discipline of organizing* (pp. 235-272). Cambridge, MA: MIT Press.

Glushko, R. J., Hemerly, J., Petras,V., Manoochehri, M., & Wang, L. (2013). Classification: Assigning resources to categories. In R. J. Glushko (Ed.), *The discipline of organizing* (pp. 273-316). Cambridge, MA: MIT Press.

Hlava, M. M. K. (2015). *The taxobook: History, theories and concepts of knowledge organization* (Part 1 of a 3-Part Series). San Rafael, CA: Morgan & Claypool.

Hobbes, T. (1651). *Leviathan, or The matter, forme, & power of a common-wealth ecclesiasticall and civill*. London, UK: Andrew Crooke. Retrieved from http://socserv2.socsci.mcmaster.ca/econ/ugcm/3ll3/hobbes/Leviathan.pdf

Hulme, W. (1966). Principles of book classification. In R. K. Olding (Ed.), *Readings in library cataloguing* (pp. 108-140). Hamden, CO: Shoe String Press.

Jacob, E. K. (2004). Classification and categorization: A difference that makes a difference. *Library Trends, 52*(3), 515-540.

Kniffel, L., McCormick, E., & Sullivan, P. (1999). 100 of the most important leaders we had in the 20th century. *American Libraries, 30*(11), 38-48.

Kumar, K. (1983). *Theory of classification* (3rd ed.). New Delhi, India: Vikas House.

Lakoff, G. (1987). *Women, fire, and dangerous things: What categories reveal about the mind*. Chicago, IL: University of Chicago Press.

Langridge, D. W. (1992). *Classification: Its kinds, elements, systems and applications*. London, UK: Bowker-Saur.

Lima, M. (2011). *Visual complexity: Mapping patterns of information*. New York, NY: Princeton Architectural Press.

Machlup, F. (1982). *Knowledge: Its creation, distribution, and economic significance. V. 2. The branches of learning*. Princeton, NJ: Princeton University Press.

Mai, J.-E. (2004). Classification in context: Relativity, reality, and representation. *Knowledge Organization, 31*(1), 39-48.

Maltby, A. (1975). *Sayers' manual of classification for librarians* (5th ed.). London, UK: André Deutsch.

Miksa, F. L. (1993). Classification. In W. A. Wiegand & D. G. Davis (Eds.), *Encyclopedia of library history* (pp. 144-153). New York, NY: Garland.

Moore, M. G. (1991). Editorial: distance education theory. *The American Journal of Distance Education, 5*(3), 1-6.

Ollé, J. G. (1981). W. C. Berwick Sayers, librarian and teacher. *Journal of Librarianship and information science, 13*(4), 232-247.

Parry, W. T., & Hacker, E. A. (1991). *Aristotelian logic*. Albany, NY: State University of New York Press.

Pickering, M. (2003). Auguste Comte. In G. Ritzer (Ed.), *The Blackwell companion to major classical social theorists*. Malden, MA: Blackwell. Retrieved from http://www.blackwellreference.com/subscriber/tocnode.html?id= g9781405105941_chunk_g97814051059414

Ranganathan, S. R. (1967). *Prolegomena to library classification* (3rd ed.). New York, NY: Asia Publishing House. Retrieved from http://arizona.openrepository.com/arizona/handle/10150/106370

Richardson, E. C. (1930). *Classification: Theoretical and practical* (3rd ed.). New York, NY: H. W. Wilson. Retrieved from http://tinyurl.com/hydzwh9

Rodriguez, R. D. (1984). Hulme's concept of literary warrant. *Cataloging & Classification Quarterly, 5*(1), 17-26.

Rosch, E. (1978). Principles of categorization. In E. Rosch & B. B. Lloyd (Eds.), *Cognition and categorization* (pp. 27-48). Hillsdale, NJ: Erlbaum.

Sayers, W. C. B. (1944). *A manual of classification for librarians and bibliographers* (2nd ed.). London, UK: Grafton. Retrieved from https://archive.org/details/manualofclassifi007579mbp

Shera, J. H. (1965). *Libraries and the organization of knowledge*. London, UK: Crosby Lockwook & Son.

Sokal, R. (1974). Classification: Purposes, principles, progress, prospects. *Science, 185*(4157), 1115-1123.

Spencer, H. (1864). *The classification of the sciences: To which are added reasons for dissenting from the philosophy of M. Comte*. New York, NY: D. Appleton. Retrieved from https://archive.org/details/classificationof00spen

Strout, R. F. (1956). The development of the catalog and cataloging codes. *Library Quarterly, 26*(4), 254-275.

Taylor, A. G., & Joudrey, D. N. (2009). *The organization of information* (3rd ed.). Westport, CO: Libraries Unlimited.

Taylor, A. G., & Miller, D. P. (2006). *Introduction to cataloging and classification* (10th ed.). Westport, CT: Libraries Unlimited.

Thomas, A. R. (1998). Bibliographical classification: The ideas and achievements of Henry E. Bliss. *Cataloging & Classification Quarterly, 25*(1), 51-102.

Vickery, B. C. (1959). *Classification and indexing in science*. London, UK: Butterworth Scientific.

Wittgenstein, L. (1958). *Philosophical investigations*. (2nd ed.; G. E. M. Anscombe. Trans.). Oxford, UK: Basil Blackwell. Retrieved from https://drive.google.com/file/d/0Bw-duXxYihdvWVlFaUhzclY5Vmc/view?pref=2&pli=1

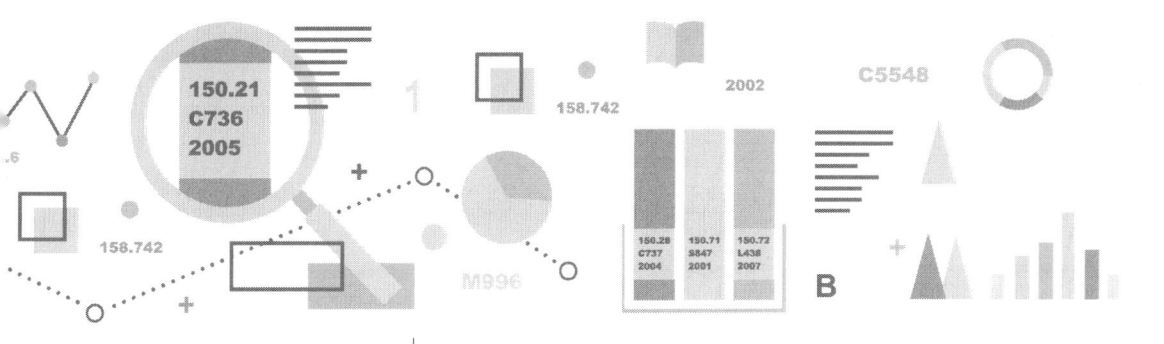

作者簡介

鄭惠珍

(hcc@ncl.edu.tw)

國家圖書館
書目資訊中心編輯

天主教輔仁大學進修部
圖書資訊學系兼任助理教授

第四章
中文圖書分類法

學習目標

- 認識「中文圖書分類法」
- 瞭解「中文圖書分類法」的應用方式
- 瞭解五筆檢字法
- 瞭解四角號碼法
- 瞭解如何建立索書號
- 瞭解如何排架

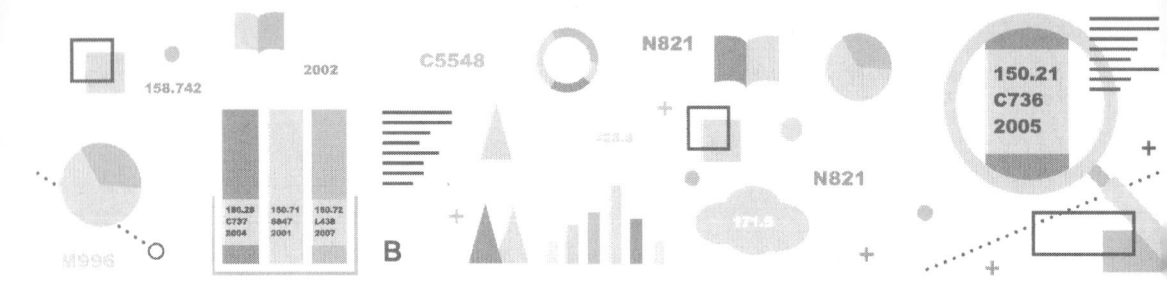

本章綱要

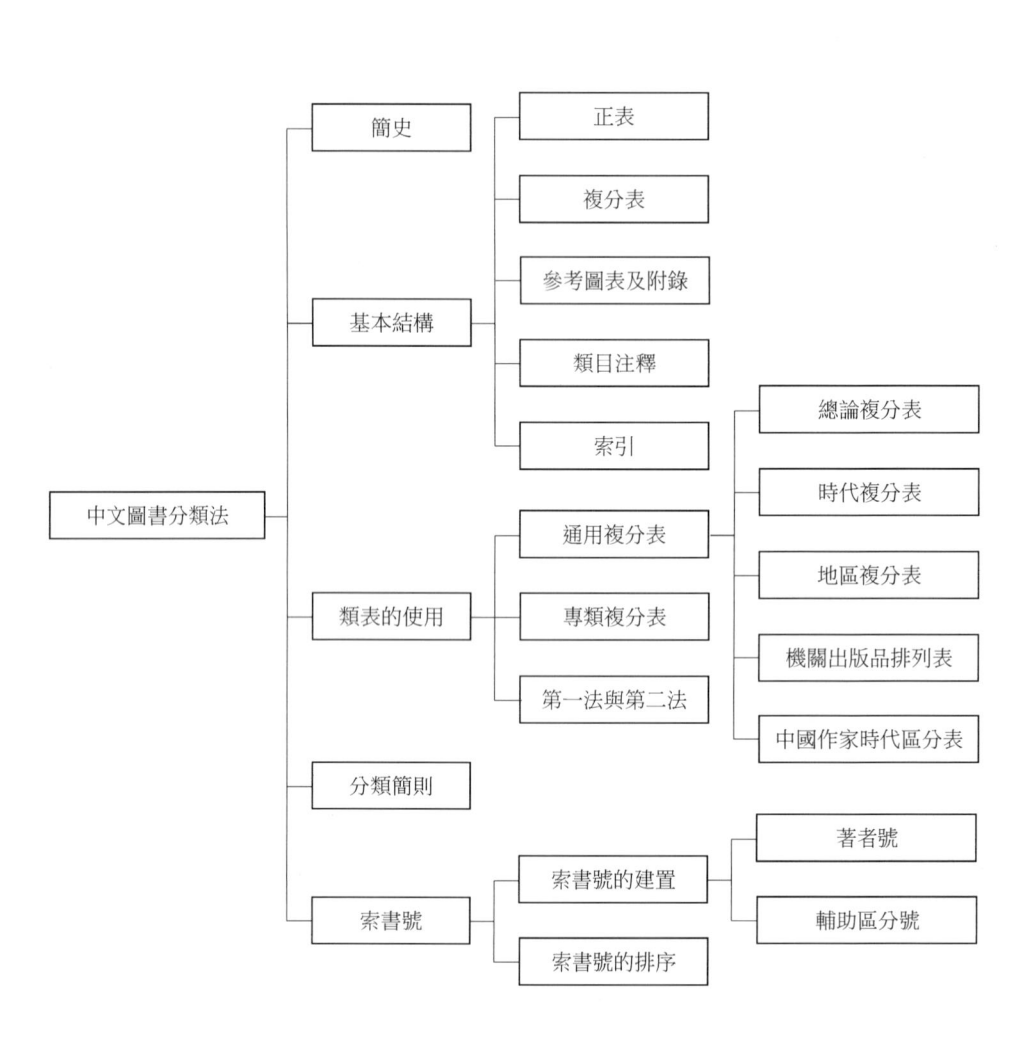

- 中文圖書分類法
  - 簡史
  - 基本結構
    - 正表
    - 複分表
    - 參考圖表及附錄
    - 類目注釋
    - 索引
  - 類表的使用
    - 通用複分表
      - 總論複分表
      - 時代複分表
      - 地區複分表
      - 機關出版品排列表
      - 中國作家時代區分表
    - 專類複分表
    - 第一法與第二法
  - 分類簡則
  - 索書號
    - 索書號的建置
      - 著者號
      - 輔助區分號
    - 索書號的排序

第四章
中文圖書分類法

第一節　簡史

《中文圖書分類法》（2007年版，以下簡稱《中文分類法》）為我國國家圖書館（以下簡稱國圖）編訂之分類法。該分類法係依據賴永祥（2001）之《中國圖書分類法》增訂八版（以下簡稱《中圖法》），並參酌中外著名通用之分類法，如杜威十進分類法（Dewey Decimal Classification，簡稱DDC）（以下簡稱杜威分類法）、美國國會圖書館分類法（Library of Congress Classification，簡稱LCC）以及《現代分類法》等編製而成。

《中文分類法》的歷史可遠溯至中國古代的圖書分類。中國自漢朝劉向父子的《七略》將圖書分為七大類，到後來演變成「經、史、子、集」四分法，清朝時期的《四庫全書》四分法可謂達到極盛。無論是六分或四分法，對類分古代的書籍而言是適宜的，然而，進入民國時期，西風東漸，圖書數量大增，尤其是科技類與新興學科書籍急速成長，既有的四部分類已無法符合分類當時新書之需求（王錫璋，1998），另一方面，西方創立之現代圖書分類法亦因文化差異之故，無法完全適用於類分中國古今書籍。有鑑於此，1929年（民18）前南京金陵大學圖書館館長劉國鈞遂編訂一套適合國情的《中國圖書分類法》。1936年3月增訂再版。1949年（民38）以前為大陸地區各圖書館普遍採用。該分類法的基本架構，係仿照杜威分類法，將人類知識分為十大類，亦以阿拉伯數字為標記，但其次序與杜威分類法略有不同。1952年（民41）及1962年（民51），熊逸民曾加以修訂；1964年（民53），賴永祥據此法加以增訂，並另編索引一冊，為臺灣地區各類型圖書館所普遍使用（吳瑠璃，1995）。為因應學術文化的進步和社經政教的發展，賴氏自1964年以迄2000年止，先後曾8次修訂（60年代2

版至 5 版；70 年代 6 至 7 版；90 年代的增訂 8 版）。索引自新訂初版以後，則未再有更動。

隨著時代的演變，科技發展日新月異，社會變遷快速，《中圖法》部分類目已難以涵蓋所有文獻內容。為因應實際需要，國圖在獲得賴氏《中圖法》的授權後，於 2001 年著手進行修訂工作，邀請圖資界專家學者及編目實務人員，組成分類法修訂委員會，歷時 6 年，終於在 2007 年付梓，並將此書改名為《中文圖書分類法》（2007 年版）（國家圖書館，2007a）。

由於《中圖法》之使用者眾，《中文分類法》盡量保留《中圖法》之基本結構、標記制度及編輯體例，俾使各館之圖書分類得以銜接，而不會望之卻步。本次修訂之特點，主要有四：一、類目之修訂與增補，新增類目中，以科技類為最多；二、千位類（即綱目表上之整數位類）以及自然及應用科學兩者之小數位類、外國人名及地名等，加註英文類名；三、編訂輔助索引；四、複分表及相關資料之增補及修訂等（國家圖書館，2007a）。

國圖除發行《中文分類法》印刷本之外，亦將 PDF 電子檔置於網路供各界免費上網檢索使用。後續新修訂的勘誤表、新增之類目等，亦同步置於國圖網頁的「編目園地」。至 2016 年，《中文分類法》已累積不少須訂正和修補之資料，為因應學術文化變遷及類表本身訛誤等內外在的環境因素，有必要對內容進行修訂，遂重新印刷出版，以求與時俱進（國家圖書館，2016）。由於本次僅針對部分內容修改，分類法的基本架構仍維持不變，故修訂一版沿用原書名《中文分類法》（2007 年版），並依循往例於國圖編目園地提供免費下載之電子檔。

第二節　基本結構

《中文分類法》的基本結構沿用《中圖法》，採十進制，將人類知識分為十大類，每一大類又分為十小類，類下更有子目。類目順序從抽象到具象，從物質到生命；依演化順序，從簡單到複雜，從低等到高等。為使類表更具彈性，不受十進之限制，部分採八分法及百位法。前者是指當同位類之類目超過十個時，前八個類目仍以 1 至 8 表示，接著不用 9，而是改用 91、92……，例如 168.8、168.91……，故又稱為擴九法；後者是指 11、12……、99 的編法，例如 489.1 之下細分為 489.11、489.12……，又稱為雙位制（錢月蓮，2013）。標記以阿拉伯

數字為主,僅少部分類目採字母標記法,如 312 電腦科學、008 學位論文等。茲將其正表、複分表、類目注釋、參考圖表、附錄、及索引,說明如下:

一、正表

正表包括基本大綱(十大類)、簡表(百位類)、綱目表(千位類)及詳表。分述如下(國家圖書館,2016):

(一)基本大綱(十大類)

基本大綱又稱基本大類,是整個分類法所有大類類目之總綱。因其簡明扼要,透過此類目大綱,使用者可迅速掌握整個分類表的大類。基本大綱為第一級類目,一般不直接作為類分文獻的工具,但可作為文獻分類統計之用。十大類類目如下:

000 總類	500 社會科學類
100 哲學類	600-700 史地類
200 宗教類	800 語言文學類
300 科學類	900 藝術類
400 應用科學類	

(二)簡表(百位類)

簡表是由基本大綱與其直接展開的子目所形成的二級類目,前述十大類之下又分為十小類,共有百位類,故簡表又稱為百位類表。適用於中小型圖書館,亦可作為文獻分類統計之用。茲舉 400 應用科學類為例:

400 應用科學總論	450 礦冶
410 醫藥	460 化學工程
420 家政	470 製造
430 農業	480 商業:各種營業
440 工程	490 商業:經營學

（三）綱目表（千位類）

綱目表是由簡表的類目與直接展開的子目所形成的一種類目表，綱目表中的類目為第三級類目。換言之，上述百位類之下，再分為十目，共有千位類，故綱目表又稱為千位類表。該表可供中小型圖書館、學校圖書館及專業圖書館中非專業文獻分類標引之用。以下舉 430 農業總論為例：

430 農業總論	435 園藝
431 農業經濟	436 森林
432 未使用	437 畜牧與獸醫
433 農業氣象與災害	438 漁業
434 農藝	439 農產加工

（四）詳表

詳表又稱主表或主類表，是類分文獻的實際工具和依據，適用於中大型圖書館。它是由綱目表展開的各種不同等級的類目所組成的類目表，亦即上述綱目表之每一目可再細分，若僅三位數則不加小數點，超出三位數者，在第三位數與第四位數之間加上小數點，小數點之後的位數，理論上可無限延伸，目前詳表臚列的號碼最長的為小數點第五位，如 377.21252 單子葉植物早熟禾亞科。少部分類號之後加斜線，如 588.931/16 日本行政訴訟法。除非必要，詳表中之小數點前的三位數多省略不印，僅出現於每一頁左右兩欄之最上端，取號時須將該三碼類號加上，始為完整之類號。以瓜類為例（如下所示），其類號為 435.26，而非 .26。

435 園藝	435.24 蔥蒜類
.1 園藝概論	.25 水生蔬菜類
.11 家庭園藝	.26 瓜類
.2 蔬菜園藝	.27 茄果類
.21 根菜類	.28 莖菜類
.22 葉菜類	.29 其他蔬菜園藝

二、複分表

複分表又稱附表或輔助表。複分表的編製是將主表中按相同標準對類目劃分產生的一系列相同子目抽出，單獨編列成表，以供主表有關類目細分時共同使用的一種類目表。複分表是分面組配的一種基本使用形式，其主要作用有三：（一）節省分類表的篇幅；（二）加強類表的伸縮性；（三）增強類表的規律性（陳友民，2002）。《中文分類法》提供的複分表包括通用複分表、專類複分表及參考類目表，除參考類目表外，其餘附表號碼不能單獨使用，必須搭配主類表一起使用。茲介紹如下：

（一）通用複分表

通用複分表又稱為共通複分表或共同區分表，附於正表之後，原則上適用於分類表之所有類目。《中文分類法》設有12種通用複分表（如下所示），與《中圖法》相較，其改變包括：（一）日本與韓國時代表分開單獨設置；（二）中國省區與縣市區隔開來；（三）原隸屬中國之下的臺灣，單獨設置，分置兩表；（四）中國時代表新增提供第一法與第二法兩種選擇。

附表一 總論複分表	附表七 中國縣市表
附表二 中國時代表	附表八 臺灣縣市表
附表三 西洋時代表	附表九 臺灣鄉鎮表
附表四 日本時代表	附表十 世界區域及分國表
附表五 韓國時代表	附表十一 機關出版品排列表
附表六 中國省區表	附表十二 中國作家時代區分表

（二）專類複分表

專類複分表是指只適用於某一大類或某一大類下之若干子類，或某些具有共同性質的類目。《中文分類法》有45個專類複分表，分置於主表各相關類目之下，專供各該特別類號使用，此即《中圖法》之插表。茲將新增之專類複分表，臚列如下：

特殊資料複分表（023.34）	臺灣傳記複分表（783.3）
臺灣地方志複分表（733）	臺灣傳記分期表（783.3）
臺灣各區複分表（733.9）	中國作家作品複分表（848）
臺灣分區表（733.9）	器樂複分表（916-919）

　　專類複分表所附之號碼，其形式有「純數字」、「斜線數字」及「圓括號數字」三種。分別舉例如下：

經濟史地複分表（552）	農作物複分表（434）	中國分傳排列表（782.8）
1 資源	/1 分布、起源	(1) 世系、家譜
2 統計	/2 形態	(2) 年譜
3 經濟現況	/3 生理、生化、生態	(3) 自傳
4 經濟計畫	/4 遺傳、育種、選種	(4) 日記
5 期刊、報告	/5 分類、品種用	(5) 函牘
6 人民生活	/6 生產及用途	(6) 軼事
7 雜錄	/7 栽培法	(7) 行狀、言行
8 各地方	/76 土壤、施肥	(8) 哀榮錄、紀念冊
9 歷史	/77 灌溉、排水	(9) 兒童用傳記
	/78 機械化栽培	
	/8 病蟲害及其防治	
	/9 收穫、加工、貯藏	

（三）參考類目表

　　參考類目表計 11 個（如下所示），分散在主表各相關類目之下，係供有需要的類號使用，因此，並非每一個大類都有，例如總類、宗教類以及藝術類即無提供參考類目表。

哲學參考類目表（100）	中共歷史分期參考類目表（628.266）
力學參考類目表（332）	世界文化史參考類目表（713）
各科醫療參考類目表（415）	中國分傳類號舉隅（782.8）
各種工程參考類目表（440）	世界語言參考類目表（809）
各類政策參考類目表（572.9）	中國文學參考類目表（820）
中華人民共和國法規參考類目表（582）	

上述參考類目表所附之號碼為完整類號，可直接使用之。茲舉例介紹如下：

哲學參考類目表（100）	力學參考類目表（332）	各種工程參考類目表（440）
圖書館哲學 020.1	天體力學 321.1	遺傳工程 363.9
宗教哲學 210.11	太空力學 326.11	農業工程 432.5
佛教哲學 220.11	星際航空力學 326.48	森林工程 436.6
數理哲學 310.1	大氣力學 328.21	土木工程 441
技術哲學 401.1	相對性理論 331.2	建築工程 441.3
教育哲學 520.11	理論力學 332.1	橋樑工程 441.8
民族哲學 535.01	粒子力學 332.46	道路工程 442.1
經濟哲學 550.1	固體力學 332.5	鐵路工程 442.4
政治哲學 570.1	流體力學 332.6	都市交通工程 442.9
……	……	……

三、參考圖表及附錄

參考圖表和附錄附於全書之後，提供分類參考或取著者號之用。參考圖表共 6 種，包括地質年代表、Hadzi 動物演進系統圖、十六國至五代十國總表、臺灣歷任總督表、臺灣省主席及省長一覽表、美國州名譯名一覽表等。附錄共 5 種，係有關著者號取碼規則、中國年號筆畫查檢表及干支歲陽歲陰表等。

四、類目注釋

類目注釋即類目下的註解。為協助分類者瞭解類目的含義和類目間的關係，做到最正確的分類，《中文分類法》在詳表與附表之部分類目之下，附有使用說明或補充解釋。這些類目注釋依性質及作用，大致可分為以下 7 種類型：

（一）類目內涵

類目之下若有「同」、「如」、「含」等字眼，係指明類目之同義詞、意義、對象及範圍等。

例如：中外照相機博覽／沙占祥著 分入 951.1

> 951.1 攝影機
> 　　　同：照像機

　　例如：臺北市中小學校學生家長會長參考手冊／吳金盛等編著
　　　　　分入 521.551

> 521.551 親師會
> 　　　如：母姊會、家長會、PTA 等

　　例如：交往視野中的現代師生關係研究／劉建華著 分入 521.65

> 521.65 教師與教學
> 　　　含：教師心理、師生關係等

（二）分類方法

　　指明類目諸如：入／入此、集中與分散、總論與專論、細分等進一步分類的方法。茲舉「入」、「入此」、「仿分」為例說明。

1.「入」參照

　　指明對本具有隸屬或相關關係的類目，於實際分類標引時，應從整體觀點加以考量，歸入別類的情形。
　　例如：流星の研究／小槇孝二郎著 分入 323.5

> 357.9 隕石
> 　　　流星入 323.5

2.「入此」參照

　　指出較小或較隱蔽主題之歸類，有時也兼指較大主題或新主題之歸類。指引分類人員進一步分類的方法。
　　例如：歌唱咬字訓練與十三轍／宋承憲編著 分入 913.1

```
913.1 發聲法；歌唱法
        呼吸、共鳴、咬字、表情等入此
```

3. 仿分

　　仿分即仿照複分。為節省篇幅，有些類目之下並未列出下位類的名稱，而僅指明「仿 xx 分」，事實上，這些下位類的名稱與被指引的類目，其性質是相同的。實際使用時，可仿照其子目進行細分。

　　例如：臺灣流浪犬常見疾病圖譜／吳福明著 分入 437.355

```
437.35 犬
        同：狗
        仿 437.311-.315 分
```

　　「犬」類之下並無下位類，仿照 437.311-.315 的子目，另行編成 437.351-.355 如下：

```
437.31 牛                         437.35 犬
    .311 生理；解剖                    .351 生理；解剖
    .313 遺傳；選種；育種；繁殖    →   .353 遺傳；選種；育種；繁殖
    .314 飼養管理                      .354 飼養管理
    .315 疾病與防治                    .355 疾病與防治
```

（三）複分方法

　　指明各種通用複分及專類複分之方法，前者包括總論複分表、中國時代表、中國省區表、中國縣市表、臺灣縣市表、世界區域及分國表等；後者包括經書複分表、各國語言複分表、各國文學複分表等。例如：

```
440 工程學總論
        .01-.09 依總論複分表複分
576 政黨
        依世界區域及分國表複分，必要時得再依政黨複分表複分
```

（四）交替類目

當某類目可同時隸屬於兩個不同上位類時，在這兩個上位類之下皆同時出現此類目，即所謂交替類目。分類時，使用者會被指引去使用其中一個。不使用之類目以 [ ] 方括號標識類號，其下註明「宜入 xx」之注釋字樣，指向另一使用之類目。

例如：中國小說史／孟瑤著 分入 820.97

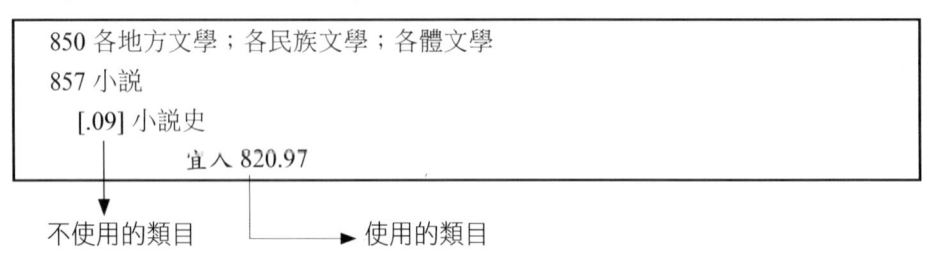

```
850 各地方文學；各民族文學；各體文學
857 小說
    [.09] 小說史
           宜入 820.97
```

　　↓　　　　　　↓
不使用的類目　　　使用的類目

```
820 文學總論
   .9  中國文學史
   .97 小說史
```

（五）參見類目

當兩類之書性質相近容易混淆時，採用「參見」一詞指引分類人員參閱兩類，選擇其中適合的一類使用之。

例如：石油礦床新論／高橋純一著 分入 355.28

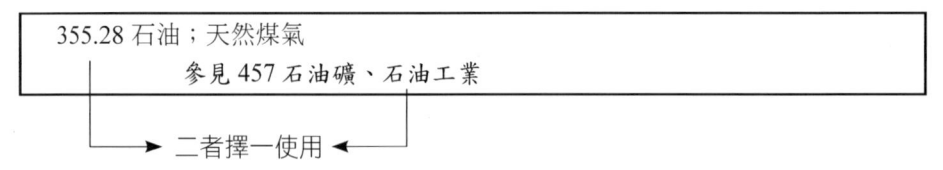

```
355.28 石油；天然煤氣
       參見 457 石油礦、石油工業
```

　　　　→ 二者擇一使用 ←

（六）文獻實例

類目下顯示圖書範例有兩種形式，一是直接舉出書名，其類號可直接使用之；另一是除舉有書例外，並指明應分入之類號。

例如：中州集／（金）元好問編 分入 831.56

> 831.56 金詩總集
>   書例：中州集、全金詩

　　例如：明儒言行錄 十卷，續錄二卷／（清）沈佳撰 分入 782.236

> 782.23 儒林傳記
>   書例：明儒言行錄（沈佳）入 782.236

（七）排列方法

　　為使同類書排列合理，部分類目之下註明特殊的排列方法，供進一步細分，如「依……分」及「依……排」，前者指示分類號再細分的依據或標準，通常加於分類號之後；後者指示同類書排列的依據，通常加於同類書區分號（例如作者、被傳者號碼、機關團體號碼等）之後。

> 573 中國政治制度
>   .0548 各部會
>   依名稱排
> 910.88 作曲家全集
>   依作曲家姓名排

五、索引

　　為讓使用者可經由類目名稱的字順方式快速查檢分類號，《中文分類法》另提供輔助索引一冊。凡詳表中具有檢索意義之詞彙，如類名、同義詞、英文類名、書例、入此等類目注釋，均提作索引款目，以便檢閱類表。

　　索引的內容分為中文與英文兩部分。中文索引依據中文筆畫順序編排，如有特殊符號開頭之索引款目，則排在中文一畫之前；英文索引依拉丁字母順序編排。書前檢字表依筆畫多寡排序，同筆畫再依點、橫、直、撇、捺 5 種筆形排序。值得注意的是，索引中的分類號只能作為指引之用，分類員使用時應再查閱主表，以免給予不正確的類號。茲將中英文索引分別舉例如下（國家圖書館，2007b）：

中文索引	卷取叔受味咖咒呼和周 八畫
卷雲 328.6251	呼吸生理學 398.4
卷煙 479.472	呼吸系統 394.4
卷層雲 328.6252	呼吸系統疾病 415.4
卷積雲 328.6252	診斷、治療 415.41
取眼 548.732	呼吸系統藥物 418.26
叔 544.145	呼吸法 411.12
叔本華（1788-1860） 147.53	呼吸治療 415.415
受刑者 548.7142	呼吸衰竭 415.57
青少年　548.7142	呼吸窘迫症候群 415.47
婦女　　548.7143	呼吸運動 398.43
……	……

	英文索引
Extreme sports 993.95	Family counseling 544.186
Extreme unction 244.56	Family dissolution 544.36
Extrophy 415.831	Family ethics 193
Eye 415.144	Family handyman 421.8
Eye banking 416.70531	Family labor service management 421.7
Eye glasses 416.767	Family law 584.4
Eye manifestation of general diseases 416.772	Family livelihood 421.1
	Family magazine 055
Eyelids 416.752	Family plan 544.49
Eyewitness 548.632	Family role 544.14
…	…

第三節　類表的使用

　　《中文分類法》為列舉式分類法，類目按等級層層展開，於詳表中詳盡列出；層級越低數字越長。類目查檢的方式主要有循序法及索引法兩種。循序法是依類表編制逐級翻檢，即依「基本大綱－簡表－綱目表－詳表－逐類、註釋」順序查檢，可找到待歸類之類目。以《鱈魚生理學》一書為例，查找類號的步驟為：

> 「自然科學 300－動物學 380－脊索動物 388－魚類 388.5－各種魚類 388.59－頜針魚目 388.596－鱈魚（依注釋文字之指示）」

索引法則是利用「索引編」及「類表編」，即先查索引再用詳表，其步驟為：「檢字表－字頭－特定條目－特定條目（詳表）」，以查檢類目及相關主題。此外，亦提供通用複分表、第一法／第二法、專類複分表、參考類目表等。以下將分別針對「通用複分表」、「專類複分表」及「第一法／第二法」加以介紹：

一、通用複分表

　　所有通用複分表的號碼不可單獨使用，必須與主類號（即詳表類號）相結合。號碼組合之後，若超過三碼以上，則於第三位數字與第四位數之間加上小數點。類目是否需要複分，可由主表及附表下之說明文字得知。主表類目下若註明「依……複分」字樣，分類員依指示組號即可；多數附表開宗明義強調：「凡表中註明依……表複分者用之」，代表的意義是分類員必須根據此指引，方能使用複分表，其用意在於防止複分表被分類員濫用。因為組合出過長的類號有時反而失去意義，例如對藏書不多的小型圖書館而言，某些類號因過於細分將導致相關主題圖書無法集中放置；相對地，對於大型圖書館而言，如有進一步細分之必要，即使無上述字樣的標引，分類員依舊可以使用附表細分。茲將各通用複分表的使用，分述如下：

（一）總論複分表（附表一）

　　總論複分表的號碼以 "0" 為起始，基本上，本表可通用於任何分類號之後，但不得重複使用。由於該表與總類恰巧皆有「總」字，容易被誤以為僅供總類使用，使用時須多加留意（陳和琴、吳瑠璃、江綉瑛，1996）。一般而言，「詳表」與「總論複分表」的組合狀況，有下列幾種：

1. 詳表未按總論複分立類者，需進一步細分時，直接將附表一之號碼添加於詳表類號之後。

　　　例如：《中國醫學大辭典》分入 413.041

```
413　中國醫學
　　041　辭典（附表一）
413.041
```

【解說】：附表一有 04 和 041 兩個辭典的複分號碼，中小型圖書館以選用 04 辭典為原則。

2. 總論複分表不得重複使用，若詳表已按總論複分表立類時，不必再依本表複分。

例如：《繪畫史鑑》分入 940.9 而非 940.9025

```
940　繪畫總論
　　.9　繪畫史（詳表）
940.9
```

【解說】：就分類架構而言，詳表中的 .9 已按附表一「09 歷史及現況」立類，故無須再以表一的「025 圖鑑」複分之。

3. 類號末位數為一個 "0" 或兩個 "0" 者，除特別註明外，其 "0" 可省略之。

例 1：《醫學期刊》分入 410.5

```
410　醫學總論
　　05　期刊（附表一）
410.05 → 410.5
```

【解說】：省略 410 後面的一個 "0"。

例 2：《社會科學辭典》分入 504

```
500　社會科學
　　04　辭典（附表一）
500.04 → 504
```

【解說】：省略 500 後面的兩個 "0"。

4. 總論複分號碼依其性質可分為兩種：一是內型（內容觀點），如 01 哲學與理論、03 教育及研究、09 歷史及現況；另一是外型（編制型式），如 02 參考工具、04 辭典、05 期刊、06 機關；團體；會議、07 論文集、08 叢書。若圖書同時可用兩種總論複分號碼細分時，通常採用的原則是「取內型，捨外型」。

例如：《中國教育史論文集》分入 520.92 而非 520.9207

```
520    教育總論（詳表）
    092    中國歷史（附表一）
520.092 → 520.92
```

【解說】：此書內含歷史（09）及論文集（07）兩種複分，標引時取歷史（09）（內容），捨論文集（07）（外型）；省略 520 末位一個 "0"。

5. 詳表中若有特別的標引，優先根據詳表的指引複分。

例如：《化學工程年鑑》分入 460.058

```
460    化學工程
         .01-.09 依總論複分表複分
    058    年鑑（附表一）
460.058
```

【解說】：不可省去 "0"，因詳表已註明範圍介於 .01-.09，故小數點之後需保留一個 "0"。

6. 當詳表與複分表號碼組合後，發現詳表已設定為其他類目，則以補 "0" 方式變更號碼，以避免衝突。這種情況在分類表中僅占少數。

例1：《行銷管理的教育及研究》分入 496.003

```
496    行銷管理
    03    教育及研究（附表一）
496.03 → 496.003
```

【解說】：詳表 496.03 已設定為「行銷分析」，補一個 "0" 避免與詳表類號相衝。

例2：《亞洲公共建築》分入 926.03 而非 926.3

```
926    公共建築
         依世界區域及分國表複分
    3    亞洲（附表十）
926.3 → 926.03
```

【解說】：詳表已設定 926.3 為「工商業及金融機構建築」，為避免有衝號之虞，標引時補 "0"，以資補救。

第四章｜中文圖書分類法

7. 複分號碼之組配，應依類目注釋之指示文字進行之。凡主表類目中已含複分意義者，不必再進行複分。

例如：《康熙字典》分入 802.31 而非 802.3104

```
802    漢語
   31   康熙字典（詳表）
802.31
```

【解說】：類目已含字典之意，不必再加「04 辭典」。

（二）時代複分表（附表二 ～ 附表五）

在《中文分類法》中，與時代有關的複分表有四個，包括「中國時代複分表」、「西洋時代複分表」、「日本時代複分表」及「韓國時代複分表」。分別介紹如下：

1. 中國時代複分表（附表二）

(1) 類表中若有特別的指引「依中國時代表複分」時，才需使用此表；若未註明，原則上無須使用此表細分。

例1：《唐代建築》分入 922.4

```
922    中國建築（詳表）
       .1-.8  依中國時代表複分
    4  隋唐五代（附表二）
922.4
```

例2：《中國宋代科學史論》分入 309.2

```
309    科學史
   .2   中國科學史（詳表）
309.2
```

【解說】：書名雖然出現宋代，但因詳表未有指引，原則上無須再依時代細分。

(2) 詳表類目並無注釋標引「依中國時代表分」，但是本身類號已依時代分，未詳盡逐一列舉，如有需要則仍可依附表二再細分之。

例如：《我與江霞公太史父女：汪希文回憶錄》分入 782.886

```
782    中國傳記
  .8      分傳
  .88    現代人物（詳表）
       86    民國三十八年以後（1949-）（附表二）
782.886
```

【解說】：1. 86（民國三十八年以後）的號碼 8 即詳表 .88 中的第二個 8，故組合後的號碼為 782.886，而非 782.8886；2. 詳表類號 782.8 分傳之下已依時代分，故雖然該類之下未有指引說明「依中國時代表分」，仍可依時代表再予細分。

2. 西洋時代複分表（附表三）

類表中有註明「依西洋時代表複分」者用之；若未註明，則無須用此表細分。

例如：《西方中世紀藝術史》分入 909.403

```
909    藝術史
  .4      西洋藝術史
           .401-.408    依西洋時代表複分
       3    中世紀（附表三）
909.43 → 909.403
```

【解說】：詳表注釋已說明類號介於 .401 至 .408，因此 3 之前要補一個 "0"。

3. 日本時代複分表（附表四）

類表中有註明「依日本時代表複分」時，才用此複分表；若未註明，則無須用此表細分。

例如：《鎌倉時代日本佛教傳》分入 229.441

```
229    佛教傳記
  .4      日本佛教傳記（詳表）
              依日本時代表複分
       41   鎌倉時代（附表四）
229.441
```

4. 韓國時代複分表（附表五）

　　類表中有指示「依韓國時代表複分」時，才用此複分表；若未註明，則無須用此表細分。

　　例如：《高麗文化史料解析》分入 732.34

```
732　　韓國
　.3　　韓國文化史（詳表）
　　　　　依日本韓國時代表複分
　　　4　高麗時代（附表五）
732.34
```

（三）地區複分表（附表六～附表十）

　　在《中文分類法》中，與區域有關的複分表共五個，包括「中國省區表」、「中國縣市表」、「臺灣縣市表」、「臺灣鄉鎮表」及「世界區域及分國表」。茲說明如下：

1. 中國省區／縣市表（附表六）（附表七）

　　凡表中註明「中國省區表複分」者用之。

　　例如：《天津市立圖書館》分入 026.3211181

```
026　　普通圖書館
　　　.1-.7　各目均依世界區域及分國表、中國省區表、中國縣市表、臺
　　　　　　灣縣市表複分
　.3　　省市立圖書館（詳表）
　　2　中國（附表十）
　　　11　河北省（附表六）
　　　　181　天津（附表七）
026.3211181
```

　　當連續依中國省區表及中國縣市表複分，組合出的類號過長時，為方便讀號，有些類目下的注釋會指引使用者於兩個複分號之間以點（.）區隔之。

　　例如：《成都市公路交通》分入 557.37627.101

```
557    交通
  .3    公路（詳表）
  .376  縣市道（詳表）
             依中國省區表、中國縣市表複分，附加縣市號碼於省區後，用
             點間隔
       27    四川省（附表六）
             101   成都（附表七）
557.37627.101
```

2. 臺灣縣市／鄉鎮表（附表八）（附表九）

凡表中註明「依臺灣縣市表複分」或「依臺灣鄉鎮表複分」者適用之。標引主要對象為有關臺灣各縣市、各鄉鎮之志書、歷史、地理、人文、遊記、名勝古蹟、經濟、交通等。

例1：《幸福百分百：一〇三年宜蘭縣百歲人瑞專輯》分入 783.36/107

```
783    亞洲傳記
  .36   各地總傳
             各縣市總傳入此
             依臺灣縣市表複分
       /107  宜蘭縣（附表八）
783.36/107
```

例2：《屏東縣地方總預算書》分入 566.933/135

```
566    地方財政
  .933  中華民國地方財政
             依臺灣縣市表複分
       /135  屏東縣（附表八）
566.933/135
```

【解說】：為方便使用者辨識，可比照中國地方志（670）的作法，依縣市排，以斜線"/"分隔之。

3. 世界區域及分國表（附表十）

詳表中註明「依世界區域及分國表複分」時使用之，如無此敘述則不須依此表細分。

例如：《美國氣象記錄》分入 328.952

```
328     氣候記錄（詳表）
   .9      依世界區域及分國表複分
     52    美國（附表十）
328.952
```

當圖書依不同的複分表（如：「世界區域及分國表」或「時代表」）複分會產生相同的分類號時，其解決方式是在複分號碼之前補 "0"，以免衝號。

例1：《歐洲社會思想史》分入 509.4

```
509     社會思想史
            依世界區域及分國表複分，若欲依時代分時加 0，以與依國區別
      4    歐洲（附表十）
509.4
```

例2：《西洋十五世紀社會思想史》分入 509.04 而非 509.4

```
509     社會思想史
            依世界區域及分國表複分，若欲依時代分時加 0，以與依國區別
      0    （補 0）
       4   近代（1453- ）（附表三）
509.04
```

（四）機關出版品排列表（附表十一）

所有學術團體、圖書館、博物館等機構依其名稱排列者，除另有規定者外，均依此表細分，將此表之號碼添加於「名稱號碼」之後。

例如：《中央研究院史初稿》分入 062.119

```
062     中國普通會社
  .1    中央研究院（詳表）
    19  歷史（附表十一）
062.119
```

（五）中國作家時代區分表（附表十二）

本表之時代區分係依據作家之卒年朝代分類，但在改換朝代後，因忠於先朝而不願仕新朝者，仍入前朝。此法用於中國文學 840、850，以及中國人分傳 782.8 等類（陳和琴等，1996）。

例如：《杜工部集》分入 844.15

```
840     中國文學別集
844     唐及五代別集（詳表）
  4.15  杜甫（附表十二）
844.15
```

二、專類複分表

專類複分表共 45 種，出現位置在主表中，限用於某類或某類下的子目，表的名稱為「xx 複分表」，每專類複分表下皆有註釋說明該類複分的使用方法。專類複分號碼不可單獨使用，必須配合主類號一起使用。除非有另外指引，通常是直接將複分號碼加於主類號之後。例如：（一）學校出版品排列表：複分號碼添加於學校名稱號碼之後，並加圓括弧以資識別；（二）鐵路複分表：複分號碼添加於鐵路名稱號碼之後，並加圓括弧以示區別；（三）中國傳記排列表：因號碼已有圓括弧，複分號碼直接加於被傳者號碼之後。本章前節已介紹過複分使用之特殊排列符號有斜撇"／"及圓括弧（），使用時須留意。茲將組配方式舉例說明如下：

（一）詳目下的註釋有明確的標引，使用時直接將複分號碼添加在主類號之後。

例如：《大提琴練習曲》分入 916.3025

```
916-919    各種樂器
                依器樂複分表複分
916    弦樂（詳表）
   .3    大提琴（詳表）
      025    練習曲（器樂複分表）
916.3025
```

【解說】：詳表 916-919 有「依器樂複分表複分」之指引。

（二）專類複分表（如各國史地複分表）的使用未直接標引在類目下的注釋，但必要時仍可供該專類複分之用。

　　例 1：《浪遊日記：穿越祕魯古文明之行》分入 758.29

```
750    美洲史地總論
758    南美各國：智利、祕魯等國
   .2    祕魯
      9    備用
              如不另指定，遊記得入此（各國史地複分表）
758.29
```

【解說】：類目「祕魯」之下雖無標引「依各國史地複分表複分」，但各國史地複分表即專供此類號使用。

　　例 2：《臺灣紅豆產銷之研究》分入 434.12/6

```
434.12    豆菽類（詳表）
              紅豆、綠豆等入此
      /6    生產及用途（農作物複分表）
434.12/6
```

（三）若總論複分號與專類複分號含義相同，應優先選用專類複分號碼。

　　例如：《臺灣經濟期刊》分入 552.335 而非 552.3305

```
552.33    臺灣經濟（詳表）
                依經濟史地複分表複分
        5    期刊（經濟史地複分表）
552.335
```

【解說】：不用附表一的「05 期刊」。

（四）圖書如同時具有通用複分與專類複分兩種性質時，先用專類複分，後用通用複分。

例如：《義大利小說叢書》分入 877.5708 而非 877.0857

```
877   義大利文學（詳表）
  57   小說（各國文學複分表）
    08   叢書（附表一）
877.5708
```

三、第一法與第二法

第一法與第二法係提供圖書館選擇使用。一個圖書館不可同時採用這兩種方法，且一旦選擇其中一法，日後便需遵循此法，以維持館內分類的一致性。在《中文分類法》中，提供兩種選擇的類目包括：各國叢書（085）、群經（090）、中國地方志（670）、臺灣史地（733）、學位論文（008）、臺灣政黨（576.33）等。茲舉數例介紹如下：

（一）各國叢書（085）

第一法：依世界區域及分國表複分
第二法：依語文分
例如：日本學叢書／長坂金雄編輯
　　　第一法：分入 085.31

```
085   各國叢書
  31   日本（附表十）
085.31
```

　　　第二法：分入 085.1

```
085    各國叢書
   .1   日語（詳表）
085.1
```

（二）群經（090）

第一法：採分散方式，即群經及注疏、研究分入090-099，單經及注疏、研究分入各類。

第二法：採集中方式，即不拆散經部，將群經及單經集中一處（含注疏及研究），分入090-099。

例如：原來孟子這樣說／傅佩榮著（註：此書係有關孟子研究考定之書）

　　第一法：分入 121.267

```
121    先秦哲學
   .26   孟子
           依經書複分表複分
       7   研究論評（經書複分表）
121.267
```

　　第二法：分入 097.27

```
097    四書
   .2   孟子（詳表）
       7   研究論評（經書複分表）
097.27
```

（三）中國地方志（670）

第一法：收錄狹義之方志，亦即有關一地之通志，如府志、省志、州志、縣志等。

第二法：收錄廣義之方志，亦即除通志外，尚包括專志（一地之歷史、地理、人文、遊記、名勝古蹟）、史料、檔案等。其用法有二：(1) 關於全省之論述先依省區分，再以表中號碼加於省區號碼之後。(2) 關

於縣市等各地方之論述，先依省區分，在該省區號碼之後加"9"，再依縣市排，以"/"分隔之，復按其性質，以表中號碼加於該縣市號碼之後，並以點"."分隔之。

例如：奉化縣志／（清）李前泮纂

　　　第一法：分入 672.35/205

```
672    華中地區
  .3     浙江省（詳表）
   5     廳州縣市（地方志複分表：第一法）
     /205   奉化縣（附表七）
672.35/205
```

　　　第二法：分入 672.39/205.1

```
672    華中地區
  .3     浙江省（詳表）
   9     （第二法，代表地方）
     /205   奉化縣（附表七）
         1   志書（地方志複分表：第二法）
672.39/205.1
```

（四）臺灣史地（733）

第一法：收錄狹義地方志，即臺灣省志、府志、廳志、縣志、市志、鄉鎮志等。
第二法：收錄廣義地方志，亦即將臺灣某地有關文獻彙集一處者。一般以使用第二法為宜。

例如：臺灣通史／連橫著

　　　第一法：分入 733.1

```
733    臺灣史地
   1    史地總論（臺灣地方志複分表：第一法）
733.1
```

第四章｜中文圖書分類法

第二法：分入 733.21

733	臺灣史地	
.21	通史（詳表）	
733.21		

（五）學位論文（008）

第一法：採集中方式，將論文集中於本類，然後再依系所所屬之學科細分。
例如：英國文學系分入 008.8051；法律學系分入 008.58。

第二法：採分散方式，依系所屬之學科分入各類，然後再依學校代碼細分，學校代碼可依流水編號成固定號碼，索書號標引時，系所所屬之學科記於第一行，學校號碼記於第二行。例如：國立交通大學的號碼為 004，則 98 學年度之國立交通大學工業工程與管理研究所碩士論文索書號為 400.2 004M:2 2009，如為博士論文則將 M 改成 D。

第四節　分類簡則

圖書分類時，常會遇到一些困難問題，針對這些問題必須制訂一些規則，以使分類前後一致。以下介紹這些分類問題及其分類方式（陳和琴、張慧銖、江綉瑛、陳昭珍，2003；黃淵泉，1986）。

一、圖書應先以圖書內容性質為主要標準分類，然後再依地區、時代、體裁等輔助分類之。
例如：《中國現代政治思想史叢書》分入 570.92808
【解說】：先依學科內容分入 570 政治思想史，次依地域分入中國（.92），再依據現代（8）細分，最後依體裁「叢書」（08）分，得出類號 570.92808。

二、處理文學作品或綜合性圖書時，先以圖書內容性質分類，次依體裁，再依時代或地區分類。
例如：《破閑集》分入 862.44
【解說】：本書為韓國高麗時代別集，先依學科內容分入「韓國文學」862，次依體裁「別集」（.4）細分，最後依時代「高麗」（4）細分，得出類號為 862.44。

三、圖書內容涉及數個朝代時，分入最先之時代為原則。

  例如：《明清財政史》分入 560.926

   【解說】：本書內容涉及明朝與清朝兩個朝代，歸入最先的朝代「明」。
       類表查得中國財政史 560.92，再依中國時代複分表複分「明朝
       （6）」，組合後類號為 560.926。

四、圖書內容論及兩個（含）以上的主題，且這些主題有從屬關係，亦即都同屬於一個較廣泛的類目，一般應歸入其上位類。

  例如：《化學程式工業》分入 460

   【解說】：內容涉及化工製造程式（460.2），又涉及化學工程（460），宜
       分入較廣泛之上位類「460 化學工程」。

五、圖書內容涉及兩個（含）以上主題時，若這些主題屬並列關係，原則上依內容所側重或頁數篇幅較多者分類。

  例如：《自然科學與社會科學的整合：廣義迴圈經濟的生態學基礎》分入
     550.16

   【解說】：本書內容側重的主題是社會科學，而非自然科學（300），故歸
       入社會科學「經濟與其他學科」（550.16）。

六、圖書內容涉及兩個（含）以上的主題，且這些主題無從屬關係，各內容篇幅又相當，並無特別著重哪一個主題時，則歸入排列在前的主題。

  例如：《天文地理學》分入 320

   【解說】：天文學（320）與地球科學（350）篇幅相當，歸入排列在前的「天
       文學」類。

七、論及兩個以上有影響關係主題的圖書，以受影響的主題歸類，但若一主題受各方面的影響，則歸入發生影響的主題。

  例 1：《氣候變遷對農作物生產之影響》分入 434.1/6

   【解說】：「農作物生產」是受影響的類目，由類表查得農藝作物 434.1，
       再依農作物複分表細分，歸入 434.1/6。

  例 2：《失業對薪資與健康之影響》分入 542.77

   【解說】：因影響的主題不只一個，歸入發生影響的主題「就業」（542.77）。

八、論及應用關係主題的圖書，以被應用的主題歸類，但若討論一主題在各方面的應用，則歸入該主題的類目。

例1：《蕨類植物在造園上的應用》分入 435.7

【解說】：「造園」是被應用的主題，故歸入被應用的主題「景觀園藝」（435.7）。

例2：《奈米材料在防曬乳液與電池上的應用》分入 349.8

【解說】：因被應用的主題有「護膚用品」（466.72）及「電池」（337.42）兩個，故歸入主題「奈米材料」（349.8）。

九、文學作品改寫本（如節本、縮寫本、改編本）的分類，有以下三種情況：

（一）若改寫本仍保持原作品之文體，且篇幅變化不大，則隨原作品分類。

例如：《三國演義通俗本》馬承五 嵇霞編撰 分入 857.4523

【解說】：本書係根據羅貫中原著改寫。

（二）若改寫本有特定對象，例如為兒童青少年而編寫者，依原作品分入該國兒童文學類下。

例如：注音版《茶花女》蔡家茹改寫 分入 876.59

【解說】：本書係根據小仲馬《茶花女》原著改寫，閱讀對象為兒童。因閱讀對象已經改變，視為兒童文學，分入 876.59，不與一般的茶花女放置同類。

（三）若改寫本從一種文體改為另一種文體，例如，從戲劇改寫成小說，或從小說改寫成電影，則屬再創作之作品，依新作品分類。

例1：《莎士比亞故事集》蘭姆姐弟改寫 分入 873.57

【解說】：本書係根據莎士比亞戲劇改寫成小說，分入 873.57，而非 873.55。

例2：《紅樓夢戲曲集》（清）孔昭虔等撰 分入 834.7

【解說】：本書係根據紅樓夢小說改寫成戲曲，入戲曲。

十、圖書應依著者的寫作目的分類。

例如：《熱舞瘦身》分入 身材保養（425.2）而非舞蹈（976）

【解說】：本書係以瘦身為目的之舞蹈文獻，依主題之用途或目的分入相應類目。

十一、從不同學科或不同方面研究同一事物的書，則依研究的學科歸入相關的類目。
例如：《石油價格》 分入 經濟
《石油工業》 分入 工業

十二、若討論一主題的正反兩方面或比較兩個對立主題，應按著者贊同的一面歸類。
例如：《善與惡》 分入 善

十三、凡歌劇中只有曲目者，入音樂類歌劇目（915.2）；凡歌劇有曲譜及表演者，入戲劇類歌劇目（984.6）。

十四、各種專業類目與該專業人物傳記應加以區別，前者係探討養成該專業應具備之條件，素養、培育及訓練、專業倫理、專業知能等；後者係有關該專業人物生平事蹟之技術。
例如：《悸動！我的野球人生》王貞治作 分入「528.999 體育傳記類」（依總論複分立類）而非 528.914 運動員

【解說】：其他類似的參考類號，如：政治家 572.19，政治家傳記 781.051；道士、道姑 237.3，道士傳記、道姑傳記 239.7；醫師、中醫師 419.1，醫療界人物傳記 410.99 等。

十五、總論心理治療入「178.8 心理治療」，專論各種心理療法，如宗教、催眠、藝術、音樂、舞蹈、藝術等療法，分入「418.98 心靈療法」類下相應子目。
例如：《異常的心理治療》分入 178.8
《拒絕外靈干擾：業障病消除與破魔的佛教療法》分入 418.982

十六、凡《中文分類法》無特定機關之類目，將文獻分入相關類目，並視類目是否含有「機關」意義，決定是否加總論複分號（06），若類目已含機關意義者，類號不必複分（06），例如專門圖書館（025）。若類目未含機關意義者，類號必須複分（06），例如醫學機關（410.6）、漁業機關（437.06）等。

十七、文獻編制形式種類包括目錄、索引、名錄、指南、手冊、法規彙編、叢書、百科全書、期刊、類書等。依文獻編制形式設立的類目可歸納為綜合性及專科性兩種類型。前者分入總類相應各類，後者先依主題別各入其類，再依總論複分之。

例如：《常識手冊》分入 046

《家事手冊》或《家事便覽》分入 420.26

十八、地圖分為一般地圖和專題地圖兩種。行政區圖、街道圖、觀光旅遊圖等視為一般地圖，分入 600-700。專題地圖依其主題分入有關各類。歷史的解說地圖隨歷史歸類；各地的歷史地理圖，分入歷史地理類。

例如：《板橋市街地圖》分入 733.9331/35；《月球詳圖》分入 325.9

第五節　索書號

　　圖書館的書籍眾多，在分類圖書之後，無可避免的會出現同類號的圖書，依分類原理，同類書籍其分類號必定相同。但分類號相同，在圖書排架上殊為不便，必須附加號碼加以區別，此附加之區別號碼，稱為同類書區分號，又稱書次號或書號（books number）。同類書區分號可依著者號、書名號等號碼編成，其中以著者號最為常見，故有時即以「著者號」（作者號）來指稱「同類書區分號」。假如著者號仍不足以區分同類的圖書，則需再加其他號碼以進一步區分之，此進一步附加的區分號碼稱為「輔助區分號」，包括作品號、複分號、年代號、部冊號等。分類號、同類書區分號及輔助區分號合稱為索書號（call number），亦稱為排架號。

　　索書號用鉛筆書寫在書名頁上端靠書背處，印有索書號之書標則黏貼書背距書底三公分處（陳和琴等，1996）。須留意書標最左之數字應貼於書背左方可見之處，而非圖書之封面或封底；若書背寬度少於二公分者，書標橫向（東西向）黏貼，無法橫向黏貼時，則貼於封面。索書號的書寫有直式與橫式兩種，印在書標上的以直式為主，書寫時左邊對齊。

一、索書號的建置

　　前節已敘述分類號之取法，接著本節介紹有關書號的取碼方式，茲說明如下：

（一）著者號（同類書區分號）

　　著者號即圖書作者的號碼。圖書僅有一位作者時，依此取著者號；有兩位以

上的作者時，則以第一作者取號。一般而言，索書號中僅有一個著者號，惟少數例外，如分傳與文學改寫本等則可給予兩個著者號（詳見本節研究者號）。當無法得知圖書之作者、或華人作者以英文為筆名、或是有特別規定（如中國哲學家著作複分表），才以書名（題名）號取代著者號。基本上，書名號取碼的規則與團體著者號碼的取法相同。此外，分類表已有著者專號之圖書，不以原著者取號，而是依據編者、註譯者或研究者取號。以下介紹中文與西洋名字取碼方法，包括四角號碼法、首尾五筆著者號碼法及西洋著者號碼法。

1. 四角號碼法（Four-Corner System）

　　四角號碼檢字法由王雲五發明，係根據中文字形的特點，將中文筆形及部件歸納為 10 種，依次用阿拉伯數字 0 至 9 代表之（詳見表 4-1）。10 種筆形大致可分為單筆與複筆兩種，取碼時儘量取複筆，無法以複筆取碼時則以單筆取碼。取碼字體以楷書為準，勿用宋體字取碼，例如「戶」字楷書首筆作「點」。胡適曾作歌訣贈王雲五，幫助用者記憶四角號碼與筆畫關係，名為〈筆畫號碼歌〉，即「一橫二垂三點捺，點下帶橫變零頭；叉四插五方塊六，七角八八九是小」。

表 4-1　四角號碼十種基本筆型

號碼	0	1	2	3	4	5	6	7	8	9
名稱	頭	橫	垂	點	叉	插	方	角	八	小
筆形	亠	一乙	丨丿	丶	十乂	扌	口	一「乚	八丷人	小⺌
單／複	複筆	單筆	單筆	單筆	複筆	複筆	複筆	複筆	複筆	複筆

(1) 個人著者

　　不論個人著者抑或機關團體著者，著者號碼以取足 4 碼為原則。個人著者因姓名制度不同，其取碼方式略有差別，詳見表 4-2。

(2) 團體著者

　　團體著者的取碼法可仿個人著者，以取足 4 碼為原則。若有慣用簡稱依簡稱取碼（如農業科學資料服務中心簡稱農資中心）；若無習用簡稱則依全稱前四字取碼，機關名稱冠有「中華民國」、「臺閩地區」、「臺灣地區」、「臺灣省」、

「財團法人」、「社團法人」、「有限公司」等字樣者，則省略之，從其後的前四字取碼。其取碼規則如表 4-3。

2. 首尾五筆著者號碼法

首尾五筆著者號碼法係根據五筆檢字法（Wubi Method）原理編製而成，為

表 4-2　四角號碼法個人著者取碼方式及範例

著者姓名	取碼法	圖形記憶	舉例
單姓複名	姓取 2 碼　→左上角、右上角 名各取 1 碼　→左上角	姓　　複名	侯文詠 2700
單姓單名	姓取 2 碼　→左上角、右上角 名取 2 碼　→左上角、右上角	姓　　名	蔣勳 4424
複姓單名	姓各取 1 碼　→左上角 名取 2 碼　→左上角、右上角	複姓　　名	上官亮 2300
複姓複名	姓名各取 1 碼→左上角	複姓　　複名	張簡復中 1825

表 4-3　四角號碼法團體著者取碼方式及範例

團體著者	取碼法	圖形記憶	舉例
二字	每字各取 2 碼 →左上角、右上角		亂彈 2216
三字	首字取 2 碼 →左上角、右上角 其餘各取 1 碼 →左上角		中央研究院 5017
四字（含）以上	最前四字各取 1 碼 →左上角		財團法人 中央通訊社 5530

【解說】：1. 中央研究院以簡稱「中研院」取著者號。
　　　　　2. 財團法人中央通訊社省略「財團法人」四字，以「中央通訊社」的名稱取著者號。

國立中央圖書館（國家圖書館前身）所創，故又稱央圖五筆檢字法，簡稱五筆檢字法。五筆檢字法將中文筆形歸納為「點（、）、橫（一）、直（｜）、撇（丿）、捺（＼）」5種，以阿拉伯數字 1 至 5 代表之。如為折筆，其判斷方式是根據起始筆畫的筆形，例如「子」字折筆的起始筆畫為「橫」，對應的號碼為 2。取碼字體以楷書為準，勿用宋體字取碼，例如「戶」字楷書首筆作「點」。宋體字作「撇」。

首尾五筆著者號碼法之著者時代號，係以《中文分類法》附錄「中國時代表」及「西洋時代表」所編列之號碼為準，以阿拉伯數字 1 至 8 代表自古迄今中西各個時代，參見表 4-4。

表 4-4 首尾五筆著者號碼法之著者時代號

號碼	1	2	3	4	5	6	7	8
中國年代	先秦	漢及三國	魏晉	唐及五代	宋遼金元	明	清；近代	民國；現代
西洋年代	古希臘	古羅馬	中世紀	近代	17世紀	18世紀	19世紀	20世紀

五筆著者號碼法 ＝ 著者年代號碼 ＋ 著者首尾五筆號碼（註：沒有限定取足 4 碼），參見表 4-5。

表 4-5 首尾五筆著者號碼法個人著者取碼方式及範例

著者	時代	代號	首尾五筆號碼	著者號碼
司馬相如	漢	2	司 2+2=4 馬 2+1=3 相 2+2=4	2434
吳若權	民國	8	吳 3+5=8 若 3+2=5 權 2+2=4	8854
瓊瑤	民國	8	瓊 2+5=7 瑤 2+3=5	875
行政院<u>文化建設</u>委<u>員會</u>	民國	8	文 1+5=6 建 2+5=7 會 4+2=6	8676

3. 西洋著者號碼法

　　西洋著者號碼法係專為中文圖書中有西洋名字之著者所設計，取碼依據的是「羅馬字母號碼表」，26 個英文字母皆有其對應之阿拉伯數字，如表 4-6。

表 4-6　羅馬字母號碼表

0	1	2	3	4	5	6	7	8	9
A	B	C	D	E	F	G	L	M	S
HO	P	K	T	IJY	UVW	Q	R	N	XZ

(1) 西洋個人著者

　　中文書中的西洋著者如有中譯名，則以其中文姓氏取著者號；如無中譯名，則以西文原名取碼。同樣地，亦是取足 4 碼為原則，雙名著者姓氏部分依前 2 個字母查表取 2 碼，名字部分依雙名之各自前 1 個字母取 1 碼；單名著者姓氏及名字兩部分，皆以前 2 個字母查表各取 2 碼，參見表 4-7。

表 4-7　西洋個人著者取碼方式及範例

著者姓名	取碼法	舉例	著者號碼
單姓雙名	姓→取前兩個字母 名→各取前一個字母	Rowling, J. K.	7042
單姓單名	姓→取 2 碼，前兩個字母 名→取 2 碼，前兩個字母	Hayden, Torey	0030

(2) 西洋團體著者

　　西洋機關團體著者取碼，可仿上述西洋個人著者，取足 4 碼為原則。團體名稱 4 字以上者，以前 4 個字之首字母查表取碼；3 個字以內之機關團體名稱，則採用雙名及單名著者取碼規則，參見表 4-8。

（二）輔助區分號

　　輔助區分號包括作者區分號、作品號（種次號）、複本號（部次號）、複分號、研究者號、年代號（版次號）、部冊號、續編號、特藏號等。茲分別介紹如下：

表 4-8　西洋團體著者取碼方式及範例

團體著者	取碼法	舉例	著者號碼
二字	每字各取兩碼	Discovery Channel	3420
三字	首字→取 2 碼，前兩個字母 其餘→各取 1 碼，前 1 個字母	The codes translation committee	2032
四字（含）以上	取前 4 個字之首字母	The Archeological Institute of American	0400

【解說】：首字為冠詞時，予以略過，自第二字開始取碼。

1. 作者區分號

當遇到分類號相同，著者號也相同的同類圖書，但實際上是不同的著者，此時需在著者號右側加上冒號（：），如 :2、:3、:4 等，以為區別。第一本之「:1」可以省略。

例 1：會聲會影 X2：影片剪輯事件簿／陳文暉作

簡易 Flash CS5 入門／林佳生編著

索書號依序是：

```
312.8
8766
```

```
312.8
8766:2
```

【解說】：陳文暉與林佳生以五筆檢字法得出的著者號皆為 8766。

2. 作品號（種次號）

(1) 作品號又稱為種次號，用以表示同一著者同類書的館藏次第。換言之，同類書，著者同而作品不同時，在著者號右側加上槓號（-）如 -2、-3、-4 等以示區別。

例如：作家吳淡如之作品《做個好命女》、《擁抱自信人生》、《早知道早幸福》類號完全相同，則索書號依入藏先後序分別是：

| 848.7 | 848.7 | 848.7 |
| 2634 | 2634-2 | 2634-3 |

(2) 著者號一旦加上冒號之後，即成為該著者之專號。當該著者日後又有相同類號作品出現時，則於專號右側添加 -2、-3、-4 等，以為區別。

例如：會聲會影 X2：影片剪輯事件簿／陳文暉作

　　　簡易 Flash CS5 入門／林佳生編著

　　　Flash CS6 動畫設計創意魔法／林佳生

索書號依序是

| 312.8 | 312.8 | 312.8 |
| 8766 | 8766:2 | 8766:2-2 |

3. 複本號（部次號）

　　複本號又稱為部次號。圖書館有相同的書籍時（即內容與版本完全一樣），須加上複本號 c（c 為小寫字母，是英文 copy 的縮寫，代表複本）以示區別，須另起一行書寫。通常自第二本開始，逐本加上 c.2、c.3 等，第一本之 c.1 省略不標示，有些圖書館則是自第二本開始，逐本加上 c.1、c.2、c.3 等。圖書館只能擇一使用，以維持館藏標記的一致性。

　　例如：《文茜的百年驛站》一書，圖書館共有三本，內容與版本完全相同，其索書號依典藏先後序分別為：

855	855	855
7504	7504	7504
	c.2	c.3

或是

```
┌─────────┐   ┌─────────┐   ┌─────────┐
│         │   │         │   │         │
│   855   │   │   855   │   │   855   │
│  7504   │   │  7504   │   │  7504   │
│         │   │   c.1   │   │   c.2   │
│         │   │         │   │         │
└─────────┘   └─────────┘   └─────────┘
```

4. 複分號

　　複分號是指同類書區分號的複分，適用於專書、個人傳記、機關志及學校志。採用的符號是圓括弧（　），添加在著者號、作品號或續編號的右側。部分專類號採用點號，係沿用《中圖法》之作法。一般而言，複分號多用在藏書豐富的大型圖書館。

　　例如：馬明潭之歌／再興中學高一勤班主編

```
┌─────────┐
│         │
│ 529.933 │
│ 8446(8) │
│         │
└─────────┘
```

【解說】：8446為「再興中學」之五筆著者號碼，(8)是專類複分表「學校出版品排列表」之「學生團體出版品」號碼。

5. 研究者號

　　研究者號通常出現在傳記或文學作品之改寫本。

(1) 傳記：可分為自傳及分傳兩種。二者之區別在於前者是傳主自撰的，後者則是由其他研究者為其撰寫。自傳的索書號取碼規則與一般書相同，但是分傳則可取兩個著者號，一是被傳者，另一是研究者，分兩行依次書寫。其用意是為避免同一人的傳記，因研究者不同而分散各類放置，不便使用。

　　例1：梅蘭芳回憶錄／梅蘭芳著（自傳）

```
982.9
8387
```

例2：哆啦A夢之父：藤子不二雄的故事／凌明玉著（分傳）

```
783.18
8443
8653
```

【解說】：8443是藤子不二雄的著者號，8653是凌明玉的著者號。

(2) 文學作品改寫本

　　例1：三國演義通俗本／馬承五，嵇霞編撰

```
857.4523
6546
8374
```

　　【解說】：本書係根據羅貫中原著改寫，為使羅貫中的著作集中一處，以原書三國演義分類，索書號方面，先列羅貫中著者號6546，下一行再書寫馬承五著者號8374。

　　例2：野貓西餐廳／宮澤賢治原著；張文哲改寫；姬炤華，徐萃繪圖

```
861.59
8343
8764
```

　　【解說】：本書部分內容改寫，但體裁及對象不變，若欲使原著作品

集中一處，則先著錄宮澤賢治著者號 8343，再著錄張文哲著者號 8764。

6. 年代號（版次號）

年代號又稱版次號。一般而言，中文書的索書號不用給年代號，但以下兩種情況例外：(1) 同一本書，數年之後，予以增訂、修改發行新版，則第一本的索書號維持不變，後續的版本在著者號之下再加上年代號（即出版年），以示區別。(2) 年代對該書具有意義或辨識作用，例如年鑑、研討會手冊、技術報告等，則於著者號之下加上年代，另起一行書寫。

例 1：輕鬆遊北歐／安妮 文‧攝影

輕鬆遊北歐／安妮 文‧攝影（二版，2014 年）

索書號依入藏先後序依序為：

747.09 837	747.09 837 103

例 2：中華民國印刷年鑑. 1994 ／印刷與設計雜誌社企劃編輯

國際商管學術研討會. 2010：行銷與流通理論與實務研討會論文集／聖約翰科技大學行銷與流通管理系主辦

上述索書號分別為：

R 477.058 8757 83	494.07 8533 99

【解說】：8757 五筆著者號取自主要款目「中華民國印刷年鑑」，省略前四字中華民國；8533 五筆著者號取自主要款目「國際商管學術研討會」。

7. 部冊號

部冊號又稱冊次號或卷次號，用以區別多冊書之不同冊次，通常以數字、英文字母、或文字等代表出版的順序。其方式是在著者號下加註 v.1、v.2、v.3 等（v 小寫，是 volume 的縮寫，表示冊次）。

例如：老子講讀／許結著，有上、中、下三冊，索書號分別為：

121.311 846 v.1	121.311 846 v.2	121.311 846 v.3

若圖書館先後收藏不同年代出版之叢書，部冊號的著錄方式有兩種：

(1) 採「整套著錄，整套分類」時，版次年代號在前，冊次號在後。

例如：20 世紀文學名家大賞／范銘如主編（2006）
　　　第一冊：梁啟超／廖卓成編著（再版，2006 年）
　　　第二冊：徐志摩／洪淑苓編著（再版，2006 年）
　　　第三冊：魯迅／范銘如編著（再版，2006 年）

830.8 8666 95 v.1	830.8 8666 95 v.2	830.8 8666 95 v.3

(2) 採「分散著錄，整套分類」，冊次號在前，年代號在後。

例如：20 世紀文學名家大賞／范銘如主編（2006 年）
　　　梁啟超／廖卓成編著（20 世紀文學名家大賞；1）（再版，2006 年）
　　　徐志摩／洪淑苓編著（20 世紀文學名家大賞；2）（再版，2006 年）
　　　魯迅／范銘如編著（20 世紀文學名家大賞；3）（再版，2006 年）

830.8	830.8	830.8
8666	8666	8666
v.1	v.2	v.3
95	95	95

【解說】：8666 為范銘如之五筆檢字法著者號。

一般而言，文獻第一卷的冊次號標引為 v.1 即可，但有時如方志等文獻除有第一卷外，亦有卷首的編制。若卷首與第一卷合卷裝訂，其冊次號依一般標引即可，即 v.1；若卷首與第一卷分卷裝訂出版，則可將卷首之冊次號標引為「v.1:1」，第一卷標引為「v.1:2」。期刊的標引亦有類似情況，有些期刊既有第一期，又有創刊號、試刊號、第零期時，其裝訂本冊次號亦可應用上述方式標引。

例如：

臺中縣志 卷首：序、凡例、綱目、輿圖、史略 v.1:1

臺中縣志 第一卷：土地志、地理篇、氣候篇、生物篇、災害篇、勝蹟篇 v.1:2

8. 續編號

續編號係用在內容性質具賡續關係的文獻，其作用與部冊號類似，惟它是專門用在出版情況不明確的書籍。通常是同一個作品分成數部，於不同時間出版，且最早出版的圖書並未標示任何出版順序。往往編目員在完成第一本書的編目後，才出現第二集（部）、第三集（部）等。為使編目作業順利進行，免於再修改類號，作法是自第二本開始，著者號右側加上點（.）如 .2、.3、.4 等，以為區別。

例 1：咖啡館推理事件簿：下次見面時請讓我品嚐你煮的咖啡／岡崎琢磨著

咖啡館推理事件簿 2：夢見咖啡歐蕾的女孩／岡崎琢磨著

咖啡館推理事件簿 3：令人心慌的咖啡香／岡崎琢磨著

各冊之索書號依序為：

| 861.57 | 861.57 | 861.57 |
| 8667 | 8667.2 | 8667.3 |

第四章｜中文圖書分類法

【解說】：若編目時已知續集的存在，且第一本書尚未編目，則仍可採用部冊號。

例 2：教育法與教育改革／周志宏著（2003 年出版）
　　　教育法與教育改革 II／周志宏著（2012 年出版）
　　　教育法與教育改革 III／周志宏著（2012 年出版）
　　　各冊之索書號依序為：

| 526.207
8632 | 526.207
8632.2 | 526.207
8632.3 |

9. 特藏號

特藏號用來表示特殊的資料類型，作用在於方便區別特殊的圖書，通常在分類號上一行增加一個特殊符號，另起一行書寫，並且分開排架，以讓讀者瞭解這個資料有別於一般圖書。比較常用的特藏符號有：

R（即 Reference，代表參考工具書）[1]；AV（即 Audio Visual，代表視聽資料）；VD（即 Video Disc，代表影音光碟）；DVD（即 Digital Video Disc，代表數位影音光碟）；CD（即 Compact Disc，代表光碟）；P（即 Periodical，代表期刊）；L（即 Large，代表大開本圖書）；M（即 Map，代表地圖）；T（即 Thesis，代表學位論文）；G（即 Government，代表政府出版品）；線（代表線裝書）；日（代表日文書刊）；韓（代表韓文書刊）（陳和琴等，2003）。

例如：日語應試辭典／劉麗華主編，其索書號為：

| R
803.13
8756 | 或 | Ref
803.13
8756 |

---

[1] 也可用 "Ref"、「參」或「△」代表參考工具書，後二者較為罕用。

例如：哈利波特：死神的聖物／大衛葉慈導演，其索書號如下：

```
   DVD              AV
  987.83    或     987.83
   6232             6232
```

【解說】：此視聽資料類型為 DVD，圖書館可制定政策選擇使用的代號。

二、索書號的排序

　　索書號係圖書館藏書排架用之號碼，故又稱為排架號。圖書館之書架排序是由上而下，由左而右。先比分類號，分類號相同時再以同類區分號排比。基本上，同一特藏號之圖書會集中放置一起，因此該區之每本書的特藏號皆相同，並未涉及排序問題。索書號的排列方法，主要有「逐位數值排列法」及「自然數序排列法」兩種。逐位數值排列法是將整組號碼以「逐位元數值」方式加以分解，然後自左至右「逐位」比較數值大小並排列之，例如：1, 11, 111, 112, 113, 12, 13, 2, 21, 22, 23, 3……。自然數序排列法是依整組號碼的自然數序大小直接排列之，例如：1, 2, 3, ……9, 10, 11, 12……, 20, 30……。茲將各種先後排序，舉例說明如下：

（一）小數點之前的三位數分類號碼，根據整組號碼的自然數序大小直接排列，數字小者在前（左），大者在後（右）。

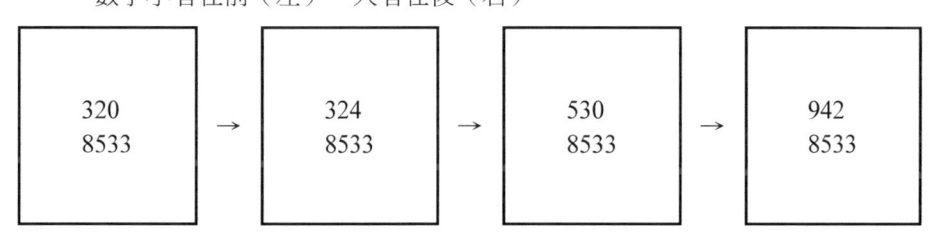

```
  320     →    324     →    530     →    942
 8533         8533         8533         8533
```

（二）小數點之後的分類號排比。
　　　方法1：逐位數值排列法

```
┌─────────┐     ┌─────────┐     ┌─────────┐     ┌─────────┐
│ 415.238 │  →  │  415.3  │  →  │ 415.649 │  →  │ 415.71  │
│  6440   │     │  6440   │     │  6440   │     │  6440   │
└─────────┘     └─────────┘     └─────────┘     └─────────┘
```

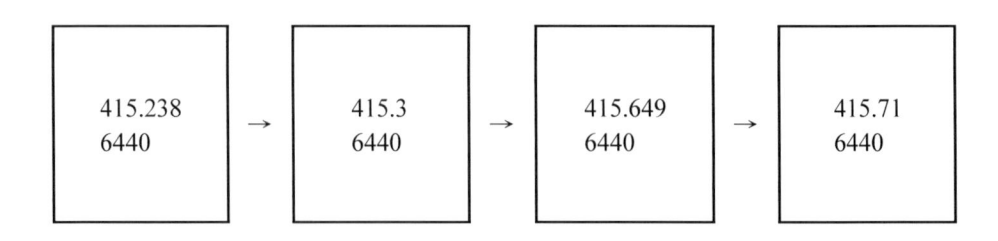

方法 2：將小數點後不足的位數補 "0"，用自然數序排比

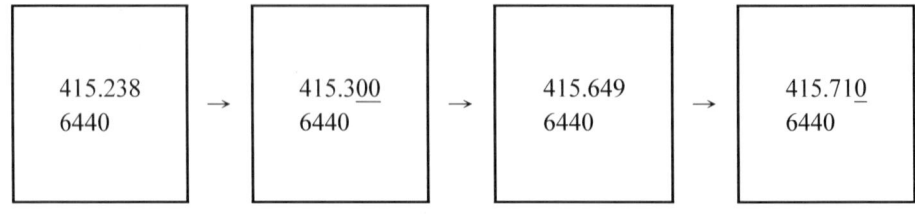

```
┌─────────┐     ┌─────────┐     ┌─────────┐     ┌─────────┐
│ 415.238 │  →  │ 415.300 │  →  │ 415.649 │  →  │ 415.710 │
│  6440   │     │  6440   │     │  6440   │     │  6440   │
└─────────┘     └─────────┘     └─────────┘     └─────────┘
```

【解說】：補 "0" 純粹是為方便排比，不可真的添加。

（三）帶有斜撇 " / " 的分類號，排序時有斜撇的分類號排在無斜撇的分類號之後，然後再按斜撇後之號碼「逐位數值」大小排列。

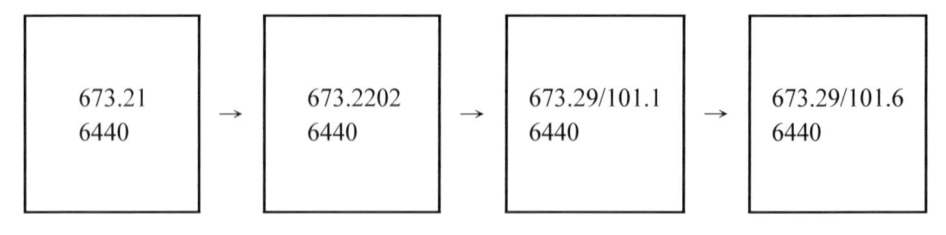

```
┌─────────┐     ┌──────────┐    ┌────────────┐   ┌────────────┐
│ 673.21  │  →  │ 673.2202 │ →  │673.29/101.1│ → │673.29/101.6│
│  6440   │     │   6440   │    │    6440    │   │    6440    │
└─────────┘     └──────────┘    └────────────┘   └────────────┘
```

（四）《中文分類法》中，有些圖書（如電腦書籍）帶有拉丁字母（羅馬字母）的分類號，排列時先按相同字母集中，然後再按字母後之號碼「逐位數值比大小」。

```
┌──────────┐    ┌───────────┐   ┌────────────┐   ┌───────────┐
│312.49A3  │ →  │312.49A42  │ → │312.49A427  │ → │312.49A97  │
│  8764    │    │   8764    │   │    8764    │   │   8764    │
└──────────┘    └───────────┘   └────────────┘   └───────────┘
```

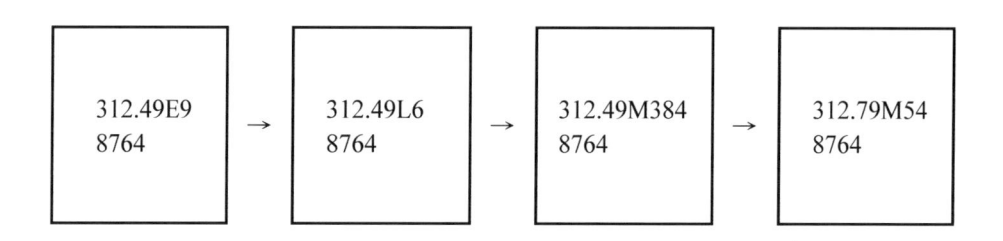

| 312.49E9 | → | 312.49L6 | → | 312.49M384 | → | 312.79M54 |
| 8764 | | 8764 | | 8764 | | 8764 |

（五）分類號相同者，根據同類書區分號（著者號）逐位數值排比。

　　1. 四角號碼著者號

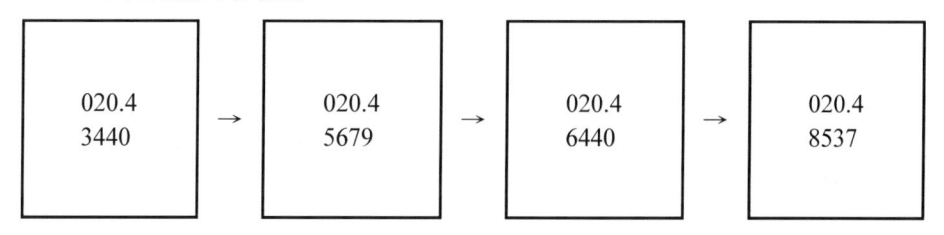

| 020.4 | → | 020.4 | → | 020.4 | → | 020.4 |
| 3440 | | 5679 | | 6440 | | 8537 |

　　2. 五筆著者號碼

　　　方法 1：逐位數值排列法

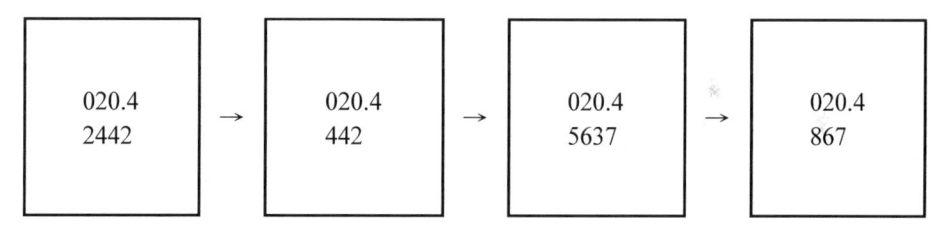

| 020.4 | → | 020.4 | → | 020.4 | → | 020.4 |
| 2442 | | 442 | | 5637 | | 867 |

　　　方法 2：不足四位數之著者號補 "0"，用自然序數排比

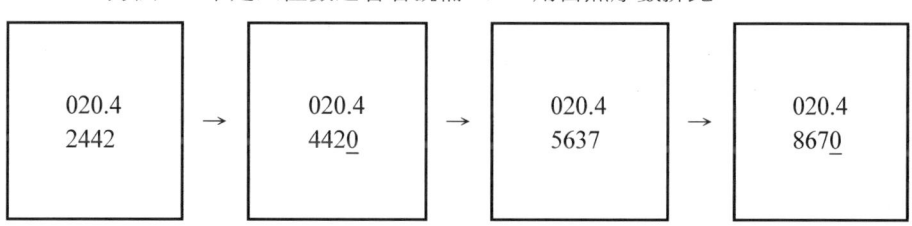

| 020.4 | → | 020.4 | → | 020.4 | → | 020.4 |
| 2442 | | 442<u>0</u> | | 5637 | | 867<u>0</u> |

【解說】：補 "0" 純粹是為方便排比，不可真的添加。

第四章｜中文圖書分類法

（六）分類號先排比，著者號後排比。

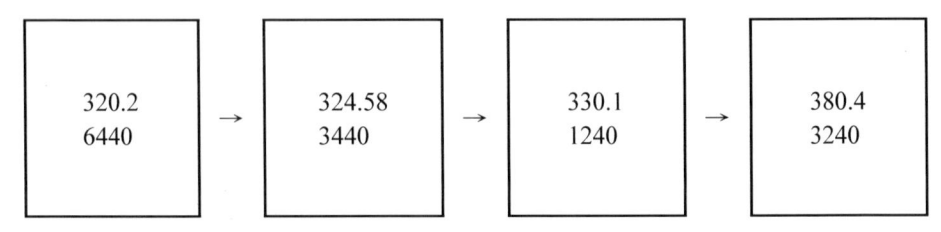

| 320.2
6440 | → | 324.58
3440 | → | 330.1
1240 | → | 380.4
3240 |

（七）同類書區分號相同時，依輔助區分號排列。

　　1. 種次號的排序由小至大

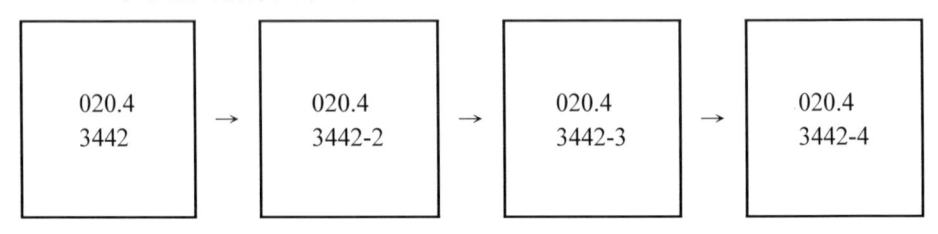

| 020.4
3442 | → | 020.4
3442-2 | → | 020.4
3442-3 | → | 020.4
3442-4 |

　　2. 作者區分號的排序由小至大

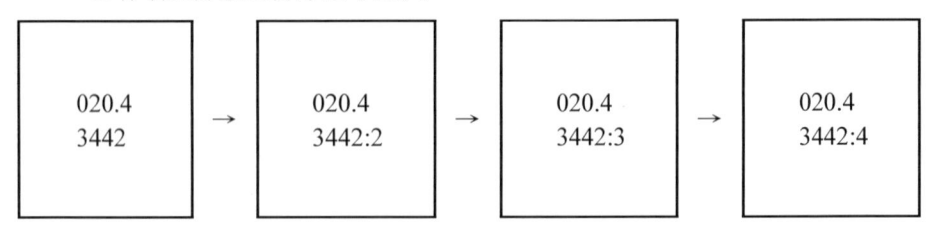

| 020.4
3442 | → | 020.4
3442:2 | → | 020.4
3442:3 | → | 020.4
3442:4 |

　　3. 冊次號排序由小至大

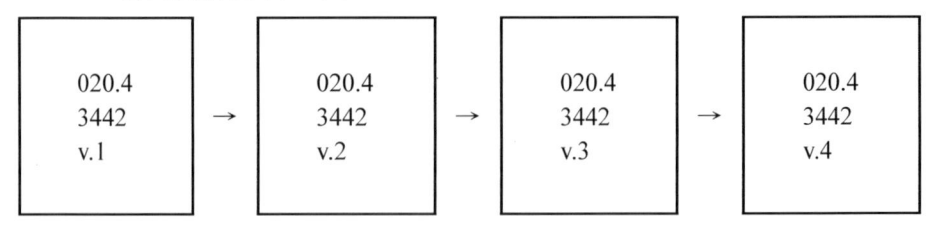

| 020.4
3442
v.1 | → | 020.4
3442
v.2 | → | 020.4
3442
v.3 | → | 020.4
3442
v.4 |

4. 複分號排序時，有圓括弧的排在無圓括弧著者號之後，括弧內的數字按自然序數排比，由小至大。

| 529.9383
8246 | → | 529.9383
8246(5) | → | 529.9383
8246(27) | → | 529.9383
8376(5) |

（八）不同種類之輔助區分號，其排架次序是：續編號（.）→ 作品號（-）→ 作者區分號（:）

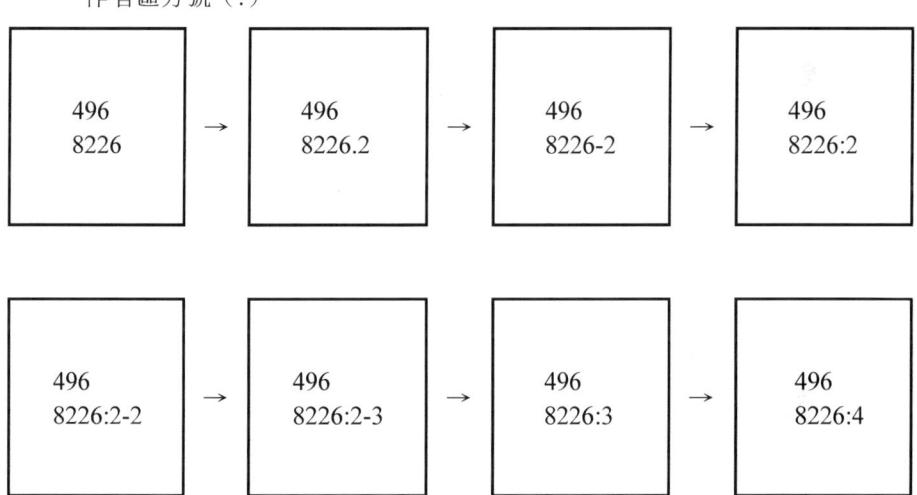

| 496
8226 | → | 496
8226.2 | → | 496
8226-2 | → | 496
8226:2 |

| 496
8226:2-2 | → | 496
8226:2-3 | → | 496
8226:3 | → | 496
8226:4 |

（九）傳記排列時，先排傳主自撰的傳記文獻（例如自傳、回憶錄、日記等），再排他撰之傳記文獻。有關機關團體志（包括學校志、公司志等）可依此規定排列。

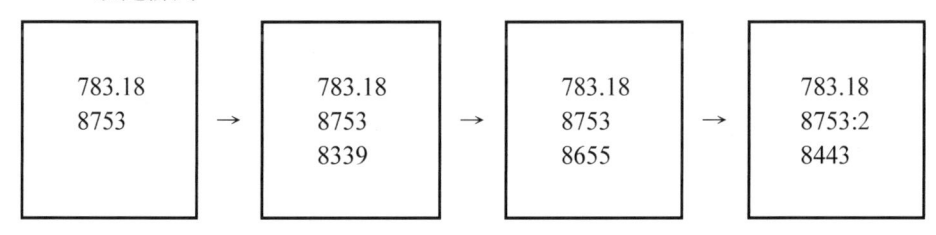

| 783.18
8753 | → | 783.18
8753
8339 | → | 783.18
8753
8655 | → | 783.18
8753:2
8443 |

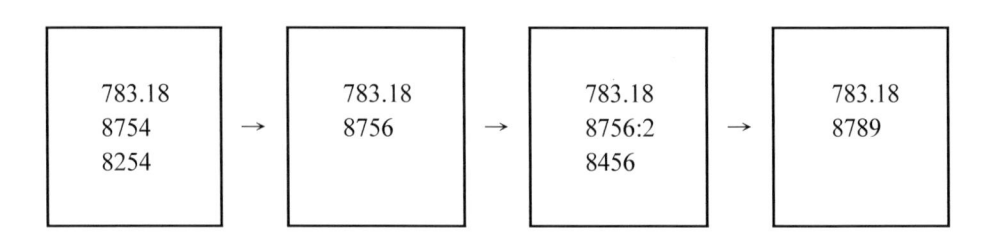

```
┌─────────┐     ┌─────────┐     ┌─────────┐     ┌─────────┐
│ 783.18  │     │ 783.18  │     │ 783.18  │     │ 783.18  │
│  8754   │  →  │  8756   │  →  │  8756:2 │  →  │  8789   │
│  8254   │     │         │     │  8456   │     │         │
└─────────┘     └─────────┘     └─────────┘     └─────────┘
```

關鍵詞彙

中文圖書分類法 New Classification Scheme for Chinese Libraries Tables	複分表 Auxiliary Tables
索書號 Call Number	著者號 Author Number
四角號碼法 Four-Corner System	五筆檢字法 Wubi Method

自我評量

- 何謂中文圖書分類法？
- 「中文圖書分類法」共有哪幾種複分表？
- 「中文圖書分類法」有哪幾類採用第一法與第二法？其設計原理為何？
- 何謂五筆檢字法？
- 何謂四角號碼法？
- 如何取定索書號？
- 索書號如何排序？

參考文獻

王錫璋（1998）。圖書館資源的利用。臺北市：臺灣書店。

吳瑠璃（1995）。中國圖書分類法。在胡述兆（編），圖書館學與資訊科學大辭典（上冊，頁281）。臺北市：漢美。

國家圖書館（編印）（2007a）。中文圖書分類法2007年版：類表篇。臺北市：國家圖書館。

國家圖書館（編印）（2007b）。中文圖書分類法2007年版：索引篇。臺北市：國家圖書館。

國家圖書館（編印）（2016）。中文圖書分類法2007年版：類表篇（修訂一版）。臺北市：國家圖書館。

陳和琴、吳瑠璃、江綉瑛（1996）。圖書分類編目。臺北縣：空大。

陳友民（2002）。中文分類及實作。檢索自 http://catweb.ncl.edu.tw/datas/3-1-003-14.pdf

陳和琴、張慧銖、江綉瑛、陳昭珍（2003）。資訊組織。臺北縣：空大。

黃淵泉（1986）。中文圖書分類編目學。臺北市：臺灣學生。

賴永祥（2001）。中國圖書分類法（增訂八版）。臺北市：文華圖書館管理。

錢月蓮（2013）。主題編目與實作。在資訊組織基礎班（頁235-283）。臺北市：中華民國圖書館學會。

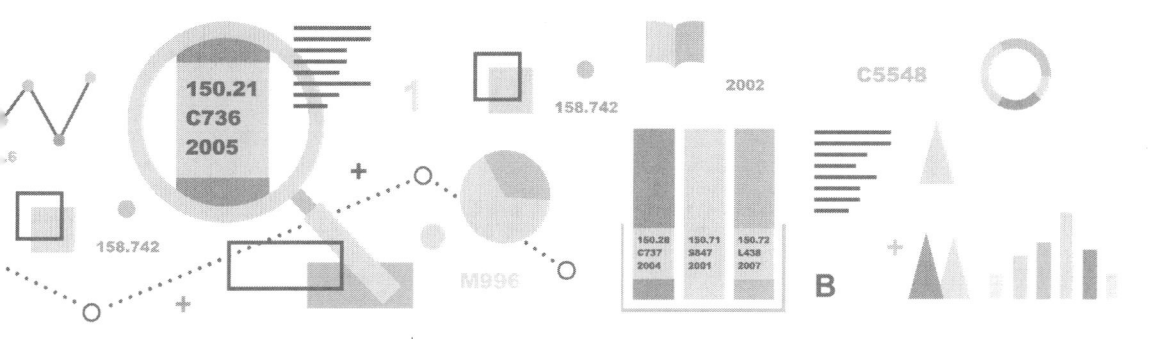

作者簡介

鄭惠珍

(hcc@ncl.edu.tw)

國家圖書館
書目資訊中心編輯

天主教輔仁大學進修部
圖書資訊學系兼任助理教授

第五章
杜威十進分類法

學習目標

- 認識「杜威十進分類法」的發展歷史
- 瞭解「杜威十進分類法」的基本架構
- 認識「杜威十進分類法」的應用方式
- 瞭解「杜威十進分類法」的標記

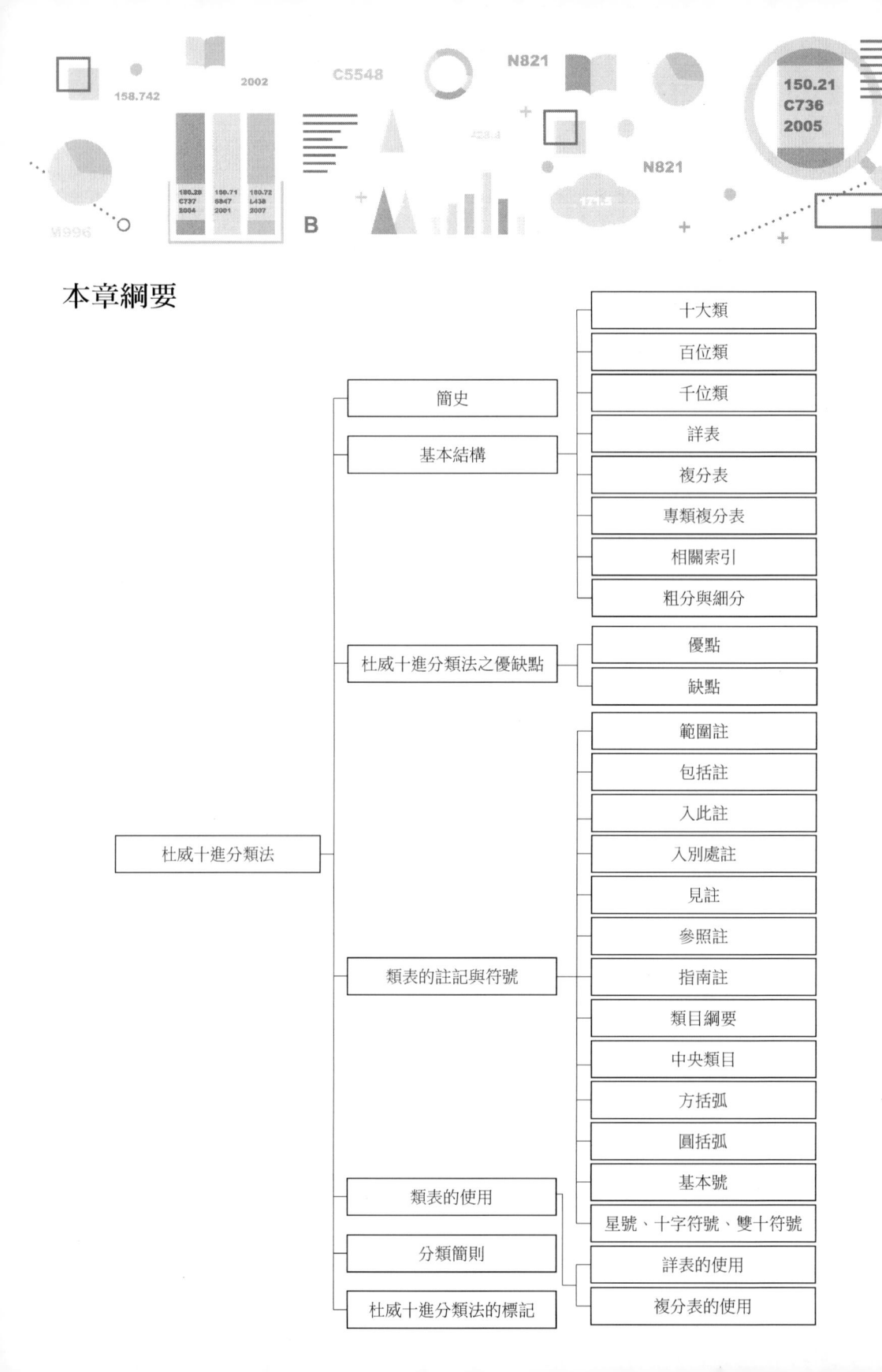

本章綱要

- 杜威十進分類法
  - 簡史
  - 基本結構
    - 十大類
    - 百位類
    - 千位類
    - 詳表
    - 複分表
    - 專類複分表
    - 相關索引
    - 粗分與細分
  - 杜威十進分類法之優缺點
    - 優點
    - 缺點
  - 類表的註記與符號
    - 範圍註
    - 包括註
    - 入此註
    - 入別處註
    - 見註
    - 參照註
    - 指南註
    - 類目綱要
    - 中央類目
    - 方括弧
    - 圓括弧
    - 基本號
    - 星號、十字符號、雙十符號
  - 類表的使用
    - 詳表的使用
    - 複分表的使用
  - 分類簡則
  - 杜威十進分類法的標記

第五章
杜威十進分類法

第一節　簡史

　　杜威十進分類法（Dewey Decimal Classification，簡稱DDC）（以下簡稱杜威分類法），乃美國圖書館先驅杜威（Melvil Dewey, 1851-1931）為麻州阿姆斯特學院圖書館（Amherst College Library）創立的分類法。1873年開始籌備，歷時4年，於1876年第一版問世，題為 *A Classification and Subject Index for Cataloguing and Arranging the Books and Pamphlets of a Library*（圖書館圖書及小冊子編目排架之分類法及主題索引），全表含索引及前言等共44頁（Satija, 2013）。

　　在杜威分類法出現之前，美加地區的圖書館多以固定位置（fixed location）排列圖書，亦即每本書依入館順序給予固定架位的號碼，但是這種方法在圖書成長超出書架容量時，就須重改類號。杜威發明的相關位置（relative location），係以圖書內容分類，解決圖書館長久以來的分類困擾（Dewey, Mitchell, & Beall, 2011; Taylor & Miller, 2006）。

　　自第2版開始（1885年），杜威的分類法改名為 *Decimal Classification and Relative Index*（十進分類法及相關索引）。類表方面，除擴充類號之外，有些類號重新配置；另一項重大改變是，為消弭館員對改版就須重新分配類號的隱憂，杜威宣布類號完善性政策（integrity of numbers policy），承諾類號分配之後將固定不變，即使日後因需要必須擴充類號，也僅是作少許的變動。自出版以來，杜威分類法平均每隔6年修訂一次，第2至第13版的修訂工作，均由杜威親自督導。在類號完善性政策的影響下，13版之前的修訂基本上變動不大。1931年，杜威逝世。隔年發行的第13版首度將分類法名稱冠上"Dewey"（杜威），並沿用至今，此即現今眾所熟知的"Dewey Decimal Classification"（Satija, 2013）。

第 14 版（1942 年）篇幅增至 1,927 頁，由於各類分配嚴重不均，部分類號過細為人所詬病，因此第 15 版（1951 年）的修訂朝向合理的標準版（standard edition）進行，以 20 萬冊藏書量的使用為原則，所有類號均衡發展，大幅度刪減內容至 716 頁，可說是自 1885 年以來最大規模的改版。不過由於悖離類號完善性政策，其結果並不符合圖書館的期待。Forest Press 遂緊急於隔年出版修訂第 15 版，但是多著重在索引的部分（Satija, 2013）。

　　第 16 版（1958 年）秉持著過去第 14 版的精神，頁數大幅成長（2,439 頁），共有 2 冊，第二冊是索引及形式複分表。為朝向作為一個國際性的分類法，首次嘗試減少對美國的偏重；另一特色是介紹鳳凰表（phoenix schedule）的概念，它是因應部分學科的改變，另外重新編製的類表，此新生之表如鳳凰浴火重生，故取名為鳳凰表（或稱再生表），後改名為完全修訂表（complete revision）（Satija, 2013）。

　　1965 年發行第 17 版，複分表出現大幅度的擴充，由 5 頁增至 249 頁，形式複分表重新命名為「標準複分表」，新增「地理複分表」（area table），不僅編制鳳凰表（150 心理學），更重要的是提供類號組配的機制，術語「分面」（facet）首次出現在前言中，這項改變主要是受到印度阮甘納桑（S. R. Ranganathan）及英國分類研究團體（Classification Research Group）的影響；另一創新是介紹「優先排序」（priorities of arrangement）的概念。1971 年發行的第 18 版（3 冊），新增複分表至 7 個、提供鳳凰表（340 法律及 510 音樂），並以專業術語「類目順序」（citation order）取代「優先排序」（Satija, 2013; Scott, 2005）。

　　1979 年發行第 19 版，除延續前一版的結構、風格與目標外，另又出版使用指南（題名：*Manual on the Use of the Dewey Decimal Classification: Edition 19*），獲得使用者高度評價，相關內容被編入第 20 版之中。1988 年線上圖資中心（Online Computer Library Center，又譯為線上圖書館電腦中心，以下簡稱 OCLC）取得 Forest Press 的經營權，修訂工作改由其主導（Satija, 2013）。

　　第 20 版（1989 年）共為 4 冊，總計 3,388 頁，架構與目標仍傳承前一版，但技術上則有重大突破，併入先前分開出版的類號 004-006 資料處理與電腦科學，附表 3 分成三部分（T3A、T3B、T3C），並為音樂類（780）編制鳳凰表。1993 年首次推出 DOS 光碟版，稱為 Electronic Dewey（電子杜威），除了主表、複分表、相關索引及使用指南等內容外，亦連結美國國會圖書館標題表（Library of Congress Subject Heading）以及一些書目紀錄實例。

1996 年出版的第 21 版持續反映使用者需求，修訂類表，擴充相關索引，同時提供升級的微軟視窗版，即 *Dewey for Window*（視窗杜威），不僅擁有先前 DOS 版的特色，而且提供網路視窗環境，讓使用者可於線上瀏覽、檢索及同時使用多個分類表資料（Mortimer, 2007）。2003 年出版第 22 版，主要的變化是刪除複分表 7，並以表 1 的 -08 取代之（Scott, 2005）。同年七月，亦發行電子形式的 *WebDewey*（見圖 5-1）（Kumbhar, 2012）。

　　2011 年出版至第 23 版（DDC23），除循例更新主表、複分表外，亦針對使用者常感到困惑有關「人」的單字或片語（如 groups of people、kinds of persons、persons treatment 等）全面檢修，並修改一些類表結構；網路版 *WebDewey* 亦同步進行更新，因應網路時代趨勢，交換格式從 MARC 轉換為 MARCXML。除上述完整版（full edition）杜威分類法之外，1894 年亦出版內容簡潔的節縮版（abridged edition），供藏書兩萬冊以下之小型學校圖書館和公共圖書館使用。至 2012 年，節縮版已出版至第 15 版，且紙本與網路版（*Abridged WebDewey*）同時並存（Dewey et al., 2011）。隨著網站（網址：http://www.oclc.org/dewey）的建立，有關杜威分類法之修訂及相關報導每三個月更新一次，並且也透過 *OCLC Newsletter* 公告訊息。

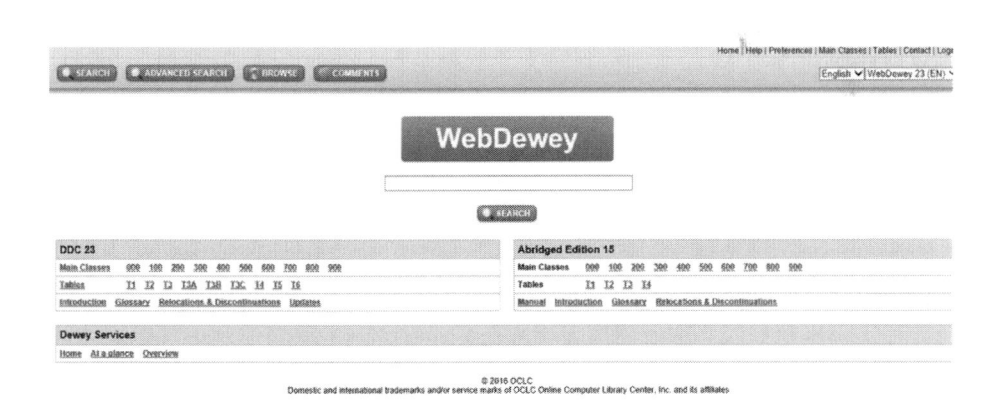

圖 5-1　網路版 *WebDewey*

資料來源：OCLC（2016）。

杜威分類法是現行圖書分類法中流行最廣的一部分類法，在全世界138個國家使用，並已譯成三十多種語文，包括阿拉伯文、法文、德文、希臘文、希伯來文、冰島文、印度文、義大利文、挪威文、俄文、西班牙文、瑞典文、土耳其文、越南文等。在美國，幾乎所有公共圖書館和學校圖書館都採用這種分類法（Dewey et al., 2011），對世界各國圖書館圖書分類有極大的影響，在電子時代，亦是分類網路資源的最佳工具，可謂是圖書分類法史上的一個重要里程碑。

第二節　基本結構

杜威分類法以傳統的學科分類，將人類所有知識分為十大類，這種思想是受到美國聖路易斯市圖書館哈利斯（W. T. Harris）分類法的影響。哈利斯根據17世紀英國哲學家培根的知識分類思想，將人類知識分為四大部分：一、理性（reason）：即科學和藝術；二、想像（imagination）：即文學；三、記憶（memory）：即地理、傳記、歷史；四、綜合（generalia）：即無所專屬者（Satija, 2013）。

杜威分類法旨在提供各種載體（如圖書、文獻、電子資源、報紙）分類之用。以三位數形成前三級的等級結構，稱為等級分類法（hierarchical classification）或階層分類法。該分類法係以數字作為標記，並採用小數制的層累標記制，數字是以十進為原則。

成立之初，杜威分類法為列舉式分類法（enumerative classification），所有類號逐一臚列出來，使用者僅須從中挑選適用號碼即可。1965年發行的第17版大量擴充複分號碼，應用組配機制，使得杜威分類法亦具有分析綜合分類法（synthetic classification）的特性。

在理論方面，杜威分類法應用的分類原理有七個，包括：十進原理、學科分類原理、階層原理、助記原理、作品保證原理、列舉原理以及相關位置原理（Evans, Intner, & Weihs, 2011）。

2011年出版第23版，共計四冊，第一冊內容包括簡介、術語、指南及複分表等；第二冊為類表000至599；第三冊為類表600至999；第四冊是相關索引（Dewey et al., 2011）。茲將其主要架構及內容介紹如下：

一、十大類（First Summary/The Ten Main Classes）

　　杜威依學科性質由 0 至 9 分為十個大類，十大類乃杜威分類法中之第一級類目，以三位數字代表分類號碼，後二位號碼為 "0"，通常第一級類目不直接作為類分圖書之用。其十大類類目如下：

> 000 Computer science, information & general works 電腦科學、資訊及總類
> 100 Philosophy & psychology 哲學及心理學類
> 200 Religion 宗教類
> 300 Social sciences 社會科學類
> 400 Language 語言類
> 500 Science 科學類
> 600 Technology 技術類
> 700 Arts & recreation 藝術及休閒類
> 800 Literature 文學類
> 900 History & geography 史地類

　　類號 100 包括哲學、超心理學、神祕學及心理學；類號 200 主要是宗教；類號 300 包括社會學、人類學、統計學、政治科學、經濟學、法學、公共行政、社會問題及服務、教育、商學、通訊、運輸、關稅；類號 400 包括語言、語言學；類號 500 包括自然科學、數學；類號 600 是科技類；類號 700 包括藝術、美術與修飾藝術、音樂及表演藝術；類號 800 的文學類包括修辭學、散文、詩詞、戲劇等；類號 900 包括歷史、地理；無法歸屬上述各類者，則歸入總類 000。

二、百位類（Second Summary/The Hundred Divisions）

　　每一個大類，依其學科性質分成十個小類，共有百位類。百位類乃杜威分類法中之第二級類目，在三位數中，末一位為 "0" 的號碼。茲舉 600 技術類之下的二級類目為例：

```
600 Technology 技術
610 Medicine & health 醫學及健康
620 Engineering 工程學
630 Agriculture 農業
640 Home & family management 家庭及家庭管理
650 Management & public relations 管理及公共關係
660 Chemical engineering 化學工程
670 Manufacturing 製造
680 Manufacture for specific uses 各種用途的製造
690 Construction of buildings 房屋建築業
```

三、千位類（Third Summary/The Thousand Sections）

　　百位類之下，再分為十目，共有千位類。千位類乃杜威分類法中之第三級類目，在三位數中，末尾不帶 "0" 的類號。茲舉630農業總論之下的三級類目為例：

```
630 Agriculture & related technologies 農業及相關技術
631 Techniques, equipment & materials 技術、器具及材料
632 Plant injuries, diseases & pests 農作物損害、疾病及害蟲
633 Field & plantation crops 田地及農作物
634 Orchards, fruits & forestry 果樹、水果及林業
635 Garden crops (Horticulture) 花園作物（園藝）
636 Animal husbandry 畜牧業
637 Processing dairy & related products 酪農業及相關產品
638 Insect culture 昆蟲文化
639 Hunting, fishing & conservation 狩獵、釣魚及生態保護
```

四、詳表（Schedules）

　　詳表（又稱主表或主類表）是在三位數之後展開的號碼，通常是根據地區、時間或其他特性等再加以細分，三位數與展開的號碼之間，以小數點（.）隔開。小數點之後的位數，並無規範，原則上可無限延伸。在編排方面，一般僅列出小數點及其後面的號碼，前三位數字省略不印，使用時須自行將前三碼加於小數點

之前，才是完整且正確之類號。須注意的是小數點（.）只是一個停頓，並不真的具有小數點作用。此外，為讓使用者易於讀號，編排上小數點之後每三位數字空一格，如 635.659 6 類號中，9 與 6 之間保留一個空格（如下所示）。

```
635 Garden crops (Horticulture) 花園作物（園藝）
    .1      Edible roots 食用根菜類
    .11     *Beets 甜菜
    .12     Turnips, rutabagas, celeriac 紅蘿蔔、大頭菜、塊根芹
    .125    *Turnips 紅蘿蔔
    .126    *Rutabagas 大頭菜
    .128    *Celeriac 塊根芹
    .13     *Carrots 胡蘿蔔
    .14     *Parsnips 歐洲蘿蔔
    ...
    .659 2  * Black eyed peas 眉豆
    .659 6  * Peanuts 花生
    .67     Corn 玉米
```

五、複分表（Table）

除正表外，杜威分類法尚有六個複分表（又稱附表、輔助表），提供主表有關類目進一步細分用之類表。此六個表與正表分開自行獨立一冊。其中，表 3 又分成 3A、3B 及 3C 三個表。所有複分表號碼皆不是完整的號碼，必須配合主類表一起組合使用。此六個表分別是：

```
Table 1  Standard Subdivisions（表 1 標準複分表）
Table 2  Geographic Areas, Historical Periods, Biography（表 2 地理複分表）
Table 3  Subdivisions for the Arts, for Individual Literatures, for Specific Literary
         Forms（表 3 文學複分表）
Table 4  Subdivisions of Individual Languages and Language Families（表 4 個別
         語言複分表）
Table 5  Ethnic and National Groups（表 5 種族及民族團體複分表）
Table 6  Languages（表 6 語種複分表）
```

六、專類複分表

專類複分表出現在主表或複分表類目之下,供特定類號使用,包括:(一)時代表(Period Table),常見於 800 文學類;(二)莎士比亞作品表(822.33),其標記搭配英文字母使用;(三)中央類目複分表,供中央類目(參閱第四節)進一步細分之類目表,如史地類 913-919、930-990,音樂類 784-788、784.3-784.9,表 3A 類號 -81-89 等。與上述複分表相同,專類複分表號碼亦不能單獨使用。以下範例為 839.31 荷蘭文學時代表:

```
839.31   Dutch literature 荷蘭文學
         PERIOD TABLE 時代表
         1    Medieval period to 1499
         2    Renaissance period, 1450-1499
         3    1600-1699
         4    1700-1799
         5    1800-1899
         6    1900-1999
         62   1900-1945
         64   1945-1999
         7    2000-
```

七、相關索引(Relative Index)

杜威分類法剛創立時,有兩個重要的特色,一是相關位置,另一是相關索引(Chan, 1994)。目前索引是單獨印成一冊,供使用者查檢及參考,名為「相關」,係因它將各類的相關主題集中一處。舉凡類表中常見之辭彙,如類名、同義詞、注釋以及複分表中出現的國名、州名、重要的城鎮、首都、人名等,皆為索引收入之款目。所有詞彙依循 ISO999:1996 標準,可數名詞採複數形式,不可數名詞則以單數形式呈現,但並非包羅萬象,如國家、語言、宗教等形容詞片語(English poetry、French cooking 等)或是標準複分表中,教育、統計、管理等一般概念之片語(art education、educational statistics、bank management),均不包含在內。若使用者查尋不到所需之款目,可改用廣義詞彙替代或直接查檢類表(Dewey et al., 2011)。

在相關索引中，所有款目及各款目之下的細目皆依字順排序。另外，亦提供參見（see also）及指南（see manual）引導使用者。原則上，每個詞彙均標示其所代表的類號，但參見款目、意義不明確之款目或缺乏作品保證之款目例外。以下舉 "Television"（電視）為例：

Television	384.55
accounting	657.84
communications services	384.55
engineering	621.388
ethics	175
religion	205.65
Christianity	241.65
influence on crime	364.254
instructional use	371.335 8
adult level	374.26
	T1 — 071 5
journalism	070.195

八、粗分與細分（Close and Broad Classification）

杜威分類法提供圖書館細分與粗分的選擇。細分（close classification）是指將作品的內容分至盡可能最大程度詳盡的類號，適用於研究型或大型公共圖書館。粗分（broad classification）則是指將作品放置在廣泛的類號，適用於小型圖書館。例如 French Cooking（法國菜）一書的細分類號是 641.5944，粗分則只要分入 641.5 即可，無需再依地理複分（Dewey et al., 2011）。不過無論如何縮減，類號至少得維持三位數。

第三節　杜威十進分類法之優缺點

杜威分類法從出版至今已逾百年，經過多次的改版，內容已有相當程度的修正，有諸多優點；但部分舊有的問題可能基於維護類表穩定性的需要，並未隨著修訂而完全改進，使其缺點依然存在。茲將其優缺點整理如下（李嚴、侯漢清、丘峰，1993；吳祖善，1995；Chan & Salaba, 2016）：

一、優點

(一) 結構合理：體系結構完整、類號等級分明、類目詳盡，是最合邏輯系統的分類法。

(二) 標記簡易：採用世界通用之阿拉伯數字為標記，符號簡單，任何人無論其文化語言背景為何，均能使用此分類系統。

(三) 階層特性：等級特性之標記展現類號之間的關係，分類號具有彈性，可以擴延而細分，亦可節縮而粗分。各圖書館可視藏書多寡，決定細分的程度，靈活運用；更有助於線上檢索，檢索者藉由類號數字之增減，縮小或擴大檢索範圍。

(四) 具助記性：杜威將省時機制應用在其分類法中，標記具助記之功能，相同主題的代號盡可能一致，如亞洲的號碼是 5，亞洲地理號碼是 915，讓使用者便於記憶，節省時間。

(五) 悠久普遍：杜威分類法歷史悠久，並譯成多種語言，被世界各國圖書館普遍採用，具實用價值。

(六) 相關索引：字順排序之相關索引將散落各類之相關的主題聚集一起，類目名稱完備，參照其全，方便分類員使用。

(七) 相關位置：相關位置原理乃杜威最先提出的創新概念，即使現今被認為是理所當然。

(八) 有節縮版：另編有節縮版，適合小型圖書館使用。

(九) 有電子版：除紙本外，亦出版數位的 *WebDewey*，為組織網路資源的最佳工具。

(十) 經常修訂：杜威分類法之最大優勢是設有常設機構（OCLC），經常修訂、更新，美國國會圖書館（Library of Congress）裡的杜威部門，即其辦公室之所在。1937 年成立編輯政策委員會（Editorial Policy Committee，簡稱 EPC），由來自各類型圖書館的成員 10 人組成，主要職責是代表使用者向 OCLC 提出對杜威分類法之建言，使該法能因應科技的發展，不致因時代的變遷脫節。近年來，更因網際網路的蓬勃發展，修訂工作分為短期與長期兩種方式進行。前者是指每月固定修改網路版杜威（*WebDewey*）；後者則是指傳統的紙本改版。

(十一) 使用指南：分類表之前附有清楚的用法說明，讓使用者易於使用。

二、缺點

（一）十進限制：此分類法將人類知識分為十大類，所有學科受十進之限制，類目分配不免過於制式，不甚適合。
（二）繁簡不均：各個學科藏書成長速度不同，造成類目結構繁簡不均。如技術類（600），科學類（500）及社會科學（300）與其他相較過於擁擠。
（三）次序不當：類目次序有很多不合理的地方，甚多主題的理論與實用分置兩處，不切實際。如666陶瓷技術，738陶瓷藝術；部分關係密切之主題，如語言（400）與文學（800），社會科學（300）與史地（900）相隔太遠，阻礙圖書資料的有效利用。
（四）位置不當：部分主題被分配之類別遭到質疑，如資訊科學置於總類（020）；心理學（150）在哲學類（100）之下，運動、遊戲及娛樂類（790）在藝術類（700）之下。
（五）類碼過長：由於類號可以無限擴充，使得有些類號過於冗長，造成排架之不便。
（六）本位偏差：某些類目偏重於西方，例如史地（900）、文學（800）、宗教（200）之類目以歐美為主，東方國家所占類目極少，造成其他國家使用不便。
（七）分配不均：例如語言未依語系分，僅將現今幾個大國的語言類列。

第四節 類表的註記與符號

杜威分類法運用各種不同的註記和符號，說明某類之定義、範圍及使用等，分類之前應充分瞭解其意義與用途，以能做到最正確的分類。常見的註記和符號包括（Dewey et al., 2011）：

一、範圍註（Scope Notes）

指出類號的含義是否比字面上的類目範圍較廣泛或狹窄，例如：

> 700　The arts 藝術
> 　　　Description, critical appraisal, techniques, procedures, apparatus, equipment, materials of the fine, decorative, literary, performing, recreational arts
> 　　　描繪、嚴格評價、技巧、做法、設備、用具、美術材料、裝飾性的、文藝的、表演的、娛樂的藝術

二、包括註（Including Notes）

　　包括註係用以說明某類所包含之主題，這些主題的作品目前數量尚不多，待未來的數量成長時，可能會為之立類。例如：

> 676　Pulp and paper technology 紙漿及紙技術
> 　.284 2　Tissue paper 薄紙
> 　　　　　Including cleansing tissues, toilet paper
> 　　　　　包括擦拭紙、衛生紙

三、入此註（Class-Here Notes）

　　對於一些範圍較廣泛的、狹窄的，或是跨學科的主題，在杜威分類法中尚未有其專有類號時，以 "Class here..." 指引使用者將這些作品分入於此。例如：

> 794　Indoor games of skill 室內遊戲技巧
> 　　　Class here board games 棋盤遊戲入此

> 391　Costume and personal appearance 服裝及個人儀表
> 　　　Class here interdisciplinary works on costume, clothing (apparel, garments), fashion; casual wear (sportswear)
> 　　　服裝、衣飾（裝飾、外衣）、時尚、休閒服（運動服）之跨學科作品入此

四、入別處註（Class-Elsewhere Notes）

　　針對相關的、較狹窄的、較廣泛的，或是跨學科的主題，在杜威分類法中有其專有類號時，則用 "Class...in..." 指引使用者去使用該類號，這些類號通常是較易被使用者忽略的同層級類號或其他類號。例如：

```
336    Public finance 財政學
  .241 5    Reform 改革
            Class reform of taxes on business income in 336.2417
            營利事業所得稅改革 分入 336.2417
```

五、見註（See References）

　　見註之用途有二：（一）指引使用者從明確的或隱含的類號去見其從屬的號碼；（二）指引使用者從跨學科概念的號碼去見這些相關領域之類號。每一見註之表現形式是 "For...see..."，並以斜體字顯示。例如：

```
391    Costume and personal appearance 服裝及個人儀表
  .6    Personal appearance 個人儀表
            For hairstyles, see 391.5 髮型，見 391.5
```

六、參照註（See-Also References）

　　以斜體字 "see also" 提醒使用者去參考其他相關類號，再從中擇一分入適宜之類號。例如：

```
372    Primary education (Elementary education) 初等教育（小學教育）
  .87    Music 音樂
            See also 372.868 for dance 參見 372.868 舞蹈
```

七、指南註（See-Manual References）

指南註係用來指引使用者去看更詳細的說明，以斜體字 "see-manual" 表示。例如：

```
398    Folklore 民俗學
  .245   Animals 動物
            See Manual at 800, T3C — 362 vs. 398.245, 590, 636
            見 800、表 3C — 362、398.245、590、636 的使用指南
```

八、類目綱要（Summary）

類目綱要即重要類目之大綱。杜威分類法的類目甚多，有些類號之細分類目所占篇幅甚至超過兩頁以上。類目綱要旨在讓使用者可快速地瀏覽分類的全貌，以瞭解其梗概。在杜威分類法中，共出現三種類型的類目綱要：

（一）前三級類目綱要：即本章前面已介紹的十位類（first summary）、百位類（second summary）及千位類（third summary）這種前三級的類目。

（二）單層類目綱要（single-level summary）：係指僅列出一層的下位類類目大綱，細目篇幅介於 4 至 40 頁之間者。例如類號 382 International commerce（國際貿易）。

```
382    International commerce (Foreign trade) 國際貿易
           SUMMARY
382.01-09   Standard subdivisions and business enterprises 標準複分及企業機構
     .1    General topics of international commerce 一般主題及國際貿易
     .3    Commercial policy 貿易政策
     .4    Specific products and services 特定產品及服務
     .5    Import trade 進口貿易
     .6    Export trade 出口貿易
     .7    Tariff policy 關稅政策
     .9    Trade agreements 關稅協定
```

（三）兩層類目綱要（two-level summary）：列出兩層的下位類類目大綱，細目篇幅超過 40 頁以上者。常見於各大類及表 2，如類號 780 Music（音樂）。

```
780    Music 音樂
              SUMMARY
780.000 1-.099 9    Relation of music to other subjects
                    音樂與其他主題之關係
    .1-.9    Standard subdivisions; analytical guides, program notes; texts; treatises
             on music scores and recordings; performances
             標準複分；分析指南、樂曲介紹；歌詞；樂譜及錄音專著；表演
781    General principles and musical forms 一般原理及音樂形式
    .01-.09    Standard subdivisions 標準複分
    .1    Basic principles of music 音樂基本原理
    .2    Elements of music 音樂元素
    .3    Composition 作曲
    .4    Techniques of music 音樂技巧
    .5    Kinds of music 音樂種類
    .6    Traditions of music 音樂傳統
    .7    Sacred music 宗教音樂
    .8    Musical forms 音樂形式
782    Vocal music 聲樂
    .01-.09    Standard subdivisions 標準複分
    .01-.09    [General principles of vocal music and musical forms]
               聲樂及曲式一般原則
    .1    Operas and related dramatic vocal forms
          歌劇及相關戲劇聲音形式
    .2    Nondramatic vocal forms 非戲劇聲音形式
...
788    Wind instruments (Aerophones) 管樂器
    .2    Woodwind instruments and free aerophones 木管樂器
    .3    Flute family 長笛家族
    .4    Reed instruments 簧樂器
    .5    Double-reed instruments 雙簧樂器
    .6    Single-reed instruments 單簧樂器
    .7    Saxophones 薩克斯風
    .8    Free reeds 自由簧片
    .9    Brass instruments (Lip-reed instruments) 銅管樂器（號類樂器）
```

九、中央類目（Centered Entries/Centered Headings）

所謂中央類目係指涵蓋某一範圍類號的主題標目，亦即數個連續類號的標題，而非單一類號的標題。頭尾的類號以槓號（-）連接，類號的左側標示符號"＞"。因類號與類目置於頁面中央，而非一般的類號欄位，故稱為中央類目（或中央標目）（Satija, 2013; Scott, 2005）。例如：

```
    ＞        765-767  Intaglio processes 凹刻印刷術

    765       Metal engraving 金屬雕刻術
    766       Mezzotinting, aquatinting, related processes
              網線銅板術、凹版腐蝕製版術、相關製版術
    767       Etching and drypoint
              蝕刻術及直接刻線法
```

十、方括弧

當類號加上方括弧 [ ] 時，即表示該類號不再使用。指引的用詞有四種，各有其代表的意義，包括：（一）unassigned（未指定）：係指在過去的版本可能有使用該類號，但目前是未分配的空號，如類號619。（二）discontinued（停用）：原號碼移至上位類或已經刪除，如類號388.428。（三）relocated to（重新分配至）：係指移至不相同的類號，如類號155.63。（四）do not use（不使用）：專指標準複分號碼的改用，如類號351.068。

```
    [619]    [Unassigned] 未指定
              Most recently used in Edition 21
              最近使用的是在第 21 版
```

```
    388     Transportation 運輸
      [.428] Underground systems (Subway systems)
              地下道系統（地鐵系統）
              Number discontinued; class in 388.42
              號碼停用；分入 388.42
```

```
155   Differential and developmental psychology
      差異心理學和發展心理學
   [.63]   Adults by gender or sex
           成人按性別或性分
                Relocated to 155.33
                重新分配至 155.33
```

```
351   Public administration 公共行政
   [.068]  Management 管理
               Do not use; class in 351
               不使用；分入 351
```

十一、圓括弧

當類號加上圓括弧（ ），則表示該號碼僅供使用者參考選擇。由於這種號碼並不是標準的標記，各圖書館可視其情況決定是否選用。例如：

```
372   Primary education (Elementary education) 初等教育（小學教育）
      ...
      (.890 45)  Textbooks 教科書
                 (Optional number; prefer 909)
                 選擇的號碼；優先選用 909
```

十二、基本號（Base Number）

基本號是一種供使用者自行組合的號碼，出現在類目下面的注釋，其敘述方式通常為 "add to base number...from..."。無論是主表或複分表皆可見到此種基本號。基本號的數字是整數或帶有小數，端視各類情況而定，使用時須仔細閱讀，以免誤用。例如：

```
911    Historical geography 歷史地理學
  .1-.9  Geographic treatment and biography 地理處置及傳記
         Add to base number 911 notation 1-9 from Table 2
         依表 2 標記 1 至 9 加於基本號 911 之後
```

十三、星號、十字符號、雙十符號

在各大類或複分表中，常會看到某些類目的左側出現星號（＊），該符號表示有進一步的使用指引，如 "Do not use notation...from..."、"Add as instructed under..." 等，這些敘述出現在該類目所在頁面底端。當指引不只一個時，為避免產生混淆，除星號之外，還採用十字符號（†）及雙十符號（‡）。例如：

```
189    *Medieval western philosophy 中世紀西方哲學
  .2    †Patristic philosophy 教父哲學
  .4    †Scholastic philosophy 經院哲學
```

*Do not use notation 09 from Table 1

註記星號（＊）者，勿使用表 1 的 09

†Do not use notation 092 from Table1

註記符號†者，勿使用表 1 的 092

```
354.44    ‡Fossil fuels 化石燃料
    .45   ‡Oil 石油
    .46   ‡Gas 煤
```

‡ Add as instructed under 354.44-354.49

註記符號‡者，依類號 354.44-354.49 的指示添加號碼

第五節　類表的使用

杜威分類表的使用有兩個管道，一是索引，另一是從十大類、百位類及千位類的主表著手。雖然索引方便快速，但僅能供參考用，不能作為分類的唯一憑藉，分類員仍須充分瞭解類表之使用，以確保分類之正確性（Saye, McAllister-

Harper, & Manheimer, 1991），以下分別就詳表及複分表（含專類複分表）的使用方法加以介紹。

一、詳表的使用

詳表提供完整的類號，前三位數標示於每頁左上與右上角，使用時要留意。詳表類號的使用方法，大致可分為以下兩種類型：

（一）一般情況

杜威分類法創立之初為列舉式分類法，通常情況下，使用者如無須使用複分表進一步複分時，直接從類號中選擇適宜的分類號即可。

例如：*Library instruction in the elementary school*（小學圖書館利用教育）
　　　　分入 027.822 2

020	Library and information sciences 圖書館學與資訊科學
027	General libraries, archives, information centers 圖書館、檔案館、資訊中心
027.8	School libraries 學校圖書館
027.82	Specific levels and specific libraries 各級學校圖書館
027.822	Specific levels 級別
027.822 2	Primary level 小學

（二）特殊情況

一般而言，杜威分類法詳表中的號碼不得彼此相加，有特殊指引例如基本號為詳表類號時則為例外，但需注意小數點不得出現兩個。其取號的方式有以下三種：

1. 類號建置：基本號／主類號（詳表）＋ 主類號（詳表）

例如：*Paintings of library buildings*（圖書館建築繪圖）分入 758.972 78 而
　　　　非 758.9727.8

750	Painting and paintings 繪畫
758	Nature, architectural subjects and cityscapes, other specific subjects 自然、建築主題及都市風景、其他特定主題

第五章｜杜威十進分類法

```
    .9    Other specific subjects 其他特定主題
          Not provided for elsewhere
          他類未提供的主題
          Add to base number 758.9 notation 001-999
          依詳表標記 001 至 999 加於基本號 758.9 之後
..................................................................................

727       Architecture 建築學
    .8    Library buildings 圖書館建築
..................................................................................

類號建置：
758.9+    基本號 / 其他建築主題（詳表）
    727.8    Library buildings 圖書館建築（詳表）
758.97278
```

【解說】：小數點僅有一個，置於第三與第四數字之間。

2. 類號建置：基本號／主類號（詳表）＋ 部分主類號（詳表）

例如：*Sheep: History, myth, art*（羊：歷史、神話、藝術）分入 398.369 9649 而非 398.369599.649

```
398      Folklore 傳說
398.369     Animals 動物
            Add to base number 398.369 the numbers following 59 in 592-599
            類號 592 至 599 中，取其中一個 59 後面的號碼，加在基本號 398.369 之後
..................................................................................

599      Mammalia (Mammals) 哺乳類（哺乳動物）
599.649     Sheep 羊
..................................................................................

類號建置：
398.369+    基本號 / 動物（詳表）
    599.649    Sheep 羊（詳表）
398.3699649
```

【解說】：小數點僅有一個，在第三與第四數字之間。

3. 類號建置：基本號／主類號（詳表）＋ 部分主類號（詳表）＋ 複分號（專類複分表）

例如：*Therapy for cancer of heart*（心臟癌治療）分入 616.994 120 6 而非 616.994.120 6

616　Diseases 疾病
　.994 11-.994 15　Cancers of cardiovascular organs 心血管器官癌症
　　　　　　Add to base number 616.9941 the numbers following 611.1 in 611.11-611.15; then add further as instructed under 618.1-618.8

　　　　　　類號 611.11 至 611.15 中，取其中一個 611.1 後面的號碼，加在基本號 616.9941 之後；接著再依 618.1-618.8 的指示加上號碼

....

611.1　Cardiovascular organs 心血管器官
611.12　Heart 心臟

....

＞　　618.1-618.8 Gynecology and obstetrics 婦產科學
　　　　　01-03 Microbiology, special topics, rehabilitation
　　　　　　　微生物學、專題、復健
　　　　　04 Special classes of diseases 特殊疾病
　　　　　06 Therapy 治療
　　　　　07 Pathology 病理學
　　　　　...

....

類號建置：
616.9941+　基本號 / 心血管器官癌（詳表，616.99411-.99415）
　　611.12　Heart 心臟（詳表）
　　　　　06　Therapy 治療（詳表，618.1-618.8 複分表）
616.9941206

【解說】：小數點僅有一個，在第三與第四數字之間。

二、複分表的使用

複分表（table）係供各特性相同的學科，共同使用詳細複分，作為輔助主表之用，故又稱為輔助表（auxiliary tables）。換言之，複分表是一種附加號碼，當詳表號碼有待進一步細分時，添加於詳表號碼之後。為與主表之類號有所區隔，複分表號碼的前面皆加上槓號（-），該符號代表未完整之意，因此，所有複分表的號碼皆不能單獨使用，必須結合詳表或基本號一起使用，槓號則在組合時刪除。基本上，其用法可分為兩種：（一）複分號碼加在主類號之後。（二）用基本號再去組合，成為完整的類號。號碼組合之後，若超過三位數字，則必須在第三與第四個數字之間加上小數點（.），才是完整且正確之類號。一般而言，複分表所列的子目，其類號都具有記憶和助記的特性。

（一）標準複分表（表1）

表1標準複分表可通用於任何分類號，是杜威分類法中最常被使用的複分表。該表主要是根據資料的形式（如詞典、百科全書、期刊等）或主題的形式（如哲學與理論、教育及研究、歷史等）加以複分，號碼皆以0為開始，由 -01 至 -09 分為九個號碼，大小子目超過兩百個，其大綱及使用方式介紹如下：

表1　標準複分表

-01 Philosophy and theory 哲學與理論
-02 Miscellany 雜錄
-03 Dictionaries, encyclopedias, concordances 詞典、百科全書、語詞索引
-04 Special topics 專題
-05 Serial publications 連續性出版品
-06 Organizations and management 機構及管理
-07 Education, research, related topics 教育及研究相關主題
-08 Groups of people 族群
-09 History, geographic treatment, biography 歷史、地理、傳記

1. 若須使用表1複分，直接將表1之號碼添加於主類號之後。
   例如：*The encyclopedia of library buildings*（圖書館建築百科全書）分入727.803

```
727    Buildings for educational and research purposes
       教育及研究目的建築（詳表）
   .8  Library buildings 圖書館建築（詳表）
    -03  Encyclopedias 百科全書（表1）
727.803
```

2. 類號末位數為一個 "0" 或兩個 "0" 者，除非有特別的指引說明，否則 "0" 可以省略。

例如：*A dictionary of architecture*（建築詞典）分入 720.3 而非 720.03

```
720    Architecture 建築（詳表）
    -03  Dictionaries 詞典（表1）
720.03 → 720.3
```

【解說】：省略 720 的末位數字 "0"。

例如：*Philosophy of the arts*（藝術哲學）分入 701 而非 700.01

```
700    The arts 藝術（詳表）
    -01  Philosophy and theory 哲學與理論（表1）
700.01 → 701
```

【解說】：省略 700 末尾兩個 "0"。

3. 詳表中若有特別註明時，應優先根據詳表的指示分類。一般而言，指示的內容可分為兩種：

(1) 註明標準複分號碼之數字範圍，如 .1-.9 或 .001-.009 等

　　例1：*The encyclopedia of religion*（宗教百科全書）分入 200.3 而非 200.03 或 203

```
200    Religion 宗教（詳表）
    .1-.9  Standard subdivisions 標準複分（詳表）
    -03  Encyclopedias 百科全書（表1）
200.03 → 200.3
```

　　【解說】：僅能省去一個 "0"，因詳表中已註明複分號碼介在 .1-.9。

例2：*Journal of insurance*（保險學雜誌）分入 368.005 而非 368.05

```
368    Insurance 保險（詳表）
       .001-.009  Standard subdivisions 標準複分（詳表）
       -05   Serial Publications 連續性出版品（表1）
368.05 → 368.005
```

【解說】：不可省去 "0"，因詳表中已註明複分號碼介於 .001 與 .009 之間。

(2) 註明不得使用標準複分號碼

例如：*History of Egypt philosophy*（埃及哲學史）分入 181.2 而非 181.209

```
181    Eastern philosophy 東方哲學（詳表）
       .2   *Egypt 埃及（詳表）
181.2
```

*Do not use notation 09 from Table 1

註記星號（*）者，勿使用表1的標記 09

【解說】：不須再用表1的 -09「歷史」複分，因詳表中已用星號（*）指示。

4. 若以標準複分表立類為多餘時，則不必再依該表複分之。

例如：*History of Philippines*（菲律賓史）分入 959.9 而非 959.909

```
950    History of Asia 亞洲歷史（詳表）
959    Southeast Asia 東南亞（詳表）
       .9   Philippines 菲律賓（詳表）
959.9
```

【解說】：類目已含「歷史」之意，不必再添加表1的 -09「歷史」。

5. 除非有特別的指引說明，否則標準複分表不可重複使用。若是有一個以上的標準複分號碼皆適用時，則以列於前的優先使用。

例如：*Journal of education for librarianship*（圖書館教育期刊）分入 020.5 而非 020.705 或 020.507

```
020    Library and information sciences 圖書館與資訊科學（詳表）
       .1-.9  Standard subdivisions 標準複分（詳表）
       -05   Serial Publications 期刊（表1）
020.05 → 020.5
```

【解說】：表1 標準複分表的 -05「期刊」列於 -07「教育」之前。

（二）地理複分表（表2）

表2地理複分表是杜威分類法中，篇幅最大的複分表。該表列有國家、地域及地區名。歐美主要國家列名很詳細，直到郡級，其他國家僅列州級。此表之大綱及用法如下：

表2　地理複分表

-001-009 Standard subdivisions 標準複分
-01-05 Historical periods 歷史時期
-1 Areas, regions, places in general; oceans and seas 區域、地方；洋、海
-2 Biography 傳記
-3 Ancient world 古代世界
-4 Europe 歐洲
-5 Asia 亞洲
-6 Africa 非洲
-7 North America 北美洲
-8 South America 南美洲
-9 Australasia, Pacific Ocean islands, Atlantic Ocean islands, Arctic islands, Antarctica, extraterrestrial worlds 　大洋洲、太平洋群島、大西洋群島、北極島、南極洲、地球以外世界

1. 類表中有 "Add to base number...from Table 2"（依表2複分）的指示時，將表2之號碼附加在基本號之後。

   類號建置：基本號（詳表）＋地區（表2）

   例1：*Geology of Canada*（加拿大地質概況）分入 557.1

＞ 554-559 Earth sciences by specific continents, countries, localities in modern world; extraterrestrial worlds 　　　　現代世界各大陸、國家、地區之地球科學；地球以外世界 　　　　　Class here geology, geological surveys, stratifications 　　　　　地質學、地質調查、地層現象入此 　　　　　Add to base number 55 notation 4-9 from Table 2 　　　　　依表2標記4至9加於基本號55之後 　　　　………………………………………………………………

```
類號建置：
55+   基本號/國家（詳表，554-559 類目注釋）
 -71  Canada 加拿大（表2）
557.1
```

例2：*Insurance companies in Hong Kong*（香港保險公司）分入 368.006 551 25

```
368    Insurance 保險
   .0065   Insurance companies 保險公司
           Add to base number 368.0065 notation 4-9 from Table 2
           依表 2 標記 4 至 9 加於基本號 368.0065 之後
           ..................................................................
類號建置：
368.0065+  基本號/保險公司（詳表，368.0065 類目注釋）
     -5125   Hong Kong 香港（表2）
368.00655125
```

2. 若須用地理複分，但類表並無指示可使用表2時，可先加上表1的-09（geographic treatment）地理複分號碼，再使用表2。

類號建置：主類號（詳表）+ 09（表1）+ 地區（表2）

例如：*Air transportation in Brazil*（巴西航空運輸）分入 387.709 81 而非 387.781

```
387   Water, air, space transportation 水上、航空、太空運輸（詳表）
   .7   Air transportation 航空運輸（詳表）
      -09   Geographical treatment 地理（表1）
           -81   Brazil 巴西（表2）
387.70981
```

3. 圖書內容涉及兩個地區，且詳表中有 "Add to base number...from Table2" 的指引時，第 1 個複分的區域可直接使用表 2，但是複分第 2 個區域時，則須先加上表 1 的 -09，方能再使用表 2。

類號建置：基本號（詳表）+ 地區1（表2）+ 09（表1）+ 地區2（表2）

例如：*Emigration from Taiwan to United States*（從臺灣移民至美國）

　　　　分入 352.251 249 097 3

```
352    International migration and colonization 國際移民
   .23-.29   Emigration from specific continents, countries, localities
             從各大陸、國家、地區移民出境
             Add to base number352.2 notation 3-9 from Table 2
             依表 2 標記 3 至 9 加於基本號 352.2 之後
..................................................................
類號建置：
352.2+    基本號 / 國家移民出境（詳表，325.23-.29 類目注釋）
   -51249    Taiwan (Formosa) 臺灣（表 2）
      -09    geographical treatment 地理（表 1）
      -73    United States 美國（表 2）
352.2512490973
```

4. 圖書內容涉及兩個地區時，比較著重的地區優先複分，再細分次重要地區；如兩個地區的重要性相同，則以在前為原則，亦即表 2 最先列的地區優先細分，列於後面的地區次之。

　　類號建置：基本號（詳表）＋ 重要地區（表 2）＋ 0 ＋ 次要地區（表 2）

　　類號建置：基本號（詳表）＋ 列於前地區（表 2）＋ 0 ＋ 列於後地區（表 2）

　　例如：*Foreign relations between China and Japan*（中日外交關係）

　　　　　分入 327.510 52（著重中國；中日二者重要性相同）

　　　　　分入 327.520 51（著重日本）

```
327    International relations 國際關係
   .3-.9   Foreign relations of specific continents, countries, localities
           各大陸、國家、地區外交關係
           Add to base number 327 notation 3-9 from Table 2; then, for
           relations between that nation or region and another nation or region,
           add 0 and to the result add notation 1-9 from Table2
           依表 2 標記 3 至 9 加於基本號 327 之後；接著，使用表 2 細分
           另一個地區前，先補一個 "0"
..................................................................
```

```
類號建置：
327+    基本號/國際關係（詳表，327.3-.9 類目注釋）
   -51   China 中國（表2）
      0   （補一個 "0"，詳表 327.3-.9 類目注釋）
_____52   Japan 日本（表2）
327.51052
```

（三）文學複分表（表3）

表3乃杜威分類法複分表中，使用方法最複雜的。本表號碼係供文學類（810-890 號碼）專用，尤其是有註記星號（*）者，以及少數700 類號有指引說明的類號使用，如類號 700.4 Special topics in the arts（藝術專題）及類號 791.4 Motion pictures, radio, television（電影、收音機、電視）。

當詳表中有 "add to base number...from Table3"（依表3文學複分）的指示時，方能使用此表，並且根據指示的基本號去進行組合。以此表複分之後，可再使用標準複分表，除了反映文學的時代，同時可將同一作家多種體裁作品集中一處。表3文學複分表又分為 3A、3B 及 3C 三個表，茲分別介紹如下：

1. 表3A：Subdivisions for Works by or about Individual（個別作家作品複分表）

表3A　個別作家作品複分表

```
-1 Poetry 詩
-2 Drama 戲劇
-3 Fiction 小說
-4 Essays 隨筆
-5 Speeches 演說
-6 Letters 函牘
-8 Miscellaneous writings 雜著
```

方法：先依作品的語言分類，其次以體裁分，最後再以時代細分之。

步驟：

(1) 於 810 至 890 類號中，找到該語言之基本號。

(2) 判斷有無文學體裁：

    a. 若有特定的文學體裁（詩、戲劇、小說、隨筆、演說、函牘），則從表 3A 的標記 -1 至 -6 中，選出正確的文學體裁複分；接著，查看 810 至 890 號碼之下是否有適用之時代表，如是，則依時代表複分之；如否，則分類完成。

    b. 若文學內容形式多樣，為不拘體例的雜著（如奇聞軼事、諷刺短詩、塗鴉、笑話、引用、謎語、繞口令、日記、筆記、回憶錄、散文等）或文學體裁無法辨識時，則加上表 3A 標記 -8；接著，查看 810 至 890 號碼之下是否有適用之時代表，如是，則依時代表複分之；接續再檢視是否為標記 -81-89 之體裁；如是，則從其標記 -02 至 -09 中，選出正確的文學體裁複分之；如否，則完成分類工作（參見圖 5-2）。

茲將表 3A 之取號方式，舉例介紹如下：

(1) 個別作家之作品，有特定的文學體裁但無特定的時期。

    類號建置：基本號（詳表）＋ 文學體裁（表 3A）

    例如：*English poetry*（英國詩歌）分入 821

> 821-828 Subdivisions for specific forms of English literature
>
>   英國文學體裁複分
>
>   Except for modifications shown under specific entries, add to base number 82 as instructed at beginning of Table 3
>
>   除特定類目另行註明者外，均依表 3 開始之指示加於基本號 82 之後

類號建置：
82+   基本號 / 英國文學（詳表，821-828 類目註釋）
 -1   Poetry 詩（表 3A）
821

---

(2) 個別作家之作品，有特定的文學體裁及時期。

    類號建置：基本號（詳表）＋ 文學體裁（表 3A）＋ 時代（專類複分表）

    例如：*English poetry of the Victorian period*（維多利亞時期的英國詩歌）

        分入 821.8

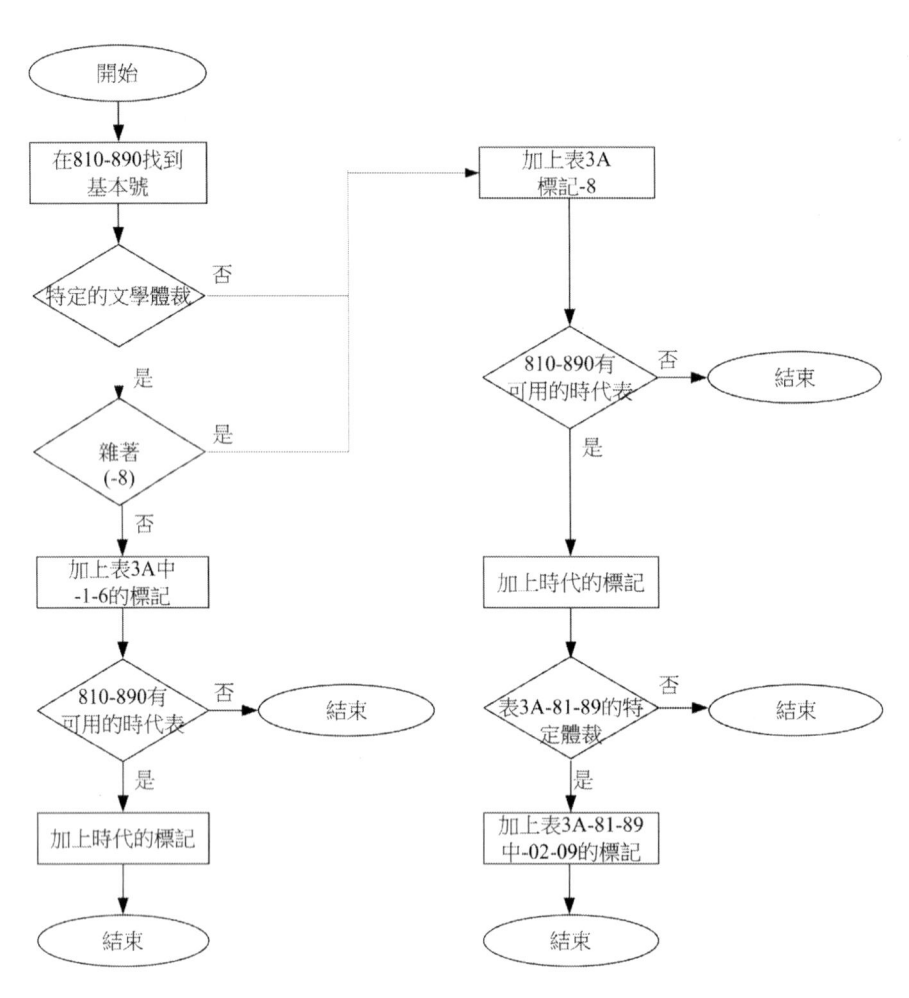

圖 5-2　表 3A 個別作家作品取號流程圖

> 821-828 Subdivisions for specific forms of English literature
　　　英國文學體裁複分

　　　Except for modifications shown under specific entries, add to base number 82 as instructed at beginning of Table 3
　　　除特定類目另行註明者外，均依表 3 開始之指示加於基本號 82 之後
　　　..

類號建置：
82+　基本號 / 英國文學（詳表，821-828 類目注釋）
 -1　Poetry 詩（表 3A）
 ___8　Victorian period, 1837-1899 維多利亞時期（詳表，821-828 時代表）
821.8

(3) 個別作家之作品，有特定的文學體裁、時期及子體裁。

　　類號建置：基本號（詳表）＋ 文學體裁（表 3A）＋ 時代（專類複分表）＋ 子體裁（表 3A）

　　例如：*A collection of quotations of an individual American author of the late 19th century*（19 世紀末美國作家語錄集）

　　　　　分入 818.402

> 811-818 Subdivisions for specific forms of American literature in English
　　　美國英語文學體裁複分

　　　Except for modifications shown below, add to base number 81 as instructed at beginning of Table 3
　　　除下列類目另行註明者外，均依表 3 開始之指示加於基本號 81 之後
　　　..

-8　Miscellaneous writings 雜著（表 3A）
-81-89　Specific period 特定時期

　　　Add to base number-8 notation from the period table for the specific literature in 810-890; then add further as follows, but in no case add standard subdivisions
　　　依類號 810 至 890 中各國文學之時代表加於基本號 -8 之後；接著再依下列複分表進一步細分，但勿用標準複分表複分
　　　..

```
類號建置：
81+    基本號／美國英語文學（詳表，811-818 類目註釋）
 -8    基本號／雜著（表 3A，-81-89 類目註釋）
   4   1861-1899 十九世紀時期（詳表，811-818 時代表）
    02       quotations 語錄（表 3A，-81-89 複分表）
818.402
```

2. 表 3B：Subdivisions for Works by or about more than One Author（多位作家作品複分表）

表 3B　多位作家作品複分表

```
-01-09 [Standard subdivisions; collections of literary texts in more than one form;
       history, description, critical appraisal of works in more than one form]
       標準複分；多種體裁文學作品集；有關歷史、描述、批評之多種體裁
       文學作品
-1 Poetry 詩
-2 Drama 戲劇
-3 Fiction 小說
-4 Essays 隨筆
-5 Speeches 演說
-6 Letters 函牘
-7 Humor and satire 幽默諷刺文
-8 Miscellaneous writings 雜著
```

分類時需注意的元素包括：基本號、文學體裁、時代、種類、載體、範圍。

方法：先依作品的語言分類，其次以體裁分，最後再以時代細分。

步驟：

(1) 於 810 至 890 類號中，找到該語言之基本號。

(2) 判斷有無文學體裁：

　　a. 若有特定的文學體裁（詩、戲劇、小說、隨筆、演說、函牘、幽默諷刺文），則從表 3B 的標記 -1 至 -7 中，選出正確的文學體裁複分之；若作品的體裁可依種類、載體、範圍進一步細分時，則依表 3B 標記 -102-107 複分之；接著，查看 810 至 890 號碼之下是否有適用之時代表：

(a) 如是，則依時代表複分；
(b) 如否，則分類完成。
b. 若文學內容形式多樣，為不拘體例的雜著（如奇聞軼事、諷刺短詩、塗鴉、笑話、引用、謎語、繞口令、日記、筆記、回憶錄、散文等），或文學體裁無法辨識時，則加上表 3B 標記 -8；接著，查看 810 至 890 號碼之下是否有可用之時代表：
(a) 如是，則依時代表複分之；接續，再檢視是否為標記 -81-89 之體裁；如是，則從其標記 -02 至 -08 中，選出正確的文學體裁加上號碼；接著，再進一步細分，從表 3B 標記 -1001 至 -1009 中，選出正確標記加上 10 後面的號碼。
(b) 如否，再檢視是否為表 3B 標記 -802 至 -808 所列之體裁，如是，從中選出正確的文學體裁號碼複分之（參見圖 5-3）。

茲將表 3B 之取號方式，舉例介紹如下：
(1) 多位作家之作品，有特定的文學體裁但無特定的時期。
　　類號建置：基本號（詳表）＋ 文學體裁（表 3B）
　　例如：*Chinese drama*（中國戲劇）分入 895.12

```
895     Literatures of East and Southeast Asia 東亞及東南亞文學（詳表）
  .1      *Chinese literature 中國文學（詳表）
    -2    Drama 戲劇（表 3B）
895.12
```

　　* Add to base number as instructed at beginning of Table 3
　　　註記星號（*）者，依表 3 開始之指示加上基本號

(2) 多位作家之作品，有特定的文學體裁（子體裁）但無特定的時期。
　　類號建置：基本號／主類號（詳表）＋ 子體裁（表 3B）
　　例如：*Sonnets in English literature*（英國文學十四行詩）分入 821.042

```
>   821-828  Subdivisions for specific forms of English literature
             英國文學體裁複分

             Except for modifications shown under specific entries, add to base number
             82 as instructed at beginning of Table 3
             除特定類目另行註明者外，均依表 3 開始之指示加於基本號 82 之後
             ........................................................................
```

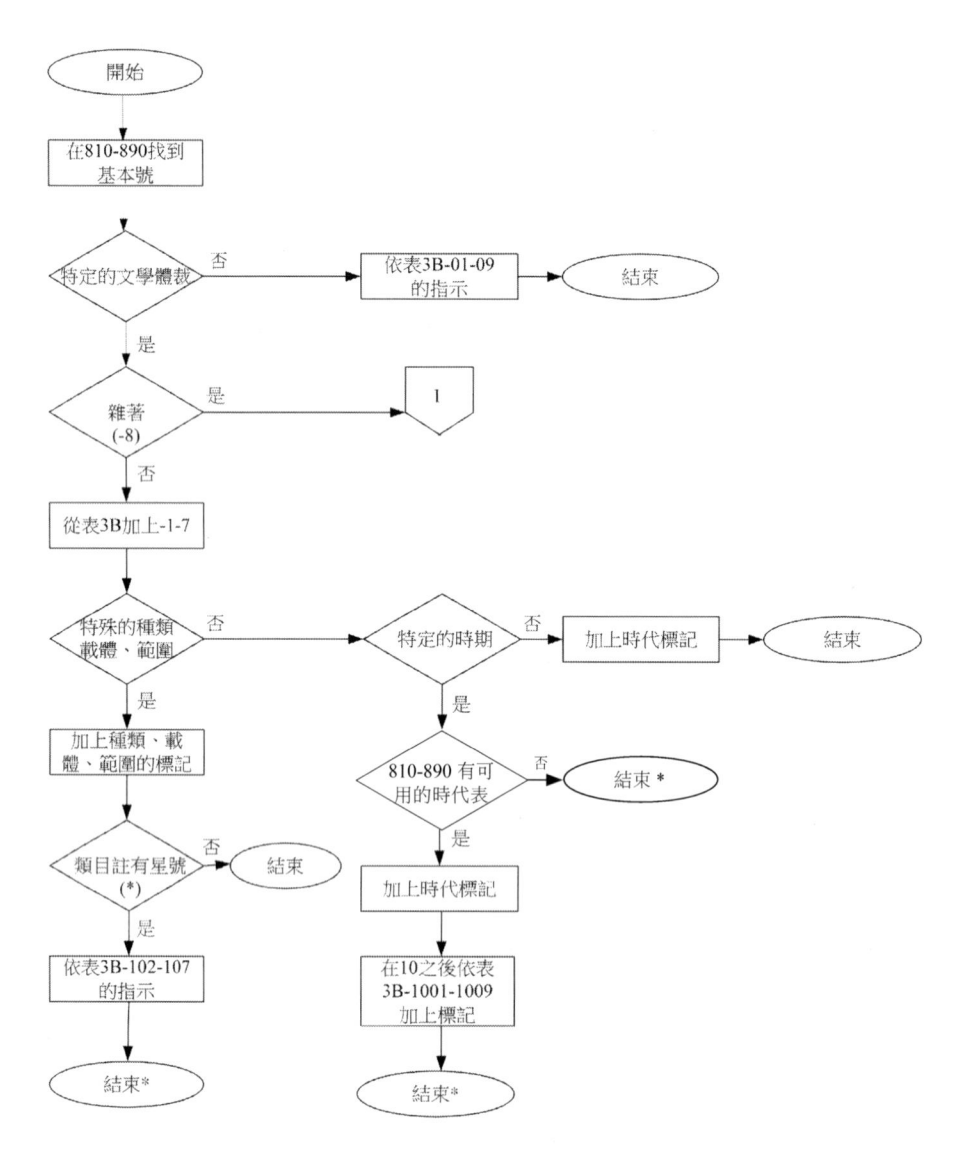

圖 5-3　表 3B 多位作家作品取號流程圖

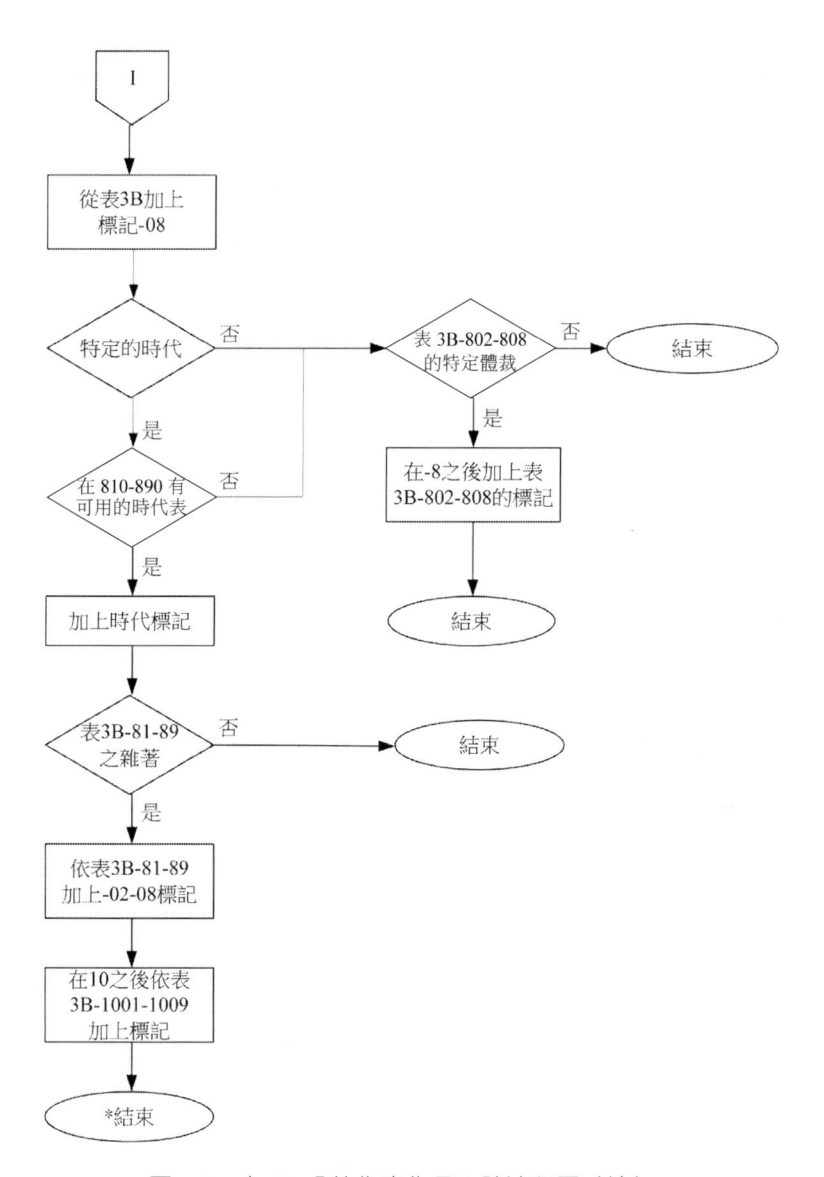

```
                    ┌─────┐
                    │  I  │
                    └──┬──┘
                       ▼
              ┌─────────────────┐
              │   從表3B加上     │
              │    標記-08      │
              └────────┬────────┘
                       ▼
                  ╱─────────╲        否         ╱─────────────╲     否      ┌──────┐
                 ╱  特定的時代 ╲────────────────╱ 表 3B-802-808 ╲──────────▶│ 結束  │
                 ╲            ╱               ╲   的特定體裁   ╱            └──────┘
                  ╲─────────╱                   ╲─────────────╱
                       │ 是                            │ 是
                       ▼                               ▼
                  ╱─────────╲                 ┌─────────────────┐
                 ╱ 在810-890有 ╲   否           │  在-8之後加上表  │
                 ╲ 可用的時代表 ╱─────┐         │ 3B-802-808的標記 │
                  ╲─────────╱       │         └────────┬────────┘
                       │ 是         │                  ▼
                       ▼            │               ┌──────┐
              ┌─────────────────┐   │               │ 結束  │
              │   加上時代標記    │   │               └──────┘
              └────────┬────────┘   │
                       ▼            │
                  ╱─────────╲   否  │                ┌──────┐
                 ╱  表3B-81-89 ╲────┼───────────────▶│ 結束  │
                 ╲   之雜著    ╱    │                └──────┘
                  ╲─────────╱      │
                       │ 是        │
                       ▼           │
              ┌─────────────────┐  │
              │   依表3B-81-89   │  │
              │   加上-02-08標記  │  │
              └────────┬────────┘  │
                       ▼           │
              ┌─────────────────┐  │
              │  在10之後依表    │  │
              │  3B-1001-1009   │  │
              │    加上標記      │  │
              └────────┬────────┘  │
                       ▼
                   ┌──────┐
                   │ *結束 │
                   └──────┘
```

圖 5-3　表 3B 多位作家作品取號流程圖（續）

註：標註符號 * 者，可酌情使用標準複分。

> 類號建置：
> 82+　基本號 / 英國文學（詳表，821-828 類目注釋）
> 　-1042　Sonnets 十四行詩（表 3B）
> ─────
> 821.042

例如：*Chinese tragedy*（中國悲劇）分入 895.120 512

> 895　Literatures of East and Southeast Asia 東亞及東南亞文學（詳表）
> 　.1　*Chinese literature 中國文學（詳表）
> 　　-20512　Tragedy 悲劇（表 3B）
> ─────
> 895.120512

* Add to base number as instructed at beginning of Table 3
　註記星號（*）者，依表 3 開始之指示加上基本號

(3) 多位作家之作品，無特定的文學體裁，亦無具體的時期。
　　類號建置：基本號（詳表）＋ 08 或 09（表 3B）
　　例如：*An anthology of American literature*（美國文學選集）分入 810.8

> >　811-818　Subdivisions for specific forms of American literature in English
> 　　　美國英語文學體裁複分
> 　　Except for modifications shown below, add to base number 81 as instructed at beginning of Table 3
> 　　除下列類目另行註明者外，均依表 3 開始之指示加於基本號 81 之後
> ．．．
> 類號建置：
> 81+　基本號 / 美國英語文學（詳表，811-818 類目注釋）
> 　-08　Collections of literary texts in more than one form
> 　　　多種體裁文學作品集（表 3B）
> ─────
> 810.8

(4) 多位作家之作品，無特定的文學體裁，但有具體的時期。
　　類號建置：基本號（詳表）＋ 08 或 09（表 3B）＋ 時代（專類複分表）
　　例如：*A collection of 18th-century German literature*（18 世紀德國文學作品集）分入 830.800 6

> 831-838　Subdivisions for specific forms of German literature
　　　　德國文學體裁複分
　　　　　　Add to base number 83 as instructed at beginning of Table 3
　　　　　　依表 3 開始之指示加於基本號 83 之後
....
-08　Collections of literary texts in more than one form
　　　多種體裁文學作品集（表 3B）
-08001-08009　Specific periods 特定時期
　　　　　　Add to base number-080 notation from the period table for the specific literature 依各國文學之時代表標記加於基本號 080 之後
....
類號建置：
83+　　基本號 / 德國（詳表，831-838 類目注釋）
　080+　基本號 / 多種體裁文學作品集（表 3B，-08001-08009 類目注釋）
　　　6　1750-1832 十八世紀（詳表，831-838 時代表）
830.806 → 830.8006

【解說】：表 3B 已註明複分號碼介於 -08001-08009，故 6 之前保留兩個 "0"。

(5) 多位作家之作品，有特定的文學體裁及具體時期。
　　類號建置：主類號（詳表）＋ 基本號（詳表）＋ 文學體裁（表 3B）＋ 時代（專類複分表）
　　例如：*Chinese drama of the Yuan dynasty*（中國元代戲劇）分入 895.124 4

-21-29　Drama of specific periods 特定時期的戲劇（表 3B）
　　　　Add to base number-2 notation from the period table for the specific literature in 810-890
　　　　810 至 890 各國文學之時代表標記，加於基本號 -2 之後
....
類號建置：
895　Literatures of East and Southeast Asia 東亞及東南亞文學（詳表）
　.1　*Chinese literature 中國文學（詳表）
　　-2+　基本號 / 戲劇（表 3B，-21-29 類目注釋）
　　　　44　Period of Yuan (Mongol) dynasty 元朝（詳表，895.1 時代表）
895.1244

　　* Add to base number as instructed at beginning of Table 3
　　　註記星號（*）者，依類號表 3 開始之指引加上基本號

3. 表 3C：Notation to Be Added Where Instructed in Table 3B, 700.4, 791.4, 808-809
（表 3B、類號 700.4、791.4 及 808-809 有指示添加標記時之用）

表 3C　藝術與文學之附加標記（Additional Notation for Arts and Literture）

> -1 Arts and literature displaying specific qualities of style, mood, viewpoint
> 　　呈現特定的風格、意境、觀點的藝術與文學
> -2 Literature displaying specific elements 呈現元素的文學
> -3 Arts and literature dealing with specific themes and subjects
> 　　特定主題的藝術與文學
> -4 Littertature emphasizing subjects 強調主題的文學
> -8 Literature for and by ethnic and national groups 種族及民族團體的文學
> -9 Literature for and by groups of people with specific attributes, residents of specific areas
> 　　為某特定屬性的群體或特定地區居民所作的文學作品

(1) 作為表 3B 進一步細分時使用；通常類目有標示星號（＊）指引使用表 3C。
　　類號建置：基本號（詳表）＋ 體裁（表 3B）＋ 基本號（表 3B）＋ 體裁（表 3C）
　　例如：*Collections of English sonnets about love*（英國十四行詩愛的作品集）
　　　　分入 821.042 083 543

> ＞　821-828　Subdivisions of specific forms of English literature
> 　　　　英國文學體裁複分
> 　　Except for modification shown under specific entries, add to base number 82 as instructed at beginning of Table 3
> 　　除特定類目另行註明者外，均依表 3 開始之指示加於基本號 82 之後
> ....
> ＞　-102-107　Specific kinds of poetry 特種詩歌（表 3B）
> 　　　　08　Collections of literary text 文學作品集
> 　　　　081-089　Literature displaying specific features, or emphasizing subjects, or for and by groups of people
> 　　　　　　呈現特定特徵、強調某一主題或為某群人所作之文學作品
> 　　　　　　Add to 08 notation 1-9 from Table 3C
> 　　　　　　依表 3C 標記 1 至 9 加於 08 之後
> ....

> 類號建置：
> 82+　基本號 / 英國文學（詳表，821-828 類目注釋）
> 　-1042　*Sonnets 十四行詩（表 3B）
> 　　　08+　基本號 / 文學作品集（表 3B，-102-107 複分表中 081-089 類目注釋）
> 　　　　　-3543　Love and marriage 愛與婚姻（表 3C）
> 821.042083543

　　*Add as instructed under -102-107

　　註記星號（*）者，依表 3B 標記 -102-107 指示添加號碼

(2) 類號 700.4 的指示，引導使用表 3C。

　　類號建置：基本號（詳表）+ 文學體裁（表 3C）

　　例如：*Comedy in the arts*（喜劇藝術）分入 700.417 而非 700.411 7

> 700.4　　Special topics in the arts 藝術專題
> 　　.41　　Arts displaying specific qualities of styles, mood, viewpoint
> 　　　　　呈現特定的風格、意境、觀點之藝術
> 　　　　　　Add to base number 700.41 the numbers following — 1 in notation 11-18 from Table 3C
> 　　　　　　表 3C 標記 11 至 18 中，取其中一個 1 後面的號碼，加於基本號 700.41 之後
> ....
> 類號建置：
> 700.41+　基本號 / 藝術（詳表，700.41 類目注釋）
> 　　　17　Comedy 喜劇（表 3C）
> 700.417

（四）個別語言複分表（表 4）

　　表 4 僅限於語言複分之用，且類表中有 "as instructed...of Table4"（依表 4 複分）之指引者，才可以使用。複分對象包括特定語言、語系或類號 420-490 裡特別標註有星號（*）者。凡是註記有星號者，均有基本號之使用說明，使用時須特別留意。若語言類必須用到詞典形式複分時，僅能使用本表，不可使用表 1 的 -03 詞典複分之。茲將表 4 之大綱及其用法介紹如下：

表 4　個別語言複分表

> -1 Writing systems, phonology, phonetics of the standard form of the language
> 　　寫與說之符號
> -2 Etymology of the standard form of the language 字源學
> -3 Dictionaries of the standard form of the language 詞典
> -5 Grammar of the standard form of the language 標準語法
> -7 Historical and geographic variations, modern nongeographic variations
> 　　非標準語言
> -8 Standard usage of the language（Prescriptive linguistics）
> 　　標準語言用法（規定語言學）

1. 類號 420-490 特定語言裡，標註星號（*）者。

    類號建置：主類號（詳表）＋語言（表4）

    例如：*Grammar of Korean*（韓語語法）分入 495.75

    > ＞　420-490 Specific languages 各國語言
    > 　　　Except for modifications shown under specific entries, add to base number for each language identified by * as instructed at beginning of Table 4
    > 　　　除特定類目另行註明者外，每一註記星號 * 的語言，依表 4 開始之指示加上基本號
    > ....
    > 類號建置：
    > 495　Languages of east and southeast Asia 東亞與東南亞語言（詳表）
    > 　　.7　*Korean 韓語（詳表）
    > 　　　-5　Grammar of the standard form of the language 標準語法（表4）
    > 495.75

    ＊Add to base number as instructed under 420-490

    　註記星號（*）者，依類號 420-490 之下的指示加上基本號

2. 類號 420-490 以外的語言，使用表 4 之前，須依指示先加上一個 "0"。

    類號建置：基本號（詳表）＋地區（表2）＋0＋語言（表4）

    例如：*Dictionary of Portuguese sign language*（葡萄牙手語詞典）分入 419.4603

```
419    Sign language 手語
   .4-.9  Sign language used primarily for communication among deaf people or
          between hearing and deaf people
          聽障者或聽障者與視障者溝通用的手語（詳表）
              Add to base number 419 notation 4-9 from Table2; then for a specific
              sign language add 0 and to the result add further as instructed at
              beginning of Table 4
              依表 2 標記 4 至 9 加於基本號 419 之後，接著，特定手語言先
              加上 0，再依表 4 開始之指示分
..................................................................................
類號建置：
419+    基本號 / 手語（詳表，419.4-.9 類目注釋）
   -46  Portugal 葡萄牙（表 2）
    0   （補一個 0，419.4-.9 類目注釋）
       -3  Dictionaries of the standard form of the language 詞典（表 4）
419.4603
```

3. 必要時，使用表 4 之後，可依情況再使用表 1。

   類號建置：主類號（詳表）＋ 語言（表 4）＋ 09（表 1）

   例如：*History of Danish grammar*（丹麥語語法史）入 439.825 09

```
>   420-490 Specific languages 各國語言
        Except for modifications shown under specific entries, add to base
        number for each language identified by * as instructed at beginning of
        Table 4
        除特定類目另行註明者外，每一註記有星號者的語言，依表 4 開始
        之指示加上基本號
..................................................................................
類號建置：
439    Other Germanic languages 其他日耳曼語言（詳表）
   .82   *Danish 丹麥語（詳表）
      -5   Grammar of the standard form of the language 標準語法（表 4）
          09   History 歷史（表 1）
439.82509
```

   * Add to base number as instructed under 420-490

   註記星號（*）者，依類號 420-490 之下的指示加上基本號

（五）種族及民族團體複分表（表5）

表5是種族及民族團體複分表，該表所列出的民族，係依據其種族及國籍排列。當表中有註明 "Add to base number...from Table 5"（依表5複分），才可使用本表。茲將此表之大綱及其用法介紹如下：

表5　種族及民族團體複分表

-05-09 [People of mixed ancestry with ethnic origins from more than one continent; Europeans and people of European descent]
　　　 混血種族、歐洲人及歐洲人後裔
-1 North Americans 北美洲民族
-2 British, English, Anglo-Saxons 大不列顛民族、盎格魯-撒克遜族
-3 Germanic peoples 日爾曼民族
-4 Modern Latin peoples 近代拉丁民族
-5 Italians, Romanians, related groups 義大利、羅馬尼亞及相關團體
-6 People who speak, or whose ancestors spoke, Spanish, Portuguese, Galician 西班牙、葡萄牙、加利西亞語系民族（或祖先是西班牙、葡萄牙、加利西亞語系民族）
-7 Other Italic peoples 其他義大利民族
-8 Greeks and related groups 希臘民族及相關團體
-9 Other ethnic and national groups 其他種族及民族團體

1. 表中有指示可使用表5時，直接將號碼加於基本號之後。

   類號建置：基本號（詳表）＋種族（表5）

   例如：*People of European descent*（歐洲人後裔）分入 362.840 9

362	Social problems of and services to groups of people
	特定族群的服務及相關社會問題
.8405-.8409	†People of mixed ancestry with ethnic origins from more than one continent, Europeans and people of European descent
	混血種族、歐洲人及歐洲人後裔
	Add to base number 362.840 the numbers following 0 in notation 05-09 from Table 5
	標記05至09中，取其中一個在0後面的號碼，加在基本號362.840之後

> 類號建置：
> 362.840+　　基本號（詳表，362.8405-.8409 類目注釋）
> 　　-09　　Europeans and people of European descent 歐洲人及歐洲後裔（表5）
> 362.8409

†Do not use notation 08 from Table1 to indicate services rendered by groups of people; class in base number

註記符號†者，勿使用表 1 的 -08；以基本號分類

2. 表中已指示可用表 5，則依其說明使用之；若仍須使用表 2 時，除非號碼過於冗長，否則應先添加一個 "0"，再使用表 2。

類號建置：基本號（詳表）＋ 種族（表5）＋ 0 ＋ 地區（表2）

例1：*People of European descent in Australia*（澳洲地區之歐洲人後裔）

　　分入 362.840 909 4

> 362　　Social problems of and services to groups of people
> 　　　　特定族群的服務及相關社會問題
> 　　.8405-.8409　　†People of mixed ancestry with ethnic origins from more than one continent, Europeans and people of European descent
> 　　　　　　　　混血種族、歐洲人及歐洲人後裔
> 　　　　　　　　Add to base number 362.840 the numbers following 0 in notation 05-09 from Table 5
> 　　　　　　　　標記 05 至 09 中，取其中一個 0 後面的號碼，加在基本號 362.840 之後
> ....
> 類號建置：
> 362.840+　　基本號 / 歐洲後裔（詳表，362.8405-.8409 類目注釋）
> 　　-09　　Europeans and people of European descent 歐洲人及歐洲後裔（表5）
> 　　　0　　（使用表 2 之前，先補一個 "0"）
> 　　　-94　　Australia 澳洲（表2）
> 362.8409094

†Do not use notation 08 from Table1 to indicate services rendered by groups of people; class in base number

註記符號†者，勿使用表 1 的 -08；以基本號分類

例2：*Social problems of Chinese in United States*（美國地區中國人社會福利問題）分入 362.849 510 73

> 362　Social problems of and services to groups of people
> 　　　特定族群的服務及相關社會問題
> 　　　.841-.849　†Specific ethnic and national groups 各國種族及民族團體
> 　　　　　　　　Add to base number 362.84 notation 1-9 from Table 5
> 　　　　　　　　依表 5 標記 1 至 9 加於基本號 362.84 之後
> ．．
> 類號建置：
> 362.84+　基本號／特定民族團體社會福利問題（詳表，362.841-.849 類目注釋）
> 　　-951　Chinese 中國人（表 5）
> 　　　　0　（使用表 2 之前，先補一個 "0"）
> 　　　　-73　United States 美國（表 2）
> 362.84951073

　　†Do not use notation 08 from Table1 to indicate services rendered by groups of people; class in base number
　　註記符號†者，勿使用表 1 的 -08；以基本號分類

3. 與上述情況類似，若表中已說明可使用表 5，但是又須使用表 1 作形式複分時，則在使用表 1 之前先補上一個 "0"，亦即表 1 的號碼維持兩個 "0" 的形式。
類號建置：基本號（詳表）＋種族（表 5）＋ 0 ＋形式（表 1）
例如：*Periodicals about sociology of Japanese*（日本社會學期刊）分入
　　　305.895 600 5

> 305　Groups of people 族群
> 305.81-.89　Specific ethnic and national groups 特定種族及民族團體
> 　　　　　　Add to base number 305.8 notation 1-9 from Table 5
> 　　　　　　依表 5 標記 1 至 9 加於 305.8 基本號之後
> ．．
> 類號建置：
> 305.8+　基本號／特定民族團體（詳表，305.81-.89 類目注釋）
> 　　-956　Japan 日本（表 5）
> 　　　　0　（使用表 1 之前，先補一個 "0"）
> 　　　　-05　Serial publications 期刊（表 1）
> 305.8956005

4. 若無指示可使用表 5，又須依種族複分時，可先加上表 1 的 -089 Ethnic and national groups（種族及民族團體），再使用表 5。

類號建置：主類號（詳表）＋ 089（表 1）＋ 種族（表 5）

例如：*Child rearing practices of the Ancient Romans*（古羅馬育兒法）

　　　分入 649.108 971

```
649   Child rearing; home care of people with disabilities and illnesses
      兒童養育；殘疾患者家庭看護（詳表）
  .1    Child rearing 兒童養育（詳表）
   -089  Ethnic and national groups 種族及民族團體（表 1）
        -71  Ancient Romans 古羅馬（表 5）
649.108971
```

5. 同上述，若無指示可使用表 5 時，可先加上表 1 的 -089 Ethnic and national groups（種族及民族團體），再使用表 5；但若須用表 2 再複分，則在複分之前先補一個 0，唯表 1 不得重覆使用。

類號建置：詳表＋ 089（表 1）＋ 種族（表 5）＋ 0 ＋ 地區（表 2）

例如：*An exhibition of ceramic arts of Russian Jews*（俄國猶太人陶瓷藝術展）

　　　分入 738.089 924 047 而非 738.089 924 047 074

```
738   Ceramic arts 陶瓷藝術（詳表）
  -089   Ethnic and national groups 種族及民族團體（表 1）
    -924   Hebrews, Israelis, Jews 猶太人（表 5）
       0   （使用表 2 之前，先補一個 "0"）
        -47   Russia 俄國（表 2）
738.089924047
```

【解說】：因表 1 已使用，故不得再用表 1「-74 展覽」細分之。

（六）語種複分表（表 6）

　　任何主題須以語言複分時，無論是主表或複分表（例如表 4），只要表中有註明 "Add to base number...from Table 6"（依表 6 複分）時，皆可使用此表。茲將表 6 之細目及其用法介紹如下：

表 6　語種複分表

```
-1 Indo-European languages 印歐語系
-2 English and Old English (Anglo-Saxon) 英語及古代英語（盎格魯─撒克遜語）
-3 Germanic languages 日耳曼語
-4 Romance languages 羅曼斯語
-5 Italian, Dalmatian, Romanian, Rhaetian, Sardinian, Corsican 義大利語、達爾馬提亞語、羅馬尼亞語、利多羅曼語、撒丁語、科西嘉島語
-6 Spanish, Portuguese, Galician 西班牙語、葡萄牙語、（西班牙）加利西亞語
-7 Italic languages 古義大利語
-8 Hellenic languages 希臘語
-9 Other languages 其他語言
```

1. 詳表有指引使用表 6 時，直接將本表號碼加於基本號之後。

    類號建置：基本號（詳表）＋ 語言（表 6）

    例如：*The Bible in Japanese*（日語譯本聖經）分入 220.595 6

```
220    Bible 聖經
    .53-.59   Versions in other languages
              其他語言譯本
              Add to base number 220.5 notation 3-9 from Table 6
              依表 6 標記 3 至 9 加於基本號 220.5 之後
..........................................................................
類號建置：
220.5+   基本號 / 聖經（詳表，220.53-.59 類目註釋）
  -956   Japanese 日語（表 6）
220.5956
```

2. 圖書內容涉及不只一種語言時（如雙語詞典），除使用詳表 400 語言分類外，根據詳表或表 4 之指引使用表 6 複分第二語言。

    (1) 類號建置：基本號（詳表）＋ 語言1（表6）＋ 基本號（表4）＋ 語言2（表6）

    　　例如：*A Hungarian-English dictionary*（匈英詞典）分入 494.511 321

494　Altaic, Uralic, Hyperborean, Dravidian languages, miscellaneous languages of south Asia
　　阿勒泰語、烏拉阿爾語、（印度南部的）德拉威語、及各種南亞洲語言
　　　Add to base number 494 the numbers following — 94 in notation 941-948 from Table 6; then to the number for each language listed below add further as instructed at beginning of Table 4
　　　表 6 標記 941 至 948 中，取其中一個 94 後面的號碼，加在基本號 494 之後；接著，所列之各語言依表 4 開始之指示分類
　　　..

-32-39　Bilingual dictionaries 雙語詞典（表 4）
　　　　Add to base number -3 notation 2-9 from Table 6
　　　　依表 6 標記 2 至 9 加於基本號 -3 之後
　　　..

類號建置：
494+　　基本號 / 烏拉阿爾語系（詳表，494 類目注釋）
 -94511　　Hungarian 匈牙利語言（表 6）
　　3+　　基本號 / 雙語詞典（表 4，-32-39 類目注釋）
　　　　21　English 英語（表 6）
494.511321

(2) 類號建置：基本號（詳表）＋語言 1（表 4）＋語言 2（表 6）

　　例如：*A Japanese-English dictionary*（日英詞典）分入 495.632 1

> 　420-490　Specific languages 各國語言
　　　Except for medications shown under specific entries, add to base number for each language identified by * as instructed at beginning of Table 4. The base number is the number given for the language unless the schedule specifies a different number.
　　　除特定類目另行註明者外，均依表 4 開始之指示，將註記星號 * 的語言加上基本號
　　　..

-32-39　Bilingual dictionaries 雙語詞典（表 4）
　　　　Add to base number -3 notation 2-9 from Table 6
　　　　依表 6 標記 2 至 9 加於基本號 -3 之後
　　　..

```
類號建置：
495.6   *Japanese 日語（詳表）
    3+    基本號/雙語詞典（表 4，-32-39 類目注釋）
____21    English 英語（表 6）
495.6321
```

*Add to base number as instructed under 420-490
註記星號（*）者，依 420-490 的使用說明加上基本號

第六節　分類簡則

　　分類圖書時，常會遇到一些難以抉擇的情況，例如圖書的內容包含一個以上的主題，這些主題可能在同一學科領域，也可能是跨學科，面對這些問題必須加以規範，以免出現分類前後不一，造成讀者使用上的不便。茲將使用杜威分類法的方式與規則介紹說明如下（Dewey et al., 2011; Satija, 2013）：

一、多主題的學科（More Than One Subject in the Same Discipline）

　　圖書內容包含一個以上的主題，這些主題同在一個學科領域，分類的原則如下：

（一）應用原則（Rule of Application）

　　當圖書內容涉及兩個主題，這兩個主題具有影響的關係，亦即一個主題影響另一個主題，則分入受影響的主題。例如一書談論有關數學在造橋工程的應用，則分入被應用的造橋工程，而非數學。但是如果是圖書 "mathematics for engineers"（工程師數學），則分入 Mathematics（數學）而非 engineering（工程師）。

（二）在前原則（First-of-Two Rule）

　　圖書內容涉及兩個主題，且兩個主題比重相當，且不互為解說，則選擇杜威

分類表前面的類號。例如：一本討論美國與日本歷史的書籍，以書名而言，美國先於日本，但是就類號而言，952（日本歷史）在 973（美國歷史）之前，故分入 952；又如一書介紹化學與物理，根據本原則，分入前面的類號 530（物理），而非 540（化學）；但是當類表有明確指引時，則須依按照規定進行。如 598 Aves（Birds）類目之下標引 "class comprehensive works on warm-blooded vertebrates in 599"（熱血脊椎動物之綜合著作分入 599），即是指引分類員捨棄在前原則，無論是鳥類（598）或哺乳動物（599）之熱血脊椎動物皆歸入類號 599。

（三）從屬原則（Rule of Three）

當圖書內容涉及三個或更多個主題時，歸入同時含括這些主題之第一個上位類為原則。例如一書內容論及 History of Portugal（葡萄牙歷史）類號 946.9、History of Sweden（瑞典歷史）類號 948.5 及 History of Greece（希臘歷史）類號 949.5，則歸入 History of Europe（歐洲歷史）類號 940。

（四）零的原則（Rule of Zero）

當圖書內容不只一個主題且類表無明確的指引，分類員取類號時，若同層級小數點後面的號碼有 0 或 1-9 的選項時，盡量避免選擇第一位是 "0" 的類號；同樣地，複分號有一個 "0" 與兩個 "0" 兩種選擇時，盡量避免選擇兩個零的類號。簡言之，優先選擇不含 "0" 或比較少 "0" 的類號。

例 1：圖書 *Team Teaching in Private Schools*（私立學校協同教學）可歸入 317.148 Team teaching（協同教學）或 371.02 Private schools（私立學校），依此原則分入 317.148。

例 2：圖書 *Metal Outdoor Furniture*（金屬戶外家具）可歸入 684.18 Outdoor furniture（戶外家具）或 684.105 Metal furniture（金屬家具），依此原則分入 684.18。

例 3：圖書 *A Biography of an American Methodist Missionary in China*（中國地區的美國衛理工會傳教士傳記）可歸入 266.0092 Biography of missionary（傳教士傳記）、266.02373051 Foreign missions of the United States in China（中國地區的美國傳教士）或 266.76092 Biography of a United Methodist Church missionary（聯合衛理公會傳教士傳記），依此原則分入 266.76092。

二、多學科（More Than One Discipline）

圖書內容涉及不只一個學科領域，其分類方式有別於上述的多個主題同在一個學科領域，使用如下準則歸入最適宜的類號。

（一）側重原則

圖書內容涉兩個學科時，則歸入篇幅較多、較強調的學科為原則。例如一本有關兒童發展（child development）之書籍，內容著重在心理學發展、少部分討論社會方面的發展，則應歸入 155.4 Child psychology（兒童心理學）。

（二）跨學科類號原則

當圖書的內容涉及兩個（含）以上的學科時，且所涉及的多個學科之重要性皆相當，亦即無孰重孰輕，分入具跨學科意義之類號。例如類號 305.231 Child development（兒童社會發展）之下說明 "Class here interdisciplinary works on child development"（兒童發展跨學科之作品入此）。

（三）側重及在前原則

前述分入跨學科類號並非是絕對的法則，還須視情況而定，當圖書的內容涉及兩個以上的學科時，假使比較著重其中的兩個主題時，且此兩個主題之重要性無分軒輊，以兩個主題之在前的歸類為原則。例如一本探討兒童發展（child development）的書籍內容跨學科，可分入社會科學類 305.231 Child development（兒童社會發展）或心理學類 155.4 Child psychology（兒童心理發展）或是應用科學類 612.65 Child development（兒童身體生理發展），該書內容主要著重後二者，而此二者的重要性皆相當時，歸入在前的類號 155.4，而非歸入跨學科的類號 305.231。

（四）入總類原則

對於多學科內容的作品，亦可考慮杜威分類法 000 總類，例如一本有關訪問各領域傑出人士的書籍即可將之分入類號 080 General collection（總集）。

三、最後採用原則（Table of Last Resort）

當一部作品有多個類號可以選擇，且上述所有的原則都用不上時，可由分類員自行判斷並且參考杜威分類法提供的最後辦法，選擇的優先序是：

(1) Kinds of things
(2) Parts of things
(3) Materials from which things, kinds or parts are made
(4) Properties of things, kinds, parts or materials
(5) Processes within things, kinds, parts or materials
(6) Operations upon things, kinds, parts or materials
(7) Instrumentalities for performing such operations

上述排序的觀念主要來自分類研究團體制定的類目順序，即主題（things）－種類（kinds）－部分（parts）－材料（materials）－性質（properties）－過程（processes）－操作（operations）－媒介（agents）（Hunter, 2009）。

例1：圖書 *Curriculum for Kindergarten*（幼稚園課程）分入 372.221 8 Kindergarten 幼稚園（thing）而非 372.19 Curriculum 課程（material）。

例2：一本有關 *Surveillance by Border Patrols*（邊境巡邏管制）的書籍，可以歸入 363.285 Border patrols（邊境巡邏）或 363.232 Patrol and surveillance（巡邏與管制），依本原則，應分入 363.285，因為邊境巡邏是一種警察服務（a kind of police service），而巡邏與管制是執行警察服務的過程（processes）。

第七節　杜威十進分類法的標記

標記（又稱索書號）是由分類號及書號組成。通常書號指的就是著者號。某些分類表的標記全用數字，有些則是字母，另有一些則是數字與字母。僅使用一種類型的符號，稱為單純標記（pure notation）；使用一種以上符號的則稱為混和標記（mixed notation）。杜威分類法僅使用阿拉伯數字一種符號，屬單純標記。杜威分類法的標記的另一特性是助記性。關於杜威分類法索書號的建置介紹如下：

一、索書號的建置

(一)著者號

　　杜威分類法的著者號採用克特號（Cutter numbers）。克特係以設計者 Charles Ammi Cutter 的姓氏命名。克特表原是克特為其展開式分類法（Expansive Classification）所設計，後來廣為在杜威分類法中所採用。克特號是由著者姓氏首字母（或二至三位字母）以及阿拉伯數字所組成。克特表依字順排序逐一列出所有姓氏之克特號，使用者僅須依字順查檢，即可得知著者克特號；若無法找到相同的著者時，則可在兩個最接近姓氏中，取在前的號碼，如 Thacher 為 325，Thad 為 326，則 Thackeray 則取 T325（Chan, 1994）。

　　目前克特表共有三種，包括：*Two-Figure Author Table*（二位數著者表）、*Three-Figure Author Table*（三位數著者表）以及 *Cutter-Sanborn Three-Figure Author Table*（克特桑伯恩三位數著者表），其中以「克特桑伯恩三位數著者表」的使用最為普遍（Scott, 2005）；而美國國會圖書館所採用之克特表則是該館根據克特表改編而成，由使用者自行組合（詳見第六章）。

　　基本上，圖書館可依各自館藏情況決定著者號的繁簡。一般小型的圖書館以主要款目（即著者姓氏）首字母取著者號，而大型圖書館則多採用前三個字母。（如下所示）

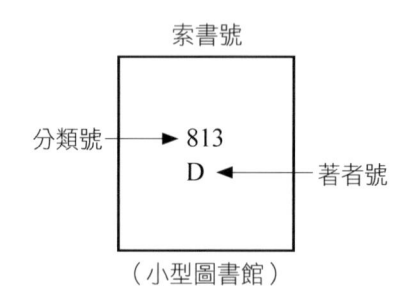

```
                    索書號
        ┌─────────────────┐
分類號 ──▶│      813        │
        │      D      ◀────│── 著者號
        └─────────────────┘
            （小型圖書館）
```

```
          索書號
    ┌─────────────────┐
    │                 │
分類號 ──→ 813         │
    │    Mic ←── 著者號 │
    │                 │
    │                 │
    └─────────────────┘
       （大型圖書館）
```

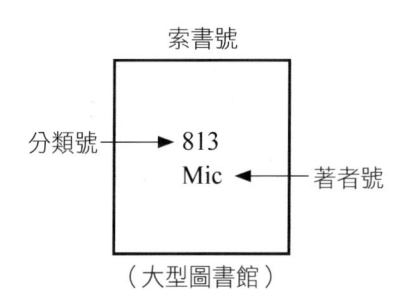

（二）作品號（Work Mark）

　　索書號主要是由分類號和著者號組成，若這樣的組合仍無法使圖書號碼具專指性時，就須進一步添加些輔助的號碼以區分之，此種號碼稱為「作品號」，包括種次號、版次號、部冊號、複本號等。茲分別介紹如下（Chan, 1994）：

1. 種次號

(1) 同類書，著者同而作品不同時，在著者號之後添加書名之首字母以示區別；若首字母相同時，再添加次字母。例如：作者 D. Dickenson 之作品為 *Introduction to Algebra*、*Principles of Algebra*、及 *Progress in Algebra*，它們的類號完全相同，則索書號依入藏先後序分別是：

```
┌─────────┐   ┌─────────┐   ┌─────────┐
│         │   │         │   │         │
│  512    │   │  512    │   │  512    │
│  D557i  │   │  D557p  │   │  D557pr │
│         │   │         │   │         │
└─────────┘   └─────────┘   └─────────┘
```

(2) 當遇到一系列圖書由同一作者所著，且主題皆相同時，則在著者號之後加上書名關鍵字，以為區別。例如：作者 Hayden 之系列作品為 *Chats on English China*、*Chats on Old China* 及 *Chats on Royal Copenhagen Porcelain*，其索書號分別是：

```
┌─────────┐   ┌─────────┐   ┌─────────┐
│  738.2  │   │  738.2  │   │  738.2  │
│  H324ce │   │  H324co │   │  H324cr │
└─────────┘   └─────────┘   └─────────┘
```

(3) 為讓相同之傳記可聚集一起，這些書籍之著者號是以被傳者取代著者。例如華盛頓傳記，是以被傳者 Washington（華盛頓）取著者號（W277），並於其後加上主要款目（通常為著者）之首字母，以為區別；有些圖書館的作法是在被傳者號碼下面加上研究者號，無論採用何法，須前後一致。若為自傳，則於著者號之後加上 a（代表 autobiography），不只一本之自傳時，則於 a 之後再添加數字，a、a1、a2 等作為區分，遇到傳記之著者姓氏首字母為 a 時，則再加上次字母，以為區隔。

例 1： *Autograph letters and documents of George Washington now in Rhode Island collection* / George Washington

Affectionately yours, George Washington: A self-portrait in letters of friendship / George Washington

Last will and testament of George Washington of Mount Vernon / George Washington

上述華盛頓傳記皆由 Washington 本人所撰，其索書號分別是：

```
┌─────────┐   ┌─────────┐   ┌─────────┐
│  738.2  │   │  738.2  │   │  738.2  │
│  W277a  │   │  W277a1 │   │  W277a2 │
└─────────┘   └─────────┘   └─────────┘
```

例 2： *Five radio addresses on George Washington* / R. G. Adams

The private life of George Washington / F. R. Bellamy

George Washington and Delaware / Public Archives Commission of Delaware

若圖書館除典藏例 1 的三冊書之外，尚有上述其他研究者撰寫的華盛頓傳記時，則索書號分別是：

```
738.2          738.2          738.2
W277ad         W277b          W277p
```

例 3：D. B. Clark 與 J. P. Russell 各自為英國偉大的詩人亞歷山大鮑普寫傳記，書名分別是 *Alexander Pope* 及 *Alexander Pope: Tradition and Identity*，二者的分類號及被傳者號皆相同，若以研究者克特號作進一步區分，其索書號書寫形式分別是：

```
821.5          821.5
P8115          P8115
C547           R914
```

2. 版次號

當分類號與著者克特號皆相同時，則在著者號之後加上版本號或是於著者號之下再加上年代號（即出版年），另起一行書寫，以示區別。例如杜威所著的 *Dewey Decimal Classification and Relative Index* 發行不同的版本，則其第 17 至第 20 版的索書號分別是：

(1) 以版本區分

```
025.431     025.431     025.431     025.431
D515d17     D515d18     D515d19     D515d20
```

(2) 以出版年區分

| 025.431
D515d
1965 | 025.431
D515d
1971 | 025.431
D515d
1979 | 025.431
D515d
1989 |

　　若是同一年中有不同的版本出現，則於年代號之後再加上小寫的英文字母以示區別，如1981a、1981b、1981c……等。

3. 部冊號

　　部冊號係用以區別多冊書之不同冊次，通常是在著者號下加註v.1、v.2、v.3……等（小寫的v為volume之縮寫，表示冊次），以示區別。

　　例如：*Dewey Decimal Classification and Relative Index (23th ed.)* 一書共有4冊，各冊索書號分別為：

| 025.431
D515d23
v.1 | 025.431
D515d23
v.2 | 025.431
D515d23
v.3 | 025.431
D515d23
v.4 |

4. 複本號

　　同一本書，圖書館有兩本以上，則第二本以後，加上複本號copy 2、copy 3……等（或縮寫的c.2、c.3……），以示區別，並另起一行書寫。第一本之copy 1省略不用顯示；也有些圖書館自第二本之後加上copy1、copy2……，無論採用何種方法，皆須注意一致性。

　　例如：*Dewey Decimal Classification and Relative Index (17th ed.)* 內容完全相同的書共有3冊，各冊索書號分別為：

```
┌─────────┐   ┌─────────┐   ┌─────────┐
│ 025.431 │   │ 025.431 │   │ 025.431 │
│ D515d17 │   │ D515d17 │   │ D515d17 │
│         │   │ copy1   │   │ copy2   │
└─────────┘   └─────────┘   └─────────┘
```

（三）特藏號

　　特藏號用來表示特殊的資料類型，作用在於方便區別特殊的圖書，圖書館通常在分類號上方增加一個特殊符號，另起一行書寫，並且分開排架，以讓讀者瞭解這個資料是有別於一般圖書。比較常用的特藏符號有 R（即 Reference，代表參考工具書）、AV（即 Audio Visual，代表視聽資料）……等，請參閱第四章。

　　例如：*Dewey Decimal Classification and Relative Index (23th ed.)* 一書共有 4 冊，各冊索書號分別為：

```
┌─────────┐   ┌─────────┐   ┌─────────┐   ┌─────────┐
│ R       │   │ R       │   │ R       │   │ R       │
│ 025.431 │   │ 025.431 │   │ 025.431 │   │ 025.431 │
│ D515d23 │   │ D515d23 │   │ D515d23 │   │ D515d23 │
│ v.1     │   │ v.2     │   │ v.3     │   │ v.4     │
└─────────┘   └─────────┘   └─────────┘   └─────────┘
```

關鍵詞彙

杜威	杜威分類法
Melvil Dewey	Dewey Decimal Classification
杜威十進分類法	鳳凰表
Dewey Decimal Classification	Phoenix Schedules
複分表	標準複分
Auxiliary Tables	Standard Subdivision
索書號	標記
Call Number	Notation

粗分 Broad Classification	細分 Close Classification
單純標記 Pure Notation	

自我評量

- 「杜威十進分類法」共分為幾大類,各大類分別是哪些學科?
- 「杜威十進分類法」共有哪幾種複分表?如何使用?
- 「杜威十進分類法」有哪些優點與缺點?
- 粗分與細分的意義?
- 「杜威十進分類法」採用哪些特殊符號?代表的意義為何?

參考文獻

李嚴、侯漢清、丘峰(1993)。杜威十進分類法。在中國大百科全書總編輯委員會(編),中國大百科全書:圖書館學、情報學、檔案學(頁 104-105)。臺北縣:錦繡。

吳祖善(1995)。杜威十進分類法。在胡述兆(編),圖書館學與資訊科學大辭典(上冊,頁 731-732)。臺北市:漢美。

Chan, L. M. (1994). *Cataloging and classification: An introduction* (2nd ed.). New York, NY: McGraw-Hill.

Chan, L. M., & Salaba, A. (2016). *Cataloging and classification: An introduction* (4th ed.). Lanham, MA: Rowman & Littlefield.

Dewey, M., Mitchell, J. S., & Beall, J. (2011). *Dewey decimal classification and relative index* (23rd ed.). Dublin, OH : OCLC Online Computer Library Center.

Evans, G. E., Intner, S. S., & Weihs, J. (2011). *Introduction to technical services* (8th ed.). Santa Barbara, CA: Libraries Unlimited.

Hunter, E. J. (2009). *Classification made simple* (3rd ed.). Aldershot, UK: Ashgate.

Kumbhar, R. (2012). *Library classification trends in the 21st century*. Oxford, UK:

Chandos.

Mortimer, M. (2007). *Learn Dewey decimal classification* (22nd ed.). Friendswood, TX: TotalRecall.

OCLC. (2016). *WebDewey*. Retrieved from http://www.dewey.org/webdewey/standardSearch.html

Satija, M. P. (2013). *The theory and practice of the Dewey decimal classification system*. Witney, UK: Chandos. Retrieved from http://www.sciencedirect.com.autorpa.lib.fju.edu.tw:2048/science/book/9781843347385

Saye, J. D., McAllister-Harper, D. V., & Manheimer, M. L. (1991). *Manheimer's cataloging and classification: A workbook* (3rd ed.). New York, NY: Marcel Dekker.

Scott, M. L. (2005). Dewey decimal classification: A study manual and number building guide (22nd ed.). Westport, CT: Libraries Unlimited.

Taylor, A. G., & Miller, D. P. (2006). *Introduction to cataloging and classification* (10th ed.). Westport, CT: Libraries Unlimited.

第六章
美國國會圖書館分類法

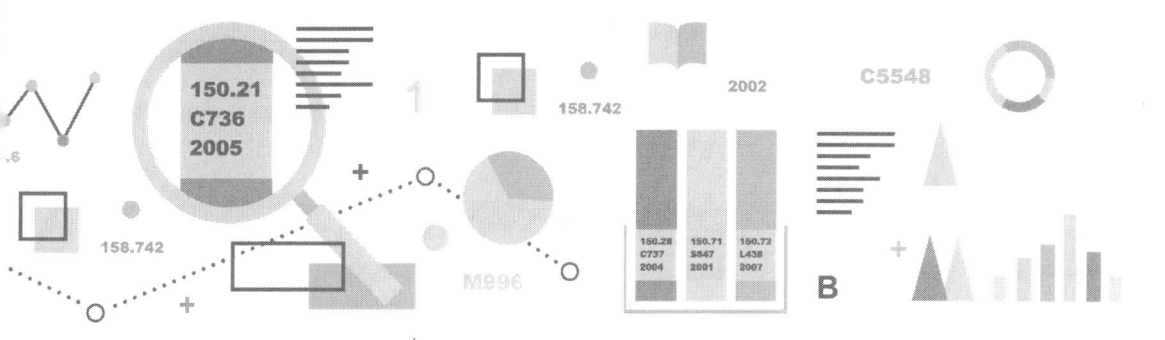

作者簡介

鄭惠珍

(hcc@ncl.edu.tw)

國家圖書館
書目資訊中心編輯

天主教輔仁大學進修部
圖書資訊學系兼任助理教授

學習目標

- 瞭解「美國國會圖書館分類法」的歷史沿革
- 瞭解「美國國會圖書館分類法」的結構
- 認識克特號
- 瞭解如何取索書號
- 瞭解索書號的排序

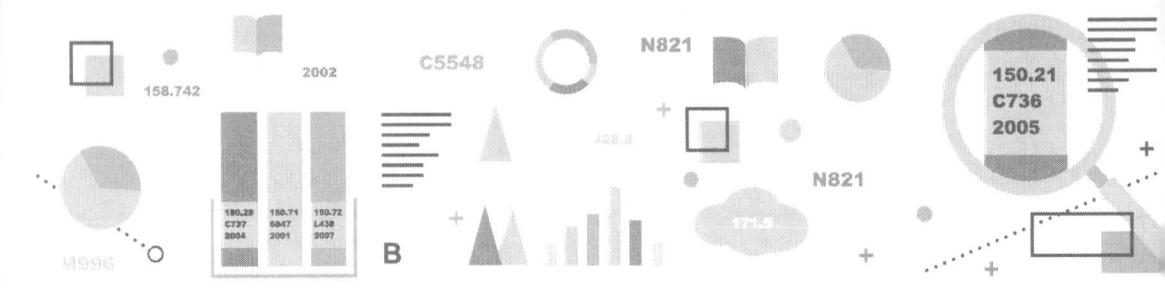

本章綱要

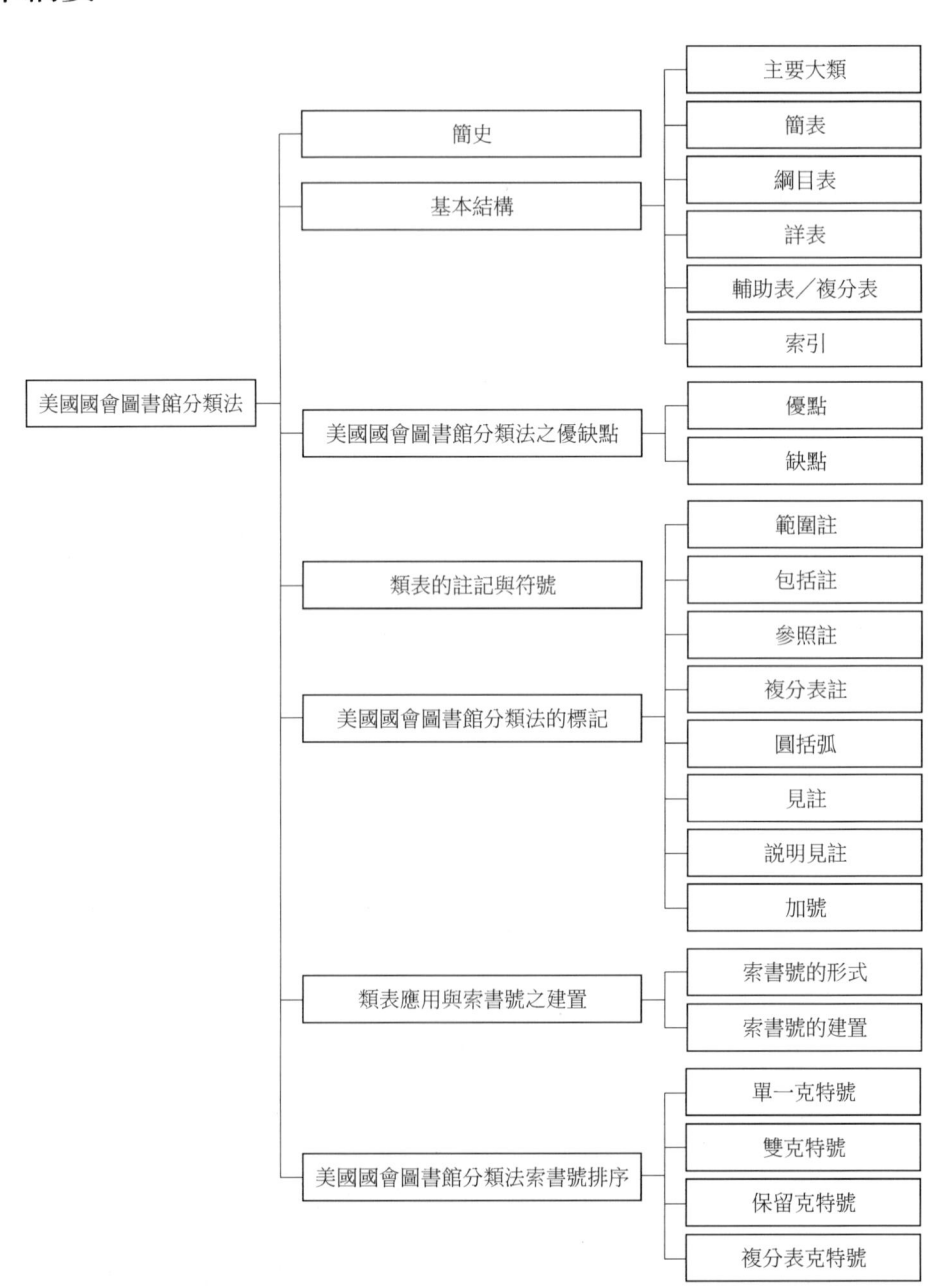

- 美國國會圖書館分類法
  - 簡史
  - 基本結構
    - 主要大類
    - 簡表
    - 綱目表
    - 詳表
    - 輔助表／複分表
    - 索引
  - 美國國會圖書館分類法之優缺點
    - 優點
    - 缺點
  - 類表的註記與符號
    - 範圍註
    - 包括註
    - 參照註
    - 複分表註
    - 圓括弧
    - 見註
    - 說明見註
    - 加號
  - 類表應用與索書號之建置
    - 索書號的形式
    - 索書號的建置
  - 美國國會圖書館分類法索書號排序
    - 單一克特號
    - 雙克特號
    - 保留克特號
    - 複分表克特號

第六章
美國國會圖書館分類法

第一節　簡史

美國國會圖書館分類法（Library of Congress Classification，簡稱 LCC）（以下簡稱國會分類法）主要是由美國國會圖書館（Library of Congress，以下簡稱國會圖書館）編目部主任 James C. M. Hanson 及其助理 Charles Martel 於 1897 年奉命為該館設計的類表。自 1901 年起，以分冊方式開始陸續出版（Immroth, 1975）。

國會分類法的歷史發展，其源起可以追溯到西元 1800 年，當時美國國會圖書館於華府創立，隔年購入圖書 740 冊。這些圖書主要是以書籍大小（對開、四開、八開、十二開）分類，同尺寸的書籍再依登錄號排列（Taylor & Miller, 2006）。事實上，在 19 世紀初期，以圖書尺寸排列相當罕見，圖書依主題分類已經存在，且有一段頗長的歷史，例如國會議員在搬遷華府之前，曾先後使用紐約學會圖書館（New York Society Library）及費城圖書館（Library Company of Philadelphia）的藏書。費城圖書館自 1789 年開始，即是以主題分類藏書，其分類體系是奠基於培根分類法（Francis Bacon's system）和達朗貝爾分類法（the system of classification of Jean le Rond d'Alembert）的基礎發展而成的（Chan, 1999）。

1812 年，美國國會圖書館館藏成長至 3,000 冊時，圖書改依主題分為 18 類，近似培根－達朗貝爾分類法（Bacon-d'Alembert system），各類再依書籍大小分類，同尺寸的書籍再按字順排序。1814 年 8 月，英軍入侵華府，大肆燒掠，國會圖書館館藏被摧毀殆盡。翌年，國會購買總統傑佛遜（Thomas Jefferson, 1743～1826）的私人藏書 6,487 冊。傑佛遜藏書用的是自行設計的分類法，亦是以培根和達朗貝爾的分類法為基礎（Chan, 1999）。由於這些圖書已經分類，因此國

會圖書館決定繼續沿用，但是並非一成不變，當時的館長 George Watterston 基於館藏的需要略做調整，將圖書分為 44 大類（傑佛遜分成 44 章）（Taylor & Miller, 2006）。接續的館長 John Silva Meehan，為符合館藏的實際需求，於任內期間（1829～1861）將分類體系刪減成 40 大類。下一任的館長 Ainsworth Rand Spofford 又進行大幅度修改，雖然恢復 44 大類，但內容已與先前的相去甚遠。1897 年，國會圖書館遷入新館時，館藏圖書已近 100 萬冊，歷經數次修訂的傑佛遜分類法（Jefferson-Watterston-Meehan-Spofford system），至此已無法負荷，館長 John Russell Young 遂指派編目部主任 Hanson 對分類問題進行研究，思考發展新分類法的可行性，並請分類員 Martel 擔任助理。Hanson 與 Martel 針對當時盛行的分類法加以評估，包括杜威（Melvil Dewey）的杜威十進分類法（Dewey Decimal Classification）（第五版）（以下簡稱杜威分類法）、克特（Charles Ammi Cutter）的展開式分類法（Expansive Classification）及德國 Otto Hartwig 設計的分類表 Halle Schema。二人的研究報告顯示，Halle Schema 分類表帶有濃厚的德國哲學氣息；杜威分類法雖已有百所以上圖書館採用，但是杜威為避免對使用館造成影響，拒絕為國會圖書館進行調整，另一方面 Martel 認為杜威分類法受制於標記不夠靈活；相形之下，克特的擴展式分類法似乎較為適合，再加上克特同意配合修改，故最後決定以克特的分類法為指南，重新建立一套適合該館使用的分類制度，此即國會分類法（Chan, 1994）。

1899 年，Herbert Putnam 接任館長，在 Putnam 任內期間 Hanson 完成國會分類法的架構。該分類法除了以展開式分類法大綱為基礎之外，亦參酌杜威分類法（第五版）及德國的 Halle Schema 分類法。每一大類由國會圖書館邀請各學科專家依據館藏制訂，先由 Martel 草擬大類（如 D 類），次類（如 DA、DK、DR）由各專門的歷史學家負責，故該法又稱為「一系列特殊分類法」（series of special classifications）（Immroth, 1975）。

各類建置完成與出版的時間並不相同，被選為第一個制訂的類表是 Z 類，因為此類有計畫中必須參考的重要書目，其次發展的是 E-F 類。1901 年 E-F 類首先出版；1902 年開始出版 Z 類；1904 年陸續完成 D 類、M 類、Q 類、R 類、S 類、T 類、U 類及 Z 類，而 A 類、C 類、G 類、H 類及 V 類則於 1948 年完成（Chan, 2016）。K 類法律分類表的出版最遲，1969 年開始出版 KF 類美國法的初稿一冊，至 1993 年才全部完成（Rowley & Farrow, 2000）。

國會分類法創立之時，每類印為一冊，自成體系，並附有複分表及索引。由於各科分類表分別獨立完成，各有其編輯者，故各大類彼此間沒有一定的關係，各分類表的內容範圍、索引及複分表的使用亦有差異（胡述兆、吳祖善，1991）。為能順應實際需求，國會圖書館成立委員會，經常修訂分類法（黃端儀，1974），各分類表修訂的時間依各自的需要而定（Taylor & Miller, 2006）。自國會分類法問世之後，許多大型公共圖書館、學術圖書館及研究型圖書館也跟隨使用，美國以外國家（如英國等）的圖書館亦加入行列（Hunter, 2002）。1960年代晚期及1970年代初期，甚至出現已採用杜威分類法或其他分類法的圖書館改用國會分類法的實例（Kao, 1995）。

　　1989年Gale出版社開始出版 *Library of Congress Classification Schedule Combined with Additions and Changes through 1989*，後更名為 *SuperLCCS*，即系列出版的紙本國會分類表。除紙本之外，Gale公司又於每季發行 *SuperLCCS* 光碟版。1990年代，網際網路開始蓬勃發展，電子資源快速成長，由於國會分類法存在已久且為多所圖書館使用，因而有圖書館及網路資源指南利用它來組織網路資源，如CyberStacks、Scout Report Signpost、T. F. Mills Home Page 及 WWW Virtual Library 等。以CyberStacks為例，它利用國會分類法的架構整理網路上有關科學、技術資源以及愛荷華州大學圖書館相關領域之線上藏書（Chan, 1999）。

　　與 *Super LCCS* 發行方式類似，國會圖書館除出版傳統紙本式的國會分類法之外，亦發行電子版的Classification Web（如圖6-1）（Kumbhar, 2012）。該電子版提供輔助工具及超連結功能，讓使用者可於線上檢索國會分類法及美國國會圖書館標題表（*Library of Congress Subject Headings*）（Marcella & Maltby, 2000）。資料每星期更新一次，除可在網上取得之外，亦公布於"Weekly list"（週目錄）。紙本式的國會分類法則是依需求個別更新，由國會圖書館編目部門（Cataloging Distribution Service，簡稱CDS）販售（Chan, 1999）。2013年，國會圖書館宣布停止出版紙本式分類表，僅發行線上版。目前紙本式每年更新，以PDF檔的形式置於國會圖書館的網站，免費提供各界使用（Chan & Salaba, 2016）。

```
Classification Web                              Library of Congress
                        Main Menu

                Browse LC Classification Schedules
                  Search LC Classification
                  Browse LC Subject Headings
                  Search LC Subject Headings
                  Search Genre/Form Terms
              ★ Search Demographic Group Terms ★
                 Search Children's Subject Headings
                Search Medium of Performance Terms
                   Browse LC Name Headings
                   Search LC Name Headings
                Bibliographic Correlations (menu)

        Log Out - Preferences - Usage - Outline - Subsets - Bookmarks - Help
        Auto Login Menu - Diagnostics - Legal Notices - Contacts - User Group - Home
```

圖 6-1　Classification Web

資料來源：Library of Congress（2016）。

第二節　基本結構

　　國會分類法將圖書分為 21 大類，在結構上屬列舉式分類表。它的標記是由三種元素所組合：第一，每大類由一個大寫的英文字母代表（其中，I、O、W、X、Y 五個字母尚未使用，而 W 及 Q 中的 QS-QZ 已於 1951 年提供予美國國家醫學圖書館〔NLM〕使用，LC 已不能再用）；第二，每一個大類的字母之後添加 1 至 2 個字母表示副類，字母後面再以阿拉伯數字 1 至 9999 展開細目；第三，克特號（胡述兆、吳祖善，1991；吳祖善，1995；Dittman & Hardy, 2000）。

　　國會分類法各類篇幅不一，以 SuperLCCS（2003）為例，超過一冊以上者有 B、D、K、P 四類，其中 P 類更有獨立一冊的複分表；不足一冊合併同冊者是 E-F 類及 U-V 類；其餘各類多為一冊。至 2013 年總冊數共 41 本（Chan & Salaba, 2016）。有關各大類的配置，Martel 曾提出說明：列於最前的是總類（A），不限定任何主題；緊接其後的是哲學與宗教類（B），闡明人類與宇宙間之關係；接續是史地類（C-D），包括人類的住所、人類生存方法的來源、人類對環境的

影響、人類由原始進化至文明的精神與心靈；再下一類群 H 至 L，是有關經濟及人類的社會演進；M 至 P 類依序是音樂、藝術、語言及文學類。

在理論方面，國會分類法的組織與架構應用了九個分類原理，包括：（一）學科分類：國會分類法將知識分為21類；（二）作品保證原理：國會分類法的制訂，完全依據該館的館藏，確保每一藏書，皆有其類目標題；（三）地理複分：考慮到讀者的研究常與地理相關，地理複分多過於其他形式之複分；（四）字順排序：地名、主題、人名等依克特號複分時，皆按字順排序；（五）經濟標記：採用字母與數字之混合標記，以極少的標記達到細分目的；（六）細分原理：國會分類法的設計是為了藏書超過一百多萬冊的國會圖書館，其類目之專精度大於杜威分類法；（七）列舉式原理：除少部分使用者需自行組合號碼之外，本質上國會分類法為一列舉式分類法，盡可能地將所有類目逐一列出，從總冊數即可一窺端倪；（八）相關位置原理：與杜威分類法相同，國會分類法亦應用相關位置原理；（九）類號穩定：國會分類法的類號一旦建立，即甚少更動（Evans, Intner, & Weihs, 2011）。

在格式方面，有鑑於國會分類法的各大類由各科專家分別制訂，作法上可能出現分歧，因此 Martel 在設計之初即對分類表的內外版式（format）定訂相關規範，使各學科專家有可依循的準則（Evans et al., 2011）。

外部格式（external format）：要求每一個分類表應包含七個部分，依次為：一、前言（preface）：類表及版本發展的簡介；二、簡表（synopsis）：列出該冊之主要大類及次類；三、綱目表（outline）：包含以字母所代表之大類、次類以及數字所代表之小類；四、詳表（schedule）：即主表；五、輔助表（auxiliary tables）：即複分表；六、索引（index）；七、補充頁：即新增修訂的類表。然而，並非每一類表皆完整的包含上述七個要素，例如有些類無簡表、複分表、有些則欠缺索引等（Immroth, 1975）。

內部格式（internal format）：亦須有七個部分，稱為「類目排列一般原則」或「馬特爾七點」（Martel's seven points），分別是：（一）一般形式複分（general form divisions）：類似杜威分類法早期的形式複分表（現今為標準複分表）；通常形式複分置於最前，包括期刊、機關團體出版品、詞典、百科全書、會議、展覽、博物館出版品、年鑑、文獻、目錄等；（二）理論及哲學（theory and philosophy）；（三）歷史及傳記（history and biography）；（四）論文及總論作品（treatises and general works）；（五）法律、規程、國家關係（law, regulations, state relations）；（六）研究與教學（study and teaching）；（七）特殊主題及複分（specific subject and subdivisions）（Immroth, 1975; Taylor & Miller, 2006）。

目前，內部格式已修訂成兩大部分：一、出版品形式及學科特點，內容包括：（一）一般形式複分（general form subdivisions）；（二）哲學（philosophy）；（三）歷史（history）；（四）傳記（biography）；（五）總論作品（general works）；（六）研究及教育（study and teaching），依情況再以地理細分。二、各學科依邏輯分類（Chan, 1999）。

以下針對國會分類法（2016年版）各主要大類、簡表、綱目表、詳表、輔助表及索引等，介紹如下：

一、主要大類（Main Classes）

近年來，國會分類法的大類 A-Z，變化較大的是歷史 D 類 "History: General and Old World"（古代史及世界各國史）改為 "World History and History of Europe, Asia, Africa, Australia, New Zealand, etc."（世界史及歐洲、亞洲、非洲、澳洲、紐西蘭史等）（如下所示），惟僅限於類目名稱的改變，實際的層次架構並未更動，亞非澳等洲仍居副類。

A	General Works 總類	
B	Philosophy. Psychology. Religion 哲學、心理學、宗教	
C	Auxiliary Sciences of History 歷史學及相關科學	
D	World History and History of Europe, Asia, Africa, Australia, New Zealand, etc. 世界史及歐洲、亞洲、非洲、澳洲、紐西蘭史等	
E	History of the Americas 美洲歷史	
F	History of the Americas 美洲歷史	
G	Geography. Anthropology. Recreation 地理學、人類學、娛樂	
H	Social Sciences 社會科學	
J	Political Science 政治學	
K	Law 法學	
L	Education 教育	
M	Music and Books on Music 音樂	
N	Fine Arts 美術	

P	Language and Literature 語言學、文學
Q	Science 科學
R	Medicine 醫學
S	Agriculture 農業
T	Technology 工藝學
U	Military Science 軍事學
V	Naval Science 海軍學
Z	Bibliography. Library Science. Information Resources (General) 目錄學、圖書館學、資訊資源

　　上述21大類，又可粗略地歸納為四大組：（一）A：總論（general works）；（二）B-P：歷史及語言學（philosophico-historical and philological sciences）、人文及社會科學（humanistic disciplines and social sciences）；（三）Q-V：自然科學與應用科學（mathematico-historical, natural, and applied sciences）、自然科學及技術（natural sceences and technology）；（四）Z：目錄學及圖書館學（bibliography and library science）（胡述兆、吳祖善，1991）。

　　對於某些資料的分類，國會分類法與杜威分類法在作法上有很大的差異，例如國會分類法P類下的各種民族文學先依時代分，再依個別作家分，少部分如選集（anthologies）才是以形式複分；而杜威分類法800類號下的各種民族文學，則是先依形式複分（例如詩、戲劇、小說等），再依時代或個別作家細分。雖然國會分類法的各種民族文學依時代分，但並不包括音樂類和圖畫藝術類（graphic arts），例如M音樂及樂譜類（music and scores）的作品是依形式（如戲劇、神劇、交響樂、室內樂）複分，再依作曲家分；N藝術類的作品先依形式（如雕刻、製圖、繪畫）分，次依國家或時代排，最後依藝術家分。在結構上，二者也有所不同，國會分類法將杜威分類法中的000「資訊與總論作品」類（information and general works）分置最前的A類與最後的Z類。此外，國會分類法僅少數如G類Geography（地理）、M類Music（音樂）及T類Technology（科技）等標記有助記的功能（Taylor & Miller, 2006）。

二、簡表（Subclasses/Synopsis）

　　簡表接續在前言後面，各主要大類之下（E 與 F 類除外），又細分為若干個次類（Chan & Salaba, 2016）。茲以 H 類為例：

H	Social sciences (General) 社會科學總論
HA	Statistics 統計學
HB	Economic theory. Demography 經濟學原理、人口統計學
HC	Economic history and conditions 經濟史和環境
HD	Industries, Land use, Labor 產業、土地使用、勞動
HE	Transportation and communications 運輸與交通
HF	Commerce 商業
HG	Finance 財政
HJ	Public finance 公共理財
HM	Sociology (General) 社會學
HN	Social history and conditions, Social problems, Social reform 社會歷史、社會問題、社會改革
HQ	The family. Marriage. Women 家庭、婚姻、婦女
HS	Societies: secret. benevolent. etc. 機關團體：機密、慈善等
HT	Communities. Classes. Races 公眾、階級、種族
HV	Social pathology. Social and pulic welfare. Criminology 社會病理學、社會公益、犯罪學
HX	Socialism. Communism. Anarchism 社會主義、共產主義、無政府主義

三、綱目表（Outline）

　　接續簡表的是綱目表，乃詳表之綱要，在英文字母之下，用 1 至 4 位阿拉伯數字（1-9999）細分，必要時再用小數點細分，因小數點僅在新增類目時，無法找到適用的整數時使用，故在國會分類法中較為少見（Taylor & Miller, 2006）。

HB	1-3840	Economic theory. Demography 經濟理論、人口學
	71-74	Economics as a science. Relation to other subjects 經濟學作為一門科學、經濟學與其他學科關係
	75-130	History of economics. History of economic theory 經濟學史、經濟理論史學

	Including special economic schools 包括專門的經濟學院
131-147	Methodology 方法
	Mathematical economics. Quantitative methods 數理經濟學、定量方法
	Including economic, input-output analysis, game theory 包括經濟、投入產出分析、賽局理論
201-206	Value. Utility 價值、功效
221-236	Price 價格
238-251	Competition. Production. Wealth 競爭、生產、財富
501	Capital. Capitalism 資本、資本主義
522-715	Income. Factor shares 收入、生產要素分配比例
535-551	Interest 利益
601	Profit 利潤
615-715	Entrepreneurship. Risk and uncertainty. Property 創業、風險與不確定性、資產
801-843	Consumption. Demand 消費、需求
846-846.8	Welfare theory 福利理論
848-3697	Demography. Population. Vital events 人口、生命事件
3711-3840	Business cycles. Economic fluctuations 商業週期、經濟波動

四、詳表（Schedule）

各子目進一步展開，詳細的列出所有的類目，茲以 HB852 至 HB865 為例：

HB	ECONOMIC THEORY. DEMOGRAPHY 經濟理論、人口學
	Demography. Population. Vital events 人口、生命事件
852	Special schools 特殊學校
853.A-Z	By region or country, A-Z 依地區或國家複分
	Biography 傳記
855	Collective 總傳
	Malthus 馬爾薩斯

	Writings of Malthus 馬爾薩斯作品
861.A2	Collected works. Selections. By date
	合集、選集，依日期複分
861.A3-Z	Individual works. By title, A-Z
	個人作品，依題名複分
863	Criticism and biography 評論與傳記
865.A-Z	Other individual, A-Z 依其他個人複分
	General works 總論作品

五、輔助表／複分表（Auxiliary Tables）

　　輔助表又稱複分表、附表。在國會分類法中，有相當多的複分表，供分類員進一步細分。複分表依所在的位置，可分為兩種：一是出現於各類表中的複分表，僅供該類特定主題複分用（參見表HE380）；另一是置於類表後面、索引之前的複分表，供該類全體使用，稱為獨立複分表(free-floating table)。線上版Classification Web以超連結方式連結複分表。基本上，頁數少者附於該類表之後（參見表H16），頁數多者則獨立成冊（如K與P類）。根據內容性質之不同，又可將複分表分成形式複分、地理複分、時代複分、主題複分、個別作者複分及藝術家複分表等。目前已有一些複分表設計成可供各類使用的通用複分表，包括：地理複分表、傳記複分表及譯本複分表（Chan, 1999）。

　　複分表採用的標記形式有兩種：一是克特號（如U.6），使用時直接添加在類號後面或加在另一個克特號後面，作延展之用；另一是阿拉伯數字，代表複分的順序，使用時該號碼須加上基本號（base number）。過去國會分類法有些類號的組合相當複雜不易使用，近年來的修訂朝向將完整的類號列舉出來，以P類的文學作者複分表為例，原先這些作者被分配一個區間範圍的號碼或數個號碼，使用時還需再組配，1999年，國會圖書館廢除複分表B-BJ1，並將這些文學作者應有的完整類號，逐一列於詳表，使用者直接選用即可（Chan, 1999）。

複分表 HE380

HE	TRANSPORTATION AND COMMUNICATIONS 交通運輸
	Traffic engineering 交通工程
	Tunnels. Vehicular tunnels 隧道、公路隧道
	Cf. TA800+ Engineering 工程學
379	General works 總論作品
380.A-Z	By region or country, A-Z 依地區或國家複分
	Under each country: 各國依下列複分
	.x　　　General works 總論作品
	.x2A-.x2Z　By region or state, A-Z
	依地區或州別複分
	.x3A-.x3Z　Special tunnels. By place, A-Z
	特殊隧道依地方複分

複分表 H16

H16	TABLE FOR ECONOMIC HISTORY AND CONDITIONS, BY COUNTRY (5 NOS.) 經濟史地複分表，依國複分（5碼）
(1.A1-.A2)	Documents 文件
	See H16 2
1.A5-Z	Periodicals. Societies. Serials 期刊、機關團體、叢書
	Biography 傳記
	For particular industries, see HD 特定行業，見 HD
1.5.A2	Collective 總傳
1.5.A3-Z	Individual, A-Z 依分傳複分
2	General works 總論作品
2.5	Natural resources 自然資源
3.A-Z	Local, A-Z 依地方複分
4	Colonies 殖民地
	Including exploitation and economic conditions
	包括開發與經濟狀況
	For colonial administration and policy, see JV
	殖民統治與制度，見 JV
5.A-Z	Special topics (not otherwise provided for), A-Z 依專題複分

六、索引（Index）

　　國會圖書館分類表亦提供索引讓分類者查檢，惟該索引並非通用全表各大類，而是置於各學科類表之後，僅供該類使用。換言之，每一大類都有其各自的索引。所有類目依字順排序，並有其對應之類號。茲以 H 類的索引為例：

Horizon Spreadsheet: HF5548.4.H67
Horn (Animal industry):
　　HD9429.I86+
Horse industry: HD9434
Horses
　　Taxes: HJ5793
　　Topic on postage stamps
　　　　HE6183.H6+
Horseshoers: HD8039.H6

Housing (Labor): HD7285+
　　for
　　　　the aged: HD7287.9+
　　　　the handicapped: HV1569+
　　　　the physically handicapped:
　　　　　　HV3020+
　　　　The poor: HD7287.95+
Housing, Minority, see Minority
　　housing

第三節　美國國會圖書館分類法之優缺點

　　國會分類法自創立迄今已逾百年，使用的圖書館遍及全球。雖然期間經過多次的修訂，但是以一個國際性的分類法而言，仍未臻周延。茲將其優缺點分述如下（林德海，1993；胡述兆、吳祖善，1991；梁津南，1987；Batley, 2005; Chan & Salaba , 2016; Taylor & Miller, 2006）：

一、優點

（一）實用性高：國會分類法係專為美國國會圖書館排架使用而編製，無論是類目的排序或號碼的配置，皆考慮該館藏書的實際需要，實用性高。

（二）擴充性強：國會分類法採用英文字母與數字之混合標記，容量極大，方便擴充。主要大類尚有未使用之字母，且各主要類目間預留號碼，而號碼又可再用小數點延伸，故新類號的增加非常具有彈性，足以因應新知識的增加，擴充發展之需要。

（三）類目詳盡：國會分類法各主題皆由各專家制訂，分類精細，全表紙本近50冊，可說是世界上類目最多、篇幅最大的分類法。

（四）即時更新：美國國會圖書館設有專門部門管理國會分類法，根據館藏變化經常修訂類表，即時反映新學科和新主題，並在其每季發行的刊物 *LC Classification: Additions and Changes*（美國國會圖書館分類法：新增和修訂）報導類號增修訊息，供使用者參考。

（五）提供索引：各主題分類表之後，均有詳盡的索引，方便使用者檢索。

（六）作品保證：國會分類法是以美國國會圖書館館藏為基礎設計，可謂奠基在作品保證原理，實現有目必有書。

（七）適合大館：由於國會分類法類目詳盡，適合50萬冊以上之大型圖書館使用，又因21大類中，每一類均有一單獨的分類表，故亦適用於專門圖書館。

（八）標記簡潔：採用英文字母與數字之混合標記，比較不會出現數字冗長之標記。

二、缺點

（一）排序不甚合理：大類的順序並未依照學術的順序排列，同時亦不符合人類進化的理念。譬如人類知識之發展本是先有語言、文學，而後有歷史，故歷史應排在語言、文學之後，但國會分類法卻將歷史（C至F）置於語言與文學（P）之前。

（二）類目配置不均：國會分類法係以國會圖書館藏書設計，類目偏重軍事與政治主題，歐美類號亦較亞、非兩洲為多。以歷史為例，歐洲史有大類及副類（D-DR），美洲史有兩大類（E-F），而亞洲史（DS）與非洲史（DT）各僅有一個副類。

（三）缺乏貫通性：各大類是由各科專家分別獨立編製，雖然該法在創立之初曾訂定編輯原則，但缺乏橫向整理統籌，以致各表之內容及複分方式與標記均有差異，各類之間缺乏貫通性，造成使用上之困難。

（四）類目無附屬性：由於國會分類法設計之初是以實用為主，類目的排序並不採用學術理論，以致有些類號無附屬性，不能表達類目間的等級關係。例如：1.歷史類分占C、D、E、F四大類，而不是置於同一類；2.原應從社

會 H 科學類直接劃分出來的子類目,政治(J)、法律(K)與教育(L),彼此成為同位類;3. Z570 是中國版權法,Z570.5 是哥倫比亞版權法,二者並無從屬關係。

(五)缺乏相關索引:各大類分別獨立編製索引,缺乏杜威分類法般之全表相關索引,不便於查閱其他主題之相關類號。目前僅光碟版 CD ROM 及線上版 *Classification Web* 可以檢索全部類表。

(六)缺乏使用手冊:多年來,各分類表均無正式的使用手冊。雖然國會圖書館於 1987 出版 *Subject Cataloging Manual: Shelflisting*(美國國會圖書館標題編目手冊:排架規則)介紹排架的政策與流程,以及 1992 出版 *Subject Cataloging Manual: Classification*(美國國會圖書館標題編目手冊:分類)闡述分類表的政策、發展及分類號配置,但內容不全且使用手冊與分類表分置兩處,使用上極為不便。

(七)不適用小型圖書館:國會圖書館分類表分類詳密,但類號卻不像杜威分類法般可以伸縮,故不適合小型圖書館使用。

(八)缺乏助記性:國會分類法原則上是採用順序標記制、僅少數的類號具助記性,多數的類缺乏可幫助記憶之標記,助記性較差,又因篇幅浩大,使用不便。

(九)部分類表過時:為維護類表的穩定性,致使部分類表過於陳舊, 結構與配置無法反映目前的現況。

第四節　類表的註記與符號

為節省篇幅以及使類表具一致性,國會分類法全表統一採用各種不同的註記與符號,以說明某一個分類號的範圍、使用等,分類時應先瞭解其意,以利使用。常見的註記和符號有下列幾種(梁津南,1987;Chan, 1999; Dittman & Hardy, 2000):

一、範圍註(Scope Notes)

此註係用以說明某一類目所包含的範圍,使分類者瞭解該類的定義及哪些類可以歸入此號碼,以 "class here"(入此)表示。例如:類號 MT950

MT	INSTRUCTION AND STUDY 教育及研究
950	Musical theater 音樂劇場
	Class here works about opera, musicals, etc.
	歌劇、歌舞影片等作品入此

二、包括註（Including Notes）

列出在某一類目標題所包含的主題。例如：類號 ML52.75-.8

ML	LITERATURE ON MUSIC 音樂文獻
	Librettos. Texts. Scenarios 歌劇腳本、正文、劇本
52.75-.8	Radio operas 無線電歌劇
	Including operettas, musicals, Singspiele, sacred operas, etc.
	包括輕歌劇、歌舞劇、歌唱劇、宗教歌劇等

三、參照註（Confer Notes）

Cf. 即 Confer 參照的縮寫，用以告知使用者在分類表中尚有哪些其他相關類號可以使用。例如：類號 NK5440.M55

NK	DECORATIVE ARTS. APPLIED ARTS. DECORATION AND ORNAMENT 裝飾藝術、應用藝術、裝飾
5440.M55	Mirrors 鏡子
	Cf. NK 8440+, Metal mirrors 金屬鏡

四、複分表註

國會分類法提供複分表做進一步細分，複分表出現在詳表某類之下、詳表後面，或是分開獨立存在，以 "Apply Table… for…" 或 "subarrange…by Table…"（依……表複分）等用詞指引使用者。例如：類號 NK3649.2.A-Z

NK	DECORATIVE ARTS. APPLIED ARTS. DECORATION AND ORNAMENT 裝飾藝術、應用藝術、裝飾和裝飾品
	Other arts and art industries 其他藝術和藝術產業
	Automata 自動操作
	For music boxes see ML 1066 音樂盒 見 ML 1066
3649	General works 總論作品
3649.2.A-Z	Special artists, A-Z 依特殊藝術家複分
	Subarrange individual artists by Table N6
	個別藝術家依表 N6 複分

五、圓括弧

　　類號置於圓括弧內代表這個類號國會圖書館已廢棄不用，可能由其他類號所取代，考量其他圖書館可能仍在使用，故依然保留供使用者參考。

　　例如：類號 E457.9

E	UNITED STATES 美國
	Civil War period, 1861-1865 內戰期間
	Lincoln's administrations, 1861-April 15, 1865 林肯的行政管理
	Biography of Abraham Lincoln, 1809-1865 林肯傳記
(457.9)	Poetry. Drama. Fiction, *see* Class P
	詩、戲劇、小說見 P 類

六、見註（See Notes）

　　當某類號已改至表中其他位置時，以 "see"（見）指引使用者從不用的號碼去見用的號碼。上述圓括弧常與見註 "see" 搭配使用。例如：類號 JN5478

JN	POLITICAL INSTITUTIONS AND ADMINISTRATION: EUROPE 政治制度與行政：歐洲
	Italy 義大利
	United Italy (1870-). Italian Republic — Continued
	義大利聯合、義大利共和國（續）

J	Government. Public administration 政府、公共行政
(5478)	Directories. Registers, *see* JN5204 目錄、記錄見 JN5204
(5479)	General works, *see* JN5448, JN5449-5451 總論作品見 JN5448, JN5449-5451

七、說明見註（Explanatory See Note）

若 "see" 單獨出現在某類目之下，而類號欄位的類號並無置於圓括弧時，表示僅某特定類目不採用該類號，即為說明見註。例如：類號 F1060.6

F	BRITISH AMERICA 英美
1060.6	Antiquities (Non-Indian) 古代民族（非印地安）
	For Indians (General) *see* E78.A+ 印第安人見 E78.A+
	For Indians (Specific tribes) *see* E99.A+ 印第安人（特殊部落）見 E99.A+
	For Eskimos *see* E99.E7 愛斯基摩人見 E99.E7

八、加號

分類號之後附有加號（+），表示該類號可再繼續展開之意。該符號通常出現在見註或參照註所指引的分類號後面；線上版 *LC Classification Web* 則不使用加號，直接列出可再展開的類號範圍。以下舉 NC1280 為例；

NC	DRAWING. DESIGN. ILLUSTRATION 繪圖、設計、插圖
	Commercial art. Advertising art 商業藝術、廣告藝術
1280	General works 總論作品
	Chapbooks, *see* PN970+ 小書，見 PN970+
	American chapbooks, *see* PS472+ 美國小書，見 PS472+
	French chapbooks, *see* PQ803+ 法國小書，見 PQ803+
	English chapbooks, *see* PR972+ 英國小書，見 PR972+

LC Classification Web（線上版）

NC 1280	General works 總論作品
	Chapbooks see PN970-970.23　小書 見 PN970-970.23
	American chapbooks see PS472-475　美國小書 見 PS472-475
	French chapbooks see PQ803-806　法國小書 見 PQ803-806
	English chapbooks see PR972-975　英國小書 見 PR972-975

第五節　美國國會圖書館分類法的標記

　　標記又稱為索書號，可分為純標記與混合標記。國會分類法的標記，採用一種以上的符號，字母與阿拉伯數字，屬於混合標記。其索書號主要是由分類號、著者號及年代組成。其中，分類號由1至3個英文大寫字母及數字1至9999組成，數字可用小數點延伸，著者號採用的是克特號碼表（胡述兆、吳祖善，1991；梁津南，1987）。以下分別就索書號的書寫形式及其建置方式加以介紹：

一、索書號的形式

　　索書號的呈現方式有直式與橫式兩種。黏貼在書背上的書標採用直式，而機讀編目格式和預行編目（Cataloguing in Publication，簡稱CIP）則多以橫式呈現。

（一）直式索書號

　　直式索書號由上至下的順序分別是分類號→著者號→年代號→或其他特殊號碼。原則上，每一種號碼各占一行，以設定的位置為起始點靠左對齊。書寫時須留意之處包括：

1. 分類號中的字母與數字可緊鄰書寫或各占一行。

```
QA445
.B73
1988
```

```
QA
445
.B73
1988
```

2. 若類號有小數時，數字可書寫在同一行，亦可將小數點及其後的數字另起一行書寫。

```
QA
76
.7
.B73
1988
```

```
QA
76.7
.B73
1988
```

3. 有兩個克特號時，可各占一行或同行緊鄰書寫。當各占一行時，字母之前皆須加上小數點；緊鄰書寫時，第二個克特號之前的小數點可予以省略。

```
PN
6071
.A9
.J3
1988
```

```
PN
6071
.A9J3
1988
```

4. 索書號中最多僅能有兩個克特號。

正確的
```
HV
8931
.N62
.L3
1990
```

錯誤的
```
HV
8931
.N62
.L3
.S65
1990
```

（二）橫式索書號

　　橫式索書號的書寫是由左至右。順序分別是分類號→著者號→年代號→或其他特殊號碼。分類號中的字母與數字可緊鄰書寫；著者號與年代號之間則須空一格，以便於辨識，如"B2430.S34.E95 1997"。根據美國國會圖書館標題編目手冊（*Subject Cataloging Manual: Shelflisting*）制定的原則，圖書預行編目的索書號以橫式呈現；當索書號出現兩個克特號時，第二克特號的小數點可予以省略，如"HE365.I42P36 1997"（Subject Cataloging Division, Library of Congress, 1987）。

二、索書號的建置

（一）著者號

國會圖書館的著者號取碼方式，依據的是該館自行編訂的克特號碼表（Cutter Table）（參見表 6-1）。原始的克特號碼表係由克特為擴展式分類法設計的。國會圖書館克特表與克特編的號碼並不相同（梁津南，1987），其著者號是由一個大寫字母及阿拉伯數字組成，字母之前須加上小數點。取碼時，須特別留意克特號的尾數不用號碼 1 與 0。通常每個作者取 1 至 2 個數字，但是當同類號下的資料量過多時，數字可增至 3 個或更多，以使每個索書號都具唯一性（胡述兆、吳祖善，1991）。

表 6-1　美國國會圖書館克特表及範例

美國國會圖書館克特表（Cutter Table）									範例	克特號
1. 首字母為**母音**									Inman	.I56
次字母	b	d	l-m	n	p	r	s-t	u-y	O'Reilly	.O74
對應號碼	2	3	4	5	6	7	8	9	Urquhart	.U77
2. 首字母為 **S**									Stinson	.S75
次字母	a	ch	e	h-i	m-p	t	u	w-z	Somare	.S66
對應號碼	2	3	4	5	6	7	8	9	Sanchez	.S26
3. 首字母為 **Qu**									Quinlan	.Q56
次字母	a	e	i	o	r	t	y		Qutub	.Q88
對應號碼	3	4	5	6	7	8	9		Quorum	.Q67
首字母 **Qa-Qt**	2-29								Qadduri	.Q23
對應號碼									Qiao	.Q27
4. 首字母為**子音**									Tippet	.T57
次字母	a	e	i	o	r	u	y		Cymbal	.C96
對應號碼	3	4	5	6	7	8	9		Cryer	.C79
5. 第 3 字母以後	a-d	e-h	i-l	m-o	p-s	t-v	w-z			
對應號碼	3	4	5	6	7	8	9			

1. 個人著者克特號

取外國人著者號時,要先瞭解其書寫方式,英文名通常是名(first name)在前、姓(last name 或 surname)在後為原則,例如 Helena Dittman 的著者,以 Dittman 取克特號。有時基於編排或索引的需要,姓放置於名之前,姓與名之間會用逗號隔開,如 Hayden, Torey 的著者,以 Torey 取克特號。有些外國人會有中間名(middle name),常用一個字母縮寫代替,如 Sheila S. Intner 的中間名是 S.。如果 first name 和 middle name 皆縮寫,就會成為 S. S. Intner 或 Intner, S. S.。原則上,中間名不會被用來取克特號(參見表 6-2)。

表 6-2　個人著者克特號取碼及範例

個人英文姓名	姓	取碼	克特號
Rowing, J. K.	Rowing	Row	.R69
Hayden, Torey	Hayden	Hay	.H39
Helena Dittman	Dittman	Dit	.D58
Sheila S. Intner	Intner	Int	.I58

2. 團體著者／題名克特號

為主要款目團體著者或題名取克特號時,首字母出現的冠詞(如 the, a, an, le, das, los, il 等),予以忽略(參見表 6-3)(Dittman & Hardy, 2000)。

表 6-3　團體著者／題名克特號取碼及範例

團體著者姓名／題名	說明	取碼	克特號
IBM	依縮寫取碼	IBM	.I26
Discovery Channel	書名第一字取碼	Dis	.D57
St. Nicholas	依縮寫形式取碼	StN	.S76
El Paso	地名	ElP	.E47
On-line	忽略連字符號	Onl	.O55
The sea	忽略冠詞	sea	.S43
Macdonald	依字面取碼	Mac	.M33
McDonald	依字面取碼	McD	.M43

資料來源:修改自 Dittman 與 Hardy(2000, p. 47)。

（二）作品號（年代號）

一般而言，索書號中的年代號，以出版年代為主，但是編目規則在某些特別情況下，例如出現出版年、印刷年、與版權年等多個不同年代時，其出版年代著錄的形式會有多種，國會圖書館提供下列原則（參見表6-4），讓使用者有所依據，以維持一致性（梁津南，1987；Dittman & Hardy, 2000）。

表6-4　索書號出版年著錄形式

書目資料年代	索書號出版年	說明
1976?	1976	年代不確定，以問號（?）或大約（ca.）表示者，採用所提示的年代。
ca. 1976	1976	
1962 or 1963	1962	二個不確定年代者，採用較早的年代。
1978/79 [i.e.,1978 or 1979]	1978	
1981, c1980	1981	年代包括出版年及版權年者，採用最近的年代。
1971, c1972	1972	
1979 [i.e.,1978]	1978	年代包括修正過的年代時，採用修正的年代。
1969 (1973 printing)	1969	年代包括出版年及印刷年代者，採用出版年代。
1980 printing, c1957	1957	年代包括印刷年及版權年代者，採用版權年代。
1979 [distributed] 1980	1979	年代包括發行年及出版年代時，採用發行年。
1977 (cover 1978)	1978	年代包括出版年及封面年代者，採用封面的年代。
1979-1981	1979	多冊作品的年代不止一個年代者，採用最早的年代。
between 1977 and 1980	1977	不確定的範圍內年代者，採用較早的年代。
197- 197-?	1970z	年代不確定而著錄十年之間的年代或一世紀的年代者，以0補上，並以小寫字母z加於年代後面，z表示未知的日期。若為團體作者，則不必加z。
19-- 19--?	1900z	

資料來源：修改自梁津南（1987，頁32-33）、Dittman 與 Hardy（2000, p. 47）。

（三）種次號／作品號（Works Marks）（Chan, 1994）

1. 同一作品出現不同版本時，以出版年區隔。

```
QA
76
.7
.S36
1989
```

```
QA
76
.7
.S36
1990
```

```
QA
76
.7
.S36
1991
```

2. 同一作品在同一年代發行一個以上版本時，則從第二本開始於年代後面加上小寫的英文字母 b、c、d 等以為區隔。

```
QA
76
.7
.S36
1983
```

```
QA
76
.7
.S36
1983b
```

```
QA
76
.7
.S36
1983c
```

3. 連續性出版品的索書號不須著錄年代號，遇到分類號與著者號相同時，在克特號之後加上小寫的英文字母 a、b、c 等以為區別。

```
TC
425
.M7U54a
```

```
TC
425
.M7U54b
```

```
TC
425
.M7U54c
```

4. 如為影印本或複製本，則於第二本之後的每個年代號分別加上 a、aa、ab 等以為區分。

```
QA
76
.D36
1965
```

```
QA
76
.D36
1965a
```

```
QA
76
.D36
1965aa
```

```
QA
76
.D36
1965ab
```

5. 同類書，著者同而作品不同時，在著者號之後增加一碼以示區別，方式有兩種：
(1) 該碼取自個別書名；(2) 著者號之後適度調整增加一碼。

BF	BF	BF	BF
441	441	441	441
.D38	.D38<u>3</u>	.D38<u>5</u>	.D38<u>6</u>
1977	1990	1985	1990

第六節　類表應用與索書號之建置

　　國會分類法除了主表、索引之外、尚有複分表作進一步細分之用。早期複分表僅供某特定類目使用，屬專類複分表。隨著時間的演進，目前已新增一些可供各類使用的通用複分表，包括：（一）傳記複分表（biography table）；（二）譯本複分表（translation table）；（三）部分的地理複分表（certain geographic tables based on Cutter number）（Chan, 1994）。一般而言，廣義的上位詞代表包含較多的館藏量，出現形式複分的頻率高；相對地，狹義的下位類代表包含的館藏量較少，出現形式複分的機率低。各複分表篇幅不一，有短的兩三行，亦有長達數頁者。國會分類法索書號的建置類型相當多元且複雜，以下從詳表及複分表的使用分別介紹：

一、詳表的使用

（一）單一克特號（Single Cutter Number）

　　國會分類法之索書號，以一個克特號者占多數，若類表中無指示依克特號複分時，索書號中僅有一個克特號，即作品的主要款目，通常主要款目為作者，若無作者，則以題名為主要款目。

例1：*Oxford dictionary of philosophy*, by Simon Blackburn. 2001.（牛津哲學詞典）
　　　分入 Ref B41. B53 2001

B	Philosophy (General) 哲學總論
35	Directories 目錄
	Dictionaries 詞典
40	International (Polyglot) 國際的（數國語言的）
41	English and American 英語的及美語的
42	French and Belgian 法語的及比利時語的
43	German 德語的
44	Italian 義大利語的
45	Spanish and Portuguese 西班牙語的及葡萄牙語的
48.A-.Z	Other. By language, A-Z 其他 依語言複分
	Terminology. Nomenclature 術語、命名
49	General works 總論作品
50	Special topics, A-Z 依專題複分
51	Encyclopedias 百科全書

索書號建置：

Ref	Reference book 參考工具書
B	Philosophy 哲學
41	English Dictionaries 英語詞典
.B53	Blackburn 作者克特號
2001	Date of Publication 出版年

例2：*How to catalog an electronic journal*, by Paul Shaner Dunkin, 2000.（電子期刊分類編目法）分入 Z695.712.D86 2000

Z	LIBRARIES 圖書館
	Library science. Information science 圖書館學、資訊科學
	The collection. The books 館藏、圖書
	Cataloging 編目
	By form 依形式複分
695.62	Microforms 微縮
	Monographic series see Z695.78 專著叢書 見 695.78
695.64	Motion pictures and video recordings 電影及錄影片

	Music see ML111 音樂 見 ML111
695.655	Newspapers 報紙
695.66	Nonbook materials 非書資料
	Periodicals 期刊
695.7	General works 總論作品
695.712	Electronic journals 電子期刊
695.715	Phonorecords, Sound recordings 唱片、錄音
	For sound recordings of music see ML110+
	音樂錄音 見 *ML110+*
	Photographic slides *see* Z695.4 攝影幻燈片 見 Z695.4

索書號建置：

Z	Libraries 圖書館
695.712	Cataloging - Electronic journals 電子期刊編目
.D86	Dunkin 作者克特號
2000	Date of Publication 出版年

例3：*How to grow cabbage*, by Charles W. J. Unwin 1922.（高麗菜栽培法）分入 SB331.U59 1922

SB	PLANT CULTURE 作物栽培
	Vegetables 蔬菜
324.75	Seeds 種子
324.85	Care and preparation of vegetables for market 蔬菜上市前的保存與處理
	Including cold storage 包括冷藏
	Cf. TX612.V4 Home storage of vegetables or types of vegetables 蔬菜或各類型蔬菜之家庭貯藏
	Culture of individual vegetables or types of vegetables 蔬菜或各類型蔬菜之栽培
325	Asparagus 蘆筍
327	Beans. Common bean 豆子、菜豆
	Cf. SB203+, Feed and forage legumes 飼料和豆科牧草
329	Beets 甜菜
	Cf. SB207.M35, Mangel-wurzel 飼料甜菜
	Cf. SB218+, Sugar beets 甜菜

331	Cabbage 高麗菜
	Including cabbage and cauliflower 包括高麗菜及花椰菜
333	Cauliflower 花椰菜
	Including broccoli and calabrese 包括綠花椰菜及花莖甘藍
335	Celery 芹菜
	Including celeriac 包括塊根芹
337	Cucumber 黃瓜

索書號建置：

SB	Plant culture 作物栽培	
331	Cabbage 高麗菜	
.U59	Unwin 作者克特號	
1922	Date of Publication 出版年	

（二）雙克特號（Double Cutter Numbers）

　　雙克特號係指在索書號中出現兩個克特號。第一個克特號作為主題進一步細分之用，讓分類更為精確，包括形式、時間、地方或副主題等，第二個克特號代表主要款目，通常是作者的名字。在某些情況下，兩個克特號都用以表示主題（Chan, 1999）。雙克特號的類型包括：

1. 主題克特號（Topical Cutter Numbers）

　　主題克分號係提供使用者依個別主題細分，常見的字眼包括："Special topics, A-Z"、"Special subjects, A-Z"、"Special, A-Z"、"Other, A-Z" 或是更細的主題如："Special objects"、"Special aspects or movements, A-Z"、"Special properties of liquids, A-Z"、"By breed, A-Z" 及 "By type of environment" 等。

例1：*Amino acids in animal nutrition*, by Boone. 1983.（動物氨基酸營養）

　　　分入 SF98.A4B66 1983

SF	ANIMAL CULTURE 動物文化
	Feeds feeding. Animal nutrition 飼料餵養、動物營養
97.7	Flavor and odor 味道及氣味
97.8	Contamination 污染
98.A-.Z	Individual feed constituents, components, and feed additives, A-Z 依個別飼料成分、組成部分、飼料添加劑複分
98.A2	Additives (General) 添加物
98.A34	Adrenergic beta agonists 瘦肉精
98.A38	Amino acid chelates 氨基酸螯合物
98.A4	Amino acids 氨基酸
98.A44	Ammonia 氨氣

索書號建置：

SF	Animal culture 動物文化
98	Special components, A-Z 依動物營養成分複分
.A4	Amino acids 氨基酸（第一克特號）
.B66	Jones 作者（第二克特號）
1983	Date of Publication 出版年

例2：*London transport posters: A century of art and design*, by Victoria Sherrow. 1995.（倫敦地鐵海報）分入 NC1849.R34S54 2008

NC	DRAWING. DESIGN. ILLUSTRATION 繪圖、設計、插圖
	Posters 海報
1849.A-Z	Special topics, A-Z 依專題複分
	Class here general works on the topics as well as works on the topics in a particular region, country, etc.
	與此主題有關之總論作品及特殊地區、國家與此主題有關之作品入此
	Postal service 郵政業務
	Public health 公共衛生
	Publishers and publishing 出版者和出版業
	Railroads 鐵路
	Real estate business 房地產買賣

```
Rock concerts 搖滾音樂會
Safety 安全
Science 科學
Sea 海洋
Shoes 鞋子
Social problems 社會問題
Space 太空
```

索書號建置：

```
NC      Drawing. Design. Illustration 繪圖、設計、插圖
1849    Special topics on posters 海報主題
.R34    Cutter number for railroads posters 鐵路海報（第一克特號）
.S54    Sherrow 作者（第二克特號）
2008    Date of Publication 出版年
```

2. 區域克特號（Area Cutter Numbers）

區域克特號提供依國家、州別、省、市、地方等區域細分之用。在類表中出現的用詞，包括："By region or country, A-Z"、"By region or state, A-Z"、"By city, A-Z"、"By region, country, county, etc."、"By region or province, A-Z"、"Other countries, A-Z"、"Special countries, A-Z"、"By individual island or group of islands, A-Z"、"By state, A-Z"、"By province, A-Z"、"By place, A-Z" 等。原則上，國家之克特號僅取一碼。

例1：*Agricultural extension activities in Canada*, by Amy Kurtz Lansing. 1987.（加拿大農業推廣活動）分入 S544.5.C3L3 1987

S	AGRICULTURE (GENERAL) 農業
	Agricultural education 農業教育
	Agricultural extension work 農業推廣工作
	General and United States 美國
544	General works 總論作品
544.3.A-.3.W	By state, A-W 依州別複分
544.5.A-.5.Z	Other regions or countries, A-Z 依其他地區或國家複分
544.6	Developing countries, A-Z 依發展中國家複分
545	History, etc. 歷史等

索書號建置：

S	Agriculture 農業
544.5	Agricultural extension work - Other countries 美國以外國家的農業推廣工作
.C3	Canada 加拿大（第一克特號）
.L3	Lansing 作者（第二克特號）
1987	Date of Publication 出版年

例2：*A history of sports in Maryland*, by Bruce H. Herrick. 1970.（美國馬里蘭州體育史）分入 GV584.M3H47 1970

GV	RECREATION. LEISURE 娛樂、休閒
	Sports 運動
	History 歷史
	By region or country 依地區或國家複分
	America 美洲
	United States 美國
583	General works 總論作品
584.A-.Z	By region or state, A-Z 依地區、州別複分
584.5.A-.5.Z	By city, A-Z 依城市複分
	Canada 加拿大
585	General works 總論作品
585.3.A-.3.Z	By province, A-Z 依省複分
585.5.A-.5.Z	By city, A-Z 依城市複分

索書號建置：

GV	Recreation. Leisure 娛樂休閒
584	By state, A-W 依州別分
.M3	History of sports in Maryland 馬里蘭州運動史（第一克特號）
.H47	Herrick 作者（第二克特號）
1970	Date of Publication 出版年

例3：*School architecture in California*, by Salten. 1960（美國加州學校建築）分
　　　入 LB3218.C2S2 1960

LB	THEORY AND PRACTICE OF EDUCATION 教育的理論與實務
	School architecture and equipment. School physical facilities. Campus planning
	學校建築及設備、學校設施、校園規劃
	By region or country 依地區或國家複分
	United States 美國
3218.A1A-.A1Z	General works 總論作品
3218.A5-.W	By state, A-W 依州別複分
3219.A-Z	Other regions or countries, A-Z 依其他地區或國家複分
3220	School sites 校址

索書號建置：

LB	Theory and practice of education 教育的理論與實務
3218	School architecture of the United States 美國學校建築
.C2	California 加州
.S2	Salten 作者克特號
1960	Date of Publication 出版年

3. 保留克特號（Reserve Cutter Numbers）

　　某些情況下，有些類表的類號會出現一個克特號或某一範圍的克特號（通常以 "A" 克特號為開頭，"Z" 克特號為結束），基於特殊目的而保留的號碼。常用於期刊、機關團體、會議等之進一步複分。一般而言，"A" 克特號常用來作為期刊或正式出版品之形式複分；而 "Z" 克特號則用以作為某主題特殊分類之用。

例1：*Parks Monthly*（公園月刊）分入 SB481.A1P3

SB	PLANT CULTURE 植物栽種
	Parks and public reservations 公園及公共保護區
	Including works on theory, management, history, etc.
	包括理論、管理、歷史等作品
	Cf. QH75+ , Nature reserves, wilderness areas 自然保護區、荒野保護區
	Cf. QH91.75.A1+, Marine parks and reserves 海洋公園及保護區

	Cf. QH101+, Natural history of particular parks 特殊公園歷史
	Cf. RA604, Environmental health 環境衛生
	Cf. SD426+, Forest reserves 森林保護區
	Cf. TD931, Sanitary engineering 衛生工程
481.A1	Periodicals. Societies. Serials 期刊、機關團體、叢書
481.A2	Congresses 會議、討論會
481.A4-Z	General works 總論作品
481.3	Juvenile works 少年作品

索書號建置：

SB	Plant culture 植物栽種
481	Parks 公園
.A1	期刊（保留克特號：第一克特號）
.P3	以刊名第一字 "Parks" 為主要款目（第二克特號）

例 2：*Library statistics of Netherlands*, by Frank Astor. 1975.（荷蘭圖書館統計）

分入 Z815.A1A88 1975

Z	LIBRARIES 圖書館
	Library reports. History. Statistics 圖書館報告、歷史、統計
	Europe 歐洲
	Belgium 比利時
813.A1	General works. History 總論作品、歷史
813.A2-Z	By region, state, or place, A-Z 依地區、州別、地方複分
814.A-Z	Individual libraries. By name, A-Z 個別圖書館，依名稱複分
	Netherlands 荷蘭
815.A1	General works. History 總論作品、歷史
815.A2-Z	By region, state, or place, A-Z 依地區、州別、地方複分
816.A-Z	Individual libraries. By name 個別圖書館，依名稱複分
	Luxemburg 盧森堡
816.3.A1	General works. History 總論作品、歷史
816.3.A2A-.A2Z	By region, state, or place 依地區、州別、地方複分
816.3.A3-Z	Individual libraries, By name, A-Z 個別圖書館，依名稱複分

索書號建置：

Z	Libraries 圖書館
815	Statistics – Netherlands 荷蘭統計
.A1	General works. History 總論作品、歷史（第一克特號）
.A88	Astor 作者（第二克特號）
1975	Date of Publication 出版年

（三）雙年代

通常索書號僅出現一個年代，但在某些特殊主題，會指引使用者依年代複分，該年代為類號的一部分。引導複分的用語如 "By date of crisis" 等。

例如：*The causes of the 1929 stock market crash.* by Harold Bierman, Jr. 1998.

（1929年股市崩盤原因探析）分入 HB3717 1929.B54 1998

HB	ECONOMIC THEORY. DEMOGRAPHY 經濟理論、人口學
	Business cycles. Economic fluctuations 商業週期、經濟波動
3711	General works 總論作品
3714	History of theories 理論史
	History of crises 危機史
3716	General works 總論作品
3717	Particular crises. By date of crisis 特殊危機 依危機年代複分
	Subarranged by author 依著者複分
	For works describing more than one year of a crisis, use the first year covered
	作品描述的危機不只一年時，選用第一個年代

索書號建置：

HB	ECONOMIC THEORY. DEMOGRAPHY 經濟理論、人口學
3717	Economic fluctuations - History of crises 經濟波動特殊危機史
1929	Date of crisis 危機年代
.B54	Bierman 作者克特號
1998	Date of Publication 出版年

二、複分表的使用

在國會分類法中，多數美國以外地區或國家的作品類號是透過複分表的組合而產生。克特號組合的方式有以下幾種類型。

（一）類型一

複分表中的克特號形式為："x, x2, .x3A-.x3Z"、".xA1-.xA5, .xA6-.xZ, .x2A-.x2Z" 等。上述克特號通常出現在 "Under each country"（各國依下列複分）之下；線上版 Classification Web 則以 "Subarrange each country by Table..."（各國依表……複分）的用詞取代 "Under each country"，並以超連結方式連結複分表。

例1：*Saving banks in Madrid, Spain*, by Diego Florez. 1997.（西班牙馬德里儲蓄銀行）分入 HG1939.S63M33 1997

HG	FINANCE 金融
	Banking 銀行業
	Special classes of banks and financial institutions 特殊銀行與金融機構
	Savings banks 儲蓄銀行
	By region or country 依地區或國家複分
	United States 美國
1921	*For directories see HG2441+*
	目錄見 *HG2441+*
1922	Periodicals. Societies. Serials 期刊、機關團體、叢書
1923.A-.Z	General works 總論作品
	Local, A-Z 依地方複分
	For individual savings banks, see HG2613.A+
	個別儲蓄銀行，見 *HG2613.A+*
1926	Great Britain 大不列顛
1927	Periodicals. Societies. Serials 期刊、機關團體、叢書
1928.A-.Z	General works 總論作品
	Local, A-Z 依地方複分
	For individual savings banks, see HG3000.A-.Z
	個別儲蓄銀行，見 *HG3000.A-.Z*
1939.A-.Z	Other European regions or countries, A-Z
	依其他歐洲地區或國家複分

Subarrange each countries by Table H75
各國依表 H75 複分
For individual savings banks, see HG2701+
個別儲蓄銀行，見 HG2701+

複分表 H75

.x	Periodicals. Societies. Serials 期刊、機關團體、叢書
.x2	General works 總論作品
.x3A-.x3Z	Local, A-Z 依地方複分

索書號建置：

HG	Finance 金融
1939	Other European regions or countries, A-Z 依其他歐洲地區或國家複分
.S63	.x = .S6（西班牙 Spain 克特號），故 .x3 = .S63
.M33	Madrid 馬德里（第二克特號）
1997	Date of Publication 出版年

例 2：*Psychedelic drug use in Vancouver, by Steele.* 1985.（加拿大溫哥華迷幻藥物的使用）分入 HV5840.C22V3 1982

HV	SOCIAL PATHOLOGY. SOCIAL AND PUBLIC WELFARE. CRIMINOLOGY
	社會病理學、社會公益、犯罪學
	Drug habits. Drug abuse 用藥習慣、吸毒
	By region or country 依地區或國家複分
	For works on special classes of persons in particular places see HV5824.A+
	特定地方之特殊族群相關作品 見 HV5824.A+
	United States 美國
	Including insular possessions 包括海島屬地
5825	General works 總論作品
5831.A-Z	By state, territory or insular possession, A-Z
	依州別、領域或海島屬地複分

	Under each state: 各州依下列複分	
	.A1-.A3	*Periodicals. Societies. Serials* 期刊、機關團體、叢書
	.A6-.Z	*Monographs* 圖書
5833.A-Z	By city, A-Z 依城市複分	
5840.A-Z	Other regions or countries, A-Z 依其他地區或國家複分	
	Under each country (except Spain): 各國依下列複分（西班牙除外）	
	.xA1-.xA5	*Documents* 文獻
	.xA6-.xZ	*General works* 總論作品
	.x2A-.x2Z	*Local, A-Z* 依地方複分
Spain 西班牙		

索書號建置：

HV	Social pathology. Social and public welfare. 社會病理學、社會公益
5840	Drug habits in other countries 美國以外其他國家用藥習慣
.C22	.C2 =.x 加拿大克特號，故 .x2=.C22
.V3	Vancouver 溫哥華克特號
2008	Date of Publication 出版年

例3：*Urban transportation in Ottawa*, by Hutcheon. 1988.（加拿大渥太華市內交通運輸）分入 HE311.C22O884 1988

LC Classification Web（線上版）

HE	TRANSPORTATION AND COMMUNICATIONS 運輸及通訊
	Urban transportation 城市交通
	By region or country 依地區或國家
311.A-.Z	Other regions or countries, A-Z 依其他地區或國家複分
	Subarrange each country by Table H73 依表 H73 複分

複分表 H73

	Table for breakdown of countries, etc. (2 Cutter nos.) 國家細分複分表（2個克特號）
.x	General works 總論作品
.x2A-.x2Z	Local, A-Z 依地方複分

索書號建置：

HE	Transportation and Communications 運輸及通訊
	Urban transportation 城市交通
311	By region or country 依其他地區或國家複分
.C22	.x = .C2（Canada 加拿大克特號），故 .x2 = .C22
.O884	.O88 為 Ottawa 渥太華（.x2A-Z）；4 為 Hutcheon 著者號（取自克特表第 3 字母以後）因不得超出兩個克特號，若欲加上著者號則取 1 碼家添加於第 2 克特號之後。
1988	Date of Publication 出版年

（二）類型二

　　有些複分表提供個別國家或地區一段範圍的號碼，如 5 碼、10 碼、1 碼等，各國範圍不一，視情況而定。範圍內之號碼並非每個都使用，暫未使用的號碼，可作為未來擴充之用。通常在 Other regions or countries（其他地區或國家）之下會有 "Subarrange...by Table..."（依……表複分）以及 "Add country number in table to..."（複分表中的國碼加上……）的敘述。紙本與線上版的表現形式略有不同，茲舉列如下：

例 1：*Government business in India*, by Alan Stewart. 1969（印度政府企業）
　　　分入 HD4293.S74 1970

HD	INDUSTRIES. LAND USE. LABOR 產業、土地使用、勞動
	Industry 產業
	Industrial policy. The state and industrial organization
	產業政策、國家及產業組織
	State industries. Public works. Government ownership
	國有產業、公共工程、國有制

		By region or country 依地區或國家複分
4001-4420.7		Other regions or countries (Table H9) 美國其他地區或國家
		Add country number in table to HD4000
		複分表中的國碼加上 *HD4000*
		Uuder each: 各國依下列複分
		Apply Table HD4001/1 for 10 number countries
		10 碼的國家用表 HD4001/1 複分
		Table for state industries, etc. (10 no. countries)
		國家產業等主題複分表（10 碼的國家）
	1	Periodicals. Societies. Serials
		期刊、機關團體、叢書
	5	General works 總論作品
	7.5	Finance 財政
	8	Public policy 公共政策
	10.A-.Z	Local, A-Z 依地方複分
		Apply Table HD4001/2 for 5 number countries
		5 碼的國家用表 HD4001/2 複分
		Table for state industries, etc. (5 no. countries)
		國家產業等主題複分表（5 碼的國家）
	1	Periodicals. Societies. Serials
		期刊、機關團體、叢書
	3	General works 總論作品
	4	Public policy 公共政策
	5.A-.Z	Local, A-Z 依地方複分
		Apply Table HD4001/3 for 1 number countries
		1 碼的國家用表 HD4001/3 複分
		Table for state industries, etc. (1no. countries)
		國家產業等主題複分表（1 碼的國家）

.A1-.A5	Periodicals. Societies. Serials 期刊、機關團體、叢書
.A6-.Z7	General works 總論作品
.Z8A-.Z8Z	Local, A-Z 依地方複分
Apply Table HD4001/4 for 5 number regions 5碼的地區用表HD4001/4複分	
	Table for state industries, etc. (5no. regions) 國家產業等主題複分表（5碼的地區）
1	Periodicals. Societies. Serials 期刊、機關團體、叢書
3	General works 總論作品
4	Local, A-Z 依地方複分
Apply Table HD4001/5 for 1 number regions 1碼的地區用表HD4001/5複分	
	Table for state industries, etc. (1no. regions) 國家產業等主題複分表（1碼的地區）
	Apply this table to regions that are larger than a single country
.A1-.A5	Periodicals. Societies. Serials 期刊、機關團體、叢書
.A6-.Z7	General works 總論作品

複分表 H9

H9	Table for state industries, etc. (5 no. countries)
	South Asia 南亞
291-295	India 印度

索書號建置：

HD	
4293	(1) 根據 "Other regions or countries (Table H9)" 的指示，去查複分表 H9；
	(2) 從 Table H9 中得知印度（India）的號碼，範圍介於 291-295 之間；
	(3) 根據 "Add country number in table to HD4000" 的指示，將 291-295 加上基本號碼 HD4000，得出類號範圍為 HD4291- 4295；
	(4) 印度號碼 291 至 295 共有 5 碼，故選擇 5 碼國家使用的複分表 HD4001/2；
	(5) 從 HD4001/2 中查到總論作品（general works）號碼是 3，故得出 4293
.S74	主要款目 Stewart 克特號
1970	Date of Publication 出版年

例 2：Public corporations and public policy in Germany, 1981.（德國公營公司和公共政策）分入 HD4178.P83 1981

LC Classification Web（線上版）

HD	INDUSTRIES. LAND USE. LABOR 產業、土地使用、勞動
	Industry 產業
	Industrial policy. The state and industrial organization
	產業政策、美國及產業組織
	State industries. Public works. Government ownership
	國有產業、公共工程、國有制
	By region or country 依地區或國家分
4001-4420.7	Other regions or countries Table H9
	其他地區或國家依表 H9 複分
	Add country number in table to HD4000
	複分表中的國碼加上 HD4000
	Under each: 各依下列複分
	Apply Table HD4001/1 for 10 number countries
	10 碼的國家用表 HD4001/1 複分
	Apply Table HD4001/2 for 5 number countries
	5 碼的國家用表 HD4001/2 複分
	Apply Table HD4001/3 for 1 number countries
	1 碼的國家用表 HD4001/3 複分

Apply Table HD4001/4 for 5 number regions 5 碼的地區用表 HD4001/4 複分 Apply Table HD4001/5 for 1 number regions 1 碼的地區用表 HD4001/5 複分

複分表 H9

H9　Tables of geographical divisions 地理複分表 　　　　Europe 歐洲 171-180　Germany 德國

複分表 HD4001/1 for 10 number countries

	Table for state industries, etc. (10 no. countries) 國有產業等之複分表（10 碼的國家）
HD4001/1 1	Periodicals. Societies. Serials 期刊、機關團體、叢書
HD4001/1 5	Industry 產業 General works 總論作品 　　public works 公共工程
HD4001/1 7.5	Finance 金融
HD4001/1 8	Public policy 公共政策
HD4001/1 10.A-Z	Local, A-Z 依地方複分

索書號建置：

HD	
4178	(1) 從 Table H9 中查到德國號碼範圍介於 171-180； (2) 根據 "Add country number in table to HD4000" 的指示，將 171-180 加上基本號碼 HD4000，得出類號範圍為 HD4171- HD4180。 (3) 171 至 180 共有 10 碼，故選擇 10 碼國家使用的複分表 HD4001/1； (4) 從 HD4001/1 中得知 Public policy 號碼為 8，故為 4178
.P83	主要款目 Public 克特號
1981	Date of Publication 出版年

（三）類型三

出現於複分表中的尚有連續克特號，亦即採用系列的克特號，如 .C5、.C6、.C7……或 (1)、(2)、(3)、(4)……等，作為同類號作品進一步細分之用。若複分號碼以圓括弧（）標示時，該號碼添加後，須將圓括弧刪除。在新修訂的版本中，已將 (1)、(2)、(3)、(4) 的形式改成 .x、.x2、x3、.x4。假設 .x 指定給 China，則號碼分別為 .C6、.C62、C63、C64。分類時須特別留意，不要用號碼 1 作為結尾的數字，例如 .x1。以下舉傳記作品為例（Chan, 1999）。

例如： *On poetry, painting and politics: The letters of May Morris and John Quinn.* by Morris, May. 1994（詩歌、繪畫及政治：梅．莫利斯與約翰．奎因的書信）分入 CT788.M643A4 1994

LC Classification Web（線上版）

CT	BIOGRAPHY 傳記
	National biography 全國傳記
	By region or country 依地區或國家複分
	Europe 歐洲
	Great Britain. England 不列顛、英國
	Individual persons 個別人物
	For individual biographies of political or historical persons, or of persons associated with particular cities, see classes D-F 政治人物、歷史人物或與特殊城市有關的個別人物傳記
788.A-.Z8	By name, A-Z 依姓名複分
	Subarrange each by Table C30 依表 C30 複分

複分表 C30

	Table for biography (1 Cutter no.) 傳記複分表
.xA2	Collected works. By date 總傳，依年代複分
.xA25	Selected works. Selections. By date 選集，依年代複分
	Including quotations 包括語錄
.xA3	Autobiography, diaries, etc. By date 自傳、日記等，依年代複分
.xA4	Letters. By date 信件、依年代複分
.xA5	Speeches, essays, and lectures. By date 演講、論文、講座，依年代複分
.xA6-.xZ	Biography and criticism 傳記及評論

索書號建置：

CT	Biography 傳記
788	Individual biography of a person from Great Britain or England 不列顛、英國個別人物傳記
.M643	傳記主人 Morris（.x = .M643，第一克特號）
.A4	Letter 信件（傳記複分表，第二克特號）
1994	Date of Publication 出版年

第七節　美國國會圖書館分類法索書號排序

國會分類法的索書號逐行排比，第一行相同時再比對下一行，其排序規則如下：

一、首先排比第一行的英文字，根據英文字母順序排比。

| DD
3497 | → | DJK
3497 | → | L
3497 | → | LC
3497 |

二、英文字之後的分類號，根據數值排比。

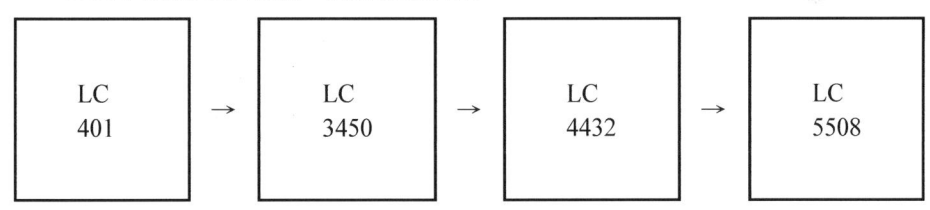

| LC
401 | → | LC
3450 | → | LC
4432 | → | LC
5508 |

三、小數點之後的分類號，根據數值逐一排比。

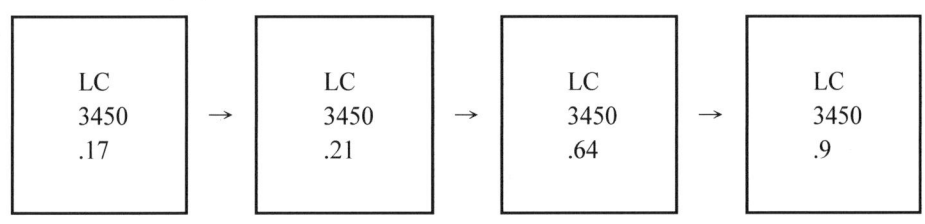

| LC
3450
.17 | → | LC
3450
.21 | → | LC
3450
.64 | → | LC
3450
.9 |

四、分類號排比之後再排克特號，根據克特號英文字母順序排。

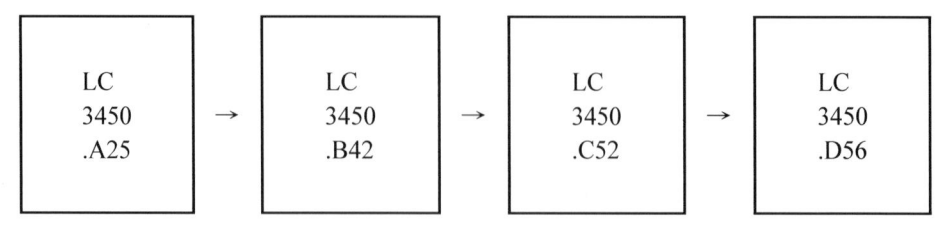

| LC
3450
.A25 | → | LC
3450
.B42 | → | LC
3450
.C52 | → | LC
3450
.D56 |

五、克特號英文字母之後的數字，根據數值逐一排比。

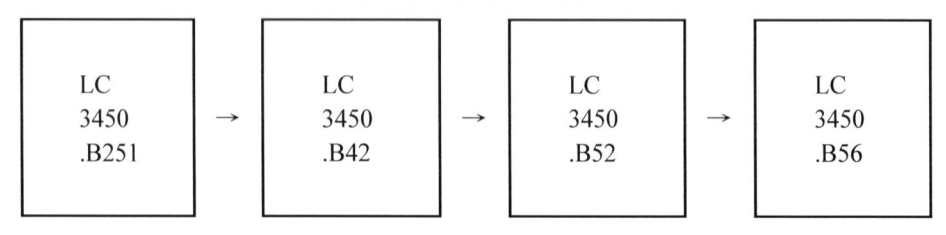

| LC
3450
.B251 | → | LC
3450
.B42 | → | LC
3450
.B52 | → | LC
3450
.B56 |

六、若有兩個克特號時，第一個克特號先排，第二個克特號後排序。

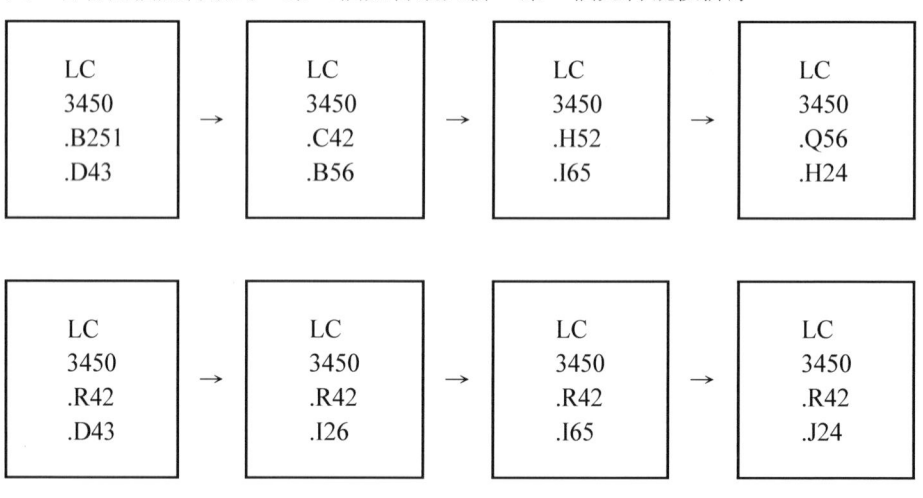

| LC
3450
.B251
.D43 | → | LC
3450
.C42
.B56 | → | LC
3450
.H52
.I65 | → | LC
3450
.Q56
.H24 |

| LC
3450
.R42
.D43 | → | LC
3450
.R42
.I26 | → | LC
3450
.R42
.I65 | → | LC
3450
.R42
.J24 |

七、分類號及克特號相同時，根據出版年排序。

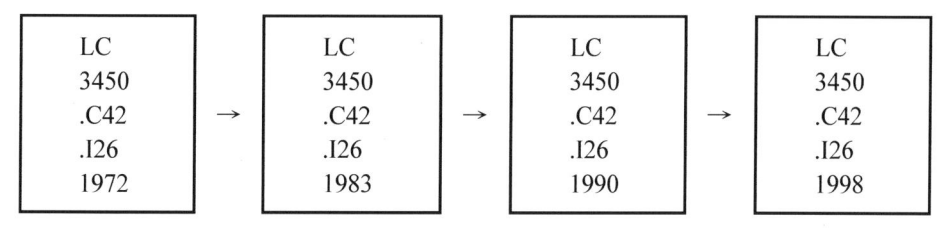

| LC
3450
.C42
.I26
1972 | → | LC
3450
.C42
.I26
1983 | → | LC
3450
.C42
.I26
1990 | → | LC
3450
.C42
.I26
1998 |

八、分類號、克特號、及出版年皆相同時，根據冊次號排序。

| LC
3450
.C42
.I26
1972
v.1 | → | LC
3450
.C42
.I26
1972
v.2 | → | LC
3450
.C42
.I26
1972
v.3 | → | LC
3450
.C42
.I26
1972
v.4 |

關鍵詞彙

美國國會圖書館分類法 Library of Congress Classification	標記 Notation
複分表 Auxiliary Tables	索書號 Call Number
克特表 Cutter Table	克特號 Cutter Number

自我評量

- 「美國國會圖書館分類法」應用哪些分類原理？
- 何謂「馬特爾七點」？
- 「美國國會圖書館分類法」著者號的取碼方式？

- 「美國國會圖書館分類法」有哪些優點與缺點？
- 「美國國會圖書館分類法」採用哪些特殊的註記與符號？
- 「美國國會圖書館分類法」的標記特色？

參考文獻

林德海（1993）。美國國會圖書館分類法。在中國大百科全書總編輯委員會（編），中國大百科全書：圖書館學、情報學、檔案學（頁269-270）。臺北縣：錦繡。

胡述兆、吳祖善（1991）。圖書館學導論（二版）。臺北市：漢美。

吳祖善（1995）。國會圖書館分類法。在圖書館學與資訊科學大辭典（中冊，頁1517-1518）。臺北市：漢美。

梁津南（1987）。國會分類法的應用。臺北市：金石。

黃端儀（1974）。圖書分類編目的研究。臺北市：華岡。

Batley, S. (2005). *Classification in theory and practice*. Oxford, UK: Chandos.

Chan, L. M. (1994). *Cataloging and classification: An introduction* (2nd ed.). New York, NY: McGraw-Hill.

Chan, L. M. (1999). *A guide to the Library of Congress classification* (5th ed.). Englewood, CO: Libraries Unlimited.

Chan, L. M., & Salaba, A. (2016). *Cataloging and classification: An introduction* (4th ed.). Lanham, MA: Rowman & Littlefield.

Dittman, H., & Hardy, J. (2000). *Learn Library of Congress classification*. Friendswood, TX: TotalRecall.

Droste, K., & Library of Congress. (2003). *Super LCCS: Gale's library of congress classification schedules; combined with additions and changes through 2003*. Detroit, MI: Gale.

Evans, G. E., Intner, S. S., & Weihs, J. (2011). *Introduction to technical services* (8th ed.). Santa Barbara, CA: Libraries Unlimited.

Hunter, E. J. (2002). *Classification made simple* (2nd ed.). Aldershot, UK: Ashgate.

Immroth, J. P. (1975). Library of congress classification. In A. Kent, H. Lancour, W. Z. Nasri, & J. E. Daily (Eds.), *Encyclopedia of library and information science* (Vol. 15, pp. 93-200). New York, NY: Marcel Dekker.

Kao, M. L. (1995). *Cataloging and classification for library technicians*. New York, NY:

Haworth.

Kumbhar, R. (2012). *Library classification trends in the 21st century*. Oxford, UK: Chandos.

Library of Congress. (2016). *Classification web*. Retrieved from https://classificationweb-net.autorpa.lib.fju.edu.tw/min/minaret?mod=Browser&app=Class&menu=/Menu/

Marcella, R., & Maltby, A. (2000). *The future of classification*. Brookfield, VT: Gower.

Rowley, J., & Farrow, J. (2000). *Organizing knowledge: An introduction to managing access to information* (3rd ed.). Burlington, VT: Ashgate.

Subject Cataloging Division, Library of Congress. (1987). *Subject cataloging manual: Shelflisting*. Washington, DC: Library of Congress.

Taylor, A. G., & Miller, D. P. (2006). *Introduction to cataloging and classification* (10th ed.). Westport, CT: Libraries Unlimited.

第七章
標題法

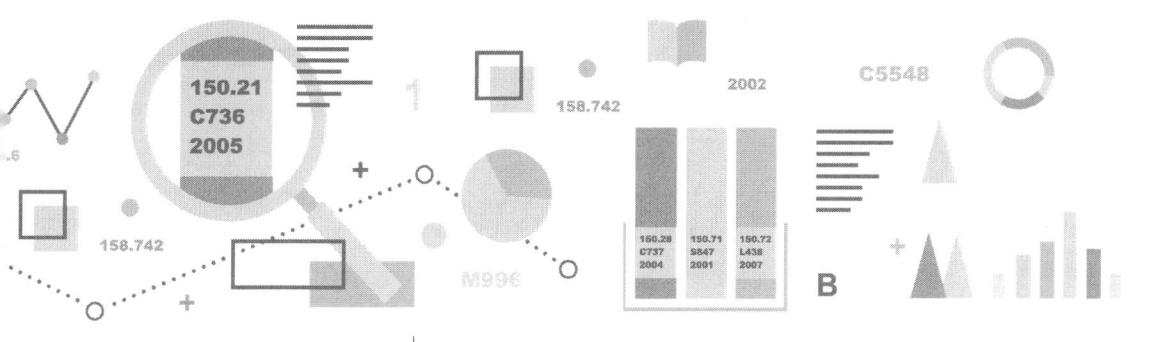

作者簡介

張慧銖

(lisahcc@dragon.nchu.edu.tw)

國立中興大學
圖書資訊學研究所教授

學習目標

研讀本章內容之後，學習者應能夠：

- 瞭解標題法的意義與功用
- 瞭解標題法的結構、選詞原則及選詞範圍
- 瞭解標題法的形式與複分標題
- 瞭解如何設定標題
- 認識《中文主題詞表》
- 認識《美國國會圖書館標題表》（LCSH）
- 認識《美國國家醫學圖書館標題表》（MeSH）
- 瞭解標題表相關發展計畫

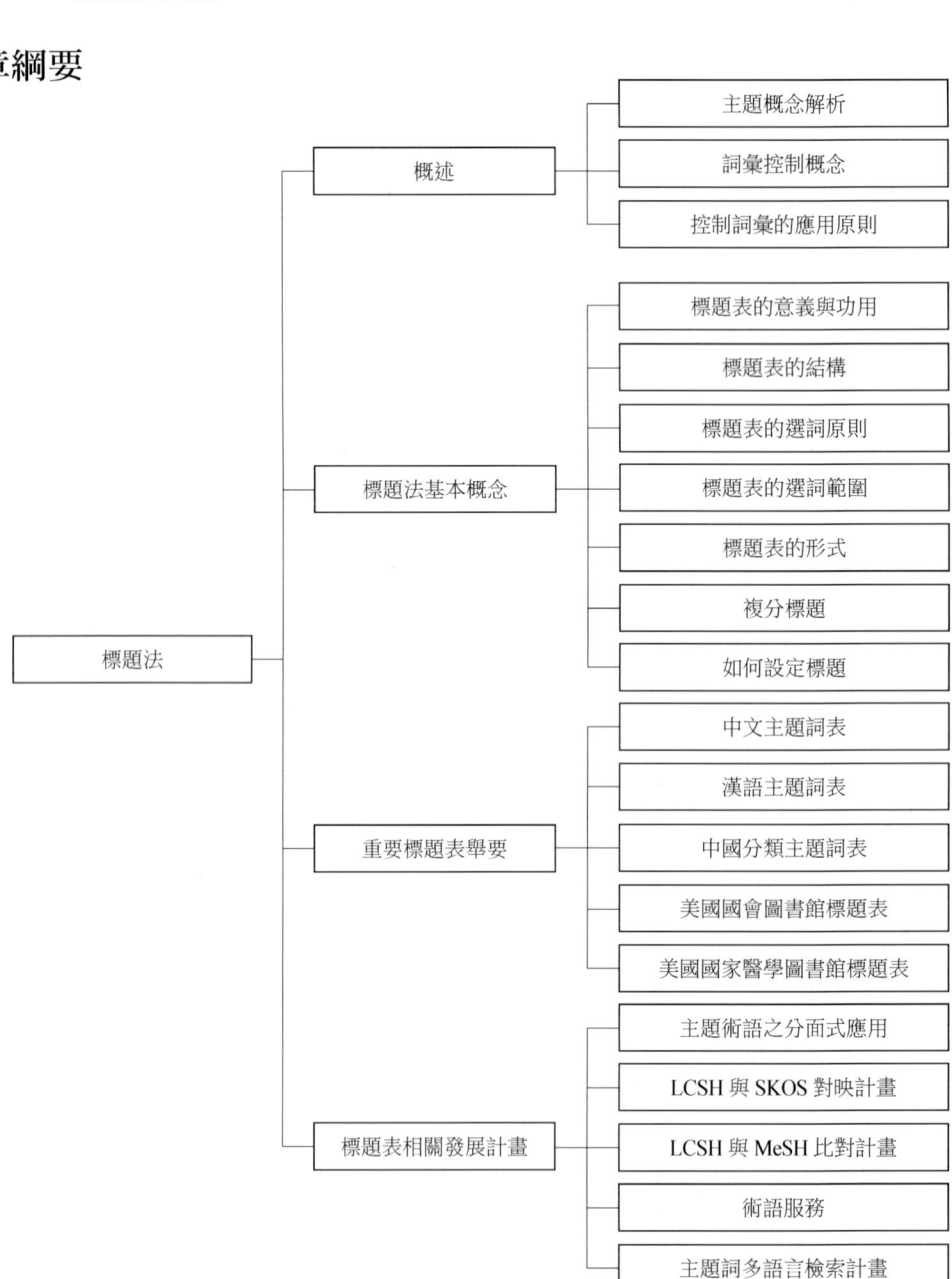

本章綱要

- 標題法
  - 概述
    - 主題概念解析
    - 詞彙控制概念
    - 控制詞彙的應用原則
  - 標題法基本概念
    - 標題表的意義與功用
    - 標題表的結構
    - 標題表的選詞原則
    - 標題表的選詞範圍
    - 標題表的形式
    - 複分標題
    - 如何設定標題
  - 重要標題表舉要
    - 中文主題詞表
    - 漢語主題詞表
    - 中國分類主題詞表
    - 美國國會圖書館標題表
    - 美國國家醫學圖書館標題表
  - 標題表相關發展計畫
    - 主題術語之分面式應用
    - LCSH 與 SKOS 對映計畫
    - LCSH 與 MeSH 比對計畫
    - 術語服務
    - 主題詞多語言檢索計畫

第七章
標題法

第一節　概述

本節主要在說明標題法的基本理念，內容包含：主題概念解析、詞彙控制概念、控制詞彙的應用原則。

一、主題概念解析

無論是在進行資訊檢索或是文獻主題概念的索引工作，在應用標題法時需先進行主題概念的解析，也就是要先針對圖書資訊的內容做分析，之後再進一步將分析出來的概念轉換至字順主題系統的架構，如圖 7-1 所示。在此過程中實際上包含了兩個步驟，即概念分析與將概念轉換為索引詞彙，茲分述如下：

（一）概念分析

首先應檢視作品的內容並分析其所包含的概念，這些概念除了從作品本身及其附件中可以找到外，有時在出版者的宣傳資料中也可以發現。基本上可以著手分析的線索與系統主題法相同，包括：題名、目次、篇章名、導言、序跋、參考書目與附註、正文及書評、圖表及插圖、參考工具書或請教該領域的學者專家等。而可做為主題觀念提供辨識的概念則包括：主題（topics）、名稱（names）、年代（chronological elements），與形式（form），其中名稱又包含了個人名稱、團體名稱、地理區域和實體名稱，如：建築物。

圖 7-1　主題解析示意圖

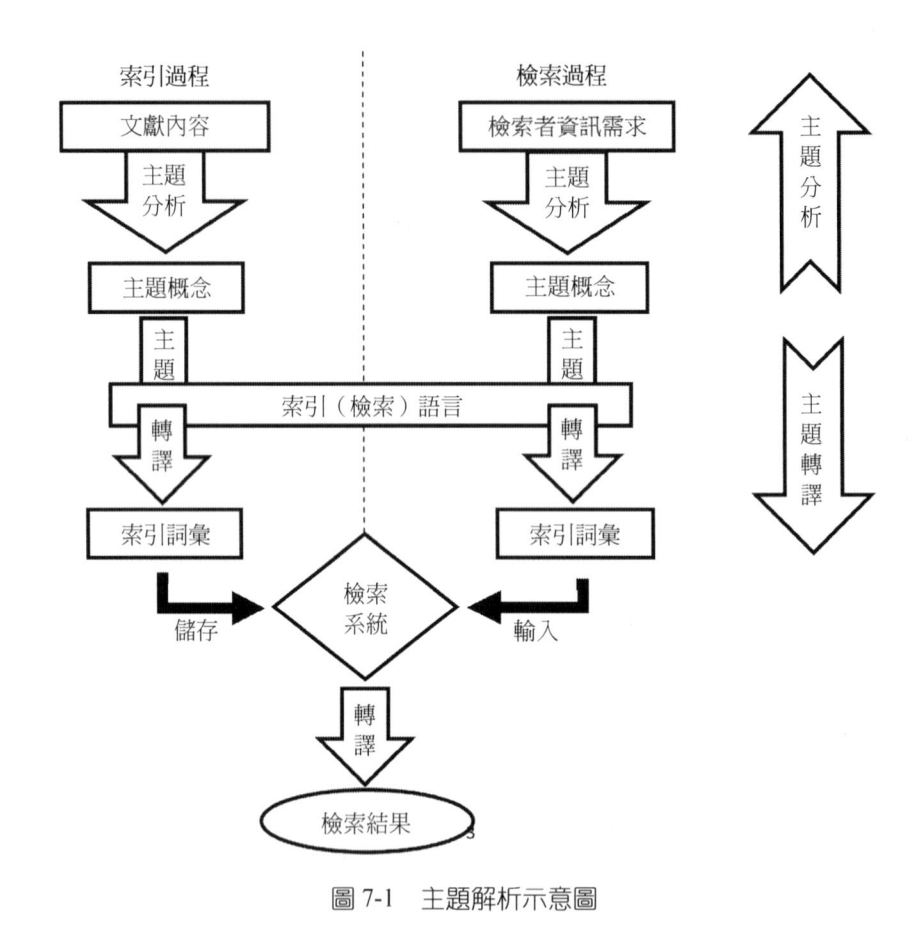

（二）將概念轉換為索引詞彙

若欲將作品中的概念轉換為索引詞彙，應包含的工作項目如下：

1. 在檢視了前述線索後應能辨識該資訊物件的主題，同時確定其目的，也就是確定預設的讀者群；
2. 將概念轉換為索引詞彙並於控制詞彙表中查詢；
3. 找出控制詞彙表中可以代表主題概念的詞彙；
4. 將該詞彙的形式依選用的控制詞彙表之要求予以轉換。

　　由於各控制詞彙表皆有其獨特的使用規則，可於其導論中查得，或者參考其使用手冊中的說明與範例。

二、詞彙控制概念

控制詞彙表通常會選擇一些表達主題的詞彙當做是選擇詞,而將同義詞列於其下,並且以符號表達其間的關係,選擇詞多半會採用深色或粗體印刷,同義詞則為淡色或細體印刷,以茲區別。例如:

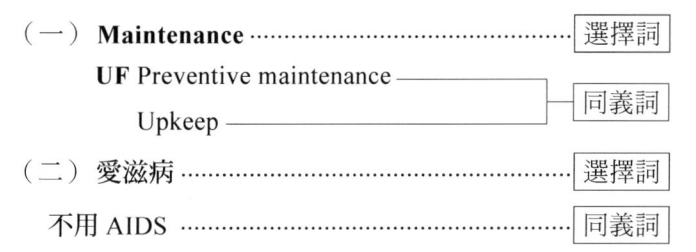

(一) **Maintenance** ┄┄┄┄┄┄┄┄┄┄┄┄ 選擇詞
　　　UF Preventive maintenance
　　　Upkeep ┄┄┄┄┄┄┄┄┄┄┄┄┄┄ 同義詞

(二) 愛滋病 ┄┄┄┄┄┄┄┄┄┄┄┄┄┄┄ 選擇詞
　　　不用 AIDS ┄┄┄┄┄┄┄┄┄┄┄┄┄ 同義詞

在依字順表列時,則會將非選用的詞彙優先列出並告知選擇詞為何,例如:

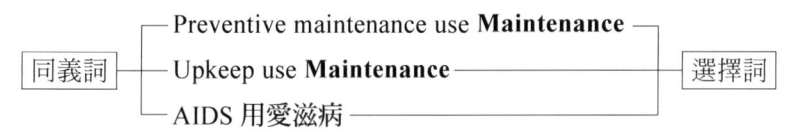

同義詞 ┬ Preventive maintenance use **Maintenance** ┐
　　　├ Upkeep use **Maintenance** ┄┄┄┄┄┄┄┄┄┤ 選擇詞
　　　└ AIDS 用愛滋病 ┄┄┄┄┄┄┄┄┄┄┄┄┘

有些控制詞彙表會將詞彙間的階層關係表達出來,越上層的代表越廣義的詞,越下層則為較狹義的詞,例如:

Maintenance
　　BT Maintainability (Engineering)
　　RT Repairing
　　NT Grounds maintenance

三、控制詞彙的應用原則

索引詞彙可以採用事先組合的方式列示於控制詞彙表中,如標題表或索引典,或者在檢索時才將詞彙進行組合,前者稱為前組合索引(pre-coordinate indexing),後者稱為後組合索引(post-coordinate indexing)。當詞彙在控制詞彙表中被編目員或索引者事先組合好,就表示一些主要觀念、次要觀念、地名、時間及形式的觀點都會被串聯起來。雖然控制詞彙表中有許多被編目員或索引者事先組合好的詞彙,但在使用許多控制詞彙時,檢索者還是必須要做後組合的工

作。例如：在《美國國會圖書館標題表》中並無 "dancers and musicians" 的標題，若有使用者希望查找包括舞者與音樂家的資訊，便要將已包括在控制詞彙表中的 "dancers" 及 "musicians" 在檢索時利用布林邏輯（boolean logic）的技巧予以組合（Taylor, 1999）。

基本上控制詞彙在應用時應注意以下幾點原則：

（一）文獻保證原則（Literary Warrant）

所謂文獻保證原則是指無論是標題表或索引典若要加入新的詞彙，必須是當文獻上有新的觀點出現，且有相對應的詞彙用以表達的狀況。也就是詞彙的設定應有相對應的文獻存在，而不是設定一些無用的詞彙占據空間。

（二）專深款目（Specific Entry）

應採用在詞彙控制表中最能表達觀點的詞彙，例如：關於音樂家的詞彙應該用「音樂家」而非「表演藝術」。

（三）直接款目（Direct Entry）

應採用直接的款目，而不要採用較廣或複分的詞彙。例如：火車站應該用 "railroad stations"，而不要用 "railroad-stations"。

（四）款目數量（Number of Terms Assigned）

基本上控制詞彙的數量應無限制，端視文獻的內容應該用幾個控制詞彙予以描述。以 MEDLINE 資料庫而言，一篇醫學論文平均會用到 12 至 15 個控制詞彙，至於圖書則因內容較期刊論文廣泛，因此控制彙的數量通常會少於此數。

第二節　標題法基本概念

本節共分為八個部分，分別介紹標題表的意義與功用、標題表的結構、標題表的選詞原則、標題表的選詞範圍、標題詞的形式、複分標題及如何設定標題。茲分述如下：

一、標題表的意義與功用

　　標題是主題標目（subject headings）的簡稱，係屬主題編目的一環，編目員會根據圖書資訊的顯著特性，解析其內容並以一個字、一個詞，或一個名詞片語等方式作為主題概念的呈現，並且將概念標示進行字順排列，同時使用參照方式，間接顯示概念間的相互關係。由於透過詞彙控制，將使得主題與概念間建立起一對一之對應關係，而能達到依主題集中文獻之目的，做為資料查詢的重點。又因為每本書所討論的主題範圍可能不只一個，所以每本書的標題也通常不只一個。

　　標題表是將標題及其參照關係依據字母或筆劃順序排列而成，其主要功用在協助讀者自圖書館目錄中查到關於某一主題的各類型館藏，包括：中、西文圖書與期刊、善本圖書、地圖、視聽資料等。另一方面，若在設計之初，就已決定將標題表用於分析文獻主題，那麼標題表就可以作為資料庫系統控制詞彙的查詢與索引工具。例如：美國國家醫學圖書館所編製的《美國國家醫學圖書標題表》（*Medical Subject Headings*，簡稱 MeSH），除用於該館館藏資料的主題編目外，還可以做為醫學期刊論文主題分析之工具，即為最佳例證。

　　若進一步分析標題表之功能，可以發現標題是一種語彙控制設計，可以用來將文獻著者、索引編製者、資料查詢者所使用的自然語言轉換成系統語言。就結構而言，標題表是一種可將某一學科知識中所涵蓋的相關語彙加以控制，並且兼顧其多面性的設計，而能達成以下幾點任務（陳麥麟屏、林國強，2001）：

（一）對某一學科提供一張地圖，清楚地表示概念（或觀念）與概念之間的相互關係，可以幫助索引編製者或資料查詢者瞭解該學科的結構。

（二）對某學科或主題提供一種標準語彙，以便索引編製者在製作索引時具有一致性。

（三）在眾多語彙之間提供一個參考體系，以確保索引編製者在製作某一觀念的索引時，能夠從一組同義詞中挑選一個合法用語，方便索引編製者及查詢者有所遵循。同時亦可針對某一觀念作多層面的分析，提供許多相關語彙。

（四）為資料查詢者提供正確的主題檢索語彙，標題表特別注重「參照」的功能，有了清楚的參照關係，即可防止資訊查詢時漏檢及誤檢的情況發生。

（五）為資料查詢者提供新觀念，透過標題表的結構與相關語彙提示，可以刺激查詢者，產生新思路或新創意。

（六）提供語彙的分類層次，方便查詢者可以有系統地將檢索範圍逐步擴大或逐次縮小，使得查詢能獲得滿意的回收率與精確率。
（七）促使某一學科的語彙標準化並趨於一致。

二、標題表的結構

關於標題表的結構，可以分為編輯結構與條目結構兩方面來說。就其編輯結構而言，通常包括序論、標題主表，以及複分標題表。茲分述如下（盧秀菊，1997）：
（一）序論：通常置於標題表的最前面，包括序言、編例及其使用說明。從序言之中，可以瞭解該標題表的發展歷史；編例交代其編輯體例；而使用說明則詳述其用法。
（二）標題主表：為標題表的主體部分，由許多標題款目所組成，中文標題表之款目多按筆劃及筆順排序；而西文標題表之款目則多按字母順序排列。
（三）複分標題表：編製目的乃為節省標題表的篇幅，而將許多標題都共同具備的細目另外提出而成，可與標題主表搭配使用。

至於標題主表中的標題款目主要由標題詞、參考類號、註釋，及參照所組成。分別說明如下（陳和琴、張慧銖、江綉瑛、陳昭珍，2003）：
（一）標題詞：即主標目，代表各個獨立的概念，又可分為「使用的款目詞」與「不使用的款目詞」，並且以字體的大、小或粗、細加以區別。
（二）參考類號：標題表有時會列出某常用的分類法之類號做為參考，既有助於標題的辨識又能夠幫助編目員分類。
（三）註釋：用以解釋標題詞的範圍及其使用方式。
（四）參照：包括「見」、「反見」、「參見」、「反參見」等四種，用以規範標題詞之間的關係。

三、標題表的選詞原則

一般而言標題表的選詞工作應注意以下原則（中國圖書館學會、國立中央圖

書館、美國資訊科學學會臺北分會、農業科學資料服務中心，1994；盧秀菊，1997）：

（一）使用者的需要

為了順應目錄使用者的需要，標題表中「使用的款目詞」應能反映出當代流行的詞彙。同時經由對參考工具書、一般性索引、索引典，以及各學科文獻等的研究，選出能迎合使用者需要的標題詞。

（二）劃一性標目

為了讓目錄使用者在檢索時，能將某一個論題的館藏資料全部予以聚集，以增加回收率。因此，同一個標目若有相似詞或不同形式的書寫方式，就必須加以控制，亦即只能就其中挑出一個詞當作權威標目，其餘都當成「不使用的款目詞」。例如：愛滋病，不用愛死病、艾滋病。

（三）獨特性標目

同樣地，為了讓目錄使用者在檢索時，能精確地將某一個論題的館藏資料全部予以聚合，以增加回收率。因此，同形異義的標目也必須加以控制，亦即應增加區辨字樣予以區別，例如：Cold（Disease）。

（四）特定而直接性標目

每一主題標目都要選用最直接、最精確的詞彙，亦即所使用的詞彙其語義範圍應是最特定者，而非使用語義範圍廣泛，或較一般性的詞彙。

（五）穩定性標目

為了讓主題標目保持時效性，標題表必須定期更新。但是如果更新的頻率過於密集，又將造成圖書館人力及資源的負擔。因此，標題表所選擇的主題標目必須在變動性與穩定性之間取得平衡。

（六）一致性標目

標題表中，相似標目的形式及其結構，應該要儘量保持一致性，以避免使用時造成混淆。

四、標題表的選詞範圍

標題表的選詞範圍基本上可就以下四個方面加以規範（陳和琴等，2003）：

（一）學科範圍

首先要確定所欲編製的是綜合性的標題表？或是專門或專題性的標題表？如果是前者，就必須兼顧各學科領域的基本詞彙。

（二）時間範圍

應確定代表現代事物與古代事物的詞彙，兩者所占的比例各為何？是否要多選現代的詞彙。

（三）空間範圍

另應確定代表本國事物與外國事物的詞彙，各應占何種比例？是否要多選本國的詞彙？

（四）詞類範圍

各種詞類，包括名詞、動詞、副詞、虛詞是否要全部囊括？還是應該嚴格規定以名詞或相當名詞之語詞為主？而名詞尚包括普通名詞及專有名詞，標題表是否要把所有的名詞都收錄其中？

五、標題詞的形式

主題標目可能用一個單字來代表一個主題概念，但也可能會用許多字代表一個主題概念或多重的主題概念。一般言而言，主題標目的款目詞有下列幾種形式：

（一）單一名詞

1. 單字
　　　犬
2. 多字
　　　美術
　　　半導體
　　　圖書館學
　　　阿爾巴尼亞

（二）形容詞詞組

　　　中國語言
　　　青年心理學
　　　人造衛星
　　　Economic forecasting

（三）限定形式標題

　　　鐵達尼（電影）
　　　印象派（文學）

（四）連接詞詞組

　　　圖書館與讀者
　　　文學與戰爭
　　　法律與社會
　　　Television and politics

（五）單詞用逗號加 etc. 的組合

　　　手冊，便覽等
　　　Hotels, taverns, etc.

（六）前置詞片語

Cookery for the sick

（七）複分標目

臺灣—歷史
Church architecture-France

（八）以上數種的組合

Church and labor-Italy

六、複分標題

　　標題表的主標目可以進一步地細分，稱為複分，其種類有形式複分、論題複分、時間複分與地區複分。其中有些複分屬於一般性複分，可自由地用於任何主標目之下。但非屬於一般性複分者，則不得自由複分於任何標題詞之下，且複分標題本身通常都不能單獨使用。以下分別舉例說明四種複分標題的用法：

（一）形式複分

　　所謂形式複分係根據文獻的編輯形制或著述形式而定的複分標題，主要有字典、辭典、論文集、期刊、年鑑、叢書、百科全書等。例如：「醫學—字典、辭典」，此例中主標目「醫學」代表此作品的主題內容，而複分標題「字典，辭典」則表示此作品的著述體裁。要特別注意的是在分類法中也有所謂的形式複分，但其用字有可能與標題表所用的不同，編目員必需經過查表選詞的程序，找出標題表所使用的標目。同樣地，對於內容包含所有知識範圍的綜合性資料，若其編輯形制就是內容識別的表徵，即可使用該編輯形制作為主標目，但也需要經過查表選詞的程序，因為一般所用的編輯形制之用語，也可能與標題表所用的不同。

（二）論題複分

複分標題有時是關於某一論題，稱為論題複分。此類複分標題與主標目之間，實際上並無主從或類屬關係。例如：

石油—開採
　　—貯存
　　—運輸
農業—生態
　　—建築

前例之複分標題「建築」，並不是主標目「農業」之下較小的類目。和形式複分一樣，論題複分的複分標題若被列入標題表「一般複分標題」之內，始可視需要作為任何主標目的複分標題。

（三）時代複分

時代或年代複分多用於某一地理區域或某主題歷史的複分。需要依時代或年代複分的學科範圍，包括：各國歷史、政治、政府、音樂、藝術、文學等。時代複分雖然也可以用於科技領域的主題標目，但適用的情況較少。在使用時代複分時，需於複分標題詞「歷史」之後，再加上世界或該國（或地方）的時代複分。例如：

歐洲—歷史—現代（1990- ）
法國—歷史—大革命（1789-1904）

由前例可知，時代複分標題之後，需外加圓括弧註明西元年代，作為排序依據。

（四）地理複分

出版品的內容若涉及某個地理區域，通常可以該學科為主標目，再以地理區域作進一步細分，例如：「科學—中國」。若作品是以地理區域為其研究對象，那麼就要以該地理區域為主標目，例如：「中國—地理」。

七、如何設定標題

標題的設定，主要有兩個部分的工作要進行，一為主題分析，另一為選詞，茲分別說明如下：

（一）主題分析

在設定標題之前，應先進行主題分析工作，步驟如下：

1. **檢查作品內容並決定其主題範圍**：可查看書名、目次、序、導論、書皮封套、內文或有關摘要等。
2. **分析出作品的主題重點**：是單一主題作品，或為多主題作品。如果是單一主題作品，應分析出作品是從哪一方面或哪幾方面論述此特定事物。若為多主題作品，則應確定作品所涉及的特定事物為何，並且釐清彼此之間的關係是並列、從屬，還是其他關係。

（二）選詞

主題分析之後，要進一步從標題表中選出合適的主題標目，但在選詞之前，還有兩個政策上的問題要作決定，即主題標目的數量和主題標目的專深程度。

1. 主題標目的數量

理想上，最好能用一個主題標目涵蓋全書的內容。若有困難，便可考慮採用一至兩個標題來表達該作品。至於標題的數量是否應該予以限制，則通常視目錄的種類及預期目標而定。以卡片目錄而言，除非遇到特殊的情況，否則不鼓勵標題的數量超過三個，原因是為了節省目錄的空間與製作的時間。但若為線上目錄，因其空間比卡片目錄富有彈性，且為了增加讀者主題查檢的機會，通常不會限制主題標目的數量。因此，主題標目的數量實可依據圖書館的性質、讀者對目錄依賴的程度，以及作品內容在表達上是否必要等因素而決定。

2. 主題標目的專深程度

主題標目數量的多寡有時會與標目的專深程度有關。編目員除了對作品的

主題不太有把握，可能設定了太多的主題標目之外，設定過於專深的標題，也有可能產生同樣的結果。理想上，主題標目的專深程度應該要與作品的主題範圍重疊，但實際上專深程度的高低，會與館藏資料的多寡有極為密切的關係。通常某主題的館藏資料如果數量較多，編目員對所設定的主題標目於其專深程度上，會調整得稍為高些，亦即用較狹窄或較特定的詞彙來表達作品內容。反之，則會把專深程度調低些，用較寬廣的詞彙來表達。

對於同一部作品，編目員也會避免同時用兩個專深程度不同的同一類標題，例如：一部「特殊教育名詞彙編」，編目員所下的標題為「教育—字典、辭典」及「特殊教育—字典、辭典」。此例中前一標題應予刪除，因為特殊教育本就隸屬於教育類，而同一本書既已設定「特殊教育」為主題標目，就不應再立包括「特殊教育」的「教育」為主題標目。不過也有例外的情況，例如：一部數學書，其中有一大部分是代數，這時就有可能同時設定「數學」及「代數」兩個主題標目。

第三節　重要標題表舉要

標題表是控制詞彙的主要工具之一，中文方面，臺灣編有《中文主題詞表》，中國編有《漢語主題詞表》、《中國分類主題詞表》；西文方面，則有《美國國會圖書館標題表》（*Library of Congress Subject Headings*，簡稱 LCSH）、《美國國家醫學圖書館標題表》（*Medical Subject Heading*，簡稱 MeSH）等。茲分別說明如下：

一、中文

以下分就臺灣與中國常用之主題詞表加以說明：

（一）中文主題詞表

國家圖書館於 1993 年出版改編自《中文圖書標題總目初稿》的《中文圖書標題表》，其標題詞係依據賴永祥編訂之《中國圖書分類法》與中央圖書館編訂之《中國圖書分類法（試用本）》的類目加以規範化而成，部分標題詞來自國家

圖書館實際進行主題編目工作時增補修訂。然而《中文圖書標題表》在使用上存有若干問題及需改進的地方，例如標題表的詞量不足、詞彙控制不夠嚴謹、收錄的速度緩慢等（陳和琴等，2003）。於是國家圖書館自2000年起召集館內外圖書館同道、編目專家、各學科學者專家共同參與編訂《中文主題詞表》，係以《中文圖書標題表》（修訂版）為基礎，大幅增加新詞目，同時進行架構調整與詞彙增補，以節省人力並提高詞表的實用性。

2003年、2004年先後完成《中文主題詞表：人文社會科學類》（試用版）、《中文主題詞表》（2005年版）兩種，作為文獻試標引及詞表改進的藍本。2005年復以國家圖書館館藏書目資料庫為對象，進行標題詞轉換主題詞的工程，同時針對《中文主題詞表》進行全面檢核、比對、刪併、訂正、補充等工作，於當年12月編竣，以《中文主題詞表》（2005年修訂版）之題名出版，共收錄主題詞23,162條，主表19,110條，附表4,052條。主表中，正式主題詞16,939條，非正式主題詞2,171條。全書詞目依教育部《常用國字標準字體筆順手冊》筆畫編排，同筆畫再依《康熙字典》部首順序排列，英文或以羅馬字母起首之詞目依字母順編排於中文一畫之前。《中文主題詞表》所收之主題詞，其中正式主題詞以新細明體標誌，非正式主題詞以較小字級標楷體標誌，成為臺灣第一部採用後組合式的詞表。後續增修之主題詞陸續公布於國家圖書館編目園地全球資訊網（國家圖書館編目園地，2016）。

《中文主題詞表》適用範圍以圖書為主，且各詞目採文獻保證原則。而詞表之結構改採敘述詞（descriptors）法，收錄詞彙以單詞為主，即採用單一概念的詞彙，並且取消詞下之內容複分及總論複分，調整為主題詞。詞間結構採「用」、「不用」、「參見」及「說明參照」，而不作族首詞（TT）、廣義詞（BT）、狹義詞（NT）等關係。

《中文主題詞表》的選詞原則包括以下幾項（陳和琴等，2003；國家圖書館，2005）：

1. 選詞以單義詞為準，即採單一概念詞彙為主，酌收部分「複合詞」，以定型名詞為主，如「政治」、「哲學」為單一概念詞；「人文主義教育」、「西洋哲學史」為複合詞。
2. 選用國內習用之詞彙作為使用的標題，如：九年一貫課程、文化中心、卡拉OK、本土化、白色恐怖、全民健康保險等。

3. 標題中之標點符號予以省略。
4. 詞彙長度以不超過十個中文字為原則。
5. 同形異義詞以圓括弧（ ）加註限定語，予以說明。
6. 原「中文圖書標題表」之複分標題，除形式複分詞外均提升為標題詞目。
7. 人名、地名、時代、著作名稱、機構名詞、會議、展覽會名稱等詞彙，仍採自由詞，不予收錄。各國語言、文學、民族等詞彙可另列附表。
8. 採文獻保證原則，即考量國內文獻出版情況及多寡為立目標準。

其選詞之詞彙來源包括各種關鍵詞庫、專業詞典、索引典、大陸漢語主題詞表，和其他主題詞表等。

《中文主題詞表》正表是由主題詞條目構成，每一條目之結構視其性質及需要，包括「標目詞」、「參考類號」、「註釋文字」和「參照說明」四部分。茲分別說明如下（國家圖書館，2005）：

1. 標目詞

標目詞位居條目的首行，具有指示主題詞之地位及作用，同時也是條目排列的依據。依主題詞的地位及作用，可分為「正式主題詞」和「非正式主題詞」兩種。

(1) 正式主題詞：為詞表推薦的主題詞，可作為標引及檢索的主題詞，以圓體排印，參照說明註明「不用 XX」字樣。

　　例：電腦　正式主題詞
　　　　　不用　電子計算機

(2) 非正式主題詞：不作為標引及檢索的主題詞，只作為引至正式主題詞的指引詞，以楷體排印，參照說明註明「用 XX」字樣。

　　例：電子計算機　非正式主題詞
　　　　　用　電腦

2. 參考類號

於正式主題詞之後加註《中國圖書分類法》增訂 7 版及增訂 8 版的分類號，其主要作用有二：一方面可以提供輔助解釋主題詞之詞義，使詞義更為明確，另一方面也可作為分類與主題一體化（同時呈現）的試驗。

3. 注釋文字
依其性質及作用，包括「釋義」、「用法」、「原文」、「一般注釋」等4種。
(1) 釋義：針對易誤解或較冷僻之正式主題詞所作之解說，以釐清主題詞之意義及其所包括的內容範圍，避免誤用誤引。

例：**教科書**
　　　論述教科書之編製

(2) 用法：指示使用者可以根據本條注釋文字，自行增補更為恰當、適宜的主題詞。

例：**少數民族**
　　　參見世界民族表（附表四）

(3) 原文：凡正式主題詞係來自西洋之名詞術語，則加註外文原文，以幫助使用者理解其詞義。

例：**小總譜**
　　　Miniature score

(4) 一般注釋：係指以上3種注釋類型之外，其餘的注釋文字。

4. 參照說明
指出兩主題詞間的關係，係一種特殊的注釋文字。主題詞間的關係主要有3種，即同義關係、隸屬關係、相關關係。而《中文主題詞表》為簡明起見，歸納為兩種，一為同義關係，另一為相關關係。兩種詞間關係之參照說明均為雙向參照，以參照符號「用／不用」標誌之；凡隸屬關係或相關關係的主題詞，以參照符號「參見」予以標誌。

例：**摩托車**
　　　用　機車
　　機車
　　　不用　摩托車

　　電子圖書館
　　　參見　虛擬圖書館
　　　　　　數位圖書館

（二）漢語主題詞表

　　《漢語主題詞表》為中國第一部大型綜合性、敘詞型檢索語言詞表，由中國科學技術情報所和北京圖書館主持編製，1980 年由科學文獻技術出版社出版，前後歷經四年，由 505 個單位，1,378 位專業工作者、圖書館學與資訊科學工作者共同編製完成。其蒐錄範圍包含社會科學與自然科學二大部分，全書分 3 卷 10 分冊，體系結構由主表、附表、詞族索引、範疇索引和英漢對照等索引組成，全表共收錄 108,568 條主題詞，其中正式主題詞 91,158 條，非正式主題詞 17,410 條（信之，1995）。

（三）中國分類主題詞表

　　此表是中國目前規模最大的分類主題一體化詞表。由中國圖書館圖書分類法編委會主持，劉湘生、侯漢清、張琪玉、朱孟杰等人主編，由北京圖書館為核心之 40 個圖書館及 160 位專家學者共同參與。1994 年完成，共收分類法類目五萬餘條，主題詞款目十六餘萬條（陳和琴等，2003）。2005 年由北京圖書館出版新版主題詞表，包含印刷版及電子版，增補新學科、新事物、新概念的主題詞二萬餘條，刪除無使用的舊詞一萬餘條，增補自然語言形式的非正式主題詞 21,000 條（國家圖書館《中國圖書館分類法》編輯委員會，2006）。

二、西文

　　主要介紹一般學科使用之《美國國會圖書館標題表》及醫學領域常用之《美國國家醫學圖書館標題表》。

（一）美國國會圖書館標題表

　　《美國國會圖書館標題表》係自 1898 年開始由美國國會圖書館所累積與建立之標題表。目前美國學術圖書館及中、大型公共圖書館都普遍採行該表，同時也對世界各國的圖書館有深遠之影響。美國國會圖書館最初以 1895 年美國圖書館學會（American Library Association，簡稱 ALA）出版之《字典式目錄標題表》（*The List of Subject Headings for Use in Dictionary Catalogs*）為基礎，而

逐步建立之標題表，1909 年開始至 1914 年 3 月，美國國會圖書館（Library of Congress，簡稱 LC）的編目員根據實際需要加以修正、補充與調整 ALA 的標題表，出版第一版《國會圖書館字典式目錄標題表》（*Subject Headings Used in the Dictionary Catalogs of Library of Congress*），此後便持續修訂，直至 1975 年第八版時才更名為《美國國會圖書館標題表》（張慧銖，2011）。

在 1988 年以前，LCSH 平均五至九年間會進行一次改版，在此之後則變更為每年改版一次，藉由國會圖書館的網站，將持續修訂的條目公布於 *LC Subject Headings Weekly Lists*，除此之外還發行 *Cataloging Service Bulletin*，提供編目議題的討論平臺（Chan, 2005）。目前，最新版的 LCSH 為 2015 年 1 月發行的第 37 版，包含超過 337,354 條標題及參照（Library of Congress, 2015），除了紙本形式的標題表外，亦有網路版的 *Classification Web* 提供國會圖書館標題表的查詢，其前身是以 CD-ROM 版本為主的 *Classification Plus*，於 2002 年停止更新並改稱 *Classification Web*（Cook, 2002），它是 Web-based 的工具，包含了 LCSH 和國會圖書館分類法的查找功能，但是許多編目員仍然覺得紙本的 LCSH 在使用上較為容易，所以即使是有這樣一個具線上查詢功能的工具，但紙本的 LCSH 還是非常受到喜愛（張慧銖，2011）。

LCSH 使用的語法是所謂的「前組合」，也就是相關詞彙在索引編製階段便已經做了組合。隨著電腦檢索時代的來臨，主題檢索亦發展出「後組合」式的檢索系統，也就是實際在「檢索」資料時才開始進行組合。既然 LCSH 為前組合系統，其內容結構的編製便具有一定的規則與特性，其主要的結構如下：

1. 主標目（Subject Heading）

正式標題依字母的次序以醒目的粗體字排列，非標題用一般字體。非標題的款目著錄極為簡單，只有指向正式標題的參照。標題形式可分為單詞標題、複詞標題和多詞標題三種。一般標題用正寫形式，凡帶有語種、民族或種族形容詞的標題可採用倒置形式，各種地理特徵名詞通常也採倒置，另帶有介詞 "of"、"on" 等或連詞 "and" 的短語也可用作標題、正寫，或倒置，如 "Art, American"、"Songs, French"。

2. 類號（Class Number）

　　大約百分之四十左右的標題其後附有相應之 LC 分類號，以便參考。這些類號置於方括弧內，放在主標題之下。如果一個標題可分入一個以上的類，則有一個以上相對應的分類號，並且會以簡潔的文字指明其所屬的學科，但若有類號正確與否的疑慮，則在進分類標引工作時，最好還是要核對最新版的分類法。例如：

Gums and resins
  　　　　[QD419 — QD419.7(Chemistry)]
  　　　　[SB289 — SB291(Culture)]
  　　　　[TP977 — TP979.5(Chemical technology)]

3. 使用範圍註（Scope Notes）

　　某些標題之下附有使用範圍註，用以提示標題的涵義、說明該標題和其他標題間之異同。例如：

Architecture, Domestic (May Subd Geog)
[NA7100 — NA7884]
Here are entered works on the architectural aspects of residences. Works on the history and description of human shelters are entered under Dwellings. Works on the social and economic aspects of housing are entered under Housing.

4. 參照（References）

(1) 相等的關係：兩個標題間的關係為相同者，使用 UF（used for）、USE。
(2) 階層的關係：兩個標題間的關係為上下層級者，使用 BT（broader term）、NT（narrower term）。
(3) 相關關係：兩個標題間的關係為相關意義者，使用 RT（related term）。
(4) 一般：使用 SA（see also）。

　　1986 年以後所採用的新款目形式係參考索引典的用語，改變了以往的參照符號，除了 SA 之外，其他各項均與敘述詞表相同。新格式使詞間關係的顯示變得更加清楚，明確區分了階層關係和相關關係，所使用的符號亦通用、醒目、易於記憶，方便用於電腦檢索。參照符號如表 7-1：

表 7-1　LCSH 參照符號一覽表

1988 年以後	英文意涵	中文意涵	1988 年以前
USE	Use	用（標題）	See
UF	Used for	代（非標題）	X
BT	Broader term	屬（上位標題）	XX
RT	Related term	參（相關標題）	XX SA
SA	See also	參見	SA
NT	Narrower term	分（下位標題）	SA

資料來源：張慧銖（2011，頁 142）。

5. 複分（Subdivision）

複分緊接在主標題之下，依複分的字母次序排列。複分標題使用「-」符號表示，當有需要的時候可以在標題之下增加標題複分。標題複分的類型有 6 種（Robare, El-Hoshy, Trumble, & Hixson, 2011）：

(1) 主題複分（topical subdivision）：跟隨其後者經常為引用順序，如：Corn-Harvesting。

(2) 形式複分（form subdivision）：用來表示一般的主題或形式，如：Engineering-Periodical。

(3) 地理複分（geographic subdivision）：如果標題可以使用地區複分，標題之後會加上 "May Subd Geog" 這個短句用以代替以往表示可進行地理複分的 "Indirect"，與 1986 年加入敘詞表形式之參照符號時同時修改，使用上更為直覺、易懂易記，如 Construction industry-Italy。

(4) 時代複分（chronological subdivision）：用來表示標題之時間限定，如 Philosophy, French-18th century。

(5) 自由浮動複分（free-floating subdivision）：係指可供編目員在特定標題下使用詞表中沒有作為副標題直接列出的形式複分標題或主題複分標題。自由浮動複分標題多有一定的應用範圍，所以一定要按照規則使用，其在 LCSH 的手冊 *Subject Cataloging Manual: Subject Headings* 中有具體說明（趙曉紅、宋曉丹，2003）。

(6) 模式標題下的通用複分（subdivisions controlled by pattern headings）：係在

同類型的主標題中挑選一項，列出所有適用的複分作為其他同類型主標題的模範或樣本。例如，文學類型的複分是以英國文學（English literature）為模範，任何其他國家的文學皆以英國文學下的複分為通用複分，如 English literature-Foreign influences，依此，則在標記 Chinese literature 之下，亦可使用 Foreign influences，如 Chinese literature-Foreign influences（鄭寶梅，1995）。

（二）美國國家醫學圖書館標題表

《美國國家醫學圖書館標題表》是美國國家醫學圖書館（U.S. National Library of Medicine，簡稱 NLM）針對生物醫學方面之期刊文獻、圖書、視聽資料、電子資源等所整理的主題內容之控制詞彙表，於 1960 年出版，亦作為 NLM 所出版的 MEDLINE / PubMed 資料庫主題檢索的索引典。MeSH 詞彙係針對同一概念採用固定的詞彙表達方式，以達到詞彙控制的目的，方便生物醫學領域的學者或從業人員彼此間的溝通，更用以陳述資料內容的主題意涵並提供檢索。因此，標題詞彙必須能明確表達主題概念，且都是經過 NLM 的索引專家考證醫學文獻中最常使用，及專家學者或從業人員認同的詞彙表達方式。若是較少使用的詞彙也會在標題表中出現，並指引至正確的標題詞。索引專家們更在眾多標題詞中建立主題關係連結，除了更突顯標題表的功能外，也能藉由醫學標題表的呈現，讓使用者瞭解生物醫學領域的研究範疇（U.S. National Library of Medicine, 2016）。

MeSH 是生物醫學領域中使用最普遍，也最被重視的標題表。其功能除了可以協助 NLM 在編目時，作為主題編目時選用標目之依據，成為讀者查檢館藏目錄的檢索點外，更可作為期刊論文等不同類型紀錄在主題分析後使用標題詞的依據，以方便製成書目資料庫後協助檢索，如重要的醫學資料庫 MEDLINE / PubMed 即是採用 MeSH 做為主題分析的根據（國家圖書館編目園地，2016）。MeSH 的內容共分為兩個部分，即字母順序標題表及樹狀結構標題表，茲分別說明如下（陳和琴等，2003；NLM, 2015）：

1. 字母順序標題表（Alphabetic List）

將所有的醫學標題以字母順序排列方式呈現，並且佐以交互參照（cross

reference），這是一般標題表最常使用的呈現方式，而 MeSH 提供的交互參照有兩種，即 **see / X** 和 **see related / XR**。標題表中以 see 及 X 連結者，表示兩個詞彙間為同義詞關係，其中一個為標題詞，而另一個則為其同義詞；若以 see related 及 XR 連結者，表示兩個詞彙在 MeSH 標題表中分屬於不同樹狀結構的相關標題。

除了交互參照資訊外，每個標題詞之下還提供歷史註（history note），記述該標題詞被使用的年分及交互參照的歷程。此外，每個標題詞之下也會提供其在樹狀結構標題表中所對應的類別代碼，以利使用者對應查檢樹狀結構標題表。

2. 樹狀結構標題表（Tree Structures）

樹狀結構標題表題將所有標題詞以分類方式呈現，並且建立每個類別內標題詞間的層級關係。在表中將標題詞分成 16 大類，每個大類之下又細分成多個次類，每個次類下亦分成多個小類，最多可分至 13 個層級。這些分類同時以英文字母及數字呈現，可更方便顯示各標題詞間的分類層級。

樹狀結構標題表中可顯示每個分類的層級關係，愈上層者表示該標題詞所代表的主題意涵較廣（generic），愈下層者則表示該標題詞所代表的主題意涵愈專指（specific），此種呈現方式可比擬為各標題詞間的廣義詞（broad terms）及狹義詞（narrow terms）之關係。

美國國家醫學圖書館為求能正確反應最新的生物醫學發展，每年皆固定更新標題表的內容。因此，MeSH 每年都會提供 New Headings 及 Deleted Headings 兩種清單，指出該年度新採用及被刪除不用的標題詞。MeSH 的組成包含了以下不同性質的詞組（NLM, 2015）：

(1) 主標題（headings）：又稱敘述詞（descriptors）或主標目（main headings）。總計超過 26,000 個主題詞標題。

(2) 副標題（subheadings）：又稱限定語（qualifiers）。副標題依附於主標題，用以描述文獻中著重的面向或應用。例如，同樣被標註 "Lymphoma"（淋巴癌）這個主標題的文獻，有的著重於 "therapy"（治療），即會加上副標題，標示為 "**Lymphoma / therapy**"；有的著重於 "pathology"（病理），就會標示為 "**Lymphoma / pathology**"。一般而言，同一個主標題所連用的主題副標題不會超過三個，若超過三個，則採單獨的主標題即可。目前 MeSH 提供 83 個主題式副標題，可讓使用者找尋描述某一標題詞特定觀點的所有資料。

(3) 補充概念詞彙（Supplementary Concept Records，簡稱 SCR）：主要為物質（藥物）詞表，也包含部分醫學療程（protocols）與罕見疾病名稱。有些新的物質尚未成主標題，會列入 SCR 作為補充詞彙，以補足 MeSH 詞彙的完整性。
(4) 文獻類型（publication types）：主要用以描述文獻類型的 MeSH 詞彙，分為形式副標題（List of Publication Types Used as Form Divisions）及出版類型（List of Publication Types Used as Genres）兩種，編目員只能使用第一種。
(5) 地理複分（geographics）：詳列於樹狀結構表的 Z 類（Geographic Locations）中。
(6) 檢查欄（check tags）：針對文獻中物種的特殊分類，例如：人類或其他物種、性別、年齡區間等。可供使用者於查詢結果中針對特定的分類篩選，主要用於限制檢索，縮小查詢的範圍，以呈現更為精確的檢索結果。

　　NLM 為便利使用者更為簡易地利用 MeSH，乃提供線上版的 *MeSH Browser*，可檢索所有的主標題、副標題、補充概念詞彙、地理複分等，由於 MeSH Browser 新穎性高且檢索較具彈性，使得原有的 MeSH 查詢工具，如 MeSH Annotated Alphabetic List、MeSH Tree Structures 的使用率大幅下降。因此，此二種工具只發行至 2003 年版為止。而另一紙本 MeSH 係 *Medical Subject Headings, Supplement to Index Medicus* 又稱為 *Black and White MeSH*，內容包括字母順序標題表及樹狀結構標題表，亦發行至 2008 年 12 月止（Nelson, 2007）。由於 MeSH 是機器可讀形式，故 MeSH 網站（網址：http://www.ncbi.nlm.nih.gov/mesh）可獲得最新訊息及其相關資訊，下載除了 XML 格式外，亦可取得 RDF 的格式（U.S. National Library of Medicine, 2016）。

第四節　標題表相關發展計畫

　　主題分析的相關研究在 1970 年代和 1990 年代各是一個高峰期，前者關注於詞彙應用於後組合檢索系統，強調索引典與電腦系統的應用；後者則因網路資訊搜尋與檢索而掀起另一波話題（張慧銖，2011）。本節以 LCSH 的發展為主軸，探討標題表的相關發展計畫，共分為五個部分加以說明：一、主題術語之分面式應用（FAST）；二、LCSH 與 SKOS 對映計畫；三、LCSH 與 MeSH 比對計畫；四、術語服務（terminologies service）；五、主題詞多語言檢索（MACS）計畫。

一、主題術語之分面式應用（FAST）

　　造成主題檢索高失敗率的主要原因之一是 LCSH 的複雜性，因此 OCLC 於 1998 年開始發展「主題術語之分面式應用」（Faceted Application of Subject Terminology，簡稱 FAST）計畫（O'Neill & Chan, 2003），其目的在保留 LCSH 詞彙的豐富性並簡化 LCSH 複雜的語法，以便將主題標目應用於網路檢索且確定用於網路環境的主題詞彙必須能夠滿足以下條件：
（一）結構上簡單明瞭、容易維護。
（二）能提供最佳的檢索點或途徑。
（三）能在不同的環境中跨越學科，同時提供互操作性。
　　因而在多方考量下，OCLC 決定為 LCSH 配上一套簡易的語法，使其在應用時能更趨向於後組合檢索（OCLC Research, 2015）。
　　FAST 計畫利用簡單層面分析的方式，更加細分與切割主題詞，使標題可以透過各相關面向分析主題用語的組合，形成較為彈性且多面向的後組合式標題表。FAST 係由八個不同的層面所組成，包括：論題（topical）、地區（geographic）、個人名稱（personal name）、團體名稱（corporate name）、形式（form）、年代（chronological）、題名（title）、會議名稱（meeting name）。切割後的主題詞依所屬層面以冒號「：」區隔，除了年代以外，大多數的 FAST 標目都會建立 FAST 權威檔（張慧銖，2011）。關於 FAST 的特點與挑戰如下（Jin, 2008）：
（一）FAST 之標目為組合式，由主要標目及其複分組成，其組成結構簡單，淺顯易懂，就連沒有受過專業訓練的人也可以看懂，進而能使用它來標引網路資源。
（二）LCSH 字串按規定順序排列，但 FAST 卻將大多數的字串拆開。
（三）涵蓋所有層面的前組合標目可以為單件作品提供一種脈絡，但後組合式的標目卻失去了這樣的脈絡，反而造成檢索上的困難。從下列例子可以看出 "To 1957" 若能安排在 "Ghana" 和 "History" 之後將更有意義。

```
LCSH：6510$a Ghana $x History $y To 1957
FAST：Chronological：$a To 1957
      Geographic：$a Ghana
      From：$a History
```

（四）後組合在檢索上後有幫助，但也會有搜尋後得到結果不相符的困境。

（五）將 LCSH 解構後的 FAST 除可能沿襲原來不一致的地方，還會有意義混淆的危險。例如可能某標目只是部分包含某概念，但是因為複分被拉上來與主要標目屬於同一層面了，使得該標目變成可以概括全部範圍。如以下例子，LCSH 經拆解成 FAST 便失去了論題與地點間的關係，換言之即無法解釋究竟是哪個國家的殖民地？敘述哪個國家的歷史？

> LCSH：651 1$a Bengal（India）$x History $y 18th century.
> FAST：Chronological：$a 1700-1799
> 　　　　Topical：Colonies $x Administration
> 　　　　Geographic：India $z Bengal
> 　　　　Geographic：Asia
> 　　　　Geographic：Great Britain
> 　　　　From：History

二、LCSH 與 SKOS 對映計畫

簡單知識組織系統（Simple Knowledge Organization System，簡稱 SKOS），是目前正在發展的簡單知識組織描述語言，其目的並非建立一個新的知識組織系統，而是為了便於將現行的知識組織內容轉換成具有資源描述框架（Resource Description Framework，簡稱 RDF）結構的 XML 檔案，以利互通及應用（W3C, 2012）。SKOS 的出現讓不同的知識組織系統間的互通及融合成為可能。因此 Summers、Isaac、Redding 與 Krech（2008）針對 LCSH 轉換成 SKOS 的可行性進行研究，目的之一是為了可以將 LCSH 與其他知識組織工具做進一步的結合，目的二是可以使 LCSH 在應用上更為方便。其運作方式是將 LCSH 的 MARC 檔與 SKOS 的標籤進行對映，找出兩者相對應的欄號，之後再透過程式來自動產生 LCSH 和 SKOS 格式，如此可為網路資源利用 LCSH 建立資源間的連結，將有助於檢索系統的應用。

將 LCSH 的 MARC 格式轉為 SKOS 的特點與挑戰如下（Harper & Tillett, 2007）：

（一）提供了多種註釋方式，如範圍註、編輯註、定義說明等。

（二）它是為了多語言環境所設計的，可以使用語言標籤來標誌語種，但是

MARC 紀錄中沒有標引某標題使用何種語言的指示符號，這將會是轉換過程中的一項挑戰。

(三) 由於 RDF 的靈活性，使 SKOS 可以使用其他詞彙的標籤（例如：都柏林核心集〔Dublin Core，簡稱 DC〕），加強 SKOS 的描述，以補足 SKOS 對應到 MARC 時，本身所缺乏的特性。

(四) MARC 在與 SKOS 標籤進行對映時，仍有大量資訊遺漏，原因是 MARC 還有許多的標目來自於其他標目的合併，包括時間、主題、地理、種類／型式等。

三、LCSH 與 MeSH 比對計畫

由於每個主題詞表都各具特徵，使得主題詞表之間的對映更加困難。例如：標題詞在一個詞表中是交叉參照關係，但在另一詞表中可能是獨立的標題。兩個不同詞表中，概念相同的詞彙間並沒有參照和連結，在語法結構上也存有差異，例如在 LCSH 中「乳癌」用 "Breast Cancer"，但在 MeSH 中卻用 "Breast Neoplasms"。

由西北大學（Northwestern University）所進行的 LCSH 和 MeSH 的對映計畫是綜合性主題詞表與專業主題詞表之間的對映工作，最初的目的是希望透過整合這兩個主題詞表，解決圖書館線上編目中，因採用不同詞表而產生的不一致性。該計畫採用電腦輔助人工編輯的方式執行，具體的操作方法是：如果 LCSH 的標題在 MeSH 中能有概念相對應的標題，則在 MARC21 的紀錄中增加一個 7xx 的欄位，反之亦然。下列實例可以說明規範紀錄的格式和標題對應的關係：

LCSH 和 MeSH 標題是一對一的對應關係，若在各自的紀錄中增加 750 欄位，即包含對方詞表中相對應的標題詞。

008 11 $a [code indicating LCSH]	008 11 $a [code indicating MeSH]
150 ## $a Drug allergy	150 ## $a Drug Hypersensitivity
750 #2 $a Drug Hypersensitivity	**750 #0 $a Drug allergy**

目前在 LCSH 的紀錄中以 750 和 780 欄位標示 MeSH 標題詞已超過了一萬一千多筆。而在 MeSH 的紀錄中則有超過九千七百多條包含了 LCSH 標題的 750 和 780 欄位，隨著 LCSH 和 MeSH 標題的增加、修改和刪除，兩者相互對映的資料也在不斷地更新（張慧銖，2011）。

四、術語服務（Terminologies Service）

術語服務（Terminologies Service）是 OCLC 於 2006 年開始實行的一項實驗性服務，主要是以網頁為基礎，透過單一介面使用多個索引典的控制詞彙服務。術語服務提供多個主題詞表的控制詞彙存取，為圖書館、博物館之館藏建立一致的後設資料。只要找到需用的字詞，就能夠輕易地複製並貼到工作單上，以改善（或存取）數位資料和紙本資料的標引詞。希望藉由主題詞的建立增進資源的取用，對使用者而言，可以節省學習各種索引典的時間，也可以不需要倚賴手冊型式的索引典（OCLC, 2009）。

術語服務主要透過 Microsoft Office 2003 的 "Research" 工具視窗和 Internet Explorer 瀏覽器連上網路使用。搜尋結果的條目在其後會以方括弧標示該詞彙是出自哪一個主題詞表。而有關術語服務的特點與挑戰如下（張慧銖，2011）：

（一）可協助編目員或機構成員建立一致的後設資料紀錄，且可一次選擇並進行搜尋所有標題詞表或索引典的詞彙。

（二）對於使用者來說，可藉由減少學習使用多個索引典的需求來提升生產力。不必以手動方式參考紙本索引典，還能以搜尋、複製和貼上功能來建立後設資料，增加工作效率。此項服務於 2015 年 11 月 20 日正式停用，其多數功能已由美國國會圖書館與國家醫學圖書館所提供的關聯資料（linked data）所取代。

五、主題詞多語言檢索（MACS）計畫

主題詞多語言檢索（Multilingual Access to Subjects，簡稱 MACS）是不同語言主題詞之間的對映計畫，該計畫由法國、德國、英國、瑞士的國家圖書館共同執行，目的是要把德語（SWD）、法語（RAMEAU）、英語（LCSH）這三個不同語言的標題表中概念相等的標題詞之間建立對等的連結關係（equivalence links）並儲存到資料庫，使檢索者可以採用自己喜愛的語言檢索並利用四個國家的標題表所產生的書目資料，以克服檢索詞的語言障礙，實現圖書資源共享的目標（IFLA, 2014）。

MACS 早在 1998 年就被提出，由於歐洲圖書館館長會議（Conference of

European National Librarians，簡稱 CENL）為能跨語言檢索歐洲的資料庫，便成立了 MACS 工作小組，提出了一個各館獨立管理的執行辦法，原則上要能確保標題詞的正確性與一致性。在 MACS 系統中，強調各參與計畫的機構需獨立自主地管理各自的標題表，而不是把所有標題詞集中儲存管理。目前 MACS 計畫除了改進自動化系統，建立連結資料的工作也同時在進行，主要有兩個系統（張慧銖，2011）：

（一）Link Management Interface（LMI）：為圖書館專業人員維護不同權威檔紀錄和標題款目連結之用。

（二）LVAT Interface：可以檢索一些歐洲圖書館館的館藏目錄，並且將檢索時送出的標題翻譯為不同的語言。

主題詞多語言檢索計畫的特點與挑戰如下：

（一）標題表隨著科學技術的發展而精進，標題詞在其他標題表中並不一定都能夠找到對應的標題詞。

（二）該計畫並未成立一個專門的編輯機構來檢查和編輯這些由各機構標題詞的連結關係，而是由標題表的管理機構獨立管理各自建立的資料。

（三）資料庫中的標題詞之間並沒有建立實質的對映關係，各參與機構都可以及時維護連結關係，以求較好的時效性，所以連結關係並不是永恆不變的最終結果。

茲將前述主題詞發展之相關計畫，整理如表 7-2。由此可以看出主題詞的發展朝向資源共享的趨勢，目的都在透過主題詞的對映提供跨語言與跨學科的資源查詢，使現有的主題詞表發揮更大的效用，也能讓使用者在檢索時能更具效率。

表 7-2 主題詞發展之相關計畫一覽表

計畫名稱	執行機構	類型	領域	計畫目標
FAST	OCLC	網路資源主題標目	綜合性	資源共享
SKOS 與 LCSH	W3C & LC	語意網工具	綜合性	資源共享
LCSH 與 MeSH	西北大學	同語言標詞表對映	綜合性 vs. 醫學	主題詞間語意關係、主題詞發展變化
Terminologies Service	OCLC	同語言多詞表對映	綜合性	主題詞間的語意關係
MACS	歐洲四個國家圖書館	多語言標題表對映	綜合性	資源共享

資料來源：張慧銖，2011，頁 201。

關鍵詞彙

標題表	控制詞彙
Subject Headings List	Controlled Vocabulary
自然語言	中文主題詞表
Natural Language	List of Chinese Subject Terms
美國國會圖書館標題	美國國家醫學圖書館標題
Library of Congress Subject Headings	Medical Subject Headings
簡單知識組織系統	主題術語之分面式應用
Simple Knowledge Organization System	Faceted Application of Subject Terminology
主題詞多語言檢索	
Multilingual Access to Subjects	

自我評量

- 標題法的意義與功用為何？
- 標題表的選詞工作應注意哪些原則？
- 標題詞的選詞範圍可就哪幾個方面加以規範？
- 標題表的複分有哪幾種？
- 標題表的相關發展計畫為何？

參考文獻

國家圖書館（2005）。中文主題詞表使用說明。檢索自 http://catweb.ncl.edu.tw/subject2005/hs_guide.pdf

國家圖書館《中國圖書館分類法》編輯委員會（2006）。《中國分類主題詞表》及其電子版手冊（第二版）。北京市：北京圖書館出版社。

中國圖書館學會、國立中央圖書館、美國資訊科學學會臺北分會、農業科學資料服務中心（1994）。索引典理論與實務。臺北市：中國圖書館學會。

鄭寶梅（1995）。通用複分。在圖書館學與資訊科學大辭典。檢索自 http://terms.naer.

edu.tw/detail/1681327/

信之（1995）。漢語主題詞表。在圖書館學與資訊科學大辭典。檢索自 http://terms.naer.edu.tw/detail/1680405/?index=1

國家圖書館編目園地（2016）。中文主題詞表。檢索自 http://catweb.ncl.edu.tw/portal_e3_cnt_page.php?button_num=e3&folder_id=73&cnt_id=123&sn_judge=1

張慧銖（2011）。圖書館電子資源組織──從書架到網路。新北市：Airiti Press。

陳和琴、張慧銖、江綉瑛、陳昭珍（2003）。資訊組織。臺北縣：空大。

陳麥麟屏、林國強（2001）。美國國會圖書館與主題編目。臺北市：三民。

趙曉紅、宋曉丹（2003）。《美國國會圖書館標題表(LCSH)》的使用方法。圖書館建設，*2003*(6)，51-53。

盧秀菊（1997）。中文主題標目與標題表。中國圖書館學會會報，*59*，25-42。

Chan, L. M. (2005). *Library of congress subject headings: Principles and application* (4th ed.). Westport, CT: Libraries Unlimited.

Harper, C. A., & Tillett, B. B. (2007). Library of congress controlled vocabularies and their application to the semantic web. *Cataloging & Classification Quarterly, 43*(3/4), 47-68.

IFLA. (2014). *MACS*. Retrieved from http://www.ifla.org/best-practice-for-national-bibliographic-agencies-in-a-digital-age/node/9041

Jin, Q. (2008). Is FAST the right direction for a new system of subject cataloging and metadata? *Cataloging & Classification Quarterly, 45*(3), 91-110.

Nelson, S. (2007). Black and White MeSH® Discontinued. *NLM Technical Bulletin, 357*, e4. Retrieved from https://www.nlm.nih.gov/pubs/techbull/ja07/ja07_bwmesh.html

Robare, L., El-Hoshy, L., Trumble, B., & Hixson, C. (2011). *Basic subject cataloging using LCSH: Trainee manual*. Retrieved from https://www.loc.gov/catworkshop/courses/basicsubject/pdf/LCSH_Trainee_2011.pdf

O'Neill, E. T., & Chan, L. M. (2003, August). *FAST (Faceted application of subject terminology): A simplified LCSH-based vocabulary*. Paper presented at the World Library and Information Congress: 69th IFLA General Conference and Council, Berlin, Germany.

OCLC Research. (2015). *FAST (Faceted application of subject terminology)*. Retrieved from http://www.oclc.org/research/themes/data-science/fast.html

Online Computer Library Center. (2009). *OCLC terminologies service*. Retrieved from http://www.oclc.org/research/themes/data-science/termservices.html

Summers, E., Isaac, A., Redding, C., & Krech, D. (2008, September). *LCSH, SKOS and linked data*. Paper presented at the International Conference on Dublin Core and Metadata Applications, Berlin, Germany.

Taylor, A. G. (1999). *The organization of information*. Englewood, CO: Libraries Unlimited.

U.S. National Library of Medicine. (2016). *Introduction to MeSH -- 2016*. Retrieved from https://www.nlm.nih.gov/mesh/introduction.html

W3C. (2012). *Introduction to SKOS*. Retrieved from http://www.w3.org/2004/02/skos/intro

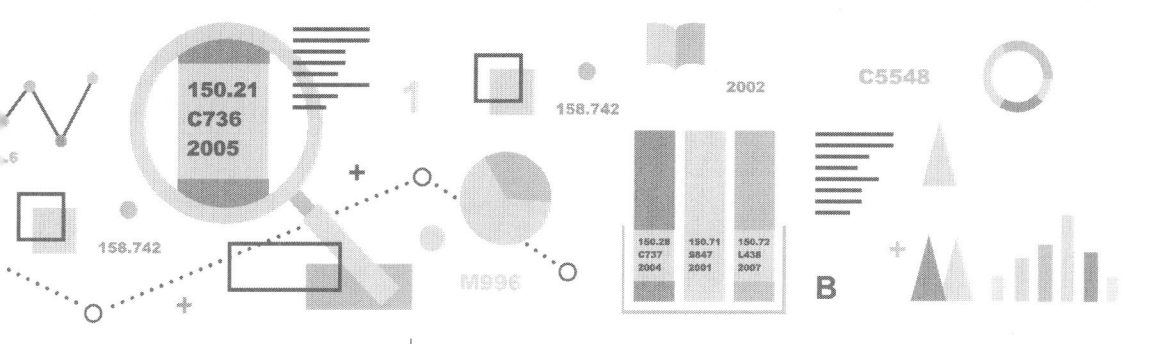

第八章
索引典

學習目標

研讀本章內容之後，學習者應能夠：

- 瞭解與索引典相關的基本術語與概念
- 瞭解索引典的定義與內涵
- 瞭解索引典的特性與功能
- 瞭解索引典的編製程序
- 瞭解索引典的應用與發展趨勢

作者簡介

阮明淑

(juanems@mail.shu.edu.tw)

世新大學
資訊傳播學系副教授

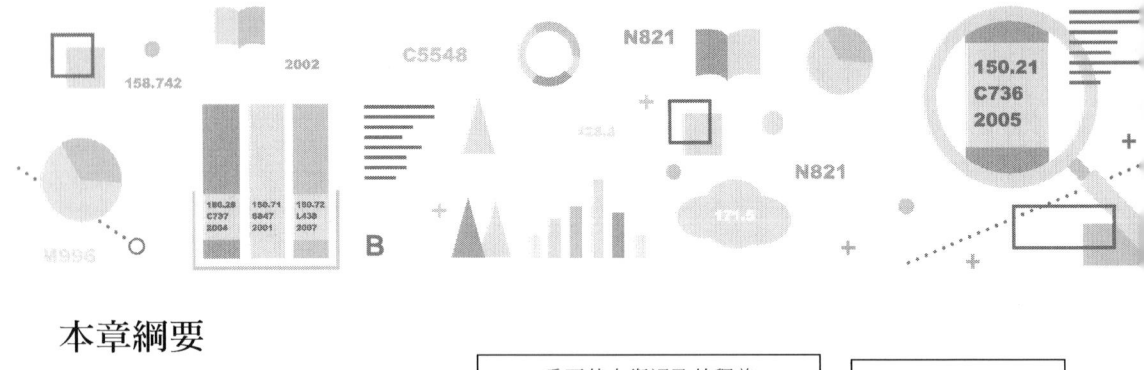

本章綱要

- 索引典
  - 概述
  - 索引典基本術語與概念
    - 重要基本術語及其釋義
    - 概念結構理論
      - 特徵表理論
      - 原型理論
  - 索引典定義與內涵
    - 概念間的基本關係
      - 概念的內涵與外延
      - 概念的擴大與縮小
      - 概念間的關係
    - 相關知識或理論在索引典中的應用
      - 概念邏輯理論
      - 語言基礎知識
      - 知識分類理論
  - 索引典的特性與功能
    - 索引典的特性
    - 索引典的功能
  - 索引典的編製
    - 索引典設計前考慮因素
    - 詞的蒐集與選詞
    - 定詞
    - 建立詞間關係
    - 編排與展示
    - 測試與修正
    - 維護與更新
    - 索引典的評價
  - 索引典的應用與發展
    - 索引典的應用
      - 歐美國家
      - 中國大陸
      - 臺灣索引典的應用
    - 索引典的發展
      - 索引典的知識本體化
      - 資訊檢索語言自然語言化
      - 術語服務

第八章
索引典

第一節　概述

　　人類在面對多變的各種環境，需要適當的資訊與知識協助其進行決策，解決複雜問題。因此，圖書館與資訊服務機構遂發展出相關資訊檢索系統與工具，以利使用者取得有用的資訊。由於文獻是解決問題的重要參考來源之一，且都是採用自然語言表達與溝通，但用於系統檢索時會產生以下問題：

一、同義現象：一義多詞，如玉米、玉蜀黍、包穀、番麥等是指玉米；手提電腦、筆記型電腦，兩者意義相同。

二、多義現象：一詞多義，如導航（飛機）、導航（資訊搜尋），或櫻花（廚具）、櫻花（植物）等。

三、語詞的模糊性與不確定性：借喻、轉義等造成詞義模糊，如（芽）眼、（人）眼等，眼的意思不同，前者是馬鈴薯塊莖上芽所在的凹陷處，後者則是指動物的視覺器官。

四、詞間關係不明晰，如牛奶鳳梨，可能指鳳梨添加牛奶、用牛奶澆灌長大的鳳梨、牛奶味道的鳳梨及果肉顏色像牛奶的鳳梨品種等。

　　上述原因容易造成資訊檢索困擾，尤其現今強調科學普及，語言使用多元，且較不受限制，此種問題更易發生。因而系統在建置與使用時，若是索引人員與使用者能透過已規範過的工具，從中選擇合適的用詞進行索引與檢索，將可獲得較理想的檢索效果。因為受控詞表是索引人員和檢索人員都必須使用的有限的用詞集合，詞彙中包含結構，方便語義相關的詞透過某種方式集中或連結，將有助於索引人員和檢索人員選出最合適的詞以表示某一特定主題。同時最重要的是詞表有助於檢索人員查明所需的用詞（Lancaster, 1986）。此乃有別於圖書館常用的分類法，其係以學科體系和類屬關係排列類目並集中文獻之作法。

第二節　索引典基本術語與概念

　　本節就索引典重要的基本術語說明其意義，並且就概念結構之理論加以說明。

一、重要基本術語及其釋義

（一）概念（concept）：反映事物特徵的思維單元。
（二）概念的特徵（feature of concept）：構成概念的任何特點、屬性或關係。
（三）語言（language）：溝通的符號系統，通常由字與語法規則所組成。
（四）自然語言（natural language）：自然演進所形成的語言。
（五）人工語言（artificial language）：根據事先設定的用詞及其語法規則所編製的結構化語言。
（六）字（word）：語言的最小單元，本身能表達一特定的意義，且可構成句子個別單元。
（七）用詞（term）：表示一個概念的字或詞。
（八）術語學（terminology）：一專門念域的用詞集合，其意義與用法已普遍為該念域所接受。
（九）詞彙（vocabulary）：解釋字義或其翻譯名稱之字典，通常按一定順序編排。

二、概念結構理論

　　概念是人們反映事物本質屬性的思維形式，是人們對客觀事物認識的總結，也是組成判斷的基本單位，所以概念是正確思維的必要條件。概念明確下，才能做出適當判斷，合乎邏輯地進行推理，也才能正確地認識萬事萬物。概念結構理論為發展自記憶中詞與概念表徵問題的研究，其中有兩個重要的理論，分別是特徵表理論（feature list theory）與原型理論（prototype theory）（中國圖書館學會、國立中央圖書館、美國資訊科學學會臺北分會、農業科學資料服務中心，1994）。以下分別說明：

（一）特徵表理論

主張從一類個體的共同重要特徵來說明概念，而概念可由一些語意特徵表示，公式為：

C ＝ R (X, Y, ...)

　　C：表示概念

　　R：表示整合這些特徵的規則，如肯定、否定、聯集、條件（若……則……）

　　X, Y, ...：為一類個體具有的共同的定義性特徵

　　例：鳥＝合取（羽毛、動物）

　　此方程式代表的意義是：具有羽毛的動物是鳥

本理論具分析色彩，認為特徵由語言符號表達，與邏輯對概念的解釋及下定義的方法有直接關聯。

（二）原型理論

認為概念主要以原型（prototype），即其最佳實例表現出來，所以要理解概念，最好透過最能表達概念的一個典型實例。當我們的思想涉及鳥概念時，即會先想到麻雀而不會想到鴕鳥，雖然在學科分類上牠們同屬鳥類，此表示麻雀和鴕鳥不能在同等程度上代表鳥，也就是每個概念都有典型的代表外，還有成員代表性的程度。Rosch（1978, pp. 27-48）將基本層次定義為擁有最高程度有效線索的層次。在功能上，基本層次範疇是將世界分解為最大限度數量的資訊性範疇。因此，基本層次範疇為將範疇內共享屬性的項目數最大化，且將範疇外共享屬性的項目數最小化。心理學家Rosch認為由最佳實例加上範疇成員代表性程度來推斷，公式為：

A ＝ P (a, b, ...)

　　A ＝ (a, b, ...) P

　　A, B, ...：為符合共同的定義性特徵的各個外延（參見三、（一）項）

　　a, b, ...：為成員代表性

　　P：表示受到文化、經驗影響的整合規則

　　如麻雀＝（麻雀成員代表性、鴕鳥成員代表性……）文化經驗

範疇成員中最具代表性的稱為原型成員。原型理論認為一個概念成員是由互

相重疊的特徵所形成的網絡聯繫而成,並無任一成員擁有所有的共同特徵,且原型與文化有關(陳瑞麟,2004)。

以圖 8-1 為例,儘管麻雀、鴕鳥和企鵝皆為鳥類,然而在表達「鳥類」此一概念時,原型理論認為最好透過最大化範疇內共享屬性的項目數,且最小化在範疇外共享屬性的項目數,作為一個原型實例。因此,「鳥類」在特徵表理論陳述為「為一種有羽毛會飛行的動物」;在原型理論中,因為麻雀具有最大化範疇內共享屬性的項目數(如:動物、羽毛、卵生、飛行),且最小化在範疇外共享屬性的項目數(如:食性、繁殖能力很強等),並且受到文化、經驗的影響,因而成為「鳥類」概念的原型。

圖 8-1　鳥類概念示意圖

三、概念間的基本關係

以下說明概念的內涵及其外延,以及概念之間所呈現的五種關係,此對索引典的詞與詞之關係建立極為重要。

(一)概念的內涵與外延

概念的內涵是指概念所指對象的本質屬性,即概念的涵義,如鳥的內涵「有羽毛、動物、有脊椎、有喙……」;外延是指概念本質屬性所反映的一切事物,

即概念的適用範圍,也就是概念的量,如鳥的外延指「鴿、鴨、麻雀、鴕鳥、鷹……」。

(二)概念的擴大與縮小

擴大是指經由減少概念的內涵以擴大概念的外延,從特殊過渡(轉化)到一般,如「中國圖書分類法」到「分類法」,擴大概念有助於認識事物。縮小是指經由增加概念的內涵以縮小概念的外延,從一般過渡到特殊,如「分類法」到「中國圖書分類法」,這可以使認識具體化。

(三)概念間的關係

1. 等同關係:即同一關係,兩個概念的外延完全重合;如孫文(A)與孫中山(B)、次序(A)與順序(B),如圖 8-2。

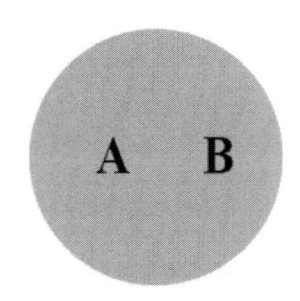

圖 8-2　等同關係示意圖

2. 屬種關係:一個概念的部分外延與另一個概念的全部外延重合,如圖書館(A)與公共圖書館(B)、蘋果(A)與富士蘋果(B),如圖 8-3。

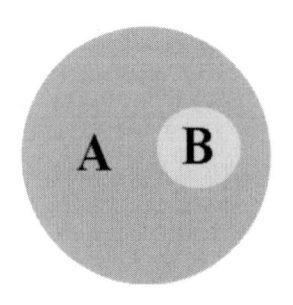

圖 8-3　屬種關係示意圖

3. 交叉關係：一個概念的部分外延與另一個概念的部分外延重合，如有聲出版品（A）與 CD（B）、食物（A）與植物（B），如圖 8-4。

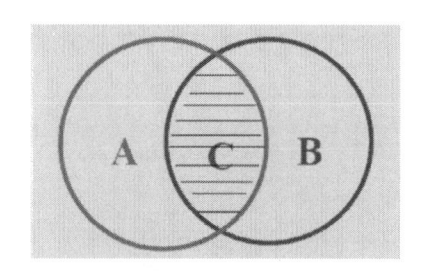

圖 8-4　交叉關係示意圖

4. 矛盾關係：兩個概念的外延完全相互排斥，且外延的和等於其上位概念的外延，如金屬材料（A）與非金屬材料（非A），生物（A）與非生物（非A），如圖 8-5。

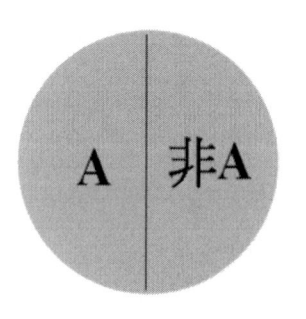

圖 8-5　矛盾關係示意圖

5. 對立關係：兩個具有全異關係的概念同時包含於一個上位概念中，且兩者的外延之和小於其上位概念的外延，如貧（A）與富（B），芒果（A）與鳳梨（B）（都是水果），導體（A）與非導體（B），尚有不屬A、B的半導體，如圖8-6。

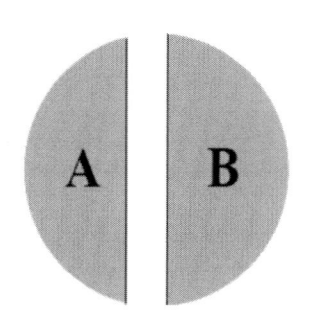

圖 8-6　對立關係示意圖

四、相關知識或理論在索引典中的應用

索引典的概念是以語詞來代表，亦涉及語詞之間關係的架構，因此索引典與概念邏輯理論、語言基礎知識及知識分類理論等息息相關。

（一）概念邏輯理論

1. 概念進行劃分（縮小）或概括（擴大），可區分各種事物。
2. 利用概念的劃分與概括過程中所形成的概念等級關係和並列關係，可建立索引典的等級關係。
3. 利用具有交叉關係的兩個概念外延的重合部分可以形成一個新概念，反之亦然。

（二）語言基礎知識

1. 詞性：以名詞為主。
2. 結構單元：分為單詞和複合詞。

3. 聯想詞：要儘量擴大聯想詞比率。
4. 同義詞：要儘量擴大非描述詞（non-descriptors）比率。
5. 概念與描述詞（descriptors）：要達成一一對應。
6. 動態的語言：語言使用不是一成不變，需要適時維修詞彙，建置合於時宜的索引典。

（三）知識分類理論

1. 確定族首詞（top term）：主題詞的最上位詞（top term，簡稱 TT）。
2. 組織和展示詞族等級：依層級展示主題詞。
3. 劃分與確立範疇類目。範疇類目是依共有屬性劃分。最後決定範疇類目的排列順序。

第三節　索引典定義與內涵

　　索引典（thesaurus）源自拉丁語系，其原義為 treasury 或 collection，有寶庫、寶箱或寶盒、寶典之意；16 世紀被視為「字／辭典」的同義字，如韋氏字典："A book of words and their synonyms"（Merriam-Webster, 2015）；另，*Longman Dictionary of Contemporary English* 指出：「索引典是依據意義而非字母順序類聚字群的書」（A book of words that are put in groups together according to connections between their meanings rather than in an alphabetical list.），例如 *Roget's Thesaurus of English Words and Phrases* 就是一本好用的英文同義反義字字典。早期認為索引典是一個概念／詞的集合體，是收錄同義字／反義字的書。直到 1950 年代，具有「為了可能蘊藏同義詞的某一概念，而確定此概念的『描述詞』」之意涵，並且逐漸發展成為一種受控制的索引與檢索語言。較早以 thesaurus 代表「主題索引用語辭典」（簡稱索引典），作為用詞控制工具的人是 Luhn（1957），而 Brownson 也於 1957 年正式使用索引典一詞。索引典是一個詞的集合，與該詞有關的詞是：同義（synonymous）詞、等同（equivalent）詞、廣義（broader）詞、狹義（narrower）詞及其他相關詞等。

　　標準代表著一種共識、穩定與相容，是大家共同遵守的規範，也是產業發展的重要文件，以下從幾個標準來看索引典的定義將更容易瞭解。國際標準

組織（ISO 2788: 1986）定義索引典是一種受控索引語言詞彙，從編製形式上明確顯示概念間的先顯關係（如：廣義與狹義關係）。美國國家標準（ANSI Z39.19: 1980）認為索引典就是將詞與詞組依照同義關係、層級關係、其他關係及附註規定編輯而來，其功能是提供一部標準化的詞彙，供資訊儲存與檢索之用（National Information Standards Organization, 2005, pp. 9-20）。聯合國教科文組織（UNESCO）的全球科技資訊系統（United Nations International Scientific Information System，簡稱 UNISIST）認為可從功能或結構來定義索引典。就功能而言，索引典是一種控制詞彙的工具，其用途是將文獻、索引人員或系統使用者所用的自然語言，轉譯成更為規範的「系統語言」（文獻工作語言、資訊語言）；就結構而言，索引典是一部含有特定知識領域的詞彙，用詞間有語義或從屬上的關係，且用詞是控制的、動態的。Soergel（1974, pp. 38-39）提出索引典是資訊儲存和檢索領域的詞單和／或指示元素間（詞與詞間）關係的標示或符號，元素間遵循準則有一、詞單（list of terms）含有顯著比率的非優選詞（non-preferred terms）和／或未用作描述詞的優選詞（preferred terms）；二、其目的在術語的控制。

蔡明月（1991）認為，「就資訊儲存與檢索的範疇而言，索引典乃蒐集足以表示知識概念的字或詞，並將之以特定的結構加以排列，這些詞彙控制了同義字，區別了同形異義字，並顯現各相關詞彙間階層及語意互屬上的各種關係，以作為索引者在分析處理資料及讀者在檢索資料時能選用一致的、經過控制的詞彙」。

中國圖書館學會等（1994）歸納了索引典的基本理論與對於索引典各種關係的解說，為索引典下了一個兼具理論與實務的定義：索引典就是一套提供索引與檢索用的主題詞彙，各主題詞之間以邏輯方法（logical method）建立等同、屬種、整部、集元及聯想等詞間關係。

張慧銖（2011）指出索引典的內容包括經過控制的特定知識領域的詞彙。索引典列舉詞彙間的關係，可以作為查詢詞彙，並且以擴大或縮小查詢及提示相關概念的不同查詢用語，使檢索從原本的字串比對層次提升到語義比對層次。

上述定義中，以聯合國教科文組織所給的本質屬性定義相對完整。即索引典屬主題法之一，利用概念分解與組配原理，以規範化的描述詞作為文獻主題標識，利於資訊的辨識與檢索。其內涵為：可視為一種詞彙控制（vocabulary control）工具；代表索引用語與檢索詞彙的權威表單（authority list）；利用索引

典,可由指定的自然語言概念,找到符合該概念的代表用詞。也因為是經由索引典工具選用標準化詞彙,故具有類聚(grouping)相同概念的作用。

第四節　索引典的特性與功能

為說明索引典的特性與功能,以下分別敘述:

一、索引典的特性

索引典的用詞專指度與文獻內容或關鍵字的專指度有一定落差,所以索引典提供一個資訊本體概念性架構或空間,提供詞彙控制,其目的為:(一)在特定知識領域中,提供概念之間的關係指引,以瞭解該學科的知識架構,並且藉由詞間關係,從已知的知識概念瞭解新概念的意涵;(二)有助組織發展一套標準化的詞彙(術語學),確保資料索引的一致性;(三)使詞與詞之間的關係更明確,有助區分各詞的語意網絡,提供使用者選擇正確詞彙的指引;(四)索引典的層級結構有助於使用者擴大與縮小檢索主題的詞彙範圍;(五)成為該學科的標準用語(Kent & Lancour, 1980)。顯見索引典與資訊系統所收錄內容有極大關連。

下列為索引典必須具備的四個條件:
(一)索引典是一個集合,集合中的元素是關鍵詞。
(二)關鍵詞是代表資料內容或主題概念之字或詞。
(三)需將各關鍵詞依等同、層級及聯想等關係組織起來,明白規定哪些關鍵詞可以在資訊系統中使用,哪些不可以。將關鍵詞加以控制的目的,即在為文獻作者、索引人員及檢索人員等提供一種一致性的系統語言。
(四)索引典的內容是隨著資訊系統成長而成長的,因此索引典必定是動態的。

二、索引典的功能

索引典是某特定領域規範用語及其關係的集合,除了可當學科工具書查詢外,最重要的是作為資訊系統之索引與檢索工具。由圖 8-7 可看出,索引人員從

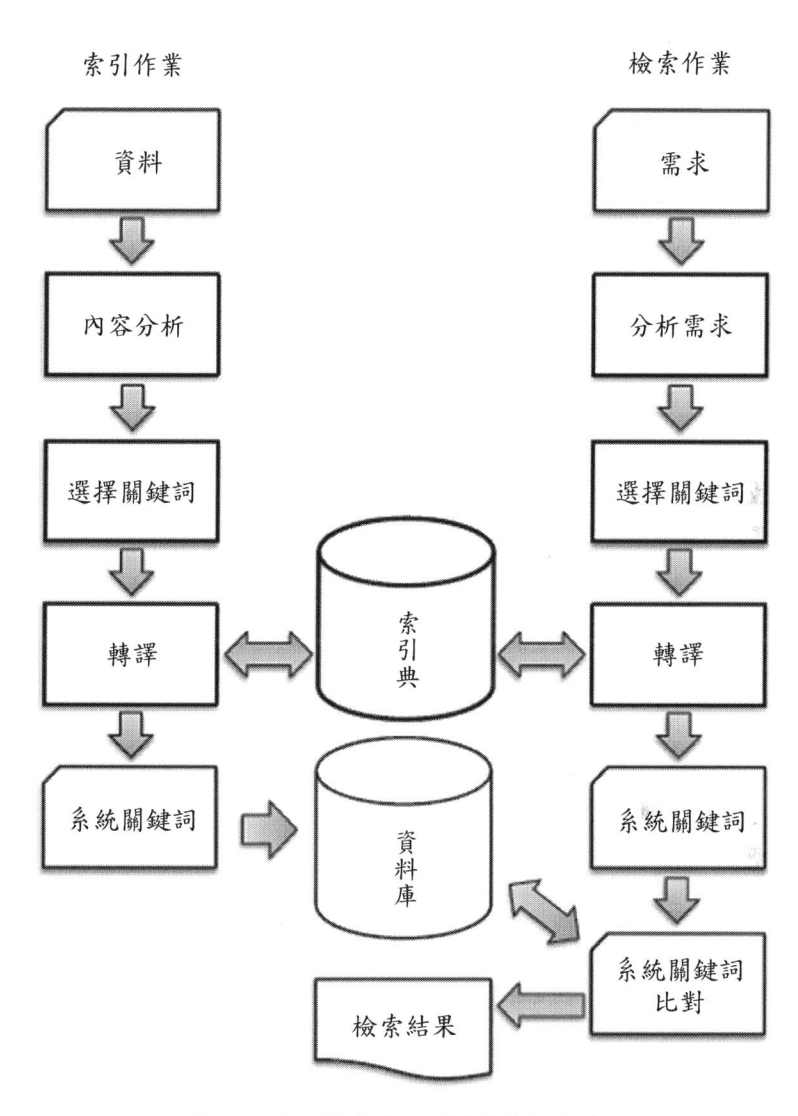

圖 8-7　索引典在資訊系統中的基本功能

索引需求出發，確認文獻主題概念後，再由索引典中選用合適的系統關鍵詞（描述詞）作為代表；而檢索人員或使用者由檢索需求啟動，自索引典中選用合適的系統關鍵詞（描述詞）進行檢索，二者皆經由索引典的轉譯，為資訊的儲存與取用提供標準化詞彙，以確保同一主題資料所選用的詞彙具一致性。

第五節　索引典的編製

一般編製索引典的流程可分為八個階段：一、準備期；二、選詞；三、定詞；四、建立詞間關係；五、編排與展示；六、測試與修正；七、維護與更新；八、索引典的評價（中國圖書館學會等，1994；黃惠株，1996）。茲分述如下：

一、索引典設計前考慮因素（準備期）

（一）資訊系統方面：1. 學科範圍：確認核心與邊緣學科範圍，優先考慮核心學科。2. 資料類型與資料量：期刊比圖書更需要概念豐富且收詞量大的索引典。3. 資源：財力、人員、設備，索引典建置費時長，且需大量人力與物力。

（二）資訊檢索效率：檢索效率表現與資源投入具高度相關。1. 回收率（recall ratio）：檢索出的相關文獻數量與系統中所有相關文獻的比值，又稱查全率。2. 精確率（precision ratio）：檢索出的相關文獻數量與檢索出的所有文獻數量比值，又稱查準率。3. 詳盡度（exhaustivity）：文獻中有參考價值的各種主題概念，索引人員能夠從不同角度加以判斷並把它們一一索引出來。4. 專指度（specificity）：使用的索引詞與文獻中主題概念的切合程度。

（三）選擇索引典：考慮採用現成的、加以修改後採用的或是開發建置新索引典。

（四）設計作業表格內容，包括各項欄位之名稱與值。不同資訊系統依實際需要設計欄位，可參考現有資訊系統的作業表格修改而成。

（五）確立索引典編製流程與時程。

二、詞的蒐集與選詞

常用的方法有經驗法（empirical approach）與小組彙編法（committee approach）。經驗法是搜集自學科的百科全書、字（辭）典、圖書、期刊及其他權威性出版品，將出現的用詞記錄於作業表格，而後再進行屬性確認。彙編法則是由學科專家群，進行會議與腦力激盪，列出相關用詞，確定族首詞，再分族編

排。布朗（Roger Brown）研究兒童對象與名稱範疇學習的「第一層」，結果顯示人類習慣於使用「較短、較頻繁使用、具有區別作用」的基層範疇（basic-level category），而不是最一般或最特殊的名稱範疇（Lakoff, 1990, p. 14）。此外，每一學科都有代表該學科核心概念的基本用詞，選詞時也要予以收錄。由於索引典的詞彙已不具上下文之脈絡，所以要選概念明確的詞，不要選用易產生誤解的用詞，且要處理複合詞問題。

　　文獻索引與檢索的實際需要是選詞的總原則。所以選詞要考量以下七項要點：
（一）根據主題範圍選詞。
（二）根據索引典的實際用途選詞。
（三）注意基本用詞的選擇。
（四）選擇的用詞要概念明確。
（五）根據索引頻率選詞。
（六）根據檢索頻率選詞。
（七）使用頻率高的複合詞（如「資訊服務」）、專有名詞（如「免疫系統」）、組合檢索時易產生多義及分解後失義的複合詞。複合詞應選用或分解，其判定原則是以「核心成分」與「限定成分」區分：
　　1. 組合易產生多義者：如「雷達偵察」、「偵察雷達」。
　　2. 分解後失義的複合詞：如「香水檸檬」，是有香水味的檸檬，而非香水與檸檬。
　　3. 複合詞選用或分解的判定原則：以「核心成分」與「限定成分」區分。如「水泥橋」的水泥是核心成分，分解後會失義，所以不須分解；而「恐龍滅絕」的恐龍是限定成分，所以應分解為「恐龍」與「滅絕」。

【實例】
　　以葡萄酒為例，我們蒐集了葡萄酒的相關用詞，諸如：葡萄酒、波特酒、香檳酒、酒精性飲料、飲料、食品、葡萄氣泡酒、梅酒、釀造技術、紅酒、葡萄水果酒及葡萄果酒等。

三、定詞

　　定詞程序如下：

（一）按字面排列，將重複的詞合併，刪除字面重複的詞；而同形異義詞要保留並以限定語（qualifiers）說明，以示區別，如先生（丈夫）、先生（男人敬稱），繁殖（植物）、繁殖（動物）。圓括弧內是限定語。

（二）採用分面分析方法，將同一概念的用詞聚合，選出一個常用或正式用法的詞當作優選詞（preferred term），其他同義詞或類同義詞則當非優選詞（non-preferred term），利用此法消除概念重複的詞，完成定詞工作，可同時在此建立同義關係。而限定語、範圍註及定義（scope notes and definition）在本程序即有加入的可能。限定語作為區別同形異義詞，一般會以括號或不同字體區分，限定語是主題詞的一部分，故需列於詞後。範圍註釋與定義不屬於主題詞的構成部分，只是指明在特定索引語言中詞的用法，當索引典的規定用法與平常用法完全不同，或不同的詞典有不同的定義者時，可利用範圍注釋將該詞的定義解釋清楚。例如：

  法蘭克福香腸
  SN 為一種牛肉、豬肉混合的香腸
  貝葉經
  SN：此處指仿貝葉典籍裝訂法之書冊
  根圈
  SN：受植物根直接影響的土壤部分

範圍注釋尚可記錄（一）收入該用詞或範圍重新定義的日期；（二）用詞出處，尤其是代表新概念的詞的來源；（三）用法說明，如該系統語言，該詞組配規定等（International Standards Organization, 1986, p. 32）。

【實例】

依葡萄酒為例說明，先去除葡萄酒字面重複或概念重複的詞，例如「葡萄水果酒」與「葡萄果酒」，此定詞步驟要先去除「葡萄果酒」後，後續再開始建立其他用詞的詞間關係。

四、建立詞間關係

詞間關係有明確詞意、使索引與檢索的用法一致及利於擴檢與縮檢等作用。一般索引典詞間關係包括：等同（equivalent）關係（同義、類同義）、層級

（hierarchical）關係（上位、下位）及聯想（associative）關係等。也就是建立一組一組的詞群（word block），是索引典編製的最重要階段。

以下依序說明三種詞間關係：

（一）等同關係

又稱用代關係，參照符號是「USE」與「UF」。具有此種關係的用詞，在概念或是用法上相同或視為相同，包括1.同義（指意義完全相同，可互相取代的詞，如「茶油」與「茶籽油」）；2.準同義（指意義相近，如「呼吸困難」與「呼吸障礙」；或意義不同，但為了索引目的視為同義的詞，如「環境影響」視為與「氣候影響」為同義的詞）；3.組代關係（索引時以組合多個用詞代表另一個概念，例如「3D列印」＋「列印機」＝「3D列印機」）等。為了保證一概念對應一用詞的原則，必須選擇其中之一作為描述詞，而其餘的作為非描述詞。描述詞在索引典中具有「法定」地位，可用於索引和檢索，而非描述詞僅作為索引和檢索的入口詞（lead-in term），入口詞大多是使用者熟悉的，收錄多則有利於使用者檢索，若是線上系統時，自動會將入口詞導引至描述詞進行檢索，非常方便。

【實例】

在葡萄酒的例子中，波特酒、香檳酒、紅酒都是指葡萄酒，所以將葡萄酒列為描述詞「USE」，其他列為非描述詞「UF」。

（二）層級關係

又稱屬分、上下或等級關係，參照符號是「BT」及「NT」。具有此類關係的詞，彼此是上位與下位概念的關係，相當於分類表中相鄰的上位類與下位類。包括屬種（genus-species）、集元（set-element）、整部（whole-part）及多層級（poly-hierarchical）四種關係。

因為屬性相同（即屬同一範疇）的詞才能構成層級關係，所以ISO-2788提出三種簡單判斷屬性是否相同的公式：

1. 屬種關係：說明普遍概念（類稱詞，如手機）與特殊概念（專指詞，如iPhone手機）之間的關係。判斷公式是，自上而下為「一些……是……」，自下而上為「所有……全都是……」。如「一些（鳥類）是（白鷺鷥）」，「所有（白鷺鷥）全都是（鳥類）」。此一公式適合用於判斷自普遍概念展示特殊概念的詞族。

2. 整部關係：說明整體概念與部分概念之間的關係。判斷公式是，自上而下為「……的一部分是……」，自下而上為「……是……的一部分」。如「（臺灣）的一部分是（臺北）」，「（臺北）是（臺灣）的一部分」。此公式亦適用於判斷下列類型：生物體的系統與器官（呼吸系統與肺臟）；地理位置（亞洲與臺灣）；學科及其分支（圖書館學與比較圖書館學）；社會結構等級（看護工與勞動階級）。專業索引典也可利用本規則進行判斷，組織該學科的整部關係，如有關生物醫學工程學科範疇索引典的「金屬人工髖關節」與「人工器官」。
3. 集元關係：ISO-2788 稱之為例舉型關係（instance relationship），表示集合概念與其所含單獨概念之間的關係。判斷公式是，自上而下為「有的……是……」，自下而上為「……一定是……」。如「有的（河流）是（長江或濁水溪或基隆河……）」，「（長江或濁水溪或基隆河……）一定是（河流）」。

【實例】

　　以葡萄酒為例，其中酒精性飲料、飲料、食品具有層級關係，葡萄酒的上位詞是酒精性飲料、再上位是飲料，最上位是食品，以「BT」表示，葡萄氣泡酒是葡萄酒的下位詞，以「NT」表示。

（三）聯想關係

　　又稱親緣、類緣或相關關係，參照符號是「RT」。是指兩個描述詞之間雖無等同或層級關係，但從索引或檢索角度而言，有相互參照需要，提醒使用者有另一用詞存在。ISO-2788 為避免聯想關係的認定太過主觀或武斷，故依範疇屬性提出兩個參考原則。

1. 同一範疇：屬性涵義有部分重疊但非同義的用詞可互為「RT」。如「ships」和「boats」、「休閒」與「娛樂」。在同範疇下表示對立或矛盾的描述詞間，如「內部變性」與「外部變性」也可建立 RT 關係。另上位概念過於廣泛的，或下位概念已是族首詞的，也可當 RT 處理，如「日用品」與「食物」、「生物」與「有毒植物」。
2. 不同範疇：兩個用詞雖分屬於不同的概念體系，但兩者間有著強烈的提示作用關係。如學科及對象（圖書館學和出版品）、過程與工具（數據處理與電腦系統）、行為與結果或受體（織布與布、閱讀與讀者）、概念與性質（毒物與毒性、知覺與敏銳）、概念與來源（大數據與資料科學）、原因與結果（地震與

海嘯)、事物與對立物（流感與流感疫苗）、概念與計量單位（電流強度與安培）、異疇同原用詞（模型船與船）及學科與相關人物（書目計量學與普里查德 Alan Pritchard）等。

【實例】

以葡萄酒而言，梅酒（同一範疇都是水果酒）與發酵技術（不同範疇，但屬行為與結果）列為葡萄酒的聯想關係。

上述葡萄酒的詞群（詞間關係）安排實例如下：

【實例】

葡萄酒
SN 新鮮葡萄果實或葡萄汁經完全或部分發酵後所產出的飲料，酒精濃度不能低於 8.5 度
UF 葡萄水果酒
UF 波特酒
UF 香檳酒
UF 紅酒
　　BT1 酒精性飲料
　　　BT2 飲料
　　　　BT3 食品
　　NT1 葡萄氣泡酒
RT 梅酒
RT 釀造技術

五、編排與展示

索引典的基本展示有字順、分類與圖示三種。

（一）字順

拼音語系依字母序或字序排列所有的主題詞；表意文字如漢語，可用「四角號碼」、「注音符號」、「羅馬拼音」或「其他拼音」排列，若首字同音可配合筆畫區分排列次序。主題詞群的基本編排格式如圖 8-8、圖 8-9。

主題詞
注釋或定義（SN）
同義詞（用：USE、代：UF）
廣義詞（BT）
狹義詞（NT）
聯想詞（RT）

＊八聯球菌屬
SARCINA
　　UF　八疊菌屬
　　UF　四疊球菌屬
　　BT1　細菌
　　RT　革蘭氏陽性細菌

八疊菌屬
SARCINA
　　USE　八聯球菌屬

巴巴蘇油椰子
babacu palms
babassu palms
plam(babacu)
　　USE　巴巴蘇油椰子屬

＊巴巴蘇油椰子屬
ORBIGNYA
　　UF　巴巴蘇油椰子
　　BT1　棕櫚科
　　BT1　油椰子屬
　　RT　油料作物

＊巴比西蟲科
BABESIIDAE
piroplasma
　　UF　梨漿蟲屬
　　UF　焦蟲屬
　　BT1　巴比西蟲科
　　BT2　胞子蟲綱
　　BT3　原生動物門
　　NT1　二聯巴比西蟲
　　RT　焦蟲病

圖 8-8　《農業科技索引典》展示——依字順

資料來源：農業科學資料服務中心（1988）。

行政類
　　人事
　　中人
　　功牌
　　民壯
　　地保
　　竹南一保中港街庄保長
　　自治團體
　　行政
　　作保
　　保人
　　保甲
　　保長
　　保奏
　　保舉
　　捐納
　　捐輸
　　推薦
　　移交
　　處罰
　　報捐
　　鄉保
　　義首
　　團練
　　獎賞
　　請編字號
　　戰功
　　舉充
　　舉奏
　　總甲

圖 8-9　《淡新檔案索引典》展示——依字順
資料來源：陳光華（1999）。

（二）分類

　　除分類表外，還配合引領到分類部分的字順索引。在分類部分，每個描述詞都有一個分類代碼，詞群結構只有主題詞、註釋或定義、同義詞及聯想詞，層級關係則由分類碼和縮行空格表示，如圖 8-10、圖 8-11。

（三）圖示

　　包括圖示與字順兩部分，圖示只有描述詞，其他詞間關係在字順部分表示，一般以二維圖呈現，分為階層樹狀結構及箭頭關係兩種，如圖 8-12 為階層樹狀結構；圖 8-13 為箭頭關係的圖例。透過直觀的圖像，可以讓使用者迅速掌握詞語間的關係，而最早採用圖形顯示的詞表是 TDCK「荷蘭軍事技術文獻情報中心環形敘詞表系統」（圖 8-13）。

六、測試與修正

　　必須經由測試，以確認用詞架構正確無誤與使用方便。測試程序如下：
（一）從最近出版的相關刊物上隨機取樣。
（二）列一雙欄平行的索引工作單，一欄列由隨機取樣文獻中取出之主題詞，另一欄則是由主題詞轉化為索引典中最貼切的描述詞。
（三）索引人員和編製人員根據（二）的資料，評斷索引典的完整性及專指度，並且依此修正。
（四）檢測詞群架構及詞間關係。
（五）可自行依需要進行調整。

七、維護與更新

　　索引典除了顯現知識概念結構外，同時也顯示用詞之間層次及語意上的各種關係，而知識與語言都會隨時間而有改變，所以世上沒有完美的、一成不變的索引典。因此，建立合用的流程與準則並定期進行維護更新，應是維持索引典品質的不二法門。

```
07   文化事業                          → 第一級類目
    07A 文化事業一般概念                → 第二級類目
    07B 社會文化工作
    07J 圖書館
        07JA 圖書館一般概念              → 第三級類目
        07JB 圖書館類型
            版本圖書館                  按字順排列的敘詞
            部隊圖書館
            藏書樓
            廠礦圖書館
            大學圖書館
```

圖 8-10　《漢語主題詞表》展示──依分類

資料來源：中國科技信息研究所與北京圖書館（1980）。


```
        關聯概念層面
            關聯概念
                <藝術概念>
                    <藝術性概念>
                        <藝術表現手法>
                            引喻
                            幽默
                            意象
                            敘事性
                            諧擬
                            擬人法
                            諷刺
                            理想化
                            風格化
                        <藝術類型>
                ……
                <文化與相關概念>
                    文化遺產
                    文化
```

圖 8-11　《藝術與建築索引典》展示──依分類

資料來源：美國蓋堤研究中心與中央研究院數位文化中心（2010）。

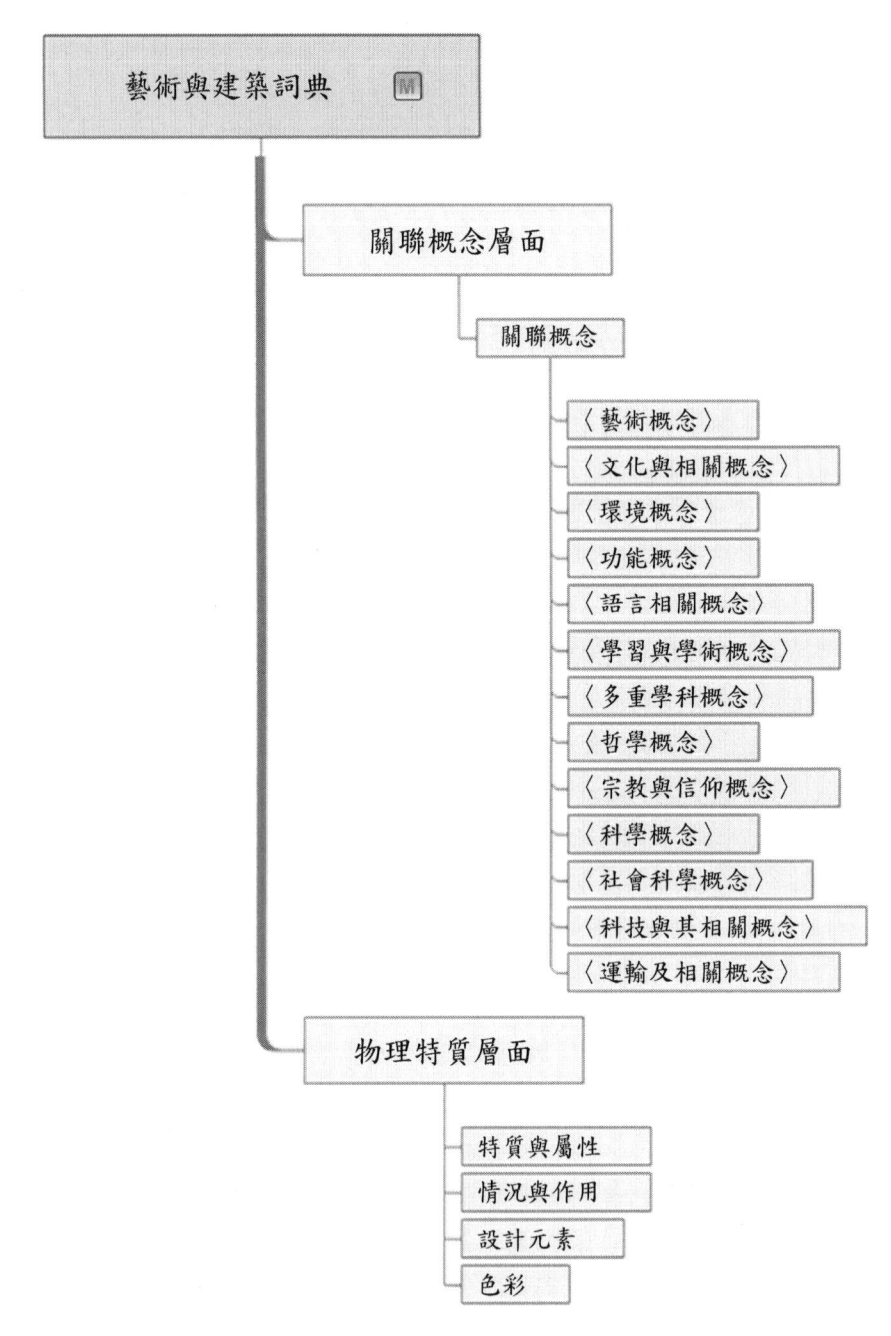

```
藝術與建築詞典
├── 關聯概念層面
│   └── 關聯概念
│       ├── 〈藝術概念〉
│       ├── 〈文化與相關概念〉
│       ├── 〈環境概念〉
│       ├── 〈功能概念〉
│       ├── 〈語言相關概念〉
│       ├── 〈學習與學術概念〉
│       ├── 〈多重學科概念〉
│       ├── 〈哲學概念〉
│       ├── 〈宗教與信仰概念〉
│       ├── 〈科學概念〉
│       ├── 〈社會科學概念〉
│       ├── 〈科技與其相關概念〉
│       └── 〈運輸及相關概念〉
└── 物理特質層面
    ├── 特質與屬性
    ├── 情況與作用
    ├── 設計元素
    └── 色彩
```

圖 8-12　《藝術與建築索引典》展示──階層樹狀架構圖

參考來源：美國蓋堤研究中心與中央研究院數位文化中心（2010）。

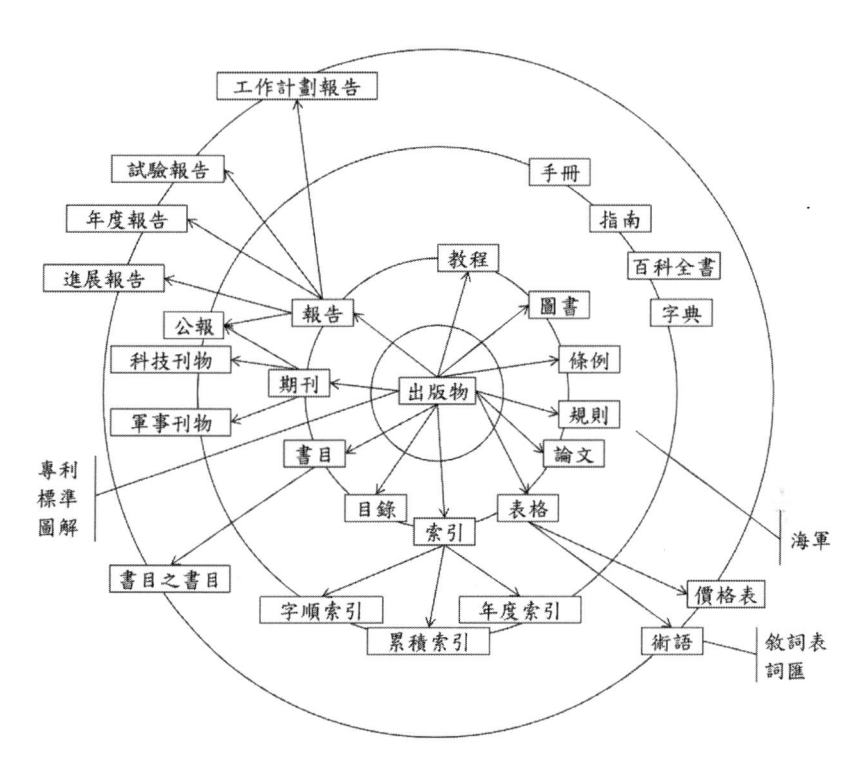

圖 8-13　《荷蘭軍事技術文獻情報中心環形敘詞表系統》展示——環狀架構圖
參考來源：馬張華與侯漢清（1999）。

　　索引及檢索人員需記錄用詞使用頻率，利用作業表格記錄新詞或舊詞的詞間結構變動情形，然後內部定期討論，並且依據所記錄的資料進行增（刪）詞或修改詞間關係。

八、索引典的評價

　　對索引典進行評價，可供索引典管理參考，可分別從索引典的結構、用詞及詞族規模進行評價。

（一）索引典的結構：即主題詞的安排，好的索引典應有簡明結構與完善的功能。要確認字順結構系統是否完整、詞間關係顯示是否正確、結構是否簡明、編排是否容易且必須查閱方便。

（二）索引典用詞：主題詞是索引典的構成元素，應考慮下列因素：
1. 詞量：收詞多且具時效性的索引典較易有好評。
2. 單義性：經由範圍注釋與限定語確保每個描述詞具有單義性。
3. 先組度（pre-coordination level）：即詞組型描述詞占總詞數的比率，一般先組度不宜太大。
4. 用詞等同率（equivalence ratio）：即描述詞與非描述詞的比率，入口詞多，用詞選擇方便，精確率愈高。
5. 參照度（accessibility measure）：即每個描述詞平均建立的參照項數目，參照度愈高即表示詞間關係的聯繫度愈高。
6. 關聯比（connectedness ratio）：即有層級結構的詞與總詞量之比值，若關聯比愈高，則索引典的網絡性就愈好。

（三）索引典的詞族規模（size of term family）：即每個詞族包含的用詞數量及層級數。

此外，索引典評價最重要的是獲得使用者的喜愛與好評，因此也要注重索引文獻量、主題詞的索引頻率及檢索效率。

第六節　索引典的應用與發展

一、索引典的應用

以下分別說明索引典在歐美國家、中國大陸及臺灣的應用情形。

（一）歐美國家

索引典是為提升檢索效率發展而來，其實際應用始於1950～1960年代，是在分類法與主題法的基礎上發展起來的一種檢索語言。1959年美國杜邦公司編製完成第一部索引典。1960年美國政府最早且最重要的索引典是由美國武裝部隊技術情報局（The Armed Services Technical Information Agency，簡稱ASTIA）編製索引典，即是現在的NASA索引典（NASA Thesaurus）。1961年美國化學工程協會，以杜邦出版的索引典為基礎，編輯出版化學工程索引典（Chemical

Engineering Thesaurus），作為期刊論文的索引工具。之後索引典相關建置標準便陸續被提出。

1967年科學技術資訊委員會（The Committee on Scientific and Technical Information，簡稱COSATI）出版了第一本索引典建置指南。1970年UNESCO出版單語科技索引典建置指南（Guidelines for the Establishment and Development of Monolingual Scientific and Technical Thesaurus）。1974年美國出版索引典建置的國家標準ANSI（American National Standards Institute）Z39.19（A US National Standard for Thesaurus Construction）。1974年出版了索引典建置的第一個國際標準ISO 2788。1960～1970年代索引典蓬勃發展，當時全球約有六百多部索引典出版。1970年代後各國開始積極推廣、應用索引典，1980年代，索引典已成為資訊檢索語言主流。藍文欽（2003）將國外不同領域的索引典整理如下：

1. *UNESCO Thesaurus: A Structured List of Descriptors for Indexing and Retrieving Literature in the Fields of Education, Science, Social and Human Science, Culture, Communication and Information*
2. *The UNESCO: IBE Education Thesaurus*
3. *Thesaurus of ERIC Descriptors*
4. *Thesaurus of Sociological Research Terminology*
5. *Thesaurus of Sociological Indexing Terms*
6. *Arts and Architecture Thesaurus (http://www.getty.edu/research/tools/vocabulary/aat/index.html)*
7. *Thesaurus of Graphic Materials I: Subject Terms (TGM I) (http://www.loc.gov/rr/print/tgm1/)*
8. *Thesaurus for Graphic Materials II: Genre and Physical Characteristic Terms (TGM II) (http://www.loc.gov/rr/print/tgm2/)*
9. *British Museum Materials Thesaurus (http://www.mda.org.uk/bmmat/matintro.htm)*
10. *Vocabulary of Basic Terms for Cataloguing Costume (http://www.mda.org.uk/costume/vbt00e.htm)*
11. *British Museum Object Names Thesaurus*
12. *Union List of Artist Names (ULAN) (http://www.getty.edu/research/tools/vocabulary/ulan/index.html)*

13. *Thesaurus of Geographic Names (TGN) (http://www.getty.edu/research/tools/vocabulary/tgn/)*
14. *Thesaurus of Monument Types*
15. *mda Archaeological Objects Thesaurus*
16. *Building Materials Thesaurus*
17. *INSCRIPTION (http://www.mda.org.uk/fish/i_lists.htm)*
18. *Macrothesaurus for Information Processing in the Field of Economic and Social Development*
19. *Social Science and Business Microthesaurus: A Hierarchical List of Indexing Terms Used by NTIS*
20. *Political Science Thesaurus*
21. *SPINES Thesaurus: A Controlled and Structured Vocabulary of Science and Technology for Policy Making*
22. *Thesaurus of Psychological Index Terms*
23. *Thesaurus of Engineering and Scientific Terms (TEST)*
24. *INSPEC Thesaurus*
25. *NASA Thesaurus*
26. *Thesaurus of Computing Terms*
27. *Thesaurus of Scientific, Technical and Engineering Terms*
28. *International Road Research Documentation (IRRD) Thesaurus*
29. *Construction Industry Thesaurus*
30. *ASIS Thesaurus of Information Science and Librarianship*
31. *Thesaurus of Information Science Terminology*
32. *Zoological Record Online Thesaurus*
33. *Food: Multilingual Thesaurus*
34. *Thesaurus of Agricultural Terms*
35. *Medical Subject Headings (MeSH)*
36. *The ISDD Thesaurus. Keywords Relating to Non-Medical Use of Drugs and Drug Dependence*

（二）中國大陸

鮑秀林與吳雯娜（2013）彙整中國大陸 40 年來中文索引典修訂的情況，指出中國大陸最早使用和借鑒國外索引典始於 1960 年代。到了 1980 年代到 1990 年代間，為滿足用戶對科技文獻檢索的需要，編製出版了不少專業或綜合性索引典，其數量達到一百五十多部。索引典的後期應用和維護是一項長期工作，只有跟隨科學技術的發展，在實際使用中不斷地維護、更新和完善，索引典才能保持科學性、實用性，其生命力才能得以延續。表 8-1 中是中國大陸近 40 年來進行過修訂的索引典相關資訊，153 部索引典中僅 22 部進行修訂（公文索引典不在統計範圍內），修訂率為 14.4%。由此可見，在大陸只有少部分單位重視索引典的維護和修訂，並且投入財力和人力。

表 8-1　中國大陸索引典修訂情況一覽

編號	索引典	版次	出版年	作者	版本項
1	電子技術漢語主題詞表（試用本）	試用版	1977	第四機械工業部第一研究所	紙版
1	電子技術敘詞表	第 1 版	1988	資訊產業部電子科技情報研究所	紙版
1	電子技術敘詞表（2003 修訂版）	修訂版	2004	資訊產業部電子科技情報研究所	紙版、電子版
2	地質學漢語敘詞表（試用版）	第 1 版	1984	《地質學漢語敘詞表》編輯組	紙版
2	地質學漢語敘詞表	第 2 版	1996	宣桂香主編	紙版
2	地質學漢語敘詞表	第 3 版	2010	史靜、劉素芳、劉振鋒主編	紙版
3	國防科學技術敘詞表	第 1 版	1985	國防科委情報研究所	紙版
3	國防科學技術敘詞表	第 2 版	1991	《國防科學技術敘詞表》編制組編	紙版、電子版
3	國防科學技術敘詞表（未公開）	第 3 版	1998	《國防科學技術敘詞表》編制組編	電子版、網路版
4	航空科技資料主題表	第 1 版	1971	第三機械工業部第六二八研究所	紙版
4	航空科技資料主題表	第 2 版	1977	第三機械工業部第六二八研究所	紙版

表 8-1　中國大陸索引典修訂情況一覽（續）

編號	索引典	版次	出版年	作者	版本項
	國防科技工業敘詞表（未公開）	第 3 版	1995	航空航太工業部航空科學技術情報研究所	電子版
5	機械工程主題詞表	第 1 版	1979	第一機械工業部技術情報所	紙版
	機械工程敘詞表	第 2 版	1990	《機械工程敘詞表》編制組編，傅蘭生、朱光世主編	紙版、電子版
6	漢語主題詞表（試用版）	第 1 版	1979	中國科學技術情報研究所北京圖書館主編	紙版
	漢語主題詞表自然科學增訂版	第 2 版	1991	中國科學技術情報研究所編	紙版、機讀磁帶版
7	化工漢語主題詞表	第 1 版	1983	《中國化工文摘》編輯部主編	紙版
	化工漢語敘詞表	第 2 版	1996	《中國化學化工文摘》編輯部主編	紙版、電子版
8	水利水電科學技術主題詞典	第 1 版	1987	水利電力部科學技術情報研究所主編	紙版
	水利水電科技主題詞表	第 2 版	1998	水利部資訊研究所編	紙版
9	鋼鐵工業主題詞表（第一版）	第 1 版	1987	嚴關寶，趙金鎧編	紙版
	鋼鐵工業主題詞表（第二版）	第 2 版	1991	冶金部情報標準研究總所	紙版、電子版
10	核科學技術敘詞表	第 1 版	1988	中國核情報中心	紙版
	核科學技術敘詞表	修訂版	2006	中國核情報中心編	紙版
11	中國分類主題詞表（第一版）	第 1 版	1994	《中國圖書館圖書分類法》編委會編	紙版
	中國分類主題詞表（第二版）	第 2 版	2005	國家圖書館《中國圖書館分類法》編輯委員會編	紙版、電子版、網路版網
12	體育漢語主題詞表	第 2 版	1990	《體育漢語主題詞表》編制組	紙版、電子版

表 8-1　中國大陸索引典修訂情況一覽（續）

編號	索引典	版次	出版年	作者	版本項
13	計量學與測試技術主題詞表	第 2 版	1993	中國技術監督情報所詞表編輯組	紙版、電子版
14	農業科學敘詞表	第 2 版	1994	農業部情報研究所	紙版、電子版
15	石油化工漢語敘詞表	第 2 版	1994	中國石化資訊研究所	紙版
16	汽車工程敘詞表	第 2 版	1995	中國汽車技術研究中心	紙版
17	中國檔案主題詞表	第 2 版	1995	《中國檔案主題詞表》編委會編	紙版
18	郵電通信技術主題詞表（修訂版）	第 2 版	1997	郵電統計技術主題詞表編委會李錦熙主編	紙版
19	軍用主題詞表	第 2 版	2000	軍事科學院	電子版
20	中文主題詞表	修訂版	2005	中文主題詞表編訂小組編訂	電子版
21	交通漢語主題詞表	第 2 版	2007	交通部情報所	紙版、電子版
22	中國中醫藥學主題詞表	第 3 版	2008	中國中醫研究院、中醫藥資訊研究所	紙版、電子版

資料來源：鮑秀林與吳雯娜（2013，頁 109-113）。

（三）臺灣索引典的應用

　　農業科學資料服務中心於 1982 年開發「農業科技索引典系統」，其製作與更新皆採電腦化，應用於「農業科技人才」、「農業科技研究發展計畫」、「農業科技文獻」等三個資料庫之索引與檢索作業，於 1988 年 7 月出版紙本《農業科技索引典》，是國內最早編製並應用索引典的單位。國科會科學技術資料中心（現稱國家實驗研究院科技政策研究與資訊中心）於 1992 年編製《科技索引典》，涵蓋所有科技領域；經濟部水資源統一規劃委員會於 1984 年編製完成《水資源索引典》，供「全國水資源資訊服務系統」製作索引及檢索之用。2001 年立法院圖書館編製「立法資訊系統主題索引典資料庫」。食品工業發展研究所於 1991 年編製《食品科技索引典》，應用於「食品產業發展資訊體系」。2001 年香光尼眾佛學院圖書館編製網路版《心經索引典》。行政院秘書處於 2005 年完

成《行政知識分類架構暨索引典》。中研院於 2008 年起進行《藝術與建築索引典》（臺灣）的中文化工作，涵蓋藝術、建築、裝置藝術、物質文化和素材等專業用詞，使用於臺灣數位典藏與數位學習國家型科技計畫所建置的資訊系統。

二、索引典的發展

索引典主要功能除了可以查詢學科用詞，更可以作為資訊系統索引與檢索的幫手，所以它的發展良好與否，與其所應用的資訊系統的重要性或使用率有關。隨著資訊科技與網路發展，人們對專業資料庫資訊檢索的要求也愈來愈高，希望在資訊回應的便利性、有效性與精確性能更精進，索引典、語意網及知識本體不斷發展，統一語言與術語服務得到重視。

（一）索引典的知識本體化

美國國家醫學圖書館（National Library of Medicine，簡稱 NLM）於 1986 年開始研發統一醫學語言系統（Unified Medical Language System，簡稱 UMLS），其目的為希望檢索到正確而新穎的生物醫學資訊，也希望達到詮釋讀者問題的能力、具備判斷並連結相關資料庫的人工智慧及執行有效檢索，所以 NLM 設計了泛索引典（metathesaurus）及語意網絡（semantic networks），希望在檢索時藉由兩者達成與文獻間概念上的關聯；另有資訊來源圖（information source map）幫助讀者判斷並推薦合於讀者需求的資料庫，專家語典（specialist lexicon）提供各種語詞資料，協助系統處理自然語言所產生的語法差異問題（張慧銖，2011）。簡單地說，UMLS 是一套檔案和軟體，匯集了很多健康和生物醫學詞彙與標準，其提供三套工具，也是三種知識來源：泛索引典、語意網絡及專家語典，使電腦系統間有好的協同互通工作能力（interoperability），可以使用 UMLS 增強或開發應用程序，如電子健康檔案、分類工具、詞典和翻譯（National Library of Medicine, 2011）。

劉德明（2013）指出 UMLS 是知識本體應用於醫學知識領域中之實例，約納入 150 種詞彙庫（vocabulary），包括國際間常用的臨床資訊標準，如：表示診斷／程序的國際疾病分類第 9/10 版（International Classification of Disease 9th/10th edition, ICD-9/10）、當前程序術語（Current Procedural Terminology，簡

稱 CPT）、表達檢驗方法及類型的觀測指標標識符邏輯命名與編碼系統（Logical Observation Identifiers Names and Codes，簡稱 LOINC）、醫學主題詞（Medical Subject Headings，簡稱 MeSH）、表示藥物處方的 RxNorm 及臨床標準詞彙的 SNOMED-CT（Systematized Nomenclature of Medicine-Clinical Terms）。而 MetaMap 則是美國國家醫學圖書館所開發的工具，是提供生物醫學領域的文章取出 UMLS 用詞概念的應用程式。MetaMap 被賦予高彈性的對應功能，如同義詞的查詢、詞性分析、概念對應等；其利用 UMLS，進行資料標準化與正規化，建置符合標準知識本體之臨床資料儲存，提升資料品質，利於臨床研究。

（二）資訊檢索語言自然語言化

早在 1970 年代中期，已開始自然語言與受控語言的結合使用，以 1967 年英國建立的 INSPEC 系統為例，初期完全使用規範化的詞彙，從 1971 年開始增加自由詞，到 1973 年正式採用受控詞、自由詞和分類號組成的整體化檢索語言。資訊檢索語言發展過程，是一個不斷自然語言化的過程。為了滿足資訊檢索者的語言交流習慣，自然語言正一步步地滲入，甚至完全被採用（中國圖書館學會等，1994）。林昭維（2014）也使用自然語言分析工具（natural language processing tool）建構「全民健康保險研究資料庫自動問答系統」。自然語言分析工具採智慧型代理人（intelligent agent），將使用者的問題轉換為電腦可以判斷處理的形式，再轉換成結構化查詢語言，自動從資料庫中的「百萬抽樣歸人檔」、「年抽樣檔」中，切出所需要案例語欄位，再依研究問題，自動產生統計程式，匯入資料分析，產出臨床實證，幫助健保資料研究者減少資訊檢索人力，加速臨床實證產出。目前在國內外有相當多這樣的研究。顯見索引典的發展與資訊系統及使用者資訊使用的關聯愈來愈緊密。

（三）術語服務（Terminology Service）

術語服務在網路檢索服務中扮演重要角色，因為術語組成的各種知識組織系統，是知識交流的參考工具，資訊組織必備的索引工具，也是使用者檢索的利器，更是語意網路發展的重要基礎。

Online Computer Library Center（OCLC）於 2006 年起實行實驗性的術語服務，以網頁為基礎，透過單一介面使用多個索引典的控制詞彙服務，希望圖書

館、博物館的館藏建立一致的後設資料（metadata），以利於資源取用（張慧銖，2011）。在資源整合議題下，術語服務可理解為各種類型的知識組織資源（如權威檔、索引典及分類表等）的網路服務，其目標為使用者與電腦之間的獲取及理解知識組織資源中的概念，以及概念間的關係，進而提供便利工具以改善檢索效能（司莉、徐麗曉、吳鋼、陳紅艷，2007）。圖資領域認為術語服務是展示和應用控制詞彙和非控制詞彙（自然語言，包含社會性標記和俗民分類等）的一系列資訊服務（Rector et al., 1995），其目的包含：資訊檢索、瀏覽、發現、翻譯、映射、語意推理、主題索引和分類、獲取和提示等（Tudhope, Koch, & Heery, 2006）。術語服務的特點與挑戰有：1. 協助組織成員建立一致的後設資料紀錄，可一次選擇並搜尋所有索引典詞彙；2. 可增加工作效率；3. 大大改善編目效率（張慧銖，2011）。臺灣公部門術語服務較常以網頁形式或檔案下載方式呈現術語資訊，而分類範疇則多以簡單分類架構方式（如字母序、施政內容及國家／地區等）提供一般使用者瀏覽（Yuan, 2011），但是實際建構與營運一套網路術語化體系，需要眾多研究、資源的投入及協同合作，才能真正發揮效果。

現今強調科學普及，語言使用多元，且較不受限制，採用自然語言表達與溝通更易發生問題。因而系統在建置與使用時，透過索引典，索引人員與使用者不僅能選擇合適的用詞進行索引與檢索，以獲得較理想的檢索效果；再者，索引典更可以作為資訊系統索引與檢索的重要參考依據。隨著資訊科技與網路發展，人們對專業資料庫資訊檢索的要求也愈來愈高，為能在資訊回應的便利性、有效性與精確性能更精進，索引典、語意網、知識本體及術語服務的發展應更受重視。

關鍵詞彙

索引典 Thesaurus	主題詞 Subject Terms
控制詞彙 Controlled Vocabulary	描述詞 Descriptors、Preferred Terms
詞群 Word Block	詞間關係 Term Relationship

自我評量

- 索引典的重要性為何？
- 索引典的詞間關係有幾種？
- 索引典的編製流程與注意事項為何？
- 如何評價索引典？
- 索引典的應用為何？

參考文獻

中國科技信息研究所、北京圖書館（1980）。漢語主題詞表。北京市：科學技術文獻出版社。

中國圖書館學會、國立中央圖書館、美國資訊科學學會臺北分會、農業科學資料服務中心（1994）。索引典理論與實務。臺北市：中國圖書館學會。

司莉、徐麗曉、吳鋼、陳紅艷（2007）。OCLC 術語服務研究：背景，進展與啟示。中國圖書館學報，33(1)，58-61。

林昭維（2014）。自動化分析大型資料庫以促進臨床實證之建立——以「全民健康保險學術研究資料庫」為例（MOST103-2221-E002-211）。雲林縣：國立臺灣大學醫學院（附設醫院雲林分院）內科部。

美國蓋堤研究中心、中央研究院數位文化中心（2010）。藝術與建築索引典。檢索自 http://aat.teldap.tw/caat_newtree.php?SUBJECT_ID=300055126&_session=z8X56dE3KLvb9*34

馬張華、侯漢清（1999）。文獻分類法主題法導論。北京市：北京圖書館出版社。

張慧銖（2011）。圖書館電子資源組織——從書架到網路。新北市：Airiti Press。

陳光華（1999）。淡新檔案索引典。檢索自 http://lips.lis.ntu.edu.tw/ross/danhsin/browse/index.html

陳瑞麟（2004）。科學理論版本的結構與發展。臺北市：國立臺灣大學出版中心。

黃惠株（1996）。淺談索引典。佛教圖書館館訊，5，2-7。

農業科學資料服務中心（1988）。農業科技索引典。臺北市：農業科學資料服務中心。

劉德明（2013）。建置符合標準知識本體之臨床資料存儲（NSC 102-2221-E-010-004）。臺北市：國立陽明大學生物醫學資訊研究所。

蔡明月（1991）。線上資訊檢索──理論與應用。臺北市：臺灣學生。

鮑秀林、吳雯娜（2013）。40年來中文敘詞表修訂情況概覽。圖書情報工作，57(2)，109-113。

藍文欽（2003）。知識組織工具（四）索引典。檢索自 http://ntur.lib.ntu.edu.tw/bitstream/246246/2006092815540187/1/92.05.15.ppt

International Standards Organization. (1986). *ISO 2788: 1986 Documentation -- Guidelines for the establishment and development of monolingual thesauri*. Retrieved from http://www.iso.org/iso/catalogue_detail.htm?csnumber=7776

Kent, A., & Lancour, H. (1980). *Encyclopedia of library and information science* (Vol. 30). New York, NY: Marcel Dekker.

Lakoff, G. (1990). *Women, fire, and dangerous things: What categories reveal about the mind*. Chicago, IL: University of Chicago Press.

Lancaster, F. W. (1986). *Vocabulary control for information retrieval* (2nd ed.). Arlington, VA: Information Resources Press.

Luhn, H. P. (1957). A statistical approach to mechanized encoding and searching of literary information. *IBM Journal of Research and Development, 1*(4), 309-317. doi: 10.1147/rd.14.0309

Merriam-Webster. (2015). *Merriam-Webster Dictionary -- Thesaurus*. Retrieved from http://www.merriam-webster.com/dictionary/thesaurus

National Information Standards Organization. (2005). *ANSI/NISO Z39.19-2005 (R2010) Guidelines for the construction, format and management of monolingual controlled vocabularies*. Retrieved from http://www.niso.org/apps/group_public/project/details.php?project_id=46

National Library of Medicine. (2011). *Unified Medical Language System® (UMLS®)*. Retrieved from https://www.nlm.nih.gov/research/umls/quickstart.html

Rector, A. L., Solomon, W. D., Nowlan, W. A., Rush, T. W., Zanstra, P. E., & Claassen, W. M. (1995). A terminology server for medical language and medical information systems. *Methods of Information in Medicine, 34*(1/2), 147-157.

Rosch, E., & Lloyd, B. B. (1978). *Cognition and categorization*. Hillsdale, NJ: Erlbaum.

Soergel, D. (1974). *Indexing languages and thesarui: Construction and maintenance*. Los Angeles, CA: Melville.

Tudhope, D., Koch, T., & Heery, R. (2006). *Terminology services and technology: JISC state of the art review*. Retrieved from http://opus.bath.ac.uk/23563/1/terminology_services_and_technology_review_sep_06.pdf

Yuan, M. S. (2011, December). *Terminology web services of public sectors in Taiwan*. Paper presented at the 2011 3rd International Conference on Information Capital, Property, & Ethics, Guangzhou, China.

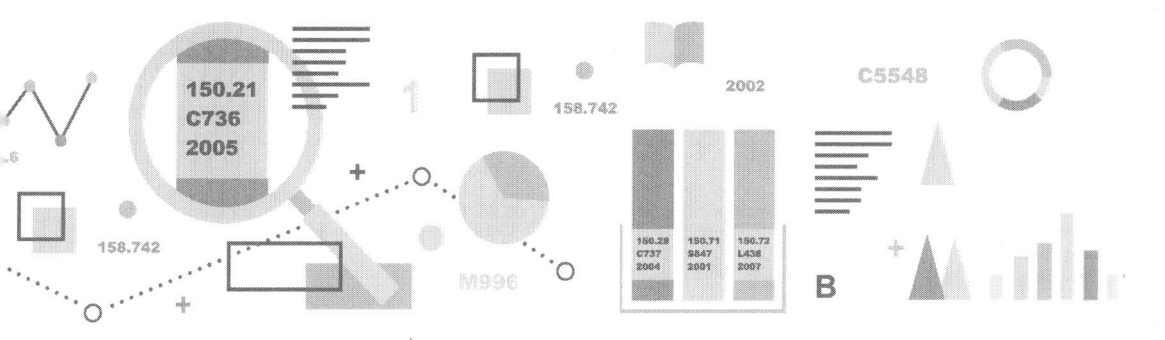

作者簡介

陳昭珍

(cc4073@ntnu.edu.tw)

國立臺灣師範大學
圖書資訊學研究所教授

第九章
新興知識組織機制

學習目標

研讀本章內容之後，學習者應能夠：

- 瞭解新興的知識組織機制包括相關系統
- 瞭解何謂社會性標記、俗民分類
- 瞭解何謂知識本體及其相關標準
- 瞭解知識本體相關應用

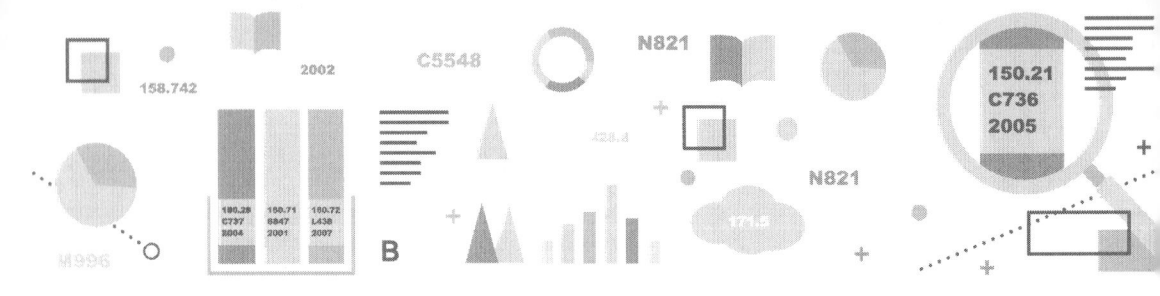

本章綱要

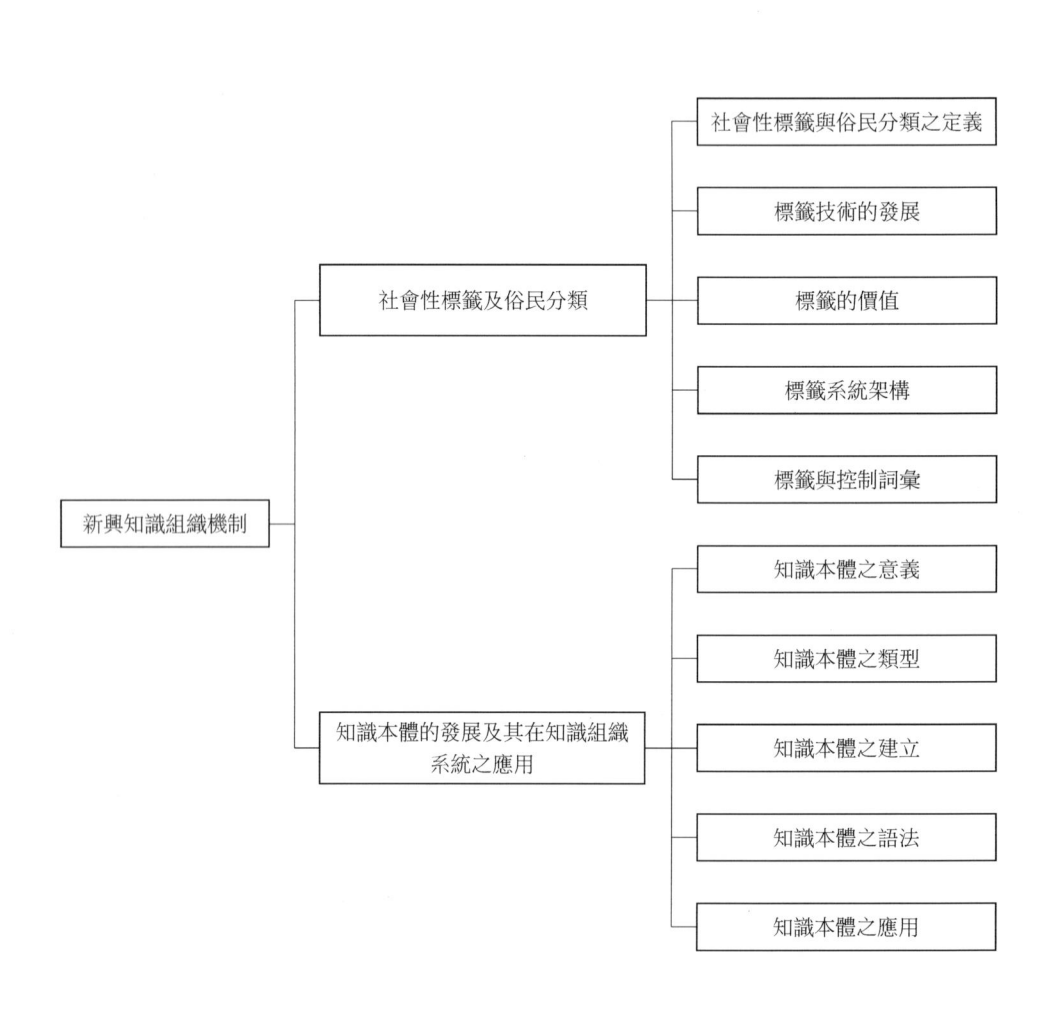

```
新興知識組織機制
├── 社會性標籤及俗民分類
│   ├── 社會性標籤與俗民分類之定義
│   ├── 標籤技術的發展
│   ├── 標籤的價值
│   ├── 標籤系統架構
│   └── 標籤與控制詞彙
└── 知識本體的發展及其在知識組織系統之應用
    ├── 知識本體之意義
    ├── 知識本體之類型
    ├── 知識本體之建立
    ├── 知識本體之語法
    └── 知識本體之應用
```

第九章
新興知識組織機制

第一節　社會性標籤及俗民分類

　　過去知識分類主要由學者專家進行，如被皇帝指派編輯四庫全書及撰寫四庫全書總目提要的學者紀昀，或全球各圖書館的分類編目專業人員。一般人雖然會對自己的資料進行分類歸檔，但鮮少將分類架構及分好類的資源公開分享給大眾。然而強調使用者趨動設計（user-driven design）及社會參與（social participation）的 Web 2.0 打破了這樣的局面。隨著社群媒體的興起，長尾理論的推波助瀾，標榜個人標記，合作分享的 Flickr、Del.icio.us、Technorati 等標記系統應運而生，社會性標籤（social tagging）及俗民分類（folksonomy）一時之間蔚為風潮。以下介紹標籤系統運作之相關原則。

一、社會性標籤與俗民分類之定義

（一）何謂標籤、標籤者、標籤系統、社會性標籤

　　標籤，是指使用者為個人資訊管理或為分享社群而貢獻之關鍵字。如果你是一名書籍的愛好者，就可能登錄過 LibraryThing，當你查到一本書時，會發現除了書目、書評等資料外，還有很多標籤（tags）。除了可在 LibraryThing 加上一本書外，你可以同時為該書建立標籤或稱作標記（tagging），此時你就是個標記者（tagger）。LibraryThing 是一個由使用者建立的圖書目錄，因為採用了標籤技術，所以也是一個標籤系統（tagging system）。標籤並非新的活動，一般人也

會在個人電腦中的檔案管理建立目錄標籤，或建立標籤以分類管理電子郵件，但這些標籤皆為個人使用並不會分享，但在為分享的標籤系統中建立標籤，主要是為分享用，是謂社會性標籤（social tagging）。

（二）何謂俗民分類（Folksonomy）

由使用者所建立之標籤的集合稱為俗民分類（Folksonomy）。Folksonomy 是 Thomas Vander Wal（2005）在討論 Flickr 和 Del.icio.us 所發展的資訊架構時，將 "folks" 和 "taxonomy" 組合而成的新詞彙。folks 表示一群人，taxonomy 則是指分類法。所以 Folksonomy 的字面含義就是「一群人的分類法」。有人譯為俗民分類法，也有人譯為社會性分類法。合作通常被認為是俗民分類最重要的概念，不過 Thomas Vander Wal 認為，使用者可以為其檢索之需，在一可分享且公開給他人的系統環境中自由的給標籤，才是俗民分類最重要的性質。

（三）標籤雲（Tag Cloud）

標籤雲是一種呈現標籤的方法，傳統上認為它是經過視覺設計的加權清單（weighted list），通常以強調字體大小或顏色來表現重要的標籤。標籤雲可以讓我們很快的知道有那些標籤最流行，由於每一個標籤都是一個連結，因此標籤雲也是一種瀏覽形式。資訊架構師 Joe Lamantia 稱標籤雲為「語意景觀的攝影機」，換句話說，每一個標籤、資源或使用者都是一個小窗戶，用來看整個資訊空間。除了字體大小或字體顏色外，Flickr 系統藉由使用者給照片地名、經緯度等標籤，並與 Google Map 結合，形成另一種混搭式的標籤雲。

二、標籤技術的發展

標籤系統結合了三個既有的技術領域發展而來，此三種技術為：資訊架構、社會性軟體及個人資訊管理，茲說明如下：

（一）資訊架構

根據資訊架構研究所（Information Architecture Institute）的定義，資訊架構

是分享之資訊環境的結構化設計，也是網頁（web sites）、內部網路（intranet）、線上社群（online communities）之組織及分層的藝術、科學及軟體，以支持可用性（usability）及可尋性（findability）。一般而言，資訊架構師（information architect）使用控制詞彙、查尋與瀏覽系統及一致性的導覽架構，讓使用者找到資訊。

（二）社會性軟體

社會性軟體是用來線上溝通、合作及分享的應用系統。人們設計社會性軟體之目的，通常為鼓勵非預期的使用者參加群體之互動。

（三）個人資訊管理

個人資訊管理（Personal Information Management，簡稱 PIM）是指人們取得、組織、維護、檢索及使用資料（如文件、網頁、電子郵件等）之相關研究與活動。

三、標籤的價值

人們為何要做標記，有何益處？以 Jess McMullin 的「以價值為中心之設計模型」（value-centered design model）來說明之。以價值為中心之設計模型的基本概念為：價值來自於建立系統者與使用系統者雙方目標的平衡，換言之，標籤系統的價值來自於標籤系統使用者與建立標籤系統者雙方目標的平衡。以下即分別從這兩者的角度：即使用者的經驗報酬及系統建立者的投資報酬，加以說明。

（一）經驗報酬：使用者的標籤動機

使用者為何會使用標籤系統並進行標記呢？主要的動機有下列五項：

1. 容易使用

使用者會進行標記最大的動機可能在於容易使用，因為：
(1) 標籤介面容易使用，只要輸入幾個字即完成。
(2) 標籤很有彈性，使用者可以在任何情況、為任何目的、為任何資訊下任何標籤。

(3) 標籤可以擴展，隨時可以為同一資訊再加標籤。
(4) 標籤有聚集的功能。

2. 個人資訊管理

一般人通常使用實體或數位檔案夾來管理自己的文件，無論實體或數位檔案夾都有優點，但也有缺點，即我們只能將一個文件放入一個檔案夾中。標籤系統做為個人資訊管理系統則有下列三個優點：
(1) 不需要先想好完整的分類系統，只要加幾個看起來合適的標籤即可
(2) 可以加任何想要的標籤，不像建立檔案夾時，需想清楚哪一個檔名最恰當。
(3) 若有錯誤，很容易重新分類。

3. 合作與分享

標籤不僅是一種個人資訊管理工具，也是有效的社會資訊管理（social information management）工具。在很多標籤系統中，社會性獎賞和個人資訊管理一樣有意義。參與社群，分享自己的興趣，貢獻自己收集的資訊，是人類參與社群的基本動機。下列是讓大家想參與在社群中合作與分享的原因：
(1) 透過社會性書籤的應用，會發現其他使用者貼上的有趣連結。
(2) 可以使用他人的標籤去探索。
(3) 若有他人分享的標籤，標籤推薦系統會做得更好。
(4) 其他的使用者可能是專家，我們可以使用他們的連結及標籤。
(5) 可以透過標籤連結其他的使用者。

4. 有趣

社會性科技帶來新的遊戲型式，標籤系統亦然。如在 Flickr 的 Squared Circle 遊戲。

5. 表現自我

標籤讓我們可以對資訊內容表達觀點，判斷，與意見，同時也在告訴他人：我是誰。

（二）投資報酬：企業的益處

對於建立標籤系統者而言，標籤系統有什麼好處呢？

1. 促進合作：社會性標籤系統可以讓使用者分享想法及資源，達到正向的合作。
2. 獲得描述性的詮釋資料（descriptive metadata）：傳統的資訊組織系統需要聘請專業的圖書館員或索引者，為每一資源加上詮釋資料或關鍵字；但標籤系統則以非常低的成本，來增加關鍵字，這種方式對於照片、影片及其他非文字媒體而言，特別有價值。
3. 強化可尋性（findability）：在社會性書籤系統，標籤補充了導覽的機會，每一個標籤都是找到其他相關資源或相關標籤的入口。
4. 增加參與度：在社會性標籤系統中，加標籤是最低風險的參與型式，並且可能可以讓使用者成為最高價值的貢獻者。
5. 辨識模式（patterns）：標籤提供系統建立者豐富的資訊，讓系統者可以瞭解使用者的詞彙、觀點、以及他們如何使用你的資源。
6. 擴增既有的分類功能：如果系統已經有提供導覽系統（navigation system）或專家分類表，使用者提供的標籤是一擴增既有分類系統的方法。
7. 激發創意：標籤系統有可能也是創意之源，如將標籤與數據饋送（data feed）結合在一起的地理標記（geotagging），就是一種標籤混搭（mash-up）服務。

（三）標籤的挑戰與拉力

標籤系統有其特色與優點，但也受到很多的挑戰，有關標籤系統之研究與辯論，綜合來說，介於下列四個拉力點之中：

1. 個人與社會之間：標籤者是為其個人利益而進行標籤？或為了在群體中分享資訊，期望在群體中被視為有博學者？或另有其他社會因素？
2. 獨特與標準之間：標籤應該有完全的獨特性嗎？或應該被標準化，以便可用於查尋及瀏覽？
3. 自由與控制之間：系統是否給了個人完全的自由？或事實上仍影響或控制標籤？
4. 生手與專家之間：標籤的品質如何？由生手給的標籤其價值和專家一樣嗎？

這些情況也實際存在於各種系統，以 Gmail 而言，我們所給的標籤完全是個人化且獨特的，因為這些標籤不會被分享；Del.icio.us 允許獨特的個人標籤，但

因為 Del.icio.us 是一社會性應用系統，標籤會被用來找到其他的新書籤，所以使用者會用較一般性的標籤；LibraryThing 允許下特別的標籤，但會移除個人化標籤以便其為圖書館服務。

四、標籤系統架構

（一）標籤系統基本模型：使用者、資源、標籤

基本的標籤系統包括三個部分：使用者（users）、資源（resources）、標籤（tags），若要設計標籤系統，則需要同時考慮這三個面向，茲說明如下：

1. 使用者

使用標籤系統加資源，或為資源加標籤的人，通常也被稱為標記者。使用者是在任何標籤系統中都必要的要素，設計標籤系統時，必須考慮如何將使用者變成系統的一部分，使用者會貢獻什麼資源，以及他們是否會和其他使用者有聯繫。有關使用者的考量有下列幾個面向：

(1) 誰是使用者

首先應思考的問題是：使用者是誰？雖然標籤成為主流，但不是每個人都瞭解如何使用或為何使用標籤。若在內部網路設計標籤系統，則使用者可能是組織內的員工；若要經營電子商務網站，則使用者就會是顧客。一般而言，可以透過調查、訪談及實地觀察瞭解使用者是否會對標籤系統有好感，愈努力瞭解使用者，就愈有可能設計出符合使用者需求的系統。

(2) 使用者如何進入系統

若已知使用者是誰，接下來要考慮的是使用者如何成為系統的會員。一般而言，會員有特權。在標籤系統中，會員的權力包括加入資源、產生標籤和查看他人的標籤與資源。會員資格有三種類型：

a. 公開登入：使用者藉由登入來加入系統。

b. 邀請式會員：新會員被現有會員邀請，這種方式常用在應用程式正在被測試，還未準備好要公開的階段。

c. 外部標準：會員資格決定於系統範圍外的因素，舉例而言，如果你的機構在執行一個內部的社交書籤應用程式，可能只有員工可以成為會員。

(3) 使用者的流動

每間公司都會有人員流動（turnover）問題，有人離開找新工作，有人加入填補空缺，這件事會影響標籤系統中的使用者，也和系統管理有關連。對大部分的網站來說，不活躍的使用者在註冊帳號後，即使幾個月或幾年沒有登入，也可以回來繼續使用該網站。但若為內部標籤應用程式，則需決定當員工離職時該怎麼處理。

(4) 如何讓使用者活躍

活躍性（activity）指使用者張貼資源和標籤的頻率，活躍的使用者是系統所期待的。使用者活躍程度可以衡量資源和標籤的數量和活力，許多介面上的設計決策都會取決於使用者是否活躍，特別是和社會性遊歷的相關活動，例如，活躍使用者會想要看標籤的趨勢，而非標籤受歡迎的程度，不活躍的使用者可能對趨勢的改變沒有興趣。標籤系統有趣的特性是，無論什麼類型的內容或標籤，使用者活躍程度呈冪次現象（power law）。

(5) 使用者如何吸引其他使用者

標籤系統的社交行為是激發使用者參與的有力方式，大部分的標籤系統都會包含社會性成分。一般而言，使用者有三種相互連結方式：

a. 追蹤者（follower）是使用者間簡單的單向連結，使用者可以追蹤其他任一使用者，Delicious 使用這種模式，追蹤可以是相互的也可以是單向。
b. 接觸（contact）是使用者間相互的連結，使用者可以要求另一使用者加入，如果接受，他們之間雙向的連結就產生了，Facebook 使用這種接觸系統。
c. 群組（group）是一群使用者結合在一起，分享某個主題的資源，使用者加入群組要經過管理員的許可。

這些連結是社會性遊歷的基礎，藉由追蹤其他人來尋找資訊。但即使沒有建立使用者間遊歷的選項，探索使用者在標籤系統內的活動仍有價值，消極的使用者（或稱潛水者）可看其他人看到和追蹤其他人如何張貼資源和標籤，讓活躍的使用者成為社會認同的正向形式。

2. 資源

資源是使用者加標籤的對象，如一本書、一個網頁、一個影片等。有關資源有下列幾點考量面向：

(1) 資源如何進入系統

　　資源進入系統的方式有兩種：

a. 使用者貢獻資源：由使用者在系統中不斷地加入書籤、照片或影片。Flickr、Del.icio.us、YouTube、SlideShare 和其他大部分的聚集和分享網站都有使用者貢獻資源。

b. 系統資源：系統資源是指既有目錄或資料庫，這些目錄及資料庫乃透過其他方式建立的，和標籤系統無關，這些資源不是由使用者貢獻或擁有，如 Amazon 商品目錄即是系統資源。

　　這兩種模式並不互斥，LibraryThing 有大量的圖書館書目資料與 ISBN 紀錄，但如果有一本書不在 LibraryThing 的來源資料庫中，使用者可以將它加入到你的圖書館中並加標籤，可說 LibraryThing 結合了使用者貢獻資源和系統資源兩種模式。

(2) 描述資源本身或描述資源指標（Pointer）

　　使用者標記的對象可能是原始資源（original resource），如真正的文件、照片或影片，或授權的資料庫中的紀錄。

　　但在社會性標籤系統中，使用者標記的可能是一個書籤（bookmark）或 URL，其標籤並未附加在其所標記的網頁上，而是附加在資料庫中包含該 URL 的一筆紀錄中，我們稱之為指標（pointer），指標是指取代資源的紀錄。

(3) 誰可以看到標籤

　　社會性標籤重要的價值，就是分享，但也有些使用者可能會想要或要求讓他們的資源不要公開。一般而言，有關隱私的設定有下列四種情況：

a. 全部公開：如 Del.icio.us 網站一開始即採取全部公開政策。

b. 可設定，但預設為公開：可以做隱私設定，但預設為公開，以鼓勵分享。

c. 可設定，但預設為不公開：可以做隱私設定，但預設為不公開，使用者會較有安全感，但不鼓勵分享。

d. 完全不公開。

(4) 資源類型之限制

　　一般而言，不同的標籤系統可能有下列之資源限制：

a. 檔案類型（file type）：如 Flickr 限制檔案類型為圖檔，Delicious 限制檔案類型為連結。

b. 物件（object）：在 LibraryThing 中，使用者在其圖書館對書下標籤。
c. 類型（genre）：Yahoo Podcasts 限制特定的聲音檔。
d. 來源（origin）：例如系統只支援標記內部網路的文件。

這些限制對使用者而言是顯而易懂的，不會有人想在分享照片的網站分享書籤。

(5) 系統變動的速度

系統中資源的數量和改變的比率會影響使用者使用系統的方式。如果資源是由使用者所貢獻，系統擁有者會期望有持續的資源加入，數量變動多快速取決於使用者有多活躍。如果資源是系統的一部分，或是以其他方式進入系統（如前面所稱的系統資源模式），則資源數量和改變比率和使用者是否活躍可能無關。

由使用者貢獻資源的系統，使用者送出資源時會同時加標記，若資源已存在於系統中，使用者不會有強烈的動機去下標籤。

3. 標籤

使用者描述資源所加之關鍵字即稱為標籤，也就是描述資源的資訊，是一種詮釋資料（metadata）。由於標籤系統是開放性的描述系統，因此標籤可以是描述資源內容的主題詞、所在位置、使用目的，或只是提醒自己的字眼；標籤可以是單字，也可能是片語。不同的人對同一個資源會有不同的描述模式，有些標籤是描述性的（descriptive），有些人可能是表達式的（expressive）。

(1) 誰可以下標籤

有些標籤系統允許使用者標記他人的資源，一般而言，系統會考量下列的規則：

a. 誰可以建立、編輯和刪除標籤；
b. 使用者可以對那些資源建立、編輯和刪除標籤。

大部分由使用者貢獻資源的標籤系統，其規則較簡單，即貢獻資源者可以下標籤，未來也可以新增、編輯、移除標籤。有些系統，能將許可權延伸至其他使用者，如 Flickr 可設定讓朋友標記你的照片（也可以刪除他們曾下過的標籤）。

若為系統資源，則會考慮是否允許使用者對資源下標籤，或只對部分資源下標籤。

(2) 標籤儲存在何處

　　Flickr 保留使用者張貼的每一張照片之多個副本，但沒有一張包含使用者對這張照片所下的標籤，標籤被放在資料庫中表示該照片的一筆紀錄。在一般的標籤系統，標籤可能與資源一起存放在資源檔中，若資源搬動，標籤也會跟著搬動；但也可能存在放資源檔外的資料庫中，如未存放實際資源的書籤系統，其標籤就是存放在資料庫中。在一書籤系統中，若一被標記的網站改變了位址，它的標籤並不會跟著移動。如果重新設計網站並改變了 URL，使用者所下的標籤和書籤的連結也會斷掉，這是需要特別考量的問題。

(3) 標籤是否應該被審查

　　是否應該限制標籤字數，是否需要審查標籤用語，這可能是個敏感的問題，端視使用者及其態度決定。很多標籤系統並未特別禁止髒話，也未產生明顯的問題。若真有不適合的標籤用語，使用者會檢舉，無需系統做太多的控制。

(4) 冪次分布（Power Law）現象

　　冪次分布是指少數元素出現頻率很高，大部分的元素出現的頻率很低的一種分布現象。這種現象出現在所有的網路系統，即少部分的網站吸引大量的流量，網站中少部分的頁面占了大多數的流量，且大部分的流量來自於一小部分的資源。冪次分布也就是我們熟悉的齊夫定律（Zipf's law），這種現象也出現於任何地方，包括數學、物理學、經濟學、生物學和其他學科。經濟學家 Vilfredo Pareto 提到 80% 的財富掌握在 20% 的人的手裡，Afred Lotka 發現少部分的作者寫了大部分的科學文章，而大部分的作者只寫了一篇文章，Georga Zipf 發現字詞的頻率也有一樣的趨勢，少部分的字（如 the）常常被使用，而其他的字則很少用。

　　標籤系統也出現冪次分布現象，根據 Harry Halpin、Valentin Robu 和 Hana Shepherd 的研究 "Complex Dynamics of Collaborative Tagging"，分析 Del.icio.us 最受歡迎的 500 個書籤，發現冪次分布曲線也出現在每一種資源上，不同網站的曲線只有非常小的差異。為何冪次分布會一直出現？根據擇優連結原則（preferential attachment）來分析，一個標籤一旦被使用過後，要再被使用的機率就會變高，社會認同（social proof）、建議接口（suggestion interface）和其他因素等，都會促成此一現象。

五、標籤與控制詞彙

（一）大眾之詮釋資料

　　詮釋資料是一個大項目，而標籤是收集詮釋資料的一種途徑。我們執行的每一筆電子消費，從買一杯思樂冰到網路搜尋行為，都依賴著詮釋資料。詮釋資料是「資料的資料」，但更標準解釋的方式應該是「關於資料的檔案」，就像其他類型的檔案，詮釋資料幫助你瞭解及利用資料。基本上詮釋資料可以：1. 幫助我們找到資料；2. 幫助我們管理資料（個人或機構資料）；3. 幫助我們建立資料間的連結（也包含連結外部資料）。在數位圖書館，將詮釋資料被分為三種：描述性、管理性與結構性，以執行上述功能。

1. 描述性詮釋資料：敘述性詮釋資料提供資源細節，對數位檔案來說，描述性詮釋資料包含標題、摘要、作者（群）姓名及標題。在某些狀況下，部分資訊需要專門的描述性詮釋資料，例如一件雕塑品的詮釋資料就包含使用材質、創作年代等；而一件畫作則包含尺寸、材料、主題。而若是風景畫，主題就是某個地點。

2. 管理性詮釋資料：管理性詮釋資料用於管理一系列實體或虛擬的資源，前者像是圖書館的實體館藏，後者則為網頁或數位資源。管理性詮釋資料大多包含獲取日期、擁有者、以及連絡資訊；此外，也包含創建資源的工具，舉例來說，保存數位資源的單位通常也需要創建資源時關於電腦硬體、檔案與格式的資訊，以便未來取用這些資源。網站內容管理系統較常利用管理性詮釋資料，以便追蹤原始管理者及其修訂。

3. 結構性詮釋資料：結構性詮釋資料用於連結其他資源，包含書籍的頁數、冊數等資訊。廠商在數位化書籍時會利用結構性詮釋資料連結原始網頁的字彙資訊，尤其是在光學字體辨識無法有效轉換內文時。對數位資源而言，結構性詮釋資料是可以將獨立檔案與其他檔案連結成資源的一份地圖。

　　這三種詮釋資料中主要差別在於其精確性，通常是管理性及結構性較為明確，如日期、作者姓名、頁數及冊數等都有明確值，而描述性詮釋資料，則不僅包含領域知識，也呈現個人詮釋。

（二）標籤的類型

標籤當然也是詮釋資料，但並不容易被歸類為描述性、管理性或是結構性。使用者為了不同的理由進行標籤，連標籤系統也是根據不同目的設計。在多數情況下，標籤能夠表現詮釋資料七種功能中的其中一種，如表 9-1。

表 9-1　標籤的七種類型

標籤類型	範例
描述型（descriptive）	css, web design, ajax, Minnesoda, drama, gardening, zen, microfinance, music, halo3, networks, sushi, hibiscus
資源型（resource）	blog, book, video, photo
所有權／來源型（ownership/source）	nytimes, genesmith (author), newriders
意見型（opinion）	cool, funny, lame, beautiful, crap, defective by design
自我參考型（self-reference）	mystuff, mine.me
任務型（task organizing）	toread, todo, work
表演型（play and performance）	squaredcircle, seenlive, aka vogon poetry

使用者選用的標籤端看使用者為何標籤，Marlow 等人認為使用者標籤的動機決定了其使用標籤的種類。以個人資訊管理為目的者傾向於使用描述性與任務相關之標籤，其他以社交為目的者則傾向使用意見、表演標籤。

（三）俗民分類法的四項特徵

專家分類法與控制詞彙是兩種用於定義詞彙間關係的分類系統，這些關係可以是語意上的，例如「數學」與「算術」可視為同義詞；也可以是概念上的，如「哲學」與「認識論」（哲學的分支，關注知識本質）。這些分類系統甚至可以釐清具有多重意義的詞彙，如 bank，同時具有銀行與河岸的意思。專家分類法與控制詞彙可以藉由降低詞彙模糊度、連結概念、真實世界中的關係，幫助我們瞭解並探索主題。

俗民分類和專家分類法不同，它無專家分類法中廣義、狹義之類的特徵，也

無法像控制詞彙建立字詞間的等同關係。在俗民分類中，標籤間的關係端看標籤被使用的方式，這也是俗民分類法的特徵之一：

1. 獨立性

俗民分類中，標籤是由使用者獨立完成的。也因為使用者能夠自由選擇要使用的標籤，不被迫從有限的、預先篩撿過的類別中挑選標籤，才能創造俗民分類。一些標籤系統會提供標籤建議，目的是讓使用者更容易且有效率地完成標籤，就像稍早看到 Buzzillions.com 網站上提供一系列適合的標籤供使用者選用，但這類系統還是允許使用者自行下標籤，所以仍符合俗民分類法的獨立性特徵。

2. 聚合性

俗民分類的標籤有聚合性，所謂聚合（aggregation）是指所有的標籤能自動聚集在一起，若以人工方式從標籤中採樣建立分類，則不合乎俗民分類這項聚合的特性，如 Etsy 系統利用標籤建立分類表，無法稱為俗民分類。要建立一俗民分類需要有多少使用者才能完成，則須視標籤系統的規模大小而定，但若系統中有積極參與者所形成的社群，則有可能會發現有趣的俗民分類化模式，如果只從少數或被動使用者聚合而來的標籤所形成的俗民分類，則其用途不高。

3. 推論性

俗民分類無法建立標籤間特定類型的語意關係，俗民分類標籤間的關係是從使用方式中推論而來。這些推論的價值在於這些標籤都是從使用者的語言及使用模式而來，或許缺乏細微的語意結構，但仍根植於實際的使用者行為。有許多方法可以分析標籤以推論其中的語意關係，如：

(1) 熱門詞：計算標籤數量以取得熱門詞，是檢驗標籤模式最簡單的方式。
(2) 共現（co-occurrence）：所謂共現，表示某個標籤通常會和另個標籤一起使用。計算共現率可以取得統計上具有相關性的標籤。以寬鬆的標準來說，共現情形類似索引典中的相關詞。
(3) 集群（clustering）：是一種計算兩個標籤間共現機率的演算法，知道共現機率後便可群聚常一起出現的標籤，並推論標籤間的關係。

（四）使用俗民分類的情境

一般而言，有效應用俗民分類的情境如下：
1. 領域術語不確定或正在發展：當領域語言正在改變，普通分類架構無法發揮效用，則俗民分類法可以提供一些結構上的幫助。
2. 動態的資訊空間：當組織的資訊空間快速地成長或改變，則俗民分類可以協助跟上這些改變。
3. 語意關係非關鍵因素：若所處情境不需要其他分類法建立語意關係，則由使用者產生的結構的俗民分類已足夠應用。
4. 需要多重觀點：多數分類系統通常只反映單一觀點，俗民分類法則可捕捉不同觀點。
5. 想要接觸主動的使用者族群：俗民分類法有賴一群持續參與標籤的使用者建立起來，沒有這些使用者就不會形成俗民分類，透過俗民分類也可接觸到主動的使用族群。

（五）俗民分類與控制詞彙、知識本體的結合

社會性分類網站常將標籤與控制詞彙混合使用，如 LibraryThing 的「結合標籤」，其特色是可以讓使用者創建網站的權威檔，任一付費使用者都可以結合或分離兩個標籤，舉例來說，science fiction 和 scifi 都是科幻文學的通用詞，結合這些標籤便能讓它們具有同等關係。LibraryThing 也依熱門程度給予詞彙權威性，當標籤被結合，最熱門的標籤就成為優先詞。標籤結合是由一套簡單的規則進行：「結合」是為了減少兩個標籤間無意義的差別。這也使得一些看起來不同、但意義卻相似的詞彙無法被結合，如 humor、humour。事實上，書單中被標籤為 humor 的書籍作者較多為美國作者，如 David Sedaris、Scott Dilbert Adams、Jon Stewart，而 Douglas Adams 及 Terry Pratchett（英國作家）則採 humour 標籤為多。其他像是具有微妙文化差異的同義詞也常被忽略，舉例來說，science fiction 和西班牙語的同等詞 ciencia ficcion 就被結合了。這些差異的有效性由 LibraryThing 社群加以判斷，藉由讓使用者結合或分離標籤，LibraryThing 可以持續讓不同標籤對話，若使用者同意 humor 和 humour 是相同的，便可以結合這兩個標籤，系統也會即時反應這項決定。

社會性標籤也被用來協助建立 ontology。一般而言，建立 ontology 的方法有

兩種，一是以自動方式處理自然語言，但這種方法很難精確地建立詞彙及詞彙關連；二是以手動的方式建立，但這種方法很耗時且不易規模化。因此，社會性標籤可說是另一種替代方案，即使使用者所建立的標籤有雜訊，但仍比其他兩種方法更易建立語意網。

Ontology 也可以用來表達社會性標籤的關係，Tom Gruber（2007）提出的標籤知識本體（tagging ontology）就是以 ontolgoy 將標籤資料模式化。目前有三個表達社會性標籤的 Ontology: Social Semantic Cloud of Tags (SCOT) Ontology、Holygoat Tag Ontology 和 Meaning Of A Tag (MOAT) Ontology，此三者都結合了既有的標準如 SIOC、FOAF、SKOS、MOAT 和 DCT，以支持資料互通（interoperability），例如 SCOT 使用 SIOC 的元素來描述網站資訊及網站資源的關係，使用 FOAF 來描述人，使用 SKOS 來描述標籤之間的關係等。

第二節　知識本體（Ontology）的發展及其在知識組織系統之應用

傳統搜尋引擎的搜尋結果會將相關文件加以排序，查詢結果主要呈現出檢索詞彙與文件間的關係，但對於這些文件與文件的關係，則很少或沒有提供，知識工作者仍須花費大量時間瀏覽這些文件，才能知道它們彼此間的關係，及判斷每一份文件對應到問題的哪一個層次，如果搜尋結果能將每份文件從孤立的資訊變成互相關聯的知識脈絡，對於資訊的運用將會更有效率。

Berners-Lee、Handler 與 Lissila（2001）認為，語意網將成為下一代的網際網路，語意網就是將不同網頁內容互相索引及連結在一起的方法。從搜尋引擎的發展，我們也慢慢看到這樣的趨勢，如 Clusty.com 這個搜尋引擎已將搜尋結果加以自動分類，並以層級架構展示知識類別。從圖 9-1 中我們可以更清楚的瞭解，傳統的網際網路和語意網有何差別，在傳統的網際網路中，文件與文件有超連結關係，但並未指出其關係為何，如圖左；而右圖中，則為語意網之示意圖，相關的文件不但有超連結，而且會標示出此連結的關係為何。換言之，在語意網中，資源連結會描述該連結之類型屬性。

然而要如何做到語意網呢？基本上就是要讓電腦知道文件之間的關係，也就是要增加文件的語意。增加語意的方法有兩個：

一、使用標準之 metadata 格式建立外在的描述資料，如採用 Dublin Core 來描述

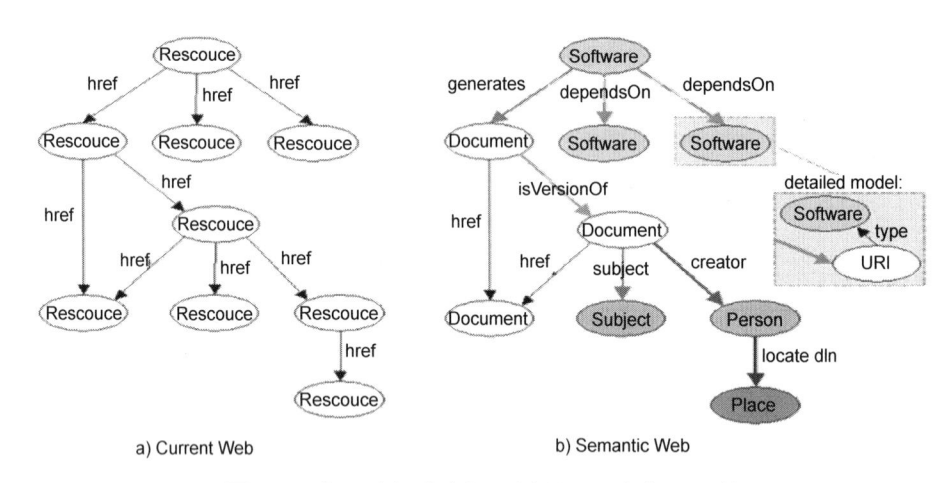

圖 9-1　在語意網中資源及連結可以有類別屬性

資料來源：Koivunen 與 Miller（n.d.）。

資料內容，但這種方法比較沒有彈性，能描述的內容數量有限；

二、另一種方法就是採用知識本體架構來專指資料的意義，這是目前語意網最主要的核心技術。

以下分別就知識本體的意義、類型、建立方式、及語法應用等逐項說明。

一、知識本體之意義

何謂知識本體架構（Ontology）？不同的人對同一件事的說法或用詞可能不同，軟體程式亦然，這使得系統在不同領域可能無法互通，知識本體是軟體工程用來促使系統語意互通的工具。Ontology 原是哲學領域中關於存有（existence）的本質及實在論（reality）之哲學理論，Ontology 在哲學領域譯為本體論或存有論，在此 Ontology 的 O 為大寫（Ding, 2001; Jacob, 2003）。近年來，人工智慧領域的研究者，尤其是知識擷取與知識表徵方面的研究員，重新體現知識本體的意義與應用，Ontology 成為人工智慧領域用來表達「某些領域裡分享（shared）、共通的瞭解，而這種瞭解是可以溝通人與應用系統」的行話（Gruber, 1994, as cited in Ding, 2001）。典型的知識本體如分類表（taxonomy），這套分類表定義了各個類別與類別之間的關係，以及一套能夠強化推論功能的推論原則

（inference rules）（Berners-Lee et al., 2001, as cited in Ding, 2001）。簡言之，Ontology 是一種規範概念，用來記錄人的概念，以及概念與概念間的關連。人工智慧（AI）領域的人視 Ontology 為正規的邏輯理論（formal logic theories），在這個解釋中，不只定義詞彙及其關係，也定義詞彙應用情境及關係；資料庫領域視 Ontology 為物件模型（object models）之分類（taxonomies）及資料架構（schemas），這樣的定義未表達 AI 領域中，有關 Ontology 的使用限制；語言學的 Ontology（如 WordNet）及索引典，主要在表達概念間的關係（如同義、反義、"is-a"、"contains-a"）等，但並未清楚及正規的說明該概念的意思。

早在 1990 年，知識本體就成為人工智慧領域裡熱門的研究主題之一，包含知識工程（knowledge engineering）、自然語言處理及知識表徵。最近，知識本體的概念再度在某些領域中興起，如智慧型資訊整合（intelligent information integration）、資訊檢索、知識管理、網路標準、線上資料庫、多代理人系統（multi-agent systems）。知識本體復興的原因是因為缺乏從人與電腦的角度出發的語法及語意溝通的標準。當資訊超載，各種沒有效率的網路搜尋引擎及資訊檢索不斷地增加時，問題也就不斷地惡化（Ding, 2001）。

Noy 與 McGuinness（2001）認為我們需要 Ontology 主要的原因有下列五點：

（一）使人與人或軟體代理人間對資訊結構有共識：如幾個不同網站皆提供醫療資訊或醫療電子商業服務，若是這些網站中所使用詞彙皆源自相同的知識本體，那麼電腦代理人（computer agent）便可以從中提取或聚集這些不同網站中的資訊。代理者（agents）便可透過利用所聚集的資訊回應使用者的檢索或作為其他應用的輸入資料。

（二）使領域知識得以再利用：舉例而言，不同領域的模型（model）都需要展現時間的概念，包含時間間隔（time interval）、時間點的概念、相關時間的測量等等；再者，若一群研究團隊發展一個詳細的知識本體，其他人可以再次使用該知識本體於他們自己的領域。此外，如果我們需要建立一個龐大的知識本體，我們可以整合其他現有可以描述領域中部分概念的知識本體。我們也可以再利用一個通用的知識本體，例如聯合國標準產品與服務分類代碼（UNSPSC）知識本體，並加以擴展來描述我們的興趣領域。

（三）使領域假設明確：領域知識明確的說明，對於將要學習領域的新手很有用，他們可以藉此瞭解該領域中的術語所代表的意義。

（四）將領域知識與操作型知識獨立開來：如我們可以從依據所要求的規格零件

來描述裝配產品的任務,並執行不受產品及零件支配,可獨立組裝的程式。又如我們可以發展電腦零件（PC-components）及特性的知識本體,並應用演算法於客製化電腦的配置。如果我們「餵」演算法一套電梯零件的知識本體,我們也可以使用相同的演算法來組裝電梯。

（五）分析領域知識：一般而言,建立領域知識本體並非知識本體的主要目標,但發展知識本體可以說是定義一組數據及結構,以供其他程式使用。

二、知識本體之類型

知識本體架構具體呈現出來的是什麼呢？長久以來,已被建構出來的知識本體包括：分類表（classification schemes）、學科分類表（taxonomies）、層級類別（hierarchies）、索引典（thesauri）、控制詞彙（controlled vocabularies）、術語（terminologies）、詞典（dictionaries）等皆是。雖然這些知識表徵系統皆可呈現出知識本體的特性,但將知識本體與上述任何一種知識表徵畫上等號,無疑是降低了知識本體的功能及其對語意網的潛在影響力（Jacob, 2003）。以下將從知識組織工具類型及知識本體架構之層級來說明知識本體架構的類型,也間接解釋 Jacob 所提的上述觀點。

（一）從知識組織工具類型區分

如上所述,人類已建立很多類型的知識本體架構,而就其結構化程度可分成：詞表／用詞清單／術語工具（term lists）、分類與歸類／類目（classifications and categories）、概念關係表（relationship lists）,如圖 9-2 所示。

以下再詳細說明各種工具之特性。

1. 詞彙清單（term lists）：這個類別包括關鍵字表、權威檔、術語典、字詞典、地名詞典等。

    (1) 關鍵字清單（pick lists）：這些關鍵字主要乃由資料全文中擷取出來的字詞,也就是一般所謂的自然語詞。

    (2) 權威檔（authority files）：用來控制特定範圍內同一個體不同名字之字彙列表,包括國名、人名與組織名,或是將不被使用的詞彙連結到被使用的詞彙,通常不包含很深的組織或複雜的結構,其呈現方式可能依字母順序

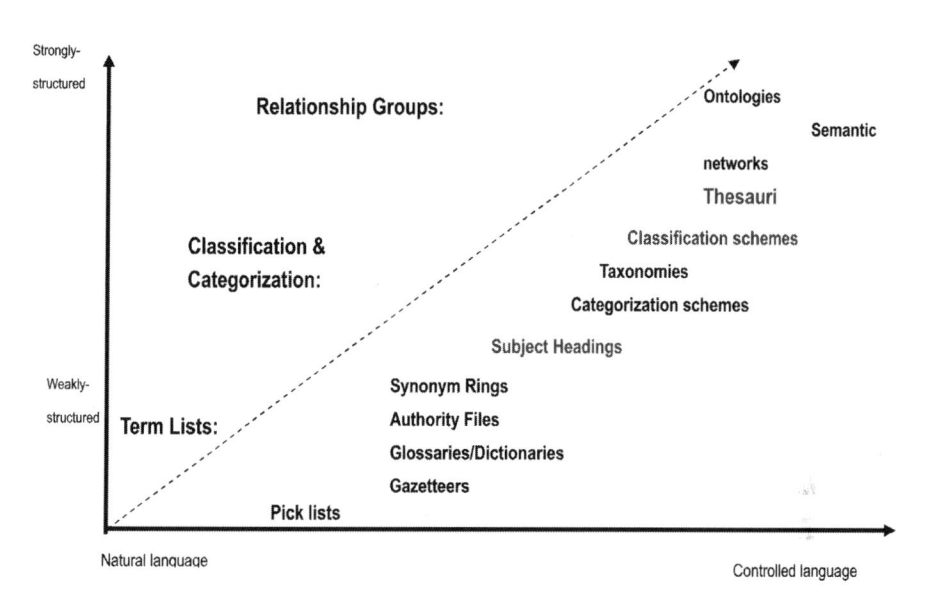

```
Strongly-
structured
                    Relationship Groups:              Ontologies
                                                           Semantic
                                                      networks
                                                    Thesauri
                    Classification &        Classification schemes
                    Categorization:       Taxonomies
                                        Categorization schemes
                                  Subject Headings
Weakly-                        Synonym Rings
structured          Term Lists: Authority Files
                              Glossaries/Dictionaries
                              Gazetteers
                        Pick lists

Natural language                                    Controlled language
```

圖 9-2　知識組織工具

資料來源：Zeng 與 Athena（2005, p. 9）。

或是較簡單的分類架構，提供有限的階層以供簡單的導引，如美國國會圖書館人名權威檔（Library of Congress Name Authority File，簡稱 LCNA）與蓋茨地名權威檔（Getty Geographic Authority File）。

(3) 術語典／詞彙表（glossaries）：術語典即一組字彙列表，通常附有詞彙定義，所定義的字彙來自一個特別的主題領域或是一本特定作品，其定義依特定的主題環境而定，很少會有不同的定義，Environment Protection Agency (EPA) Terms of the Environment 即屬之。

(4) 字詞典（dictionaries）：字典是按字母順序排列並包涵定義的字彙列表，字典會列出一字之不同的意義，其範圍比詞彙表（glossaries）更廣泛，它也會提供字的起源、變化形態（拼法與形態），在不同學科領域的多重意義，字典另可能提供同義字和相關字，但是沒有明確的階層架構，或做概念性分類。

(5) 地名詞典（gazetteers）：地名詞典是一組地名列表，傳統的地名辭典是以圖書形式出版，或是作為地圖集的索引，每個款目都可經由特質樣式來辨識，例如河流、城市或學校，在地理上的用途通常是用作特定地點的地表

定位之用，U.S. Code of Geographic Names 即屬之。Gazetteers 這個字有其他的意義，包括公報（announcement publication），例如 patent gazetteer 或 legal gazetteer，這些地名詞典常使用分類表或主題類目做組織。

2. 分類與類目（classifications and categories）：這個類別包括標題表、分類表、關係概念表等。

   (1) 標題表（subject headings）：提供一組控制詞彙以呈現館藏資料所分屬的各主題項目，主題範圍可以很廣且可擴充，但一般標題表結構都不深，僅具有限的階層架構，使用上是組合式的，有一定規則來讓使用者找出更精確的概念，《美國國家醫學圖書館標題表》（Medical Subject Headings，簡稱 MeSH）與《美國國會圖書館標題表》（Library of Congress Subject Headings，簡稱 LCSH）即屬之。

   (2) 分類表、學科分類表或類目表（classification schemes, taxonomies, and categorization schemes）：Classification schemes、Taxonomies 與 Categorization Schemes 等詞彙常被互用，雖然在例子間他們可能有些微的差異，但是這些知識組織工具皆有將類目分入較寬廣主題的特性與方法，某些範例會提供數字或字母標示的階層式註記，以呈現主題的涵蓋範圍。這些知識組織工具類型可能不遵循 ANSI NISO Thesaurus Standard（Z39.19）（NISO 1998）規定的階層規則，他們缺乏索引典所具有的明確的關係。圖書資訊領域已發展出來的分類表如美國國會圖書館分類法（Library Congress Classification，簡稱 LCC，是一開放、可擴展的系統）、杜威十進分類法（Dewey Decimal Classification，簡稱 DDC，相對是一較為封閉的分類系統）、國際十進分類法（Universal Decimal Classification，簡稱 UDC，乃以 Dewey 為基礎，但更具彈性之分類系統）。主題類目（subject categories）通常用來將索引典中的字彙歸納到更廣泛的類別下，並將之置於索引典階層表之外，另成一套系統。分類學（taxonomies）一詞則逐漸在物件導向設計或知識管理系統中被使用，其意指採用特定特質對物件進行分類與集合。

3. 概念關係詞表（relationship lists）：這個類別包括索引典、語意網絡、知識本體等。

   (1) 索引典（thesaurus）：索引典以概念為基礎，並展現詞彙間的關係，索引典中關係的描述通常包括階層、對等（同義）和關連，這些關係通常以

BT、NT、SY（同義字）、RT 表示，相關（associative）關係在一些體系中可以分得更細，例如：美國國家醫學圖書館的統一醫學語言系統（Unified Medical Language System，簡稱 UMLS），定義了超過 40 種的關係，許多都是相關的（associative），可用來辨識常被採用作為索引及檢索的使用詞（preferred terms），其他不常被使用的詞彙則會被指向各個概念的使用詞。單語索引典的標準有 NISO 1998、ISO 1986，多語索引典的標準則有 ISO 1985。依據標準建置的索引典定義非常嚴格，需預先設想標準關係，並依循原則建立字彙關係。這些標準中的索引典定義常與傳統上稱為 Thesauri 不同，許多 Thesauri 並不遵循標準的所有規則，但通常仍被認為是 Thesauri。也有索引典僅呈現同義關係，如 Roget's Thesaurus，就是一套僅呈現對等關係（即同義詞）的索引典。

索引典多半架構龐大，可能包含超過 50,000 個字彙，大部分是為特定學科所發展，可能是單獨或是系列性出版品。Aquatic Sciences and Fisheries Thesaurus 與 National Aeronautic and Space Administration (NASA) Thesaurus 均屬之。

(2) 語意網絡（semantic networks）：自然語言處理技術使語意網絡有顯著的發展，語意網絡之知識概念和字彙不是以階層式展現，而是以網絡方式呈現，概念被視為一個節點，而關連概念便從其中分出去，其關係可超出索引典的 BT、NT、RT，例如 Whole-Part、Cause-Effect 或 Parent-Child。最著名的語意網是普林斯頓大學的 WordNet，使用於搜尋引擎。

(3) 知識本體（ontologies）：知識本體是一個新的概念，被運用在某些知識組織系統，知識管理社群正在為知識本體發展獨特的概念模組，它可以呈現物件之間複雜的關係，包含語意網絡所缺乏的規則與原理，知識本體經常與資料探勘（data mining）及知識管理等系統結合，用以描述特定領域的知識。

三、知識本體之建立

一般而言，建立知識本體之基本步驟主要有下列七項：

(一) 決定知識本體的領域和範圍（Determine the domain and scope of the Ontology）。

（二）考慮採用現成的知識本體（Consider reusing existing Ontologies）。
（三）匯集重要的詞彙（Enumerate important terms in the Ontology）。
（四）定義知識類別及層級（Define the classes and the class hierarchy）。
（五）定義類別屬性（Define the properties of classes -- slots）。
（六）定義屬性的面向（Define the facets of the slots）。
（七）建立知識實例（Create instances）。

四、知識本體之語法

　　除了建立知識本體架構詞彙及關係外，在 Ontology 領域中，尚需以標準的語法來表達該知識本體架構。傳統的知識組織工具如分類表、標題表、索引典都已發展出呈現的語法，而在 XML 環境中，目前用來表達知識本體架構的標準，主要有表達 Topic Maps 的 XTM 語法、及 W3C 所推出的 Ontology 語法 OWL 及 SKOS。由於 XTM 之架構和 OWL 及 SKOS 不同，並非以 RDF 為基礎，將以另文介紹之，以下主要介紹兩個由 W3C 所推的 Ontology 語法。

（一）OWL 語法簡介

　　語意網（Semantic Web）是網際網路的發展願景，發展語意網最主要的是要對網路上的資訊被賦予明確的意義，讓機器可以自動處理並加以整合。語意網是建立在 XML 可以自訂標籤架構（schemas），及 RDF 可以靈活描述資料的根基上。在語義網使用 RDF 之前，RDF 上頭還需有一層可以正式描述網站文件中的專門術語意義的本體語言（ontology language）。此外，若期望機器可以對這些文件執行有效的推論（reasoning）工作，那麼這個語言就必須超越 RDF Schema 的基本語意。Web Ontology Language（簡稱 OWL）就是設計來標示該知識本體的語法，也是目前 W3C 所公布和語意網相關的眾多標準之一。為何有了 XML、XML schema、RDF、RDF schema 之後，還需要發展 OWL 語法呢？原來的語法有那些不足之處？以下即說明之（W3C Recommendation 10 February 2004）：
1. <u>XML</u> 主要在提供標示文件的表層語法（surface syntax），它不會為這些文件的意義加上任何語意說明。

2. XML Schema 是用來限定 XML 文件之結構，以及擴充 XML 資料類型的語言。
3. RDF 是一種用以描述物件（資源）與物件彼此間之關係的資料模型。它為這種資料模型提供了簡單的語意，而這些資料模型可利用 XML 語法來表示。
4. RDF Schema 是用來描述 RDF 資源之屬性與類別的詞彙。為這些屬性與類別的一般化階層架構（generalization-hierarchies）提供語意。
5. OWL 新增更多的詞彙來描述這些屬性和類別：尤其是描述類別之間的關係（relations between classes，例如：互斥 [disjointness]）、基數（cardinality，例如：剛好一個 [exactly one]）、等值（equality）、屬性的多元型態（richer typing of properties）、屬性的特徵（characteristics of properties，例如：對稱 [symmetry]）、與列舉類別（enumerated classes）。建立 OWL 文件時，可以使用所有 RDF 及 RDF-S 提供的元素和屬性，將 OWL 和 RDF-S 相比，OWL 的優勢在於其提供了更強的推理（inference）能力。

OWL 於 2004 年 2 月 10 日成為 W3C 的推薦標準，這個語法的發展主要乃將 DAML（DARPA Agent Markup Language）及 OIL（Ontology Inference Layer）合併而來，而 DAML 及 OIL 都是以 RDF 為基礎發展出來的 Ontology 語法。其關係如圖 9-3 所示：

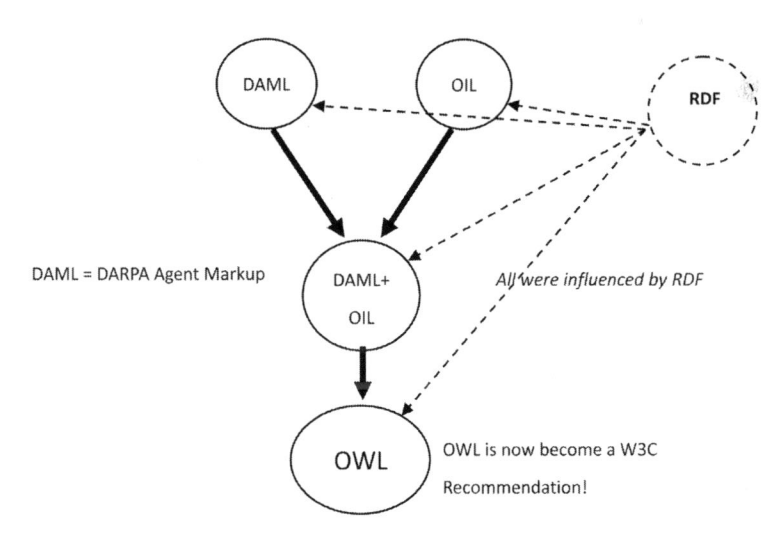

圖 9-3　OWL 語法之發展示意圖

資料來源：Costello 與 Jacobs（2003, p. 2）。

（二）簡易知識組織系統（SKOS）簡介

簡易知識組織系統（Simple Knowledge Organization System，簡稱 SKOS）是由 W3C 組織中 Semantic Web Best Practices and Deployment Working Group 負責制定和維護的標準。SKOS 主要目的乃在提供一個簡單有用之架構，以電腦可瞭解方式來表達知識組織系統，是一個用來支援知識組織系統使用的規範和標準，其知識組織系統包括索引典、分類表、主題標目、術語集、定義辭典和在語意網架構內應用之其他各種控制詞彙方式。

SKOS 也是以資源描述架構（Resource Description Framework，簡稱 RDF）和 XML 為基礎的語法，包含三類 RDF 語彙集並提供應用程式介面（Application Program Interface，簡稱 API），三類資源描述架構語彙集為：

1. 核心語彙集：2005 年 5 月 10 日推出第一版草案，緊接著同年 11 月 2 日發表了第 2 版草案。提供一個模式來表現概念結構之基本架構和內容，概念結構為一概念集合，除概念詞彙外包括其概念之間的語意關聯。
2. 對映語彙集：2004 年 11 月 11 日公告在網路上，其功能主要提供概念在不同概念結構之對映。
3. 延伸語彙集：2004 年 10 月 18 日公告在網路上，目前該語彙集尚未穩定且無正式單位在維護管理，其內容包含核心語彙集之延伸，提供一些特別應用之使用。

目前 W3C 對 SKOS 的發展主要是針對核心語彙集，至於對映語彙集和延伸語彙集於 2004 年公布後就無後續討論和維護。SKOS 為一簡單語法，但因 SKOS 是架於 XML 和 RDF 語法之上發展，提供可讀性和可擴充性，即機器只要能解譯 XML 或 RDF 語法即可讀取 SKOS 格式；而且只要是基於 RDF 和 XML 語法上發展的語言，都可與 SKOS 合併使用，如圖 9-4，DC、FOAF 等語彙，都可與 SKOS 混合使用，使 SKOS 具有強大擴充性。

```
...  DC  FOAF  SKOS  Calendar  VCard  DOAP  RSS  PICS  ...
```

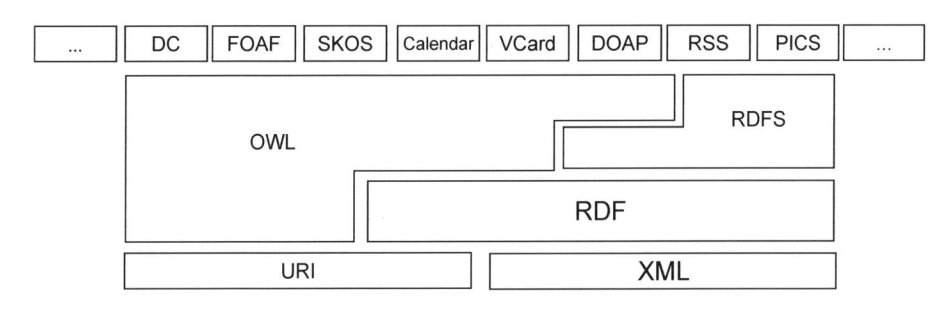

```
         OWL                              RDFS
                          RDF
         URI                              XML
```

圖 9-4　SKOS 與其他 XML 技術或標準之關係

資料來源：Miles、Matthews、Wilson 與 Brickley（2005, p. 25）。

SKOS 核心語法（Alistair & Dan, 2005）主要描述對象是概念，其語法標籤分為七大類，來描述概念內部及其概念之間關係，以下分別陳述：

1. 標示屬性（Labelling Properties）

此類包括 prefLabel、altLabel、hiddenLabel、prefSymbol 和 altSymbol 五個屬性標籤，提供一資源或概念標示資料。prefLabel 和 altLabel 提供一個主要和次要的文字標示；hiddenLable 提供只在內部顯示之標示，不出現在其他使用上；prefSymbol 和 altSymbol 與 prefLabel 和 altLabel 相同，只是所提供標示為圖像而非文字說明。

一個概念基本上會有一個 preLable，但配合語言屬性，在概念內會有多個不同語言的 preLable 出現，而 prefSymbol 只有一個，其他標籤可從 0 至多個重複使用。

2. 文件屬性（Documentation Properties）

包括 note、definition、scopeNote、example、historyNote、editorialNote 和 changeNote 七個屬性標籤，提供資源或概念之文件屬性，在 SKOS 語法中增加可閱讀性。

note 為其他六個屬性的父屬性，故 note 可提供任何目的的一般文件說明；definition 提供對一個概念較完整解釋說明；scopeNote 為概念提供適用範圍說明；example 提供使用概念的範例；而 historyNote、editorialNote 和 changeNote 依其使用目的的不同，而記載對其概念之不同資訊。如 historyNote 是針對概念本身過

去記錄；editorialNote 提供對此概念編修討論紀錄；changeNote 提供過去管理和維護資訊。

3. 語義關係（Associative Relationships）

在 SKOS 中提供概念與概念間有三種語義關係，分別為：broader 提供上位詞關係、narrower 提供下位詞關係、related 提供相關關係。broader、narrower 兩個標籤可將分散的概念連結起來，構成一個樹狀結構，提供如分類樹使用。語法中若 A narrower B 關係則隱含 B broader A 關係，不需要再定義。另外加入 related 關係則可構成索引典架構。

4. 概念網要（Concept Schemes）

概念網要為 SKOS 的整體核心，概念網要定義一群概念，並包括這些概念間的語意關係。Concept Scheme 為設定為一概念網要，下可包含多個概念及關連。若一概念要加入一個概念網要時，可使用 inScheme 屬性標籤來加入，且一個概念可參加多個概念網要。

對概念網要而言，在其中之概念可利用前述之語義關係建立起一般階層架構，並可使用 hasTopConcept 屬性標籤，將階層架構中最上層的概念與概念網要建立連結。

5. 主題索引（Subject Indexing）

介紹 subject、isSubjectOf、primarySubject 和 isPrimarySubjectOf 四個屬性標籤，這些屬性可提供網站上資訊資源做主題索引使用。建立一個概念為一資訊資源之主題，可使用 subject 屬性，而 isSubjectOf 則從另一個方向提供相樣功能。一個資訊資源可以擁有很多主題，但只能有一個主要主題，用 primarySubject 屬性來定義，同樣 isPrimarySubjectOf 提供另一個使用方向。

6. 有意義概念群

此類標籤提供使用者定義有意義的概念群，何謂有意義，即在此概念群中之概念有其共通性。在 RDF 中有定義相同功能的標籤（rdf:Bag 和 rdf:Seq），而為何 SKOS 建議產生新標籤，其原因大家可至此網頁（網址：http://esw.w3.org/

topic/SkosDev/SkosCore/CollectionsAndArrays）瞭解。定義有意義的概念群可利用collection類別標籤和member屬性標籤來建立，collection定義整個概念群，而member定義概念群內的所屬概念，而概念群的名稱則用RDF-S的label屬性來指定。

7. 有序概念群

除將概念定義為有意義概念群外，還可將概念定義其順序的和巢狀關係。有序之概念群使用orderedCollection類別標籤和memberList屬性標籤；巢狀概念群則是概念群中仍可定義一個子概念群，而子概念群可為有序概念群。

在介紹SKOS語法後，從下面多個應用可表現SKOS的語法。在看各應用前，SKOS之基礎是用XML語法來表達，在各應用所用之XML中將使用多個命名空間，其定義如下：

xmlns:rdf="http://www.w3.org/1999/02/22-rdf-syntax-ns#"

xmlns:rdfs="http://www.w3.org/2000/01/rdf-schema#"

xmlns:skos="http://www.w3.org/2004/02/skos/core#"

xmlns:dcterms="http://purl.org/dc/terms/"

xmlns:owl="http://www.w3.org/2002/07/owl#"

xmlns:foaf=http://xmlns.com/foaf/0.1/

五、知識本體之應用

知識本體架構為數位典藏、數位內容系統中最重要的應用，主要藉由知識體系串連相關的資源，目前傳統的知識本體架構已被使用在數位資訊的模式包括：連結代碼與全文、連結生物名稱或代碼到更豐富的紀錄、透過知識本體做跨資料庫的查詢等，以下分別說明之（Hodge, 2000）：

（一）連結代碼與全文

學科專業人員常利用編碼系統來促進學科領域內的交流，編碼系統主要乃在建立編碼與全名之對照表。如：資料庫登錄碼與生物序列資料、產業代碼與代碼所代表的全名之連結。

1. 連結序列碼至生物基因資料庫

　　分子生物學家、生物科技專家、以及基因專家辨識出來的生化與基因序列紀錄，會被存放在資料庫裡，如：處理蛋白質序列、核肝酸、以及細胞品系。其中最大的資料庫之一所保存的資訊是有關人類基因組的對映紀錄。當分子生物學家開始探討這些序列，並將它發表在科學期刊之中時，發現在排字、校對、以及列印本文時產生困難。因此一些重要的生物醫學（Biomedical）出版者同意在出版這些文章時，也將這些序列碼與資料庫號碼包含其中，而論文付梓前，序列碼也必須註冊在資料庫當中。當使用者啟動文章中的連結功能時，就會連到資料庫中之基因序列紀錄。美國國家生物科技資訊中心（National Center for Biotechnology Information）的網站上列有最常被參考到的資料庫，如 GenBank、Research Collaboratory for Structural Bioinformatics Protein Data Bank。每個基因序列碼都不同，但在資料庫中都有一個永久代碼用來指稱該資料。美國國家醫學圖書館（NLM）、PubMed、以及位於國家生物科技資訊中心（National Center for Biotechnology Information）的 GenBank 都有這樣的蒐尋服務。若 PubMed 中的紀錄有 GenBank 號碼，進行連結搜尋時，系統就會自動連結並顯示 Genbank 中的序列紀錄。

2. 連結產業代碼到完整的系統

　　在商業中，最為熟知的代碼系統是 SIC（Standard Industrial Classification），最新版是 1987 年的版本。SIC 碼已被用在美國政府、經濟學者、金融市場、管理者、以及採購辦公室，以辨識製造業、農業、以及經濟的服務部門。1997 年，美國與加拿大及墨西哥合作發展出北美工業分類系統（North American Industry Classification System，簡稱 NAICS），以進行有關部門的經濟資訊收集、報導、以及分析，含括境內與跨國之資訊，此代碼可由 U.S. Census Bureau 網站查詢。代碼系統猶如一個權威檔，若某公司或經濟部門在數位圖書館收藏的文獻中被提及，即可由此代碼連到由 U.S. Census Bureau 維護的產業機構紀錄。

（二）連結實體名稱到更豐富的描述紀錄

　　連結實體名稱（例如：人名、組織、或地名）到更詳細的紀錄，是超連結的首要功能之一。如字典、詞彙表、以及分類系統，可以用來連結實體到另一個描述更詳細的資源。這對使用者幫助很大，也可讓使用者的工作更有效率。

以下從三個學科舉例說明之，例一：將「有機體」（organism names）和「紀錄」連結，這些紀錄不只是更完整的描述種類，並且是放置在整個生物分類系統的脈絡下。例二：將化學名稱和「描述紀錄及分子結構」（molecular structures）連結。例三：適當的名稱與人物傳記資訊連結。

1. 生物體與分類紀錄連結

生物的物種名稱（genus-species names）通常是以拉丁文命名，發現這些物種的科學家會為這些新生物體建立紀錄，並連結至同層級的其他生物。物種的分類紀錄會使用其他的元素來描寫這些生物體，包括：物種分布、命名和分類單位，發現日期等。將分類權威檔當成中介權威檔，以連結到相關的全文或影像等資料。藉著自動處理文本或是從文本裡的生物名稱、分類權威紀錄的影像裡嵌入連結，可擴展用文本傳遞的知識。文本可包括分類紀錄中的描述資訊和歷史資訊，以及與照片、圖畫、或適當的影像或聲音檔案。

Integrated Taxonomic Information System（ITIS, n.d.；網址：http://content.ndap.org.tw/main/links_detail.php?links_id=905）是由美國、加拿大、及墨西哥政府機構、私人組織和分類專家共同合作發展的北美動植物名稱表，很多美國政府機關皆使用此系統以控制生物名稱的一致性。若將數位圖書館中的文字資料與ITIS紀錄連結，生物名稱即可被識別，也可查詢到ITIS資料庫中該生物的重要資訊，包括同義詞名稱（synonymous names）、俗名（common names），及該生物在大分類表中的位置。

2. 化學名稱與分子結構連結

辨識化學物質不只是需要知道它的名稱，也需瞭解其分子結構，這些化學名稱在研究文件、專案計畫、目錄及字典中普遍的被使用。現有的命名系統有：the Chemical Abstracts Service（CAS）和 the International Union of Pure and Applied Chemistry（網址：http://www.mofa.gov.tw/webapp/ct.asp?xItem=6108&ctNode=843）等。透過化學名稱的登記編號或登錄代碼（Registry Number or Code），可連結到更詳細的紀錄資訊。BIOSIS（網址：http://www.hint.org.tw/dbguide/biosis.htm）是將「化學登錄號」（Chemical Registry Numbers，簡稱RNs）和「有分子結構的化學名稱」連結的一個實例，它是世上最大的非營利生物與生物醫學

資料庫。1993年起，BIOSIS開始處理其其引用書目（標題和關鍵字）使其能由RNs自動連結到化學名稱登錄檔（Hodge, Nelson, & Vleduts-Stokolov, 1989），使該登記檔紀錄中的化學名稱同義詞與化學結構檔，因此能被取用。

3. 將個人名稱與傳記資訊連結

人名權威檔是非常普遍的名稱權威檔，它可以控制個人名稱及其別名。如：美國國會圖書館的人名權威檔（Library of Congress Name Authority File，簡稱LCNAF），主要用來控制作者、編輯者、藝術家等人之不同名稱，美國藝術家權威檔（Union List of Artist Names，簡稱ULAN）是由Getty所發展的另一個人名權威檔實例。人名權威檔對目錄與索引者而言是非常重要的工具，可以用來確認適當的名稱形式，並可藉此聚集個人所有作品或是關於個人之作品。

（三）透過知識本體做跨資料庫的查詢

知識本體也是促使電子化政府語意互通非常最重要的要素，Ralf Klischewski（2004）提出下列以政府知識本體（e-Government Domain Ontology）做為整合政府系統之資訊資源，建立完整之政府服務入口的基礎，這也是目前電子化政府互通的重要模式，如圖9-5。

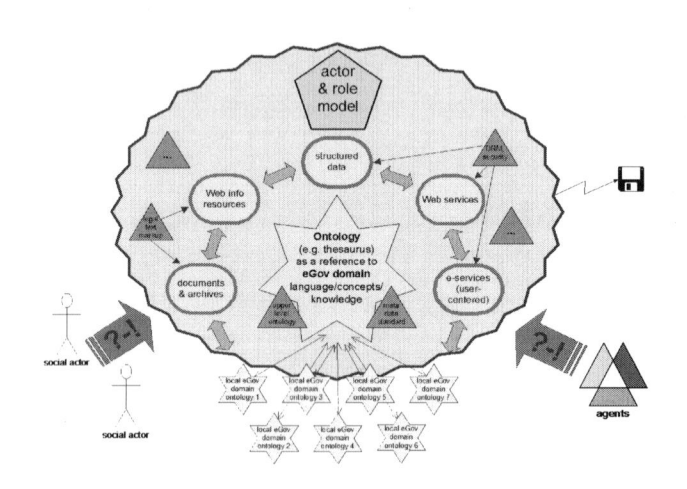

圖9-5　e-Government Domain Ontology as a Common Reference to Interrelate IT-Based Informational Resources

資料來源：Klischewski（2004）。

關鍵詞彙

社會性標籤	俗民分類
Social Tagging	Folksonomy
標籤雲	資訊架構
Tag Cloud	Information Architecture
個人資訊管理	冪次分布
Personal Information Management	Power Law
詮釋資料	知識本體
Metadata	Ontology
語意網	網路本體語言
Semantic Web	Web Ontology Language
簡易知識組織系統	政府知識本體
Simple Knowledge Organization System	e-Government Domain Ontology

自我評量

- 何謂俗民分類？何謂社會性標籤？
- 俗民分類與社會性標籤之關係為何？
- 何謂標籤雲？
- 社會性標籤技術和那三種技術有關？
- 社會性標籤受到的挑戰為何？
- 何謂知識本體？和俗民分類有何不同？
- 知識本體和語意網有何關係？
- 如何建立領域知識本體？
- 描述知識本體的語法為何？
- 知識本體有那些應用？

第九章｜新興知識組織機制

參考文獻

Alistair, M., & Dan, B. (2005). *SKOS Core guide W3C working draft 2 November 2005*. Retrieved from http://www.w3.org/TR/2005/WD-swbp-skos-core-guide-20051102/

Berners-Lee, T., Handler, J., & Lissila, O. (2001). The hype semantic web. *Scientific American, 284*, 34-43.

Costello, R. L., & Jacobs, D. B. (2003). *OWL web ontology language. OWL tutorial*. Retrieved from http://sce2.umkc.edu/csee/leeyu/class/CS560/Lecture/Owl1.pdf

Ding, Y. (2001). *Ontology: The enabler for the semantic web*. Retrieved from https://www.researchgate.net/publication/2840823_Ontology_The_enabler_for_the_Semantic_Web

Gruber, T. (2007). Ontology of folksonomy: A mash-up of apples and oranges. *International Journal on Semantic Web and Information Systems, 3*(1), 1-11.

Hodge, G. (2000). *Systems of knowledge organization for digital libraries: Beyond traditional authority files*. Retrieved from http://www.clir.org/pubs/reports/pub91/contents.html

Integrated Taxonomic Information System. (n.d.). Retrieved from http://www.itis.gov/

Jacob, E. K. (2003). *Ontologies and the semantic web*. Retrieved from http://www.asis.org/Bulletin/Apr-03/Jacob.pdf

Klischewski, R. (2004). *Semantic web for e-government*. Retrieved from https://swa.informatik.uni-hamburg.de/files/veroeffentlichungen/SWEG_for_SIGSEMISnews.doc

Koivunen, M. R., & Miller, E. (n.d.). *W3C semantic web activity*. Retrieved from http://www.w3.org/2001/12/semweb-fin/w3csw

Miles, A., Matthews, B., Wilson, M., & Brickley, D. (2005). *SKOS core: Simple knowledge organisation for the web*. Retrieved from http://www.powershow.com/view/8690d-MzYyN/SKOS_Core_Simple_Knowledge_Organisation_for_the_Web_DC2005_Madrid_powerpoint_ppt_presentation

Vander Wal, T. (2005). *Explaining and showing broad and narrow folksonomies*. Retrieved from: http://www.vanderwal.net/random/entrysel.php?blog=1635

Zeng, M., L., & Athena, S. (2005). *Toward an international sharing and use of subject authority data*. Retrieved from http://www.oclc.org/research/events/frbr-workshop/presentations/zeng/Zeng_Salaba.ppt

中文索引

西文

LCSH 與 MeSH 比對計畫——250, 273, 276

LCSH 與 SKOS 對映計畫——250, 273, 275

ㄅ

柏拉圖——37, 52, 54

包括註——138, 150, 200, 215

版次號——120, 125, 191, 193

別裁——50-51

標題表——4, 16, 19-20, 72, 140, 203, 249-250, 253-258, 260-265, 267-268, 271-274, 277-280, 342, 344

標題法——2, 4, 11, 13-14, 249-251, 254, 279

標題詞——13-14, 254, 256-258, 260-261, 263-265, 271-272, 276-279

標記 —— 7, 13, 17-18, 32-33, 38, 62, 64-65, 68, 70, 87-89, 122, 137-138, 142, 146, 148, 155-156, 158, 162-165, 167, 170-171, 176-177, 179-182, 184-185, 189, 195-196, 200, 202, 204-205, 207, 210, 212-214, 218, 245-246, 271, 316, 321, 323, 325, 327-328, 330-332

標記面 —— 68, 70

標籤 —— 8, 28, 275-276, 322-337, 344, 347-349, 353

標籤系統 —— 322-332, 334-335

標籤雲 —— 324, 353

標準複分表 —— 140, 145-146, 160, 162, 166, 169, 205

編目 —— 3-4, 18-19, 35, 49-50, 71-72, 88, 127-128, 135, 139, 201-203, 214, 218-219, 222, 225-226, 246, 253, 255-256, 260, 262-264, 268, 270-271, 273, 276-277, 280, 316, 323

辨類 —— 47, 71-74

補充概念詞彙 —— 273

布朗（Brown, James Duff）—— 46, 60, 62-63, 79, 81

布理斯（Bliss, Henry Evelyn）—— 20, 46, 54, 59-60, 63, 65-66, 79, 81, 84

布林邏輯 —— 254

部冊號 —— 116, 120, 126-128, 191, 194

ㄆ

培根（Bacon, Francis）—— 29, 37, 56-57, 142, 201

培根（Bacon, Roger）——55

樸爾菲利——53-55

樸爾菲利之樹——54-55

ㄇ

模式標題下的通用複分——270

冒點式分類法——12

美國國家醫學圖書館標題表——4, 31, 249-250, 263, 267, 271, 342

美國國家醫學圖書館分類表——32

美國國會圖書館標題表——4, 31, 140, 203, 249-250, 254, 263, 267-268, 280, 342

美國國會圖書館分類法／美國國會圖書館分類表——29, 64, 76, 87, 199-208, 210, 212-215, 218, 224, 234, 243, 245-246, 342

冪次現象——329

描述詞——292-293, 295, 299-300, 304, 308, 316

描述詞法——2

ㄈ

反見——256

反參見——256

泛索引典──314

範疇──4, 6, 26-27, 37, 48, 52-54, 60, 71-72, 80-81, 267, 271, 287-288, 292-293, 297, 299-301, 316

範疇索引──6, 267, 300

範圍註──138, 149, 200, 214, 269, 275, 298

分類表──50-51

分類號──3, 8, 16-17, 35, 90, 97, 99, 106, 116, 121, 128-132, 140, 143, 147-148, 157, 160, 189-191, 193, 195, 214, 217-219, 223, 243-245, 265, 269, 315

分析綜合式分類法──11-13, 19

鳳凰表──140, 195

輔助表──91, 145, 160, 200, 205-206, 210

輔助區分號──86, 116, 120, 132-133

副標題──270, 272-273

複分標題──249-250, 254, 256, 260-261, 265, 270

複分表──64, 86, 88-89, 91-92, 95, 99-111, 113, 117, 123, 134, 138, 140-142, 145-146, 155-157, 159-160, 162-163, 166-167, 169-170, 174-178, 180, 183-184, 195-196, 200, 203-205, 210-211, 215, 224, 234-235, 237-243, 245

複分號──100, 102, 104, 106-108, 115-116, 120, 123, 133, 142, 154, 159-160, 161-162, 164, 175, 187, 242

ㄉ

地名詞典 —— 29, 30-31, 42, 340-342

地理複分 —— 145, 147, 163-164, 205, 210, 224, 241, 261, 270, 273

地區複分表 —— 86, 104

單純標記 —— 189, 196

單元詞法 —— 2, 11, 13-14

等同關係 —— 14, 33, 289, 299, 335

第二法 —— 86, 91, 99, 105, 109-112, 134

第一法 —— 86, 91, 99, 109-112, 134

獨立複分表 —— 210

杜威十進分類表／杜威十進分類法 —— 32, 87, 139, 141-152, 157, 160, 163, 166, 186, 188-190, 195, 202-203, 205, 207, 214

ㄊ

特徵表理論 —— 284, 286-288

特藏號 —— 120, 128-129, 195

圖書分類表 —— 32, 34, 64

圖書分類理論 —— 45-47, 59-62, 67, 78-79

圖書分類原則 —— 45-47, 63, 66, 71, 78-79

圖書館五律 —— 66, 68

同義關係 —— 5, 266, 293, 298, 343

同義詞 —— 6, 19, 33, 93, 97, 146, 253, 255, 272, 292, 298, 302, 304, 315, 334, 336, 343, 351-352

ㄋ

內包 —— 54, 66, 69

年代號 —— 116, 119-120, 125-126, 193-194, 218-219, 222-223

ㄌ

類目綱要 —— 138, 152-153

理論 —— 10, 18, 20, 26, 37-38, 40-41, 45-54, 59-62, 64-65, 67, 78-81, 90, 93, 100, 125, 142, 149, 160-161, 205, 208-209, 213, 231, 233, 279, 284, 286-288, 291-293, 317-318, 323, 338-339

理查遜（Richardson, Ernest Cushing） —— 46, 60-62, 79

歷史註 —— 272

零的原則 —— 187

聯想關係 —— 300-301

聯想詞 —— 292, 302, 304

盧爾（Llull, Ramon） —— 55

邏輯區分 —— 53, 78

論題複分 —— 260-261

ㄍ

蓋斯納（Gesner, Conrad）—— 56

個人資訊管理 —— 323-326, 334, 353

概念面 —— 68, 70

概念關係表 —— 24, 29, 32, 340

概念組配 —— 14

庚申整書例略 —— 50-51, 79

古今書錄 —— 49

國際知識組織學會 —— 27

國際十進分類法 —— 12, 32, 342

歸類 —— 18, 32, 36, 47, 49, 51, 59, 71, 74-77, 94, 98, 113-116, 188, 334, 340

關鍵詞 —— 2, 11, 13-14, 19, 41, 78, 134, 195, 245, 265, 279, 294-295, 316, 353

關鍵詞法 —— 2, 11, 13-14

廣義詞 —— 33-34, 146, 264, 272, 302

ㄎ

克特表 —— 190, 220, 245

克特號 —— 190, 193, 199-200, 204-205, 210, 218-221, 223-237, 240-245

孔德（Comte, Auguste）—— 58-59, 62, 80-81, 83

控制詞彙──16, 19, 27, 31, 36, 250-255, 263, 271, 277, 279, 293, 315-316, 322, 325, 333-336, 340, 342, 346

ㄏ

黑格爾（Hegel, Georg Wilhelm Friedrich）──57-58, 80

後分類──2, 17

後組合索引──19, 253

漢語主題詞表──250, 263, 265, 267, 280, 305, 311-313, 317

胡爾梅（Hulme, Edward Wyndham）──46, 60, 63-64, 79

互著──267

霍布斯（Hobbes, Thomas）──57, 82

回收率──7, 9, 11, 19, 35, 256-257, 296

混和標記──189

ㄐ

基本號──138, 155-160, 163-167, 169-171, 174-182, 184-186, 210, 240-241

記述編目──3, 72

齊夫定律──332

家族相似性──60

結構分析──9-10

階層式分類法──11-13, 19

階層式分類架構──24, 38, 42

交互參照──271-272

校讎通義──51, 79-80

校讎略──50-51, 80-81

檢查欄──273

檢索頻率──297

簡易知識組織系統──346, 353

見──1-2, 11-12, 15, 19-20, 251

見註──138, 151, 200, 216-217

矩陣式分類架構──24, 39-40, 42

卷次號──126

ㄑ

七錄──49, 79

祁承㸁──49-51, 79

切截──16

前組合索引──19, 253

區分原則──53

詮釋資料──26, 327, 331, 333-334, 353

權威檔──24, 28-30, 32, 36, 41, 274, 278, 316, 336, 340-341, 350-352

ㄒ

系統主題法——87, 139, 141-152, 157, 160, 163, 166, 186, 188-190, 195, 202-203, 205, 207, 214

細分——12, 32, 38-39, 57, 64, 68, 77, 88, 90-91, 94-95, 97, 99-100, 102-106, 112-113, 138, 144-148, 152, 160, 165-166, 169-171, 176, 183, 196, 205-208, 210, 215, 224, 227, 229, 237, 242, 260-261, 272, 274

狹義詞——33-34, 264, 272, 302

學科分類表——36, 340, 342

限定語——265, 272, 298, 308

相關關係——5, 33, 94, 266, 269, 300, 348

相關索引——138-142, 146-148, 214

相似性——38, 54, 60-62, 64, 78

詳表——89-91, 93, 97-112, 138, 144, 157-167, 169-171, 174-186, 200, 205-206, 208-210, 215, 224

詳盡度——296

形式複分——64, 74, 77-78, 140, 177, 182, 205-207, 210, 224-225, 231, 250, 260-261, 265, 270

敘述詞——11, 14, 264, 269, 272

荀子——48

ㄓ

知識本體⸺24, 28-29, 32, 34, 42, 284, 314-317, 321-322, 336-340, 342-344, 349, 352-353

知識分類表⸺28, 32

知識工程⸺339

知識樹⸺54-55

知識組織系統⸺23-25, 27-32, 34-36, 42-43, 59, 275, 279, 315, 322, 337, 343, 346, 353

直接款目⸺254

指南註⸺138, 152

主標目⸺256, 260-261, 268, 272

主題標目⸺3, 19-20, 31, 35, 154, 255, 257-258, 261-263, 274, 278, 280, 346,

主題編目⸺3-4, 135, 255, 264, 271, 280

主題分析⸺1-12, 15-17, 19-20, 26, 72, 252, 255, 262, 271, 273

主題複分⸺210-211, 225, 228, 270

主題術語之分面式應用⸺262, 285-286, 291

主題詞表⸺4-5, 15, 20, 24, 28-29, 31, 35, 42, 249-250, 263-267, 276-280, 305, 311-313, 317

主題詞多語言檢索（MACS）計畫⸺273, 277

註釋⸺56, 77, 80, 256, 275

著者號⸺74, 86, 93, 116-127, 131-134, 189-194, 218-221, 223-224, 237, 245

專類複分表──86, 91-92, 99, 107-108, 123, 138, 146, 157, 159, 167, 169, 174-175, 224

專家語典──314

專指──10, 14, 75, 154, 191, 272, 294, 296, 299, 304, 338

專指度──294, 296, 304

專深款目──254

準確率──16

中國分類主題詞表──250, 263, 267, 279, 312

中國圖書館分類法──32

中切截──16

中央類目──138, 146, 154

中文圖書標題表──263-265

中文圖書分類法──4, 12, 32, 85-88, 91, 93, 97-98, 102, 104, 109, 115, 119, 130, 134-135

中文主題詞表──4, 31, 249, 250, 263-266, 279-280, 313

中文索引──97-98, 311

章學誠──49-51, 80

正名篇──48

政府知識本體──352-353

鄭樵──37, 49-51, 80-81

種差──38, 52-54, 64, 66, 78

種次號──120-121, 132, 191, 223

ㄕ

時代複分 —— 86, 102-104, 113, 210, 261, 270

史賓賽（Spencer, Herbert）—— 59, 83

社會性標籤 —— 322-324, 327, 330, 336-337, 353

社會性軟體 —— 324-325

社會資訊管理 —— 326

屬分關係 —— 5

屬種關係 —— 289-290, 299

術語服務 —— 250, 273, 277, 284, 314-317

術語典 —— 24, 29-30, 36, 340-341

術語學 —— 286, 294

樹狀分類架構 —— 24, 38-39, 42

樹狀結構標題表 —— 271-273

說明見註 —— 200, 217

首尾五筆著者號碼法 —— 117-119

受控語言 —— 315

ㄖ

入別處註 —— 138, 151

入口詞 —— 299, 308

入此註 —— 138, 150

阮甘納桑（Ranganathan, Siyali Ramamrita）——40, 46, 53, 60, 66-71, 79-80, 140

阮孝緒——49, 79

ㄗ

資料探勘——34, 343

資訊架構師——324-325

資訊架構研究所——324

資訊檢索——4, 9, 15-17, 19, 28, 35, 251, 284-285, 296, 309, 314-316, 318, 339

資訊檢索語言——284, 309, 315

資訊系統——293-296, 313-316

資源描述框架——275

字面組配——14

字母順序標題表——271, 273

字順主題法——1-2, 11, 13-15, 19-20

字詞典——28-31, 41, 340-341

自然語言——4-5, 7, 16, 27, 34, 36, 255, 267, 279, 284-286, 293-294, 314-316, 337, 339, 343

自然語言化——284, 315

自由浮動複分——270

自由詞——265, 315

在前原則 —— 76, 186-188

族首詞 —— 6, 264, 292, 296, 300

作品號 —— 116, 120-121, 123, 133, 191, 222-223

左切截 —— 16

ㄘ

詞彙表 —— 18, 24, 29-30, 36, 252-254, 271, 341, 350

詞彙控制 —— 4, 13, 16, 250-251, 253-255, 264, 271, 293-294

詞彙清單 —— 29, 340

詞群 —— 299, 301, 304, 316

詞族圖 —— 6

詞族索引 —— 6, 267

粗分 —— 138, 147-148, 196

從屬原則 —— 187

參考類號 —— 76, 115, 256, 265

參見 —— 48-50, 52-53, 55-57, 59, 62-66, 71-72, 96, 119-120, 147, 151, 167, 171, 210, 220-222, 256, 264, 266, 270, 287

參照 —— 6, 13-15, 56, 94, 138, 148, 151, 200, 215, 217, 255-256, 264-266, 268-272, 276, 299-300, 308

參照系統 —— 6, 14-15

參照註 —— 138, 151, 200, 215, 217

層面分類 —— 2, 17-18, 20, 53

中文索引

層面分析式分類架構——24, 40-42

ㄙ

四角號碼法——59, 83

賽耶斯（Sayers, W. C. Berwick）——57, 60, 64, 69, 72, 76, 83, 95

俗民分類——316, 321-324, 334-336, 353

索書號——74-75, 85-86, 112, 116-117, 121-129, 134, 189-195, 199-200, 218-220, 222-233, 235-237, 240-241, 243, 245

索引頻率——297, 308

索引典——4, 10, 15-16, 19-20, 24, 28-29, 32-33, 35-36, 41-42, 253-254, 257, 265, 269, 271-273, 277, 279, 283-286, 288, 291-309, 311-318, 335, 339-340, 342-344, 346, 348

索引典管理——307

ㄚ

阿奎那（Aquinas, Thomas, Saint）——56

ㄠ

奧坎（William of Ockham）——55

奧坎剃刀——55

一

一主題一位 —— 63

以價值為中心之設計模型 —— 325

藝術與建築索引典 —— 33, 41, 305-306, 314, 317

亞里斯多德 —— 29, 32, 37, 52-54, 79

右切截 —— 16

研究者號 —— 120, 123, 192

因益通互 —— 50

應用原則 —— 186, 250-251, 253

ㄨ

毋嫛 —— 49

五筆檢字法 —— 85, 118-119, 121, 127, 134

外延 —— 10, 54, 66, 69, 284, 287-291

完全修訂表 —— 140

文獻保證 —— 63, 71, 80, 142, 147, 254, 264-265

文獻保證原則 —— 63, 254, 264-265

文獻類型 —— 273

ㄩ

語詞面 —— 68-69

語意網──24, 28-29, 32-34, 42-43, 278, 294, 314-316, 337-338, 340, 342-344, 346, 353

語意網絡──294, 314, 342-343

元素分析──279

原型理論──284, 286-288

用詞──19, 30, 33, 154, 229, 234, 270, 285-286, 292-294, 296-301, 304, 307-308, 314-316, 336, 338-340, 343

英文索引

A

AAT (Art & Architecture Thesaurus)——33, 41, 309, 317

Alphabetic List——271, 273

Aquinas, Thomas, Saint——56

area table——140

Aristotle——52

artificial language——286

authority files——28, 30, 41, 43, 340, 354

authority list——293

auxiliary tables——134, 160, 195, 205, 210, 245

B

Bacon, Francis——29, 56-57, 79

Bacon, Roger —— 55, 297

base number —— 155-156, 158-159, 163-167, 169, 171, 174-186, 210

Black and White MeSH —— 273, 280

Bliss, Henry Evelyn —— 54, 59-60, 65-66, 81

books number —— 116

boolean logic —— 254

broad classification —— 147, 196

broad terms —— 272

Brown, James Duff —— 60, 62, 81

C

call number —— 116, 134, 195, 245

centered entries —— 154

centered headings —— 154

check tags —— 273

chronological subdivision —— 270

citation order —— 140

class-elsewhere notes —— 151

class-here notes —— 150

classification schemes —— 28, 32, 42, 340, 342

Classification: Theoretical and practical —— 61, 83

close classification —— 147, 196

colon classification —— 12, 67

complete revision —— 140

Comte, Auguste —— 58, 81, 83

concept —— 4, 33, 83, 273, 286, 348

confer notes —— 215

cross reference —— 271-272

Cutter numbers —— 190, 227, 229, 231

D

data mining —— 343

DDC (Dewey Decimal Classification) —— 4, 32, 87, 139-140, 193-197, 202, 342

Del.icio.us —— 323-324, 327-328, 330, 332

descriptive cataloging —— 3

descriptors —— 264, 272, 292, 309, 316

Dewey for Window —— 141

dictionaries —— 30, 41, 160-161, 178-179, 185, 225, 340-341

differentia —— 53, 78

direct entry —— 254

E

e-Government Domain Ontology —— 352-353

Electronic Dewey —— 140

elemental analysis —— 10

enumerative classification —— 142

exhaustivity —— 296

explanatory see note —— 217

extension —— 54, 69, 229-230

F

faceted analysis classification structure —— 40, 42

faceted classification —— 17, 20

family resemblance —— 60

FAST (Faceted Application of Subject Terminology) —— 274, 279-280

first-of-two rule —— 186

five laws of library science —— 323-324, 353-354

folksonomy —— 323-324, 353-354

form subdivision —— 270

formal logic theories —— 339

Four-Corner System —— 117, 134

free-floating subdivision —— 270

free-floating table —— 210

G

gazetteers —— 31, 42, 341, 342

genus —— 53, 78, 299, 351

genus-species —— 299, 351

geographic subdivision —— 270

geographics —— 273

Gesner, Conrad —— 56

glossaries —— 30, 341

H

Hegel, Georg Wilhelm Friedrich —— 57

hierarchies classification structure —— 38, 42

history note —— 272

Hobbes, Thomas —— 57, 82

Hulme, Edward Wyndham —— 60, 63-64, 82

I

idea plane —— 68

including notes —— 150, 210

infix truncation ── 16

information architect ── 325

Information Architecture Institute ── 324

intension ── 54

International Society for Knowledge Organization ── 27

K

knowledge engineering ── 339

knowledge organization systems ── 27

L

LCC (Library of Congress Classification) ── 3, 32, 34, 64, 87, 201, 245-246, 342

LCSH (Library of Congress Subject Headings) ── 4, 20, 31, 35, 203, 249-250, 263, 268, 270, 273-280, 342

lead-in term ── 299

left truncation ── 16

library classification theory ── 78

LibraryThing ── 323, 328, 330-331, 336

likeness ── 54, 61-62, 78

literary warrant ── 63, 83, 254

Llull, Ramon —— 55

logical division —— 53, 78

M

MACS —— 273, 277-278, 280

main headings —— 272

manual of classification for librarians and bibliographers —— 60, 64, 83

Medical Subject Headings, Supplement to Index Medicus —— 273

MEDLINE —— 254, 271

Melvil Dewey —— 139, 195, 202

MeSH (Medical Subject Headings) —— 4, 31, 35, 249-250, 255, 263, 271-273, 276, 278-281, 310, 315, 342

MeSH Annotated Alphabetic List —— 273

MeSH Browser —— 273

MeSH Tree Structures —— 273

metadata —— 280-281, 316, 327, 331, 337, 353

metathesaurus —— 314

mixed notation —— 189

N

narrow terms —— 272

natural language ―― 279, 286, 315

natural language processing tool ―― 315

NLM (National Library of Medicine Classification) ―― 32, 34, 204, 271-273, 280-281, 314, 318, 350

non-descriptors ―― 292

non-preferred terms ―― 30, 293

notation ―― 32, 156, 158, 162-165, 169, 175-177, 179-182, 184-185, 189, 195-196, 245

notational plane ―― 68

O

Ockham's razor ―― 55

Ontologies/Ontology ―― 28, 34, 42, 44, 336-337, 338-339, 343-345, 352, 353, 354

OWL (Web Ontology Language) ―― 344-345, 347, 349, 353-354

P

pandectae ―― 56

paradigms classification structure ―― 39, 42

Personal Information Management ―― 325, 353

Phoenix Schedules ―― 195

plato —— 52, 81

PMEST —— 53, 71

porphyry —— 53-54

post-coordinate indexing —— 253

power law —— 329, 332, 353

precision ratio —— 7, 19, 35, 296

pre-coordinate indexing —— 253

preferred terms —— 30, 33, 293, 316, 343

principles for library classification —— 78

prolegomena to library classification —— 67, 83

publication types —— 273

PubMed —— 271, 350

pure notation —— 189, 196

Q

qualifiers —— 272, 298

R

Ranganathan, Siyali Ramamrita —— 40, 53, 60, 66-70, 83, 140

RDF Schema —— 344-345, 349

RDF (Resource Description Framework) —— 273, 275-276, 344-349 recall ratio —— 7, 19, 35, 296

relationship lists —— 32, 340, 342

relative index —— 139, 146, 193-196

Richardson, Ernest Cushing —— 47, 52, 55, 57, 59-62, 83

right truncation —— 16

rule of application —— 186

rule of three —— 187

rule of zero —— 187

rules for division —— 53

S

Sayers, W. C. Berwick —— 57, 60, 64, 83

scope notes —— 149, 214, 269, 298

SCR (Supplementary Concept Records) —— 273

see / X —— 272

see notes —— 216

see references —— 151

see related / XR —— 272

see-also references —— 163

see-manual references —— 152

semantic networks —— 28, 33, 42, 314, 343

Semantic Web —— 280, 338, 344, 346, 353-354

SKOS (Simple Knowledge Organization System) —— 250, 273, 275-276, 278-281, 337, 344, 346-349, 353-354

SlideShare —— 330

social information management —— 326

social tagging —— 323-324, 353

specialist lexicon —— 314

species —— 53, 78, 299, 351

specific entry —— 254

specificity —— 296

Spencer, Herbert —— 59, 83

standard subdivisions —— 145, 152-153, 161-163, 169-170

structural analysis —— 10

subdivisions controlled by pattern headings —— 270

subject cataloging —— 3, 214, 219, 247, 270, 280

subject headings —— 4, 19-20, 28, 31, 42, 203, 255, 263, 267-268, 270, 273, 279-280, 310, 315, 342

subheadings —— 272

summary —— 143-144, 152-153

system of the sciences and the organization of knowledge —— 66, 81

T

table —— 140, 145-146, 156, 160, 162-165, 167, 169, 171, 174-185, 189-190, 210-211, 215-216, 220, 224, 234-242, 245

tag cloud —— 324, 353

tagging —— 82, 323-324, 332, 337-338, 353

tagging system —— 323

Taxonomy/Taxonomies —— 32, 43, 339-340, 342

term —— 6, 30, 33, 269-270, 286, 292, 298-299, 308, 316, 340

term lists —— 30, 340

terminology —— 225, 274, 279-280, 286, 309-310, 314-315, 318-319

terminology service —— 315

theory —— 43, 47, 78, 82-83, 160-161, 197, 205, 208-209, 231, 233, 246, 286

thesauri —— 33, 42-43, 318, 340, 343

thesaurus —— 32-33, 292, 308-310, 316, 318, 342-343

top term —— 6, 292

topical subdivision —— 270

Tree of Porphyry —— 54

trees classification structure —— 38, 42

truncation —— 16

U

UDC (Universal Decimal Classification) —— 12, 32, 342

V

value-centered design model —— 325

verbal plane —— 68

vocabulary —— 20, 43, 279-280, 286, 293, 309-310, 314, 316, 318

vocabulary control —— 43, 293, 318

W

WebDewey —— 141, 148, 197

word block —— 299, 316

WordNet —— 34, 339, 343

work mark —— 191

Wubi Method —— 118, 134

X

XML/XML Schema —— 273, 275, 344-347, 349

Y

YouTube —— 330

Z

Zipf's law —— 332

國家圖書館出版品預行編目（CIP）資料

主題分析 / 張慧銖等著; 張慧銖主編. -- 初版. -- 新北市：華藝學術出版：華藝數位發行, 2016.09
　　面；　公分. -- (圖書資訊學系列；2)
ISBN 978-986-437-120-4(平裝)
1. 主題分析 2. 圖書分類法 3. 資訊組織 4. 文集
023.4707　　　　　　　　　　　　　　　　105016857

主題分析

主　　編／張慧銖
作　　者／張慧銖、邱子恒、藍文欽、鄭惠珍、阮明淑、陳昭珍
責任編輯／林瑢慧
執行編輯／古曉凌、許乃雲、蔡旻真
版面編排／王凱倫
封面設計／ZOZO DESIGN

發 行 人／鄭學淵
總 編 輯／范雅竹
發行業務／陳水福
出　　版／華藝學術出版社（Airiti Press Inc.）
　　　　　地址：234 新北市永和區成功路一段 80 號 18 樓
　　　　　電話：(02) 2926-6006　　傳真：(02) 2923-5151
　　　　　服務信箱：press@airiti.com
發　　行／華藝數位股份有限公司
　　　　　戶名（郵局／銀行）：華藝數位股份有限公司
　　　　　郵政劃撥帳號：50027465
　　　　　銀行匯款帳號：045039022102（國泰世華銀行　中和分行）
法律顧問／立暘法律事務所　歐宇倫律師
ISBN ／ 978-986-437-120-4
DOI ／ 10.6140/AP.9789864371204
出版日期／ 2016 年 9 月初版
定價／新台幣 520 元

版權所有・翻印必究　　Printed in Taiwan
（如有缺頁或破損，請寄回本社更換，謝謝）